KB068847

01

Local Politics

지방정치의 이해

강원택 편

박영사

지방정치의 이해 1

책을 펴내며

　　민주화 30년을 목전에 두고 그동안의 정치적 변화를 뒤돌아보면 적지 않은 성과가 있었음을 알 수 있다. 공정하고 자유로운 선거라는 절차적 민주주의가 확립되었고 정권교체도 두 차례 이뤄냈다. 국회와 사법부의 권한과 독립성은 중대되었고 언론과 시민사회의 자유도 증진되었다. 과거 권위주의 시대와 같이 통치자 1인을 중심으로 한 행정부가 모든 권력을 장악하던 상황에서 벗어나 제도적인 측면에서 견제와 균형의 원리가 어느 정도 작동하게 된 것이다.

　　중앙정치에서 분권화와 자율성이라는 민주적 원칙이 지난 30년 간 꾸준히 진전되어 온 것에 비해, 지방정치는 그동안 크게 활성화되지 못했다. 물론 지방자치 제도가 부활하면서 외형상 중앙집권적인 통치 형태로부터의 변화는 이뤄졌지만, 실제로는 과거의 틀을 유지하면서 행정적 위임을 행한 것 이상의 의미를 갖지는 못하고 있다. 지방자치의 부활에도 불구하고 여전히 서울을 중심으로 한 중앙 정부의 권한은 재정적으로, 행정적으로 지방을 압도하고 있다. 그래서 대한민국은 '서울공화국'이 되었고 전체 인구의 절반이 수도권에 몰리는 국토 이용의 편중과 왜곡이 나타나고 있다. 이제 지역 간 격차는 과거처럼 영남 대 호남의 구도가 아니라 서울과 나머지 지방, 혹은 수도권과 나머지 지방의 구도로 형성되었다. 이로 인해 오늘날 지방은 그 자체로 하나의 완결된 정치 공동체로 기능하지 못하고 있으며,

주민들 역시 낮은 효능감으로 인해 지방정치를 외면하는 악순환이 반복되고 있다. 이러한 중앙정치 중심의 구조는 지역 편차를 가중시킬 뿐만 아니라, 지방정치를 중앙정치에 의존하게 하고, 궁극적으로 건강한 민주주의로의 발전을 저해하고 있다. 이런 제도적 환경과는 달리, 오늘날 지방은, 지방선거와 같은 제도적 참여가 아니더라도, 정치적으로 중요한 공간이 되고 있다. 부안 방패장, 경남도립 병원 폐쇄, 밀양 송전탑, 제주 강정마을, 성주 사드기지, 삼척 원전 주민투표, 제주 지사 주민소환투표 등 지역주민 간, 또는 지역주민과 중앙정부 간 갈등을 야기한 굵직굵직한 정치적 사건이 지방에서 발생하고 있다. 또 한편으로는 주민의 일상생활과 보다 근접한 지역 단위에서의 주민 참여, 주민 거버넌스에 대한 관심도 증대되고 있다. 이러한 현상은 지역 주민들이 이제 자신들의 삶의 공간과 관련된 주요 사안에 대해 보다 큰 관심을 갖게 되었으며 참여를 통해 의사를 표현하겠다는 의지를 보여주는 것이다. 이처럼 이제 지방은 정치적 행위의 매우 중요한 공간이자 그 출발점이 되고 있다.

이러한 지방정치의 중요성에도 불구하고 그동안 학술적으로 지역 수준에서 나타난 정치 현상에 대한 관심은 제한적이었다. 특히 지방정치를 지방정부 수준에서의 정책 이행과 효율성을 중심으로 바라봄으로써 지방의 자율성과 지방 수준에서의 민주주의에 대한 측면을 소홀히 한 문제점이 있었다. 물론 정치학을 비롯한 관련 학계에서 지방정치를 주제로 한 연구 성과가 지속적으로 창출되고는 있지만, 종합적으로 지방정치를 망라하여 정리한 서적은 그다지 많이 출간되지 않았던 것이 사실이다. 이런 문제의식에서 우리들은 지방정치의 의미와 중요성을 다양한 관점에서 학문적으로 제시하면서, 동시에 지역 현장에서 활동하는 지역정치인이나 활동가들이 실무적으로 활용할 수 있는 책을 출간하기로 하였다. 따라서 이 책은 지방정치에 대한 학문적 연구서로서 대학 교재로 활용될 수 있지만, 지방의원 및 지역 정치인, 지역 언론인과 지역 단위의 시민사회 활동가들의 교육 및 실무 능력을 함양하는데도 도움이 될 수 있도록 기획하고 서술했다. 그리고 일반 지역 주민들도 지방정치에 대해 쉽게 다가서고 이해할 수 있도록 가능한 평이하고 실용적으로 글을 쓰고자 했다.

지방정치의 이해는 1권과 2권으로 구성되어 있다. 1권은 비교정치적 수준에서 지방정치의 일반적 이론을 다루고 있고, 2권은 우리나라의 특성과 사례에 보다 집중했다. 먼저 1권은 민주주의와 지방정치, 지방정치 이론, 지방정치의 역사적 발전, 지방분권 제도 등 지방정치와 관련된 다양한 제도와 이론에 대해 분석·정리했다. 다음으로 2권은 우리나라 지방정치의 이론과 역사, 지방정치 제도, 그리고 우리나라의 지방정치의 쟁점과 과제 등에 대해 심도 있게 설명하고 있다. 지방정치의 보편적 이론과 사례에 대한 논의 속에서 우리의 현실을 평가하고 바람직한 발전의 대안을 모색하고자 한 것이다.

이 책은 필자가 2016년 한국정치학회장으로 취임하면서 제일 먼저 추진한 프로젝트였다. 바쁜 가운데서도 그동안 이 책을 만들기 위한 수많은 편집회의와 토론 과정에 적극적으로 참여해 준 저자들에게 감사의 말씀을 드린다. 특히 책임편집위원으로 많은 노고를 아끼지 않은 정상호, 하세헌, 김영태, 강경태 교수와 간사로 애써 주신 정하윤, 김덕진 교수께 고마움의 마음을 전한다. 책을 펴내는데 수고해 주신 박영사의 많은 관계자분들, 특히 이영조 차장께 감사드린다.

세계화, 지방화의 시대에도 여전히 과거의 중앙집권적 사고에서 벗어나지 못하고 있는 우리 사회에 이 책이 진정한 지방자치, 분권화, 주민자치, 풀뿌리 민주주의의 의미와 중요성에 대해 새롭게 생각해 보는 계기를 만들 수 있기를 기대해 본다.

2016. 8.
저자들을 대표하여
강원택

차 례

차 례

차 례

PART

1

지방정치의 이론과 역사

L O C A L   P O L I T I C S

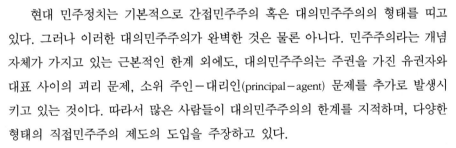

CHAPTER

1 지방정치와 직접 참여 민주주의
: 심의민주주의를 중심으로

현대 민주정치는 기본적으로 간접민주주의 혹은 대의민주주의의 형태를 띠고
있다. 그러나 이러한 대의민주주의가 완벽한 것은 물론 아니다. 민주주의라는 개념
자체가 가지고 있는 근본적인 한계 외에도, 대의민주주의는 주권을 가진 유권자와
대표 사이의 괴리 문제, 소위 주인－대리인(principal－agent) 문제를 추가로 발생시
키고 있는 것이다. 따라서 많은 사람들이 대의민주주의의 한계를 지적하며, 다양한
형태의 직접민주주의 제도의 도입을 주장하고 있다.

물론 대의민주주의를 완전히 포기하고 직접민주주의로 대체하자는 극단적인
주장을 하는 사람은 극소수에 불과하다. 현재의 대의민주주의는 유지하되, 직접민
주주의의 성격을 강화하여 그 문제점을 보완하자는 것이 대부분 학자들의 의견이
다. 그런데 유권자의 직접적인 참여에 근거한 직접 참여 민주주의 제도의 도입은
전국적 차원의 정치에서보다는 지방정치 차원에서 더욱 적실성을 가진다. 이는 단
순히 지방정치가 중앙정치에 비해 소규모이기 때문에 직접 참여 민주주의를 적용
하기에 유리하기 때문만은 아니다. 보다 중요하게는 지방정치는 비교적 커다란 위
험 없이 새로운 제도적 실험을 수행할 수 있는 좋은 장을 마련해 주기 때문이다.

이 글에서는 직접 참여 민주주의의 다양한 형태 중에서도 가장 발전된 형태라고 할 수 있는 심의민주주의에 초점을 맞춘다. 그리고 이러한 심의민주주의가 지방정치에 적용될 수 있는 가능성과 실제 적용 사례를 간략히 논의하고자 한다. 이러한 본론에 앞서 먼저 민주주의의 다양한 유형을 소개하고, 그 중에서 대의민주주의가 가지는 한계와 다양한 대안들을 검토해 보기로 한다.

1. 민주주의의 유형 분류

1) 전통적 민주주의 유형 분류

전형 분류는 다음의 세 가지이다. 먼저, 주권의 행사방식에 따른 직접민주주의와 간접민주주의의 분류, 둘째로 절차와 결과에 대한 강조점의 차이에 따른 절차적 민주주의와 실질적 민주주의 분류, 셋째로 개인의 자유와 사회적 평등 간의 강조점의 차이에 따른 자유민주주의−사회민주주의−비자유민주주의의 분류이다.

(1) 주권의 행사 방식: 직접민주주의 − 간접민주주의

직접민주주의(direct democracy)는 고대 아테네에서, 현대적 맥락에서는 소규모 공동체(타운홀 미팅 등)에서 가능한 방법으로, 대규모 단위에서는 현실적으로 불가능하다. 따라서 근대 국가와 같은 대규모 사회에서는 간접민주주의(indirect democracy)가 일반적인 민주주의 형태라고 할 수 있다.

간접민주주의는 대표를 통해 간접적으로 국민 주권을 행사하는 점에서 대의민주주의(representative democracy), 그리고 대표를 선출한다는 의미에서 선거 민주주의(electoral democracy)라고도 불린다. 다만 뒤에서 논의하겠지만, 선거 민주주의라는 표현은 이보다 훨씬 더 좁은 의미로도 사용되기 때문에, 용어 사용에 유의할 필요가 있다.

(2) 절차와 결과에 대한 강조점의 차이: 절차적 민주주의 - 실질적 민주주의

민주주의를 구분하는 두 번째 기준은 절차와 결과 중 어느 것을 강조하는가이며, 절차를 강조하는 것을 절차적 민주주의(procedural democracy), 절차보다 결과를 강조하는 것을 실질적 민주주의(substantive democracy)라고 한다.

이 분류는 바로 뒤에 소개될 자유민주주의 - 사회민주주의 - 비자유민주주의의 분류와 밀접한 연관을 가지고 있다. 일반적으로 자유민주주의는 절차적 민주주의를 강조하고, 사회민주주의 및 비자유민주주의는 실질적 민주주의를 강조하는 경향이 있다.

(3) 개인의 자유와 집단(사회)적 평등 간의 강조점의 차이: 자유민주주의 - 사회
    민주주의 - 비자유민주주의

자유민주주의(liberal democracy)는 현 시대에서 가장 보편적인 민주주의의 형태이다. 개인의 자유의 권리 보장, 그리고 그를 위한 법의 지배를 기본으로 하는 가장 기본적인 형태의 민주주의이다. 영국과 미국을 중심으로 발전하였기 때문에 영미식 민주주의라고도 한다.

사회민주주의(social democracy)는 일단 이상적인 형태로서의 사회민주주의와 북유럽 등에서 실제 정치적 발현으로 논의되는 사민당(Social Democratic Party)과 사민주의를 구분할 필요가 있다. 사회민주주의는 비록 용어상 개인보다 사회를 우선시하는 것으로 보이지만, 실제 내용적으로는 개인의 자유와 사회적 평등 양자 간의 균형을 추구한다. 그러한 면에서 자유민주주의와 비자유민주주의 둘 사이 중간에 위치한다고도 할 수 있다. 이는 뒤에서 민주주의의 다양성 프로젝트와 관련하여 언급할 평등민주주의와 밀접한 연관을 가진다.

비자유민주주의(non-liberal democracy)는 개인의 자유보다는 집단(사회)을 우선시한다는 특징을 가진다. 자유민주주의가 발달한 서구 사회에서는 이러한 비자유민주주의를 민주주의 사회라고 인정하지 않는 것이 일반적이다. 공산주의 국가의 민주주의, 특히 중국의 민주집중제(democratic centralism)가 대표적인 실례라고 할 수 있다.

2) 대의민주주의의 두 가지 유형: 다수제 민주주의 – 합의제 민주주의

　현대적 맥락에서 민주주의는 주로 간접민주주의(대의민주주의)를 의미하고 있다. 이러한 관점에서 여기서는 의사결정방식에 있어서 다수의 의견을 중시하느냐, 합의를 중시하느냐의 기준에 따른 대의민주주의의 두 가지 유형 분류(다수제 민주주의와 합의제 민주주의)에 대해서 중점적으로 논의하고자 한다. 먼저 두 가지 유형의 민주주의의 제도적 특징을 살펴보고, 다음으로 보다 폭넓은 신제도주의적 관점에서 이 유형 분류와 다른 유형 분류의 연관성을 논의해 보고자 한다.

　대의민주주의의 유형 중 가장 대표적인 것은 레이파트(Lijphart 1984, 1999)의 다수제 민주주의(majoritarian democracy)와 합의제 민주주의(consensual democracy) 모형의 구분이다. 이 두 모형은 대통령제–의원내각제라는 기존의 정부 형태 구분을 뛰어 넘어, 선거제도, 정당제도, 연방제 등 다양한 요인을 통합하여 민주주의의 작동방식을 구분한 것이다.

　다수제 민주주의와 합의제 민주주의의 전형 혹은 이념형은 몇 가지 특성을 통해 구분된다. 가장 중요한 것은 선거제도–정당체계 요인이다. 다수제 민주주의 국가에서는 다수대표제(대표적으로는 소선거구 단순다수제)를 통해 의회를 구성하며, 합의제 민주주의 모형은 비례대표제를 사용한다. 이 두 제도의 가장 큰 차이는 득표율과 의석률 간의 비례성 보장 여부에 있는데, 이러한 비례성 차이는 정당 체계(양당제–다당제)에 결정적 영향을 미친다. 비례대표제를 사용하는 합의제 민주주의는 선거 결과의 비례성 보장을 통하여 사회의 소수 세력이 대표성을 가질 수 있도록 하며, 그 결과 다당제가 발전하는 것이 일반적이다. 반면 다수제 민주주의는 소선거구 단순다수제를 사용하여 비례성 확보보다는 분명한 승자를 가려내는 데 초점을 맞추며, 그 결과 양당제를 초래하는 경향이 있다.

　이러한 선거제도 및 정당체계의 차이는 행정부 구성 방식의 차이를 가져온다. 소선거구 일위대표제로 양당제를 유지하고 있는 영국과 같은 다수제 민주주의 국가의 전형적인 행정부 형태는 단일정당정부이다. 한편, 합의제 민주주의의 행정부는 전형적으로 연립정부이다. 셋 이상의 유력 정당들이 비례대표제로 의석을 나누는 환경에서 어느 한 정당이 총의석의 과반을 차지할 가능성은 그리 높지 않기 때문이다.

다수제 민주주의와 합의제 민주주의를 구분하는 또 한 가지 특성은 행정부와 입법부 간의 관계인데, 이는 행정부 구성 방식, 그리고 정부형태와 밀접한 연관을 맺고 있다. 의원내각제에 기반을 둔 다수제 민주주의 국가(영국)의 행정부는 영향력 행사 측면에서 입법부에 대하여 압도적 우위에 있다. 반면 비례대표제와 다당제 그리고 연립내각을 특성으로 하는 유럽식 합의제 민주주의에서는 어느 한 정당도 독립적으로 안정적인 행정부를 형성하기 어려운 상황이기 때문에 행정부는 항시적으로 의회 구성원인 각 정당들의 선호에 민감할 수밖에 없다. 따라서 행정부와 입법부 간에 힘의 균형이 이루어지는 것이 일반적이다.

다만 대통령제에 기반을 둔 다수제 민주주의의 경우는 행정부와 입법부가 구조적으로 분리되어 있기 때문에 힘의 균형이 어느 정도 이루어지고 있다는 점을 유의할 필요가 있다. 실제로 대통령제가 다수제 민주주의와 합의제 민주주의 중 어느 쪽에 친화성을 가지는 지는 분명치 않다. 대통령제는 대통령 선거가 승자독식인 다수제 방식으로 이루어진다는 점, 그리고 보통 양당제를 유도하며 단일정당 정부를 초래한다는 점에서는 분명 다수제 민주주의적 성격이 강하다. 그러나 행정부—입법부 간 관계에 있어서는 힘의 균형을 이루고 있다는 점에서 오히려 합의제적 성격을 갖는다. 일반적으로 미국은 선거제도(단순다수제)와 정당체계(양당제)로 인해 다수제 민주주의 국가로 분류되고 있으나, 적어도 영국보다는 다수제적인 성격이 약한 이유가 바로 대통령제 국가이기 때문이다.

다수제 민주주의와 합의제 민주주의가 보여주는 또 다른 차이점은 그 국가의 이익대표체계에 있다. 일반적으로 다수제 민주주의 국가는 다원주의, 그리고 합의제 민주주의 국가는 조합주의(corporatism), 그 중에서도 사회 조합주의와 연결된다. 물론 이 특성은 앞에서 언급한 선거제도, 정당체계, 행정부 구성 방식, 행정부—입법부 관계 등과 직접적인 제도적 연관성을 갖는 것은 아니다. 다만 정치문화적 측면에서 볼 때, 다양한 이익들 간 자발적인 협력을 강조하는 사회 조합주의는 다수제 민주주의보다는 합의제 민주주의와 더 궁합이 잘 맞는다고 할 수 있다.

사실 레이파트의 다수제－합의제 민주주의 모델에서 가장 핵심적인 요인은 선거제도이다. 그러한 측면에서 이 두 모델은 주로 선거제도의 측면에 초점을 맞추어 파웰(Powell 2000)이 제시한 다수제(majoritarian)와 비례제(proportional) 시각과 거의 일치한다. 파웰에 따르면, 선거제도는 한 나라의 민주주의 운영 방식에 가장 근본적인 틀을 마련하고 있으며, 또한 이는 민주주의에 대한 기본 철학 혹은 시각을 반영하고 있다. 다수제 시각은 선거를 통해 분명한 다수를 창출하여 그 다수에게 모든 권한을 부여하는 방식이다. 한편 비례제 시각에 따르면, 선거의 주요 목적은 다수 창출이 아니고 사회의 다양한 이익들을 대표하는 것이며, 이렇게 선출된 다양한 정치세력들이 상호간 협력과 타협을 통해 국정을 운영해 나가는 것이 진정한 민주주의 방식이다.

　　쯔벨리스(Tsebelis 2002)는 레이파트와 파웰의 시각과 일맥상통하면서도 이와는 조금 다른 관점에서 새로운 분석틀을 제공하고 있는데, 바로 거부권 행위자(veto players) 이론이다. 그에 따르면, 모든 정치제도적 특성은 거부권 행위자의 수와 그들 성향의 근접성으로 압축하여 표현할 수 있다. 권력분리를 특성으로 하는 대통령제 하에서 거부권 행위자가 의원내각제에 비해 많다고 생각하는 것이 일반적이지만, 실제로는 반드시 그렇지 않다. 예를 들어, 대통령제 하에서 거부권 행위자가 대통령과 의회(단원제를 가정할 경우) 둘이라면, 의원내각제 하에서 세 개 정당간 연정이 형성되었을 경우는 거부권 행위자의 수가 셋이 되는 것이다. 쯔벨리스에 따르면, 이러한 거부권 행위자의 수는 정책 안정성(policy stability)에 결정적인 영향력을 미친다. 물론 거부권 행위자의 수가 많을수록, 그리고 그들 사이의 정책성향이 멀수록, 기존 정책을 바꾸기가 어려워지고 이는 곧 정책 안정성이 높음을 의미한다.

　　여기서 강조해야 할 점은 이 세 가지 분석틀이 서로 밀접한 연관을 가지고 있다는 사실이다. 레이파트와 파웰의 분석들의 유사성은 자명하다. 그리고 쯔벨리스의 거부권 행위자 이론 또한 레이파트 및 파웰의 분석틀과 논리적으로 연관성을 가지고 있다. 레이파트와 파웰이 제시한 다수제 모형은 거부권 행위자의 수를 최소화하는 것이며, 반대로 합의제 및 비례제 모델은 다양한 이해관계를 가진 행위자에게 거부권을 부여함으로써 거부권 행위자의 수를 확대하는 경향성을 갖는다.

이렇게 넓은 관점에서 본다면, 이 세 가지 이론 틀은 모두 신제도주의 경제학의 거래비용(transaction cost) 이론으로도 설명이 가능하다(Coase 1988; Williamson 1999). 민주정치를 집합적 의사결정 과정으로 본다면, 이러한 의사결정(즉, 정책결정)을 도출하는 데 비용(decision making cost)이 수반되는데, 이를 일종의 거래비용으로 볼 수 있다. 그리고 이렇게 결정된 정책은 모든 이들에게 강제력을 갖게 되므로, 이를 준수하는 데 따르면 순응비용(conformity cost)이 수반된다. 예를 들어, 일인독재는 거래비용을 최소화시키나 막대한 순응비용을 초래하며, 반대로 만장일치제는 순응비용을 최소화시키나 막대한 거래비용을 초래한다(문우진 2007). 그렇다면, 앞에서 제기한 분석틀에서 레이파트와 파웰의 다수제 모형은 거부권 행사자의 수를 최소화함으로써 정책결정에 수반되는 거래비용을 줄이는 방식으로, 그리고 레이파트의 합의제와 파웰의 비례제 모형은 거부권 행사자의 수를 확대함으로써 상대적으로 거래비용을 늘리고 순응비용을 줄이는 방식으로 이해할 수 있다.

마지막으로 이러한 거래비용 대 순응비용으로 정치제도를 파악하는 것은 우리에게 보다 친숙한 민주주의의 두 가지 원칙인 책임성(accountability)과 대표성(representativeness)의 관점에서 이해할 수 있다. 거부권 행사자의 수가 적은 다수제 모형에서는 거래비용을 줄일 수 있기 때문에 정책 생산성이 증가할 뿐만 아니라, 정책에 대한 책임성 또한 높아진다. 반면 거부권 행사자의 수가 상대적으로 많은 합의제 혹은 비례제 모형에서는 높은 거래비용이 수반되기 때문에 정책 생산성은 떨어지지만, 정책의 안정성과 대표성은 증가한다.

종합적으로 볼 때, 정치제도의 특성을 분석하는 데 사용하는 다양한 분석틀은 서로 밀접한 연관성을 가지고 있을 뿐만 아니라, 그 근원은 결국 민주주의 이론가들이 오래전부터 제시했던 책임성과 대표성의 관점으로 귀착된다(<표 1-1> 참조). 그리고 이러한 책임성과 대표성이 갖는 일종의 트레이드오프(trade-off) 관계는 통합(integration)과 분권(decentralization), 혹은 통제(control)와 자율(autonomy) 간에 발생하는 민주정치의 기본 딜레마로서 이미 우리에게 익숙한 것이다(Dahl 1982).

표 1-1 레이파트의 다수제-합의제 민주주의 모형과 다른 이론들과의 연관성

구 분	다수제	합의제	비 고
파월 이론	다수제 시각	비례제 시각	선거제도에 초점
쯔벨리스 이론	거부권 행위자 수가 적음	거부권 행위자 수가 많음	게임이론 적용 의제설정권 및 정책안정성에 초점
경제학 거래비용 이론	거래비용 최소화, 순응비용(외부비용) 높음	순응비용 최소화, 거래비용 높음	폭넓은 적용범위
민주주의 이론	책임성 강조 통합과 통제	대표성 강조 분권과 자율	민주주의 기본원리

3) 민주주의의 다양성(varieties of democracy) 프로젝트

민주주의의 다양성과 다차원성의 가정에서 출발하는 대표적인 민주주의 프로젝트로서 민주주의 다양성(V-dem) 프로젝트가 있다. 이 프로젝트는 현재 스웨덴 요떼부리(Gothenburg) 대학에 본부를 두고 운영하고 있으며, 전 세계 연구자들이 참여하여 다양한 차원에서의 민주주의를 인정하고 이를 경험적으로 측정하기 위해서 협력하고 있다(웹사이트: https://v-dem.net).

이 프로젝트의 대표 연구자들은 다음의 7개 유형의 민주주의를 구분하고 있다:

(1) 선거민주주의(Electoral): 절차적 측면 강조. 경쟁(contestion) 민주주의, 최소한(minimal) 민주주의, 혹은 현실주의 민주주의. 민주주의는 지도자 집단의 경쟁을 통해 성취 가능함. 개인의 자유, 법치, 입헌주의, 자유 언론 등의 조건은 부차적임.

(2) 자유민주주의(Liberal): 개인의 자유, 법치, 수직적 책임성, 소수의 권리 등에 대한 강조에 기반. 정치권력에 대한 부정적 견해를 가지고 정부에 대한 견제에 초점. 선거민주주의와 마찬가지로 절차적 측면 강조, 선거민주주의보다는 발전된 형태의 민주주의.

(3) 다수제 민주주의(Majoritarian): 책임정당 정부 강조. 다수의 의지가 중요. 정치제도의 중앙 집중이 중요함. 강력하고 중앙집중적인 정당(양당제)과 다수제 선거제도를 특징으로 함. 영국이 대표적인 사례

(4) 합의제 민주주의(Consensual): 다수제 민주주의와 대비되는 개념. 다수의 의지보다는 다양한 견해를 포함하여 합의 도출 강조. 비례대표제, 다당제, 초과반수(supermajority) 내각, 행정과 입법 분리, 연방 헌법, 권력 공유 등을 특징으로 함. 북유럽 국가가 대표적인 사례.

(5) 참여민주주의(Participatory): 참여 확대 목표. 일반적으로 직접민주주의 모델의 후손으로 인식됨. 작은 공동체에서 경험(공화주의 사상). 선거민주주의에 대한 불만을 바탕으로 투표 참여뿐만 아니라, 비선거 유형의 참여(예를 들어, 시민 의회, 정당 예비선거, 국민투표, 배심원제, 사회운동, 공공청문회, 타운홀 미팅, 그 밖에 다양한 시민 참여)를 강조함.

(6) 심의민주주의(Deliberative): 참여의 양이 아니라 질을 강조함(소통과 심의 강조). 의사결정이 이루어지는 과정을 강조. 즉, 정서적 호소, 연대감, 편협한 이익, 강요에 의한 결정보다는 공공선에 초점을 맞춘 공적 이성(public rea-soning)에 의한 정치적 결정을 강조함. 기존의 선호 집합 이상이 필요하며, 대화와 소통을 강조함. 주요 목표는 심의 과정을 통해서 사적 선호를 공적 조사와 검사를 견뎌낼 수 있는 입장으로 전환하는 것임. 정치제도적 차원에서 각종 심의 기구의 활용을 특징으로 함.

(7) 평등민주주의: 공식적 정치적 권리와 자유가 정치적 평등을 위해서 불충분함을 강조함. 사회에 존재하는 물질적, 비물질적 불평등을 해소해야만 정치적 평등의 실현이 가능하다는 견해를 가짐. 사회 여러 집단들이 동등한 참여, 동등한 대표, 동등한 의제설정 권력, 동동한 정책결정 권한을 가져야 함. 이를 위해 국가가 적극적으로 나서 사회경제적 자원, 교육, 건강 등의 분배를 보다 평등하게 만들기 위해 노력해야 함. 국가에 대한 적극적인 관점(자유민주주의의 부정적인 관점과 대비)을 특징으로 함.

물론 이러한 다양한 유형의 민주주의는 앞에서 언급했던 민주주의의 유형 분류, 그리고 뒤에서 논의할 대안적 민주주의 형태와 중복되고 있다. 비록 7개 민주주의가 분류되는 기준과 차원이 다르기는 하지만, 민주주의 다양성 프로젝트 참여 연구자들은 암묵적으로 뒤로 갈수록 발전된 (혹은 바람직한) 형태의 민주주의라는 가정을 가지고 있는 것으로 보인다.

2. 대의민주주의의 한계와 대안

1) 대의민주주의의 한계: 민주주의 결핍(democratic deficit)

대의민주주의(특히 자유민주주의)의 한계에 대한 논의는 이미 많이 진행되어 있다. 특히 최근에는 민주주의 결핍(democratic deficit)이라는 표현을 통해서 다양한 한계를 논의하고 있다. 원래 이 용어는 유럽연합과 연관되는 것이 보통인데, 유럽연합의 제도가 애초에 그 구성 국가들의 민주주의 장식 없이 성장했기 때문이다. 그러나 유럽연합에 속하거나 속하지 않은 자유민주주의 국가들 또한 자체적으로 민주주의 결핍과 결함을 경험하고 있다. 이들 모두가 정치와 공공 정책에 있어서 대중통제(popular control)를 효과적으로 실현하는 데 방해가 된다. 이러한 결함에는 다음이 포함된다(Dryzek and Dunleavy 2009, 280−281):

- 정치 문제에 대해서 별 관심이나 지식이 없는 시민들
- 민주주의라는 외관 뒤에서 엘리트에 의한 정책 결정의 지배
- 사회 전체에 만연하고 있으나, 일부 지배적 이익을 위해 작동하는 이념들
- 겉보기에 다원주의적 정책 결정 안에서 기업이 갖는 특권적 위치
- 유권자가 아니라 금융 및 자본 시장의 비위를 맞추어야 하는 정책 결정
- 공공 비용으로 자신들의 물질적 이득을 추구하기 위해 국가를 활용하는 사적 이익들

- 자신들의 지역구와 정치자금 제공자들에게 혜택을 제공하는 무책임한 지출(안)을 밀어붙이는 이기적인 의원들
- 공적 이익을 위해 활동하기보다는 자신들의 예산을 극대화하거나 자신들의 우선순위를 추구하는 관료들
- 유권자와 의원들의 선호를 집약하는 데 있어서 발생하는 자의성과 불안정성
- 사회 운동과 조직된 이익들이 정부에 대한 영향력을 행사할 수 있는 통로의 제한성
- 권력이 어디에 있는지 불투명하며, 낮은 가시성(low-visibility)을 가진 네트워크 거버넌스에서의 책임성의 부재
- 유권자에게 실질적인 선택을 제공하지 않는 정당들
- 소수 유권자에 의해 지지를 받는 정부와 같이, 상식에서 벗어나는 결과를 생산하는 선거제도
- 부유한 이익들로부터 자금을 모금해야 할 필요성이 절대적으로 된 고비용 선거운동
- 선거에서의 투표율 감소
- 정당원의 감소
- 미디어 전문가, 조작, 부정적 광고 등을 중심으로 작동하는 선거 정치
- 국가에 대한 애착심이 약한 소외된 소수 집단의 존재
- '안보'(security)의 이름으로 민주적 권리를 약화시키는 관행. 이 문제는 미국과 다른 국가들에서 선포된 '테러와의 전쟁'(war on terror)으로 더욱 악화됨

2) 대안적 접근법: 참여민주주의, 시민공화주의, 심의민주주의

(1) 참여민주주의

정치체제 전체를 참여민주주의화하기 위한 보다 야심찬 프로그램은 바버(Benjamin Barber 1984)에 의해 제시된 바 있다. 그는 현존하는 자유민주주의의 불충분성에 대한 통렬한 공격에다가 '강력한 민주주의'(strong democracy)를 위한 자세한 프

로그램을 결합하고 있다. 바버의 프로그램이 포함하고 있는 내용 중에는 이웃 차원에서의 의회, 통신 기술에 대한 보편적인 접근, 시민이 통제하는 형사 사법제도(이는 소위 '회복적 사법정의'(restorative justice)에 대한 제안과 손쉽게 연결됨), 전국적 규모에서의 국민투표, 지방 차원에서 추첨에 의한 대표(공직자들이 무작위로 선출되었던 고대 아테네에서와 같이), 보편적인 군 복무(민간 복무 선택권을 부여함), 공동체 자원 봉사 프로그램, 직장 민주주의, 그리고 사람들이 보다 효과적으로 모여서 소통할 수 있는 물리적 공공장소를 건설하기 위한 건축 방식의 변형 등이 포함된다. 이러한 개혁 조치들이 모두 모이면 개인들로 하여금 공동체 구성원으로서의 역할과 시민으로서의 임무에 보다 많은 관심을 가지도록 해 줄 것이다. 이러한 프로그램을 해석하는 한 가지 방법은 이것이 시장 자유주의의 반대라는 점을 강조하는 것인데, 시장 자유주의는 개인적이고 사적인 이기적 동기와 개인들의 시장 거래에의 참여를 강조한다. 따라서 1980년대 이래 시장 자유주의의 중요성 증가는 강력한 민주주의 프로그램의 실현 가능성에 부정적인 영향력을 행사했다.

2000년 이래 많은 관심을 받아왔던 구체적인 혁신 방안은 주민참여예산제인데, 이 제도는 1980년대 브라질에서 시작되었다. 이 제도는 포르투알레그레(Porto Alegre) 시에서 가장 유명하게 실행되고 있는데, 다른 국가들에서도 이 제도를 복제해 간 것이다. 이 제도의 과정은 누구나 참여할 수 있는 수많은 지역 의회에서 출발한다. 지역 의회에서의 참가자들은 지역 예산 포럼에 보낼 대표들을 선출하며, 여기서 다시 자치시 예산 의회 구성원이 선출된다. 첫 단계의 지역 의회에의 시민 참여율은 10퍼센트에 근접한다. 이러한 행동은 커다란 국가 수준보다는 지역이나 지방 수준에서 실현하기 쉬운 것으로 보인다.

참여민주주의에 대한 열정은 아마도 1960년대와 1970년대에 정점에 달했는데, 당시 참여민주주의는 중앙집권화된 경제 계획과 관료에 의한 통제로 특징지워졌던 사회주의에 대한 대안을 추구하던 '신좌파'(new left) 프로그램의 한 부분이었다. 참여적이고 비위계적인 기반에 조직되었던 당시의 협동조합과 사회 운동 단체들의 대부분은 유지되기가 힘든 것으로 판명되었는데, 그들이 참여자들에게 요구했던 시간과 정신적 측면에서의 관대함이 지나치게 컸기 때문이었다. 그러한 실험의 최종 운명은 붕괴하거나, 아니면 보다 관습적이고 위계적인 관리 스타일을 채택하는 것이었다. 그래서 참여민주주의를 유행이 지난 것으로 일축해 버리기 쉽다. 만약 그것이 소규모 직장이나 비슷한 성향을 가진 정치적 활동가들로 구성된 단체에서도 유지하기 어려운 것으로 판명되었다면, 보다 큰 규모의 다양하고 복잡한 사회를 참여민주주의적으로 만들 수 있는 희망은 찾기 어렵다는 것이다.

보다 최근에는, 한때 참여민주주의의 주장을 위해 쏟아 부어졌던 열정이 두 가지의 대안적 사업으로 향하고 있는데, 이 둘은 정치에서 시민 정신의 재생이라는 유사한 신념을 공유하고 있지만 일반 시민에게 실제로 얼마나 많은 참여가 요구되는가의 문제에 있어서는 다소 신중한 입장을 취하고 있다. 이 두 대안은 시민공화주의와 심의민주주의이다.

(2) 시민공화주의

공화주의(Republicanism)는 실제로 민주주의보다 더 오랜 역사를 가지고 있는 것으로, 고대 아테네와 특히 로마 시대까지 거슬러 올라간다. 이것을 미국의 공화당(Republican Party)과 혼동해서는 안 되는데, 미국 공화당은 시민들의 적극적인 역할을 강조하는 공화주의 이상을 추구하지 않는다. 공화주의는 (정부 다른 부처 간 견제와 균형 체제를 갖춘) 혼합 정부(mixed government), 법치(rule of law), 그리고 무엇보다 공공 정신을 가진 시민들에 의해 정의될 수 있다. '공화주의자들은 시민들 간의 논의와 토론을 촉진하는 정치체제를 고안하고자 시도할 것이다. 그들은 이기적인 사적 집단들 간의 거래와 흥정으로서 법률 제정을 촉진하는 체제에는 적대적일 것이다.' 지난 2,500년 동안 공화주의는 수많은 다양한 형태로 존재해 왔는데, 그 중 일부는 시민들의 정치 관여를 촉진하기보다는 오히려 억제하려는 시도를 포함하고 있다. 예를 들어, 미국 헌법에 구현되어 있는 매디슨(James Madison)의 정치 이론이 그러하다.

현시대 시민공화주의자들에게 있어서 정치의 특징은 시민 도덕(civic virtue)의 핵심인 공공선(common good)에 대한 확신이어야 하며, 부분적 이익, 특히나 그 중에서도 물질적 자기 이익을 추구해서는 안 된다. 그래서 시민공화주의자들은 물질적 이익에 기반을 둔 그 어떤 종류의 다원주의에도 적대적이다. 실제로 그들은 다원주의 일반에 대해서도 매우 의심쩍어 하는데, 왜냐하면 그것이 공동체 연대(community solidarity)와 공동의 시민 목표의 추구를 방해한다고 생각하기 때문이다. 개인들은 자신들의 특정 이익을 공화국의 제도에 구현되어 있는 공공선(common good) 혹은 일반선(general good)보다 하위에 두어야 한다. 물론 시민들은 일반 선의 내용에 대해서 동의하지 않을 수 있으며, 따라서 활발한 정치적 토론의 기회가 많이 존재한다. 아렌트(Arendt)의 공화주의 개념은 특히 영웅적이었는데, 그러한 시민적 정치 안에서만 인간의 삶이 진정한 의미를 찾을 수 있다고 그녀는 믿었다.

그러나 특정한 종류의 정치적 행동과 행태를 권고하는 것을 넘어서 국가의 개혁에 관해서 시민공화주의가 제공하는 것이 정확히 무엇인가? 일단 긍정적인 역사적 사례를 찾아봄으로써 시작할 수 있을 것이다. 고대 아테네와 로마 공화국을 되돌아보는 것 외에, 근대 세계에서 진정한 공화주의 정치는 혁명적 상황에서 시민의회의 자연발생적인 등장에서만 발견될 수 있다고 아렌트는 믿고 있다. 예를 들어, 1871년 파리코뮌(Paris Commune), 1917년 러시아 혁명(레닌과 볼셰비키에 의해 탈취당하기 이전에), 1930년대 스페인 내전, 1956년 소련에 대한 헝가리의 저항, 그리고 이와 다소 유사한 1967년의 '프라하의 봄'(Prague spring) 등이 포함될 것이다. 동부와 중부 유럽에서 발생한 1989년의 혁명들도 시민공화주의자들에 의해 환영받을 수 있을 것이다. 구체적으로 체코슬로바키아에서 주요 혁명 기구는 '시민 포럼'(Civic Forum)이었으며, 혁명가에서 대통령으로 변신한 하벨(Vaclav Havel)은 부문별 이익에 대항하는 공공선 정치를 채택하였는데, 이는 이익 정치에 반대되는 '진실의 정치'(politics of truth)와 연관지어졌다. 그러나 그 이전의 공화주의적 순간들이 그러했듯이, 이러한 종류의 영웅적 정치는 오래 지속되지 못했고, 결국 보다 일상적인 부분별 이익 정치에게 길을 내주게 되었다.

이처럼 일시적인 결정적 순간들을 넘어서, 시민공화주의자들은 공고화된 자유민주주의 국가들에게 비판 외에 무엇을 제공할 수 있는가? 대부분의 경우, 어떤 과감한 제도적 변화를 주장하기보다는, 기존의 제도들이 자신들 행동의 지침으로서 다른 원칙들을 채택하는 정도의 제안들이다. 예를 들어, 형사 사법제도에 대한 공화주의적 접근법은 보복을 피하며, 부유한 사무직 종사자를 우대하면서 가난하고 불리한 위치에 처한 사람들을 차별을 하지 않으며, 일반적으로 보다 정치적으로 평등한 공화주의 사회에 기여하는 것이다. 어떤 학자는 정치에서 재정적 영향력의 엄청난 불평등을 축소시키기 위한 선거운동 자금 개혁을 주장한다. 또한 시민공화주의자들은 앞에서 논의했던 보다 적극적인 시민교육, 그리고 강화된 공공 심의를 선호할 가능성이 높다. 그러나 개혁 프로그램으로서 시민공화주의는 다음에 논의할 심의민주주의에 비해 지금까지 별로 많은 것을 제공하지 않고 있다.

(3) 심의민주주의

최근 들어 민주주의 결핍의 해결 방안으로서 심의민주주의(deliberative democracy)에 대한 관심이 급증하고 있다. 먼저 심의라는 개념 자체를 살펴보면, 심의(deliberation)는 특정한 종류의 소통 과정인데, 여기서 개인들은 다른 사람들의 의견을 청취한 후 그러한 관점에서 자기 자신들의 견해를 심사숙고하며, 이상적으로는 강제, 조작, 기만 등으로부터 자유로운 맥락에서 이루어진다. 심의를 강조한다는 것은 '말 중심(talk-centric) 민주주의 이론이 투표 중심(voting-centric) 민주주의 이론을 대체함'을 의미하는 것인데, 물론 투표가 완전히 배제되는 것은 아니다.

심의민주주의의 전통은 민주주의의 역사만큼 오래되었다. 그 전통은 시민들 간의 자유로운 토론을 강조하던 고대 그리스 시대로까지 거슬러 올라가며, 대표적인 보수주의자 버크(Burke)와 대표적인 자유주의자 밀(Mill) 또한 심의와 토론의 중요성을 강조해 왔기 때문이다. 그러나 심의민주주의라는 용어가 처음 사용된 것은 1980년이었다(Bessette 1980). 1990년대 들면서 심의민주주의에 대한 관심이 급속도로 확산되는데, 이는 기존의 자유민주주의 국가가 가지고 있는 민주주의 결핍(democratic deficit)에 대한 반성에 따른 것이었다. 선도적인 유럽대륙의 철학자인 하버마스(Habermas 1996)와 영미계의 대표적인 정치 철학자 롤스(Rawls 1997) 두 사람 모두 자신들을 심의민주주의자로 묘사했던 것이다.

심의민주주의는 개인들에 대한 낙관적인 가정에 근거하고 있는데, 개인들이 다른 사람들과의 정치적 대화에 참여함으로써 자신들의 선호, 가치, 그리고 판단에 대해 심사숙고할 수 있는 능력을 가지고 있다는 것이다. 그리고 이러한 개인들이 참여한 심의의 결과가 정책 결정에 영향을 미칠 수 있다는 가정도 필요하다. 이러한 두 가지 가정을 바탕으로 한다면, 심의민주주의 국가의 정당성은 집단적 결정에 영향을 받는 사람들이 그 결정의 내용에 대해서 영향을 미치는 심의에 참여할 수 있는 권리, 기회, 능력을 가지는 정도에 달려 있다고 할 수 있다. 시민들은 어떤 결정에 대해서 단순히 투표하기보다는 그 결정에 대한 심의에 참여할 수 있어야만 한다는 것이다.

심의민주주의에 대한 본격적인 논의와 적용 사례는 다음에서 살펴본다.

3. 심의민주주의의 이해와 적용 사례

1) 왜 심의민주주의인가?

앞에서 살펴 본 대의민주주의의 한계를 극복할 수 있는 세 가지 대안적 접근법은 서로 깊은 연관을 맺고 있다. 특히 시민공화주의와 심의민주주의는 서로 사촌이라고 할 만큼 가까우며, 둘 모두 참여민주주의에 기반을 두고 있으면서 이를 더욱 심화 발전시킨 것이라고 평가할 수 있다. 또한 어떤 측면에서 보면, 심의민주주의는 참여민주주의와 시민공화주의를 결합한 형태로 해석할 수도 있다. 참여민주주의의 참여와 공화주의의 공공선을 모두 추구하고 있기 때문이다.

그런데 많은 학자들이 심의민주주의에 가장 큰 관심을 가지는 이유는 크게 두 가지이다. 하나는 심의민주주의는 대의민주주의의 한계를 비판하면서도 대의민주주의와 병립하기에 셋 중에서 가장 적절하다는 점이다. 심의민주주의는 직접민주주의의 한 형태이긴 하나 직접민주주의의 문제점을 보완하고 있다. 직접민주주의가 시민사회의 자발성과 자치주의를 극대화하는 것이라면 심의민주주의는 다소 국가 중심적 속성을 갖는다(장수찬 2011). 다음에서 곧 살펴보겠지만, 실제로 심의민주주의는 대의민주주의의 연장선상에서 이해할 수 있으며, 앞에서 언급한 다수제 민주주의와 합의제 민주주의의 분류와 같은 맥락에서 그 특성을 고찰할 수 있다. 즉 대의민주주의가 발전해 나가고 있는 일종의 이상형으로 볼 수 있는 것이다.

심의민주주의가 관심을 끄는 또 한 가지 주요 이유는 그것이 가지고 있는 여러 특징들, 즉 '참여의 확대', '사회적 학습의 성취를 통한 문제해결', 그리고 '제한 없는 대화와 소통'의 원칙 등이 현재의 탈근대 사회, 혹은 다문화 사회와 적합성을 가지고 있기 때문이다. 탈근대적 가치관을 가진 시민들은 전통적인 수동적 정치참여 방식(투표 참여 등)보다는 보다 능동적인 참여의 욕구를 가지고 있는데(김욱 2005), 심의민주주의는 이러한 시민의 새로운 욕구를 충족하는 데 적합하다는 것이다. 또한 급속히 다문화사회로 변화해 가는 현대 사회에서 다양한 문화 간 대화와 소통을 위해서도 심의민주주의는 더욱 더 필요해지고 있다. 소위 심의민주주의에 바탕을 둔 다문화민주주의(multicultural democracy)라는 용어가 최근에 만들어진 것도 이러한 맥락에서 이해할 수 있다(심승우 2010; 김비환 2011).

2) 대의민주주의와 심의민주주의: 다수제-합의제 민주주의와의 연장선상
   에서의 심의민주주의

심의민주주의에 대해서는 다양한 견해와 정의가 존재하지만, 여기서는 심의민주주의를 대의민주주의의 한계를 비판하면서 동시에 대의민주주의를 더욱 심화 발전시키는 개념으로 이해해 보고자 시도한다. 대의민주주의가 선거와 투표를 통한 대표성 및 정당성 확보의 중요성을 강조한다면, 심의민주주의는 토론과 숙고를 통한 공공선의 발견을 강조하는 점에서 구분된다. 그러나 대부분의 심의민주주의자들이 대의민주주의를 부정하고 있는 것은 아니며, 실제로 대의민주주의를 유지하면서 심의민주주의를 접목시킬 가능성은 얼마든지 열려 있다.

일부 극단적인 심의민주주의자들은 의회의 정치적 대표성과 의회 내에서의 심의의 중요성을 인정하지 않는 경우도 있다. 그들은 공식적인 제도적 틀 안에서의 의원들 간의 심의보다는 시민사회 영역에서 비공식적이고 다양한 형태로 이루어지는 시민의 참여와 토론을 강조하거나, 정책 관련 이해 당사자들 간의 포럼을 통한

심의를 더욱 중시한다. 혹은 공식 제도 영역을 강조한다고 할지라도 의회보다는 '공적 이성'(public reason)을 가진 사법부가 심의에 더욱 적합하다고 보는 사람도 있다(예를 들면, 롤스).

한편 대표 기구의 존재를 인정한다고 할지라도 구성원의 선정에 있어서 지금과 같은 선거 방식보다는 추첨에 의한 선출 방식을 선호하기도 한다. 이는 고대 아테네 모델을 따르는 것인데, 법정 소송에 대한 배심원이 선출되는 방식과 같은 것이다. 그렇게 선출된 사람들은 통계적 의미에서 전체 인구를 잘 대표할 수 있다는 장점을 가지고는 있으나, 통상적인 의미에서 정치적 대표라고 할 수는 없다. 왜냐하면 그들은 일반 대중에게 아무런 책임성도 가지고 있지 않기 때문이다(Dryzek and Dunleavy 2009).

대부분의 심의민주주의자들은 대의(선거)민주주의를 완전히 무시하지 않는다는 점에서 보다 현실적이다. 그들은 선거를 통해 선출된 의원들의 정치적 대표성을 인정하며, 일종의 '이중 궤도'(two track) 전략을 강조하고 있다. 예를 들어, 하버마스 (Habermas 1996)는 비공식적인 영역에서의 자발적인 시민 참여를 통한 여론의 형성과 함께, 공식 제도 영역인 입법부 내에서의 토론과 심의를 모두 강조한다. 따라서 심의민주주의 내에서도 심의가 이루어지는 가장 중요한 장소는 의회라고 할 수 있다. 물론 의회 내에서 심의가 얼마나 잘 이루어지는가는 의회의 구조(양원제 여부), 조직 원리(위원회 중심, 본회의 중심), 그리고 정당 기율의 강도 등 여러 요인에 의해 영향을 받게 될 것이다.

이처럼 심의민주주의가 선거민주주의에 상대되는 개념이기는 하지만 선거민주주의와 전혀 상관없는 것이 아니라는 관점을 가진다면, 심의민주주의는 앞에서 언급한 다수제 민주주의와 합의제 민주주의와의 연속선상에서 파악할 수 있다. 어떤 측면에서 보면, 다수제 민주주의는 가장 선거민주주의적 성격이 강한 민주주의 모델이라고 할 수 있다. 선거를 통해 통치 다수를 확정짓기 때문이다. 그리고 이렇게 확정된 다수는 선거를 통해 확보한 정치적 정당성을 가지고 (별 다른 심의 없이) 정책을 결정해 나갈 수 있기 때문이다.

합의제 민주주의는 상대적으로 선거민주주의적 성격이 약하며, 심의민주주

표 1-2 다수제-합의제 민주주의 모형과 심의민주주의

구 분	선거민주주의 성격	주요 특징	의회의 작동방식	대표 사례
다수제 민주주의	매우 강함	단순다수제 다수결	다수당 중심	영국
합의제 민주주의	강한 편	비례제 협의와 합의 강조	정당간 합의 강조	북유럽 국가
심의민주주의	약함	시민의 자발적인 참여와 심의 강조	정당을 벗어나 양심에 따른 심의	이상형

에 가깝다고 할 수 있다. 왜냐하면 선거를 통해서 다양한 사회적 이익이 대변되고 나면, 선거 이후 이들의 연합과 타협에 의해서 정부를 구성하고 정책을 결정하기 때문이다. 또한 합의제 민주주의가 특징으로 하고 있는 다당제 하에서는 양당제 하에서보다 보다 효과적인 심의가 의회에서 이루어질 가능성이 높다고 할 수 있다 (Dryzek and Dunleavy 2009).

마지막으로 특히 북유럽의 합의제 민주주의 국가의 특징이라고 할 수 있는 사회 조합주의제도(예를 들면, 한국의 노사정위원회) 역시 결국은 입법부 밖에서의 심의를 강조한다는 점에서 심의민주주의적 성격을 가진다. <표 1-2>는 다수제-합의제 민주주의 모형과 심의민주주의의 주요 특징과 대표 사례를 간략하게 비교하고 있다.

3) 지방정치에서 심의민주주의 적용 실태: 충청남도 사례를 중심으로

앞에서 언급한 바와 같이 중앙정치보다는 지방정치에서 심의민주주의를 적용하기가 쉽다. 실제로 많은 지방자치단체에서 심의민주주의적 성격을 가진 제도적 장치를 운영하고 있다. 그 중에서도 여기서는 충청남도 사례를 중심으로 심의민주주의의 운영 실태를 간략히 소개하고자 한다.

충청남도는 매우 다양한 참여제도들을 운영하고 있다. 이러한 제도들은 그 성

격에 따라 크게 세 가지로 분류가 가능하다. 첫째는 단순한 정보제공을 위한 제도들로서 정책설명회, 간담회, 정책모니터, 제안마당 등이 포함된다. 둘째는 정보제공을 넘어서 정책결정 이전에 심도 있는 협의를 위한 제도들로서 도민참여예산제, 정책자문위원회 등이 포함된다. 셋째는 시민의 능동적 참여와 심의를 통해 공동 정책결정이 이루어지는 제도들로서, 타운홀 미팅(Town Hall Meeting)이 가장 대표적인 사례이다. 이 중에서 가장 심의민주주의적 성격이 강한 제도는 물론 타운홀 미팅이다.

타운홀 미팅이란 과거의 전통적인 타운홀 미팅과 구분하기 위해 보통 '21세기 타운홀 미팅'이라고 불린다.[1] 이 제도는 공청회, 설명회, 패널회의와 같은 시민참여 방식을 지향하고 토론과 담론에 초점을 맞추고 있는데 다양한 시민그룹을 라운드 테이블 토론회(round-table discussion / 개별 테이블당 10-12명 수준)에 초대하고 참여 시민들이 핵심 정책 이슈에 대해서 심사숙고 과정을 거쳐서 이슈를 결정하도록 하는 방법이다. 그 과정을 간략하게 설명하면 다음과 같다. 개별 테이블 토론은 훈련된 토론전문가, 정책 전문가 그리고 관료들에 의해 정책과 관련된 정보를 지원 받는다. 개별 테이블 토론 결과는 무선 그룹 컴퓨터(wireless groupware computers)를 통하여 수집되고 특정 정책제안에 대해서 무선 투표기(Keypad Polling)를 사용하여 투표한다. 토론 결과는 중앙 스크린에 실시간 대에 보고되고 공개된다. 전체 참석자는 최종 정책 제안에 대해 투표하고 최종적으로 정책결정자에게 제시한다. 정책결정자는 주민들의 최종 결정을 어떤 수준에서 이행할 것인가를 약속한다. 위의 토론 방식은 최근 전자통신기술과 숙련된 대화방식을 조합함으로써 중요한 정책대안을 검토하고 정책 우선순위를 찾아내는 데 유용하게 사용된다.

2010년 6월 지방선거를 통해 새롭게 출범한 충청남도 민선 5기 정부는 새로운 지방자치 모형의 핵심은 도민의 요구와 수요를 보다 민주적인 방식을 통하여 신속하게 대응하는 것으로 보았고 '참여와 소통'을 최우선적인 과제로 선정하였다. 그

---

1 21세기 타운홀 미팅은 주로 미국에서 많이 사용되고 있는데, 대표적인 사례로는 '미국 사회보장 대토론회(Americans Discuss Social Security, 1998)', '시민에게 듣는다(Listening to the City, 뉴욕 2002)', '워싱턴 D.C. 주민정상회의(DC Citizen Summit 1999-2005)', '뉴올리언스 재건개혁 시민정상회의(Unified New Orleans Plan 2006)', '오하이오 주 주거대책회의(Residential Plan Summit, 2005)' 등이 있다.

리고 이러한 최우선적인 가치를 실현하기 위해 충청남도는 '21세기 타운홀 미팅' 방식의 심의민주주의를 한국 최초로 시도하게 되었는데, 그것이 바로 도민정상회의였다. 기존에는 전문가와 특정집단에게만 정부의 접근성이 주어졌다고 보고, 도민정상회의를 통하여 주민들에게 '전략과제 선정' 단계에서부터 주민들의 접근성을 늘리고자 하였던 것이다. 따라서 도민정상회의는 전략과제선정－예산책정－정책성과책정－정책평가로 이루어지는 공공관리의 전(全) 과정으로 주민들의 참여를 확대하기 위해 우선적으로 시행하는 시범사업으로 설정되었다. 그리고 기존에는 주민의 참여가 단순히 정책집행 이후 평가 수준에 한정하여 진행되었던 것을 정책선정과정에서부터 주민의 참여를 이루어내고자 의도하였다(장수찬 2011).

2010년 9월 초에 충청남도는 전문가, 활동가, 관료 등으로 구성된 총괄기획팀을 구성하였다. 곧이어 총괄기획팀은 정상회의 참여를 조직하기 위한 팀, 정상회의에 제시할 정책과제를 발굴하기 위한 팀, 홍보 및 주민 커뮤니케이션 팀, 여론조사 팀, 행사운영 팀을 발족하였다. 그리고 이들 팀을 중심으로 총 300여명의 시민이 참여한 도민정상회의를 2010년 10월에 개최하였다. 이러한 도민정상회의 준비과정에서 그리고 회의 운영과정에서 심의민주주의 일반 원칙과 목표가 얼마나 잘 지켜졌는지에 대한 평가는 쉽지 않으며, 이 글의 범위를 넘어선다. 다만 그 평가에 있어서 다음의 요소들이 포함되어야 할 것이다. 첫째, 얼마나 의미 있고 적절한 정책과제를 도민정상회의에 올려놓았는가이다. 둘째, 회의 참여자를 어떻게 조직하느냐의 문제로서, 이는 보다 구체적으로 시민참여 주체의 대표성이 확보되었는가, 그리고 참여자 조직 운동이 아래로부터 위로 진행되었는가의 문제이다. 셋째, 실제 행사진행과정에서 심의민주주의 일반원칙이 얼마나 잘 지켜졌는지의 문제이다.

장수찬(2011)은 충청남도 도민정상회의를 미국 워싱턴 D.C. 시민정상회의「주민행동 이니셔티브」와 비교 분석하며, 충청남도 도민정상회의가 심의민주주의의 원칙을 담보하는 데 그리 성공적이지 못했다고 평가하고 있으며, 그 이유를 다음과 같이 제시하고 있다. 첫째, 충청남도 도민정상회의의 정책의제는 타운 홀 미팅의 성격에 맞지 않았다. 둘째, 참여자들의 의제에 대한 관심과 이해관계가 워싱턴

D.C.의 경우처럼 높지 못했다. 셋째, 참여자들의 참여가 밑으로부터 자발적으로 조직되지 못하고 참여 범위가 전체 정치 커뮤니티로 확대되지 못했다. 넷째, 주민회의는 실용주의 접근을 통하여 당면한 문제를 효과적으로 해결하기 위해 시도되어야 하는데 구체적이고 피부에 와 닿는 접근을 하지 못했다. 다섯째, 회의 결과가 주민들로 하여금 힘 있는 참여로 느끼기에는 구체적인 정책변화 혹은 예산편성의 변화가 이루어지지 않았다. 여섯째, 지금까지 언급한 문제점으로 인해, 정상회의가 주민들의 정부에 대한 신뢰를 제고하는 데 크게 기여하지는 못했으며, 주민들의 참여자체가 시민권력의 증대로 나아가는 데에도 부족함이 많았다(장수찬 2011).[2]

충청남도 도민정상회의에 대한 이러한 부정적인 평가는 어쩌면 당연한 일이라고 할 수 있다. 민주주의의 역사, 지방분권의 정도 면에서 미국과 한국은 커다란 차이를 보이고 있기 때문이다. 아직 충청남도민들의 민주참여의식이 미국 시민들에 비해 뒤떨어지고 있고, 또한 충청남도는 워싱턴 D.C.가 누리고 있는 재정적 재량권과 사무적 권한을 가지고 있지 못한 것이다. 따라서 향후 지방 차원에서의 심의민주주의를 구현함에 있어서 가장 중요한 전제조건은 시민의식의 성숙과 국가권력의 지방분권화이다. 민주시민의식의 성숙이 시간이 걸리는 장기적인 과제라고 한다면, 결국 가장 시급한 과제는 지방으로의 대폭적인 권력이양이라고 할 수 있다.

4. 결론: 지방정치와 시민, 그리고 민주주의

한국에서 지방자치가 부활한 지 벌써 약 20년이 지났다. 그러나 이러한 지방선거와 지방자치의 부활에도 불구하고 과연 진정한 의미의 지방 "정치"가 존재하는가에 대해서는 많은 이들이 의문을 제기하고 있다. 다시 말하면, 지방 수준에서의 정치는 독립성을 갖지 못하고 중앙정치에 예속되어 있다는 생각이 널리 퍼져 있다. 때문에 많은 사람들이 지방자치를 정치의 영역이 아니라 행정의 영역으로 간주하

---

2 충청남도 도민정상회의에 대한 심의민주주의적 차원에서의 평가에 대한 자세한 논의는 장수찬 (2011)을 참조하라.

고 있으며, 지방자치 연구에 있어서도 정치학자들보다 행정학자들이 기득권을 주장하고 있는 실정이다.

이 글의 기본 전제는 분명 지방정치는 존재한다는 것이다. 지방정부의 권한이 제한적인 것은 사실이지만 지방수준에서도 분명 가치의 배분은 이루어지고 있고, 그를 둘러싼 갈등은 존재하기 때문이다. 중앙에 비해서 규모가 작을 뿐 지방에도 파이는 존재하며, 파이를 차지하기 위한 정치과정은 필연적으로 발생하고 있다. 지방정치가 분명 존재하기는 하지만, 그것이 얼마나 민주적으로 진행되고 있는지는 의문이다. 지방 수준에서의 정당정치가 활성화되지 않은 상태에서 지방의 정치과정은 지방의 유지와 토호세력에 의해 비공개적이고 비민주적인 방식으로 독점될 가능성이 있기 때문이다(김욱 2007).

이것이 바로 우리가 지방정치에서 민주주의를 다시 한번 생각해야 하는 근본적인 이유이다. 지방정치는 중앙정치에 비해 그 규모가 작고, 또한 지역마다 상이한 조건을 가지고 있기 때문에 기존의 대의민주주의가 갖는 한계를 극복하는 새로운 민주주의 제도를 실험하는 데 적절하다. 실제로 많은 지방자치단체들이 새로운 민주주의 제도를 도입하여 운영하고 있는데, 그 중 대부분이 참여민주주의와 심의민주주의의 성격을 가지는 것들이다.

그러나 앞에서 살펴본 충청남도의 도민정상회의 사례가 보여주듯이, 지방정치에서 심의민주주의 실험이 성공하는 데에는 많은 어려움이 존재하고 있다. 다시 말하면, 지방은 심의민주주의 실험을 시도하기에는 좋은 조건을 가지고 있으나, 그 실험이 성공하기에는 그리 좋은 조건을 가지고 있지 못하다. 심의민주주의가 지방에서 성과를 거두기 위해서는 민주시민의식의 성숙이 반드시 필요하며, 또한 지방정부가 중앙정부로부터 독립적인 권한을 가져야만 한다. 따라서 지방정치가 보다 민주적으로 운영되고, 심의민주주의와 같은 새로운 시도가 지방에서 성공을 거두기 위해서는, 장기적으로 지방차원의 민주시민 교육이 활성화되어야 하며, 동시에 지방분권화라는 국가적 과제를 시급하게 실현해야만 할 것이다.

❶ 대의민주주의의 한계를 극복하는 방안으로서 시민의 직접 참여 민주주의가 초래할 수 있는 문제점은 무엇일까?

❷ 한국에서 지방정치가 활성화되지 못하고 있는 이유는 무엇이며, 그 극복 방안으로는 무엇이 있을까?

❸ 심의민주주의의 다양한 제도를 도입한 여러 지방정부 사례를 조사해 보고, 어떤 조건 하에서 심의민주주의 실험이 성공할 확률이 가장 높은 지 평가해 본다.

❹ 지방에서 민주주의가 정착되기 위해서 바람직한 자치단체장-지방의회 관계를 설정해 보고, 내가 살고 있는 기초 및 광역 자치단체의 사례를 조사해 본다.

강명세. 2010. "불평등한 민주주의와 평등한 민주주의."『기억과 전망』(23): 172−199.

강현수. 2014. "포르투알레그리: 주민참여와 직접민주주의를 선도하는 도시."『열린충남』여름호.

김비환. 2011. "다문화민주주의?: 몇 가지 예비적 고찰."『다문화사회연구』4(1): 5−34.

김욱. 2005.『정치참여와 탈물질주의』. 서울: 집문당.

김욱. 2007. "중앙정치와 지방정치, 그리고 정당."『한국지방정치학회보』1(1).

김욱·서복경·유병선. 2012. "한국의회 기능 강화를 위한 제도공학적 접근." 국회용역보고서.

로널드 잉글하트·크리스찬 웰젤. 2007.『민주주의는 어떻게 오는가』. 김영사.

문우진. 2007. "대의민주주의의 최적화 문제와 헌법 설계: 정치거래 이론과 적용."『한국정치학회보』41(3): 5−31.

박종민·장용진. 2012. "좋은 시민과 좋은 정부."『정부학연구』. 18(1).

심승우. 2010. "다문화 민주주의의 이론적 기초 − 소수자의 주체성과 통치성을 중심으로 −." 성균관대학교 박사학위논문.

임성호. 2002. "미국의 분점정부(Divided Government)와 거버넌스."『한국정당학회보』창간호.

장수찬. 2011. "지방정부와 심의(審議) 민주주의의 실험: '타운 홀 미팅' 사례연구."『경제와 사회』통권 제90호.

정진민. 1998.『후기산업사회 정당정치와 한국의 정당발전』. 서울: 한울 아카데미.

존 드라이젝·패트릭 던리비 (김욱 옮김). 2014.『민주주의 국가이론』. 서울: 명인문화사.

필립스 쉬블리 (김계동 등 옮김). 2008.『정치학개론』. 서울: 명인문화사.

Aldrich, John H. 1995. *Why Parties? The Origin and Transformation of Party Politics in*

America. Chicago: The University of Chicago Press.

Bessette, Joseph M. 1980. "Delieberative Democracy: The Majoritarian Principle in Republican Government." In Robert Goldwin and William Shambra eds. *How Democratic is the Constitution?* Washington, DC: American Enterprise Institute, 102−16.

Bowler, Shaun, David M. Farrell, and Richard S. Katz (eds.) 1999. *Party Discipline and Parliamentary Government*. Ohio State University Press.

Buchanan, James M. and Gordon Tullock. 1962. *The Calculus of Consent: Logical Foundation of Constitutional Democracy*. Ann Arbor: The University of Michigan Press.

Coase, Ronald H. 1988. *The Firm, the Market, and the Law*. Chicago: University of Chicago Press.

Dahl, Robert. 1982. *Dilemmas of Pluralist Democracy*. New Haven: Yale University Press.

Dryzek, John S. and Patrick Dunleavy. 2009. *Theories of the Democratic State*. Basingstoke, UK: Palgrave Macmillan.

Duverger, Maurice. 1954. *Political Parties: Their Organization and Activity in the Modern State*. New York: John Wiley & Sons.

Fiorina, Morris P. 1996. *Divided Government*, 2nd ed. Boston: Allyn and Bacon.

Habermas, Jurgen. 1996. *Between Facts and Norms: Contribution to a Discourse Theory of Law and Democracy*. Cambridge, MA: MIT Press.

Inglehart, Ronald. 1997. *Modernization and Postmodernization*. Princeton: Princeton University Press.

Krehbiel, Keith. 1998. *Pivotal Politics: A Theory of U.S. Lawmaking*. Chicago: University of Chicago Press.

Lijphart, Arend. 1984. *Democracies: Patterns of Majoritarian and Consensus Govern−ment in Twenty−one Countries*. New Haven, CT: Yale University Press.

Lijphart, Arend. 1994. *Electoral Systems and Party Systems: A Study of Twenty Seven Democracies, 1945−1990*. Oxford, UK: Oxford University.

Lijphart, Arend. 1999. *Patterns of Democracy: Government Forms and Performance in Thirty−Six Countries*. New Haven: Yale University Press.

Powell, G. Bingham. 2000. *Elections as Instruments of Democracy: Majoritarian and*

Proportional Visions. Yale University Press.

Rawls, John. 1997. "The Idea of Public Reason Revisisted." *University of Chicago Law Review* 94: 765－807.

Russell J. Dalton. 2008. *The Good Citizen: How a Younger Generation Is Reshaping American Politics*. CQ Press. Washington D.C.

Schattschneider, E. E. 1942. *Party Government*. New York: Hot, Rinehart.

Shugart, Matthew S., and John Carey. 1992. *Presidents and Assemblies: Constitutional Design and Electoral Dynamics*. New York: Cambridge University Press.

Tsebelis, George. 2002. *Veto Players: How Political Institutions Work*. New York: Russell Sage Foundation.

Williamson, Oliver. 1975. *Markets and Hierarchies*. New York: The Free Press.

CHAPTER

2 지방권력의 구조(이론)

1. 엘리트이론

1) 개   요

엘리트이론은 정치사회가 '지배하는 소수'와 '복종하는 다수'의 두 집단으로 구성되었다는 전제에서 출발한다. 일반시민들은 정치에 대해 무관심하고, 합리적인 판단력이 결여되어 있고, 민주주의에 대한 신념이 희박하여, 민주주의를 위협하는 선동정치가에 현혹당하기 쉽기 때문에, 공익을 보장하고 민주주의를 수호하기 위해서는 소위 양식있는 엘리트들의 중심적 역할이 요구된다는 것이다. 따라서 엘리트는 어떤 사회 또는 특정분야에서 뛰어난 지위를 차지하고, 그 사회의 의사결정에 가장 큰 영향력을 소유하며, 그 결정과정에 참가하고 그 결과를 집행하는 기회를 얻을 수 있는 소수자를 의미하는 반면 비엘리트로서의 다수자는 의사결정에 대한 영향 혹은 참여도가 낮고, 심지어는 엘리트의 결정과 명령에 종속되는 것이다.

2) 내　용

(1) 기본논리

엘리트는 상품이나 사람 중에서 탁월함을 보여 주는 최고의 존재를 의미하는 용어였으나, 점차 창조적인 능력을 가진 소수로부터 책임과 사명, 그리고 능력의 세 가지 요소를 갖춘 지도적 인사를 의미하는 말로 변하게 되었다.

이러한 엘리트에 대한 이론이 주목받기 시작한 것은 제1차 세계대전 뒤의 파시즘과 나치즘, 군국주의가 대두되던 시기로 거슬러 올라간다. 이 시기에는 국민의 정치참여가 본격화되는 것으로 보인 선진자본주의 국가체제가 사실은 소수자의 지배에 불과하다는 비판적 여론이 들끓자 그러한 상태가 정치세계에서는 필연적이라는 점을 설명하기 위한 노력의 일환이었던 것이다. 즉, 다수가 통치한다는 민주주의 원칙을 비판하고 국가뿐만 아니라 어떠한 인간사회의 조직도 모두 소수의 지배원칙에 의해 운영된다는 것이다.

(2) 고전적 엘리트 이론

고전적 엘리트이론은 다음 2가지 특징을 갖고 있다.

첫째는 정치현상의 연구에서 중립적이고 객관적인 과학성을 강조한다는 것이다. 과거의 사회과학이 道義나 正義와 같은 윤리성을 지녔다고 보고, 사회나 정치적 현실에 관한 법칙이나 사실에 치중하는 보다 과학적인 연구가 필요함을 주장하였다. 특히, 평등이나 법의 지배와 같은 정치적 이상이나 정치권력의 배분을 둘러싼 환상에서 벗어나야 하며, 정치현실과 관련된 법칙들은 오직 경험에 의해 증명되어야 한다고 강조하였다. 이들에게 있어 불변의 경험적 진리는 조직화된 소수가 사회를 지배한다는 것이다. 다양한 통치형태의 차이에도 불구하고 항상 그 배후에는 조직화된 소수가 존재하며, 이들은 자신의 이익 충족을 정당화하는 데 노력을 기울여 왔다는 것이다.

둘째는 마르크스이론에 대한 대항의식이 강했다는 것이다. 그들은 자본주의사회에서 마르크스주의가 노동자계급을 위한 한시적 가치를 지닌 이데올로기임을 부각시키려 하였다. 마르크스가 실현하고자 한 '계급없는 평등사회'를 받아들이지 않았으며, 경제적 계급구조의 단순한 반영으로서의 정치도 부정하였다. 오히려 정치구조는 엘리트의 특성이나 정치적 기능, 통치방법 등에 따라 좌우될 수 있다고 보았던 것이다.

이상의 특징을 전제로 출발한 고전적 엘리트이론의 핵심적 명제는 사회의 중대한 결정들이 소수에 의해 좌우된다는 것이었고, 이 조직화된 소수에 의해 조직되지 않은 다수가 지배된다는 것이다.

① 모스카의 지배계급의 불가피성

모스카(Gaetano Mosca)는 어떠한 시기, 어떠한 사회에 있어서도 '소수의 지배'가 불가피함을 기본명제로 내세우고 있는데, 사회는 '지배하는 계급'과 '지배받는 계급'으로 나뉘게 된다고 주장한다. 이는 소집단이 소수이기 때문에 대집단보다 쉽게 조직화되며, 내부의 의사소통과 정보의 경로가 간단하므로 조직된 공고성, 내적 통합의 강화, 효율적 통제가 한층 용이하다. 반면, 비조직적인 다수는 일정한 공통적인 목적이나 통합된 의사가 결여된 단순한 개개인의 집합체에 불과하므로 쉽게 무력한 존재가 되고 만다고 보았던 것이다. 따라서 모든 정치조직체에는 지배하는 소수와 복종하는 다수가 존재하는데, 소수의 지배계급은 모든 정치기능을 수행하고 권력을 독점하며 권력행사에서 발생하는 이익을 향유하는 반면에, 다수인 피지배계급은 지배계급에 의해 지도되고 통제되며 자의적이고 폭력적인 규제 또는 법률이라는 수단에 의해 예속되어 있다고 주장하였다.

그리고 그는 정치권력의 층을 3가지 수준으로 분류한다. 최상위층에는 지배계급이 있으며, 그 밑에 전문적 기능인, 경영자, 공직자 등으로 구성되는 하위엘리트가 존재하며, 다시 그 밑인 최하층에는 피지배계급으로서의 대중이 자리잡고 있다.

한편 조직된 소수의 지배는 영원히 지속될 수 있을 것인가에 대해 그는 어떤 특정 엘리트가 일정한 조건을 충족시킬 수 없을 때에 다른 엘리트로 대체될 수 있음을 지적한다. 우선 엘리트의 지배는 항상 새로운 사회세력의 등장과 밀접한 관련을 맺고 있다. 가령 무기, 돈, 종교, 지식, 노동 등을 소유한 사람들은 항상 권력에

그림 2-1 정치권력의 층화

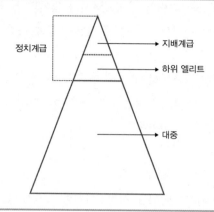

의 참여를 희망하고 있는데, 기존 지배질서의 안정은 엘리트가 통제·조정·대표할 수 있는 사회세력의 수와 힘과 반대로 실패하거나 적대적인 사회세력의 수와 힘의 비율에 의해 결정된다. 즉, 엘리트의 성공적인 지배는 사회세력을 얼마나 적절히 통제·흡수할 수 있으며, 사회세력 간의 견제와 균형을 유지할 수 있을 때 가능하게 된다. 그리고 견제와 균형을 거두기 위해서는 교회와 국가의 분리, 보다 온건한 방법을 선호하는 중산계급의 육성, 특히 하층계급으로부터 유능한 인재의 충원이 이루어져야 한다.

  ② 파레토의 엘리트 순환
  파레토(Vilfredo Pareto)는 인간이 기본적으로 지적 수준이나 재능, 근면성, 욕망, 도덕관 그리고 심지어는 심미안적 감수성에 이르기까지 매우 다른 존재, 즉 예술, 과학, 경제, 교육, 체육, 정치, 노동능력에 있어 상당한 격차가 존재한다는 점에서 출발한다. 그리고 사회활동에서 뛰어난 능력을 지닌 소수의 집단을 엘리트라 부르고, 이들의 지배의 역사가 곧 인류의 역사임을 주장한다. 다만 엘리트층은 시간의 흐름에 따라 양적·질적으로 감퇴의 길을 걷는데, 이에 대처하기 위해 엘리트로서의 능력을 잃은 자 대신 힘과 활기에 넘친 하부계층 출신자를 상부계층 안에 끌어

그림 2-2 엘리트의 구성

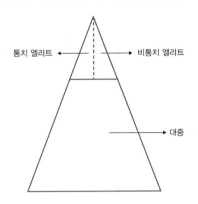

들이는 계층간 순환과정이 발생한다고 보았다. 또한 그는 엘리트층을 통치엘리트와 비통치엘리트로 구분하는데, 전자는 정부요직을 차지하는 사람들은 물론 야당지도자, 재계인사, 노조 간부, 고위장성 등 직·간접적으로 정책결정에 영향을 미치는 각계각층의 다양한 인물들로 파악하였다.

한편 그는 마키아벨리적 전통을 따라 엘리트를 2가지 유형으로 나누고 있다. 첫 번째 유형으로 새로운 무언가를 만들어내는 혁신, 설득력, 책략을 가진 여우형이며, 두 번째 유형은 집단의 지속성과 전통, 사회적 서열을 중시하는 사자형이다. 지적이며 영리한 여우가 동의에 의한 지배를 추구한다면 강력한 힘을 소유한 사자는 목적달성을 위해서는 무력의 사용도 서슴지 않는다. 영리한 여우형은 정치적 책략을 수립하는 기술을 가지며, 지적인 능력을 바탕으로 그들의 정치적 행위들을 정당화시키는 이데올로기를 만들어내는 데 강점이 있다. 그러나 그들은 강제력의 사용을 꺼리며, 마지막까지 타협과 화평을 추구하는 경향이 있다. 만약 그 타협책이 받아들여지지 않을 경우 지배체제는 치명적인 타격을 입게 되며, 결국 질서와 강력한 정부를 회복시키려는 사자와 같은 강력한 속성을 가진 엘리트가 이끄는 대중들에 의해 전복되고 만다. 그러나 사자형 엘리트는 융통성이 결여되어 있어 변화에 대해 제대로 대응하지 못하는 약점이 있다. 이렇게 서로 배타적인 속성을 가진 엘리트가 순환하는 과정으로 역사를 이해하는 것이다.

③ 미헬스의 과두제의 철칙

미헬스(Robert Michels)는 독일의 사회민주당 연구를 통해 대규모 정치조직에 있어 소수의 엘리트에 의한 지배가 불가피하다는 과두제의 철칙을 주장하였다. 오늘날 대규모의 조직에서 구성원들을 일정한 시간에 일정한 장소에 모아놓고 어떤 정책적인 문제를 두고 토론과 논쟁을 거쳐 최종적인 결정에 도달한다는 것은 매우 어려운 문제이다. 따라서 정당과 같은 민주적인 조직에 있어서도 모든 당원들이 직접 참여하는 정책결정이란 실제상 또는 기술적인 측면에서 불가능하기 때문에 부득이 대표체제나 위임의 방식이 채택되지 않을 수 없으며, 결국 조직의 정책은 위임을 받은 소수에 의해 결정될 수밖에 없을 것이다. 이는 정당뿐만 아니라 정부기구, 회사, 노동조합, 대학, 직업적 결사, 종교단체 등 公私의 구별 없이 모든 조직체에서 쉽게 찾아볼 수 있는 현상일 것이다.

또한 그는 대중과 엘리트 사이에 발견되는 능력의 차이에도 주목하였다. 대중은 정치생활에 대해 무관심하고 냉담하기에 적극적인 관심이나 참여와는 거리가 멀다고 보았다. 간혹 어떤 문제에 불만이 있더라도 그것을 누군가가 해결해 준다면 아주 다행스럽게 생각한다. 반면 엘리트는 지적 우월성은 물론 직장이나 정당에서의 훈련과 교육을 통해 충분한 기술적 능력마저 겸비하고 있다. 이러한 지적 능력상의 차이는 결과적으로 대중들에게 엘리트에 대한 숭배, 감사, 의존 등을 제공함으로써 과두제의 형성에 기여하게 되는 것이다. 심지어 그는 엘리트를 통제하기 위한 법이 제정되더라도 점차적으로 약화되어 궁극적으로는 통제할 수 없게 될 것으로 보고 있다. 나아가 대중이 정치과정에 통제를 가한다는 것은 단지 이론에 불과하며, 엘리트의 순환은 지도자와 대중 사이에서 일어나는 것이 아니라 현 지도자와 이에 도전하는 새로운 지도적 소수 사이에 일어난다고 주장하였다. 이를 위해 그는 흡수, 재정력, 언론 등의 방법을 제시하고 있다.

우선 흡수의 방식으로, 어떤 자리를 메울 필요가 생기더라도 선거를 통해서가 아니라 그들의 의중에 있는 인물을 천거·영입한다. 경우에 따라서는 지지세력을 확보하기 위해 새로운 자리를 만드는 방법도 있다. 과두제하의 엘리트들은 하나의 카르텔처럼 외부에 벽을 쌓고 그들이 원하는 사람들만 받아들인다.

둘째는 재정력으로, 재정력을 가진 정당은 물질적 보상을 통해 사무요원이나 간부들의 충성과 봉사를 이끌어낼 수 있으며, 이를 통해 외부적으로는 급진적 압력을 성공적으로 견제할 수 있다.

셋째는 언론으로, 미디어를 이용하여 엘리트는 자신의 명성과 이미지를 대중에게 전파할 수 있다.

문제는 수단으로서의 정당이 하나의 목적이 되어 스스로의 계획과 이해를 가진 존재가 되어버리는 점이다. 이럴 경우 정당이 대표하려던 계급이나 고귀한 목표로부터 이탈되어 보수화되어 버린다. 이는 민주주의를 시민이 직접 참여했던 고대 그리스의 도시국가 형태의 정치라는 한정된 의미로 파악하였으며, 결국 조직된 집단 간의 경합과 타협이라는 다원주의적 성격을 띤 민주주의의 가능성을 경시했기 때문이라 할 수 있을 것이다. 따라서 과두화 경향을 제거하고 민주주의를 실현하기 위해서는 국민주권사상의 실현이 가능한 사회질서를 정립하기 위해 노력해야 하고, 민주주의의 강화에 필수적인 지도자에 대한 통제와 자유로운 비판에 대한 관념이 대중 자신에게 싹터야 하며, 이를 위해서는 대중의 지적 수준을 높이는 것이 가장 큰 과제임을 지적하였다.

(3) 근대적 엘리트이론

고전적 엘리트이론에서 엘리트는 통합된 집단으로서 대중과는 구별되는 자질과 능력을 갖춘 것으로 인정되며, 이런 특성은 근대적 엘리트이론에서도 일정 부분 계승되고 있다. 다만 엘리트집단에 대한 통합성과 응집력에 대해서는 의문이 제기되었고, 복수의 엘리트가 서로 경쟁한다는 다원적 견해들도 나타나기 시작하였다.

① 밀즈의 권력엘리트

밀즈(Charles Wright Mills)는 권력엘리트에 대해 "보통 사람들이 처해 있는 일상적인 환경을 초월할 수 있는 지위의 사람rks들로 구성되어 있으며, 그들은 매우 중요한 결과를 가져올 수 있는 결정을 내릴 수 있는 지위에 있다"고 정의하고 있다. 권력엘리트는 주로 경제계, 군부, 정계로 구성되는 권력의 3각지대에서 상층부를 차지하고 있다. 우선 경제계에서는 약 200-300개 대기업의 주요 간부들, 군부에서는 고위장성들, 정계에서는 고위 정치지도자들이 해당될 수 있다.

그 밑에는 대다수의 대중과의 사이에 중간수준의 권력을 형성하는 또 하나의 층이 있다. 여기에는 의회나 이익집단을 중심으로 움직이는 직업정치인들, 도시와 지방의 구 상류계급의 인사들, 노동조합의 지도자 등이 존재하며, 이들은 상호 견제하는 일종의 세력균형을 형성한다. 하지만 밀즈는 이 균형이 권력엘리트의 지휘하에 움직이는 강력한 소수에 조종되는 형식적인 것으로 간주하였다. 뿐만 아니라 정치의 중심무대로 간주되는 의회와 직업정치인들의 역할은 점차 격하되며, 중대한 모든 문제들은 행정부와 대기업, 그리고 군부의 3각지대 상층부의 의중에 의해 결정된다고 보았다. 그리고 권력구조의 가장 아래에는 비조직화된 대다수의 국민들이 대중으로 존재한다. 이들은 대중매체에 수동적으로 노출되고, 매체의 암시와 조작에 무기력하게 영향을 받는 개인들의 단순한 집합체로 전락하고 만다.

그림 2-3 미국의 권력구조

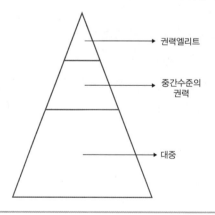

한편 3개의 상이한 영역에서 충원된 권력엘리트들이 응집력을 형성하고 유지할 수 있을 것인가? 밀즈는 그 근거로 3가지를 제시한다. 첫째는 사회적 심리적 친근감이다. 주로 동부지역의 도시출생, 프로테스탄트라는 종교적 배경, 아이비 리그 졸업이라는 공통된 사회적 근원과 교육경험을 갖고 있다. 여기에 이들은 각자의 분야에서 경력을 쌓아가면서 상호접촉 혹은 결혼 등을 통해 친근한 유대를 구축하고, 비슷한 시야를 형성한다는 것이다. 둘째로는 이해의 일치를 들고 있다. 군사자본주의라 칭해질 정도로 군부와 대기업이 밀착해 있으며, 팽창된 예산은 이를 더욱 강화시킨다. 셋째로는 영역 간에 역할의 상호교환이 이루어진다는 점을 제시하고 있다. 가령 생산업체의 주요 간부가 국방부 장관이 될 수 있으며, 예비역 장성이 정부요직에 등용될 수도 있는 것이다.

② 헌터의 평판적 엘리트

헌터(Floyd Hunter)는 미국 조지아주의 리조날 시(현 아틀란타 시)를 대상으로 전통적인 엘리트이론의 제원칙, 즉 지역사회의 상층부에 존재하는 소수의 엘리트가 지방정치를 좌우한다는 사실을 확인하고자 하였다. 이를 위해 그는 "누가 가장 큰 영향력을 최고기본정책을 수립하는 데 미치는가?"라는 질문을 고안하였다. 이는 그가 갖고 있는 있던 권력관, 즉 권력이란 정책결정이라는 사회적 기능을 수행하는 하나의 평범한 기제에 불과하다는 것에서 출발한 것이다. 분석 결과 리조날에는 지역사회권력구조가 존재하며, 그 권력구조의 최상층부에는 경제계 인사들이 권력엘리트를 형성하고 있다고 결론지었다. 심지어 이들은 자체적인 파벌 형성 혹은 사교클럽을 통해 상호관계를 유지하고 있으며, 정부산하의 위원회에 참여하여 지역개발사업과 같은 정책과정에 가장 큰 영향력을 행사하고 있는 것으로 나타났다. 권력엘리트의 바로 밑에는 정부 고위관리, 교육계 지도자, 직업적 전문가 및 민간지도자 등이 2차적 기관으로서 결정된 정책의 집행을 맡는다. 물론 이들은 감춰진 경제엘리트들의 이익쟁취 활동에 복종하며, 구체적인 집행만을 위해 존재하는 도구적존재에 지나지 않는다. 결국 노동자와 흑인들의 요구는 정책적 고려대상에서 철저히 배제되었고, 이를 통해 경제엘리트들의 권력은 계속 유지될 수 있었다.

③ 바크락 & 바라츠의 무의사결정

바크락(Peter Bachrach)과 바라츠(Morton S. Baratz)는 정책의 결정이 권력에 의해 이루어지지만 권력과 유사개념인 힘, 영향력, 권위 등에 의해서도 이루어질 수 있다고 보았다. 즉, 권력엘리트는 정책결정과정에 직접적으로 참여하지 않고서도 힘, 영향력, 권위 등을 활용하여 정책을 자기가 원하는 방향으로 유도할 수 있다는 것이다. 특히, 의제설정권력을 통해 자신들의 이해와 반하는 이슈가 정책의제로 설정되지 않도록 할 수 있으며, 이를 결정과 구분하여 '무결정'이라 표현하였다.

이와 관련하여 바크락과 바라츠는 엘리트들이 경쟁을 통해 사회의 다양한 요구를 정책과정에 반영한다고 보는 다알의 모형이 권력의 밝은 얼굴만 보고 있다고 비판하였다. 그들이 관심을 둔 것은 공공의제 설정과정이었으며, 그 과정에서 특정 이슈를 의도적으로 배제하는 권력의 어두운 얼굴을 보여주려 하였다. 이를 위해 볼티모어 시를 대상으로 1930년대부터 1960년대까지의 인권운동사업의 결정과정을 분석하였다.

그들은 우선 중요한 사회문제가 설정과정에서 탈락하는 과정을 논리적으로 설명하였다. 사업결정을 담당하는 사람들이 혜택과 특권을 지키기 위해 사회의 지배적인 가치, 신념, 의식, 제도적 절차를 유지해 나감으로써 편견의 동원을 통해 무의사결정을 유도하는 과정을 이론화하였다. 무의사결정은 테러와 같은 무력을 사용해서 사회요구의 정치과정 진입을 저지하는 유형, 권력을 사용해서 상대방을 위협함으로써 의사결정을 방해하는 유형, 그리고 기존체계의 규범, 절차 및 관행을 강조하여 변화 억제를 유도하는 유형으로 세분하였다. 중요한 것은 볼티모어에서 백인우위의 체제를 유지하기 위해 시장에 의해 무의사결정이 이루어졌음을 확인하였다는 것이다. 시정부 산하의 위원회를 백인으로 충원하는 사례, 그리고 중앙정부로부터 인권개선사업에 관한 지시가 전해지기 전에 이에 대응하는 기구를 만들어 인권 개선 요구를 회피하려고 노력했던 사례 등은 무의사결정의 대표적인 사례라 할 수 있다.

이들의 연구는 헌터와 다알이 제시하지 못했던 의제설정 과정을 보여주었다는 점에서 큰 의미를 부여할 수 있다. 왜냐하면 현실적으로 정책참여자의 이해관계에 따라 의제설정이 무산되는 경우가 많기 때문이며, 따라서 정책과정이 시민들에게 공개되지 않은 상황일수록 무의사결정의 가능성은 크다고 할 수 있을 것이다. 결국 권력이란 가시적인 공적 안건이나 지역쟁점보다는 눈에 잘 보이지 않는 쟁점들이 어떻게 결정되는가에 집중할 때 그 성격을 정확하게 드러낸다고 할 수 있다.

3) 특징과 한계

엘리트론자들에게 지역사회의 권력구조는 민주주의 이론과는 상당한 차이가 있다. 즉, 대중의 기대와는 달리 선출된 공직자들에 의해 정책이 결정되지 않는다는 것이다. 실제로 권력을 행사하는, 즉 정책을 결정하는 것은 경제엘리트들로, 이들은 선거구민의 통제를 받지도 않으며, 주민들에게 가시적이지도 않다. 따라서 정치권력은 주민들 간에 폭넓게 배분되고 있는 것이 아니라 극히 소수의 상류계층에 의해 장악되어 있다고 해도 과언이 아닐 것이다.

이러한 엘리트이론의 특성은 다음과 같다.

첫째, 지역사회의 통치구조는 기업인들에 의해 지배되는 폐쇄체제를 이루고 있다. 이들 기업인 엘리트들은 정치적 의사결정에 있어 막강한 영향력을 행사하는데, 그것은 이들이 경제적 자원을 장악하고 있기 때문이다.

둘째, 권력관계는 시간의 경과에도 불구하고 지속된다. 경제엘리트는 항상 권력이 막강할 뿐만 아니라, 다른 집단과 권력을 공유하지 않는다. 상황과 조건이 변하더라도 경제엘리트들의 장악력은 결코 느슨해지지 않으며, 한 세대로부터 다음 세대로 승계된다.

셋째, 기업엘리트들은 주요 쟁점이나 가치문제에 관해 합의를 이루고 있다. 이들은 일종의 연합전선을 이루고 있으며, 설사 의견의 일치가 이루어지지 않더라도 자신들의 지배에 위협을 가하는 쟁점에 대해서는 언제나 일치단결한다.

넷째, 선출된 지역의 공직자들은 단순한 심부름꾼에 불과하다. 기업엘리트들은 주요한 정치적 결정을 한 뒤, 그 집행을 선출 공직자들에게 떠넘긴다. 따라서 공직자들은 결코 독립적인 권력주체를 형성하지는 못한다.

제 2 장 지방권력의 구조

다섯째, 일반주민들도 중요한 의사결정에 대해서는 미미한 영향력을 행사할 뿐이다. 주민들은 무지하고, 냉담하며, 정보를 갖고 있지 못할 뿐만 아니라 크게 신경을 쓰지도 않는다. 사실 주민들은 정치과정에 참여하기보다는 삶을 영위하거나 레저활동을 즐기는 데 더 많은 관심이 있다. 따라서 엘리트들은 주민의 여론을 무시하더라도 큰 위험부담을 지지 않는다. 선거는 현상유지에 아무런 영향을 미치지 못하며, 설사 주민들이 참여하려 해도 권력의 원천인 경제적 자원을 보유하고 있지 못하기 때문에 권력행사에서 배제될 수밖에 없다.

여섯째, 경제엘리트들은 '자비로운 독재자'로서 주민의 선호를 정책결정에 반영코자 노력한다. 하지만 자비심은 오직 자신들의 이해에 영향을 주지 않는 범위 안에서만 발휘되어 주민의 선호를 따르려 한다.

한편 몇 가지 한계도 존재하는데, 다음과 같다.

첫째, 단일한 권력엘리트의 존재를 선험적으로 가정함으로써 권력구조에 대한 발견을 사전에 결정하고 있다. 즉, 설문에서 "누가 이 지역에서 최고 지도자인가?" 하고 묻는 것은 특정집단이 최고 지도자 위치를 장악하고 있음을 전제하고 있는 질문이라는 것이다.

둘째, 각 정책영역에 따라 권력이 달라질 수 있는 가능성을 무시함으로써 식별된 권력구조가 모든 주요 쟁점에 적용된다고 가정하고 있다는 것이다.

셋째, 권력 그 자체가 아니라 권력의 명성을 측정하였으며, 헌터의 경우 40명의 지도자를 대상으로 인터뷰를 함으로써 비확률표집에 따른 일반화의 문제가 발생할 수 있다.

2. 다원주의 이론

1) 개   요

산업화되고 관료화된 근대사회에서 실제의 참여에 대한 고전적 견해는 실제 민주주의와는 거리가 있으며, 그 운영에 있어서도 엘리트의 존재를 부인할 수 없게 된다. 따라서 민주주의적 이상과 엘리트 지배라는 현실 사이의 간격을 좁히고자 하는 이론적 시도가 이루어졌으며, 이것이 바로 다원적 엘리트이론, 곧 다원주의라 할 수 있다. 이는 엘리트의 지배를 인정하되, 그것이 복수의 엘리트의 존재로 인해 민주주의적 이상과도 조화될 수 있다고 보는 데 그 특징이 있다. 즉, 권력이 다수의 집단에게 배분되어 있으며, 모든 집단이 공직이나 공공정책의 결정에 영향을 미칠 수 있는 권력을 갖고 있는 반면 어떤 집단도 그 권력을 지배적으로 행사하지 못하고 서로 경쟁하고 견제한다고 보는 것이다.

2) 내   용

(1) 고전적 다원주의

일반적으로 초기 다원주의로서 벤틀리(Arthur Bentley)와 트루먼(David Truman)의 이익집단이론을 든다. 벤틀리는 일찍이 정부과정은 집단과정이라는 명제를 세웠고, 트루만은 이를 뒷받침하는 논증을 제시한 바 있다. 이들의 이익집단론은 이익집단의 요구에 따라 정책을 결정하고 집행하는 것이 가장 민주적이라고 주장하면서 미국의 정치체계는 다음과 같은 두 가지 메커니즘에 의해 소수의 이익, 즉 특수이익에 좌우되지 않고 다양한 이익집단의 주장과 요구에 부응할 수 있다는 것이다.

① 벤틀리와 트루먼의 이익집단

다원주의이론은 이익집단이론과 동일시 될 수 있다. 그것은 다원의 의미가 바로 집단, 더 좁게는 이익집단을 의미하기 때문이며 동시에 사회의 다원적 가치가 이익집단을 통해 정책결정과정에 반영되고 있다고 보기 때문이다. 벤틀리는 정치를 다양한 이익집단들이 상호작용하면서 정책결정에 다양한 자원을 동원하여 영향력을 행사해 나가는 과정으로 이해하였다. 즉, 산업화의 과정 속에서 기업, 노동, 농업, 전문가들의 결사 등을 중심으로 한 집단이 이익을 표방하였듯이, 개인은 자신의 선호를 효과적으로 표출하고 관철시키기 위해 자연스럽게 집단을 결성하게 된다. 심지어 그는 개인이란 허구일 뿐이며, 본질적으로 인간의 행위는 집단의 행위로밖에 표현될 수 없다고 주장하였다. 하지만 집단의 결성은 대항집단을 형성하게 하고, 집단현상은 현대사회의 급격한 변동과 전문화, 이해관계의 다양화를 통해 사회 각 부문으로 파급된다. 물론 정책과정에 동등한 접근기회를 갖는 각 이익집단은 영향력에서는 차이가 있지만, 집단들 간에는 경쟁과 압력에 의해 균형이 형성된다. 따라서 정책결정은 활동적인 소수에 의해서가 아니라 서로 경쟁하고 갈등하는 집단 간의 조정과 타협을 통해 이루어진다. 대표적인 예로 대공황이라는 전대미문의 국가적 위기에 대처하기 위한 유태인, 가톨릭, 도시거주자, 이민집단, 도시노동자, 그리고 전통적인 민주당의 아성인 남부의 연합을 들 수 있을 것이다. 그러나 연방정부 중심의 관리경제체제가 결국은 실패하고, 그에 따라 국가는 중재자로 그 영역이 축소되었음에도 불구하고 위기를 넘길 수 있었던 것은 바로 미국적 게임의 규칙에 대한 합의와 이를 강요할 수 있는 잠재적 집단의 존재와, 그 잠재적 집단이 현실적 집단이 될 수 있게 지원해 주는 여분의 자원이 존재했기 때문이라 할 수 있다. 다양한 세력들은 자신의 이익을 확보하기 위해 자발적으로 상호작용하면서, 자신의 이익이 침해받을 경우 자신에게 가용한 자원을 동원하여 대항하고, 필요한 경우 연방정부의 지원을 호소하면서 균형을 잡아가는 이른바 다원주의적 이익집단정치가 자리잡게 된 것이다.

한편 지배적인 이익집단이나 정부에 의한 전횡이라는 위협 속에서도 미국의 민주주의가 안정적으로 유지되는 것과 관련하여 트루먼은 미국 이익집단 구조의 두 가지 중요한 특성을 들고 있는데 그 가운데 하나는 '중복되는 구성원'이며, 다른 하나는 앞에서 언급한 바 있는 현실적 이익집단과 잠재적 이익집단이 그것이다. 구성원의 중복은 한 이익집단의 구성원이 다양한 이익집단에 중복하여 가입함으로써 두 개의 이익집단이 대립할 경우 양 이익집단에 모두 가입한 구성원, 즉 중복되는 구성원의 존재에 의해 갈등의 양상이 완화되며 한 세력이 지배적인 이익집단으로 등장하는 것을 방지한다는 것을 의미한다. 또한 실제로 조직화되어 있는 현실적 이익집단의 대칭적 개념인 조직화되지 않은 잠재적 이익집단은; 교란이 도래할 경우 특정한 강력한 이익집단의 전횡에 대항하여 그 잠재적 세력을 조직화하고, 민주주의적인 게임의 규칙을 강요함으로써 특정세력에 의한 전제의 가능성을 최소화할 수 있다는 것이다.

② 다알의 다원론

다알(Robert Alan Dahl)은 한편에서는 불균등한 자원의 분배가 존재하고 있으면서도 다른 한편에서는 1인1표의 평등선거로 정의된 민주주의 체제하에서 '누가 미국사회를 지배하는가?'라는 질문을 고민하고 있었다. 이에 대해 그는 사회적 조건의 불평등은 정부의 정책결정과정을 통제하는 권력에 있어서의 불평등으로 전이되며, 따라서 미국사회는 엘리트가 지배하고 있다는 명쾌한 답을 내리고 있다. 이런 그의 대답에 대해 다시 '그러면 우리는 어떻게 엘리트들을 통제할 수 있는가'라는 질문을 던져 볼 수 있는데, 이에 대해서도 다알은 정치지도자들은 선거의 메커니즘을 통한 유권자들에 의해 통제될 수 있다고 대답하고 있다.

이러한 답을 얻기 위해 그는 뉴 헤븐(New Haven) 시의 1780년대부터 1950년대까지의 주요 정책과정에 대한 영역별 참여자들의 영향력을 분석하였다. 그 결과 하나의 정책이슈에 대해 효과적인 영향력을 행사한 참여자가 다른 정책이슈에 대해서도 효과적인 영향력을 행사한 경우는, 엘리트론자들의 주장과는 달리 6%에 불과하였음을 확인하였다. 따라서 그는 시의 권력구조는 분산되어 있으며, 서로 다른 엘리트들이 다양한 쟁점 분야에서 지배적 권력을 행사하고 있다고 결론지었다. 또한 그는 엘리트들은 사회적 배경도 다르고 영향을 미치고자 하는 정책분야도 다르기 때문에 전체로서의 응집력은 약하다고 보았다. 뿐만 아니라 엘리트 간의 선거를 통한 정치적 경쟁 등이 이루어지기 때문에 엘리트의 이익이 아닌 일반대중의 선호가 최대한 정책에 반영될 수 있다고 확인하였다. 따라서 선출직 공직자는 지역의 의사결정과정에서 주변적·종속적인 지위에 있는 것이 아니라 독립적인 변수로서의 영향력을 행사할 수 있으며, 또한 민주적인 신조에 따라 행동하고 대중의 통제를 받게 됨으로써 지역유권자들의 이해에 민감하게 반응하게 된다는 것이다. 특히, 유권자와 지역엘리트들 간의 요구가 상충할 경우 유권자의 요구를 우선적으로 따르게 된다고 하여 비교적 중립적이고 공정한 중재자로 평가하기도 하였다.

(2) 신다원주의

다원주의는 집단의 자율적인 역할을 지나치게 강조한 나머지 정부의 자율성과 독자성을 무시하였고, 또 정책과정에서 이데올로기적 요소를 간과했으며, 정부에 가하는 외부 압력이나 구조적인 제약을 무시했다는 비판을 받아 왔다. 따라서 새로운 관점을 모색하였는데, 정책결정 과정에서 정부와 관료는 이익집단의 영향력 행사에 구애되지 않고 독자적으로 정책을 결정할 수 있는 능력을 지니며, 이데올로기와 정부의 대내외적인 환경도 정책과정에서 중요한 역할을 수행한다는 이론 지향을 갖게 되었다. 여기서는 린드블롬(Charles E. Lindblom)의 신다원주의를 중심으로 살펴보도록 하겠다.

린드블롬에게 있어 다원주의는 자유민주주의에 대한 현실적 묘사이자 추구해야 할 이상이었다. 그러나 현실의 다원주의는 그가 그렸던 이상과는 상당한 거리가 있는 것이었다. 그것은 정치과정이 모든 집단이나 개인에게 동일하게 개방되어 있지 않고, 지방정부 또한 이들을 동등하게 대우하지 않기 때문이었다. 왜냐하면 지방정부는 정책수행을 위해 세입을 충분히 확보를 해야 하고, 선출직 공무원들은 재선을 위해 경제성장과 고용창출이 절대적으로 필요한데, 이에 필요한 자본과 투자결정을 기업이 통제하고 있기 때문이고, 따라서 지방정부는 기업에 의존할 수밖에 없기 때문이다. 하지만 이러한 기업의 특권적 지위로 말미암아 평등한 집단 간의 자유로운 경쟁은 사라지게 되고, 기업의 압력 혹은 세뇌로 인해 더 나은 사회로의 변화 가능성은 점점 위협받게 되었다. 린드블롬은 기업이 누리는 특권적 지위를 다음과 같이 설명하고 있다.

첫째, 시장체제에서 기업은 다양한 공공기능을 수행하는데, 그 중 핵심은 생산과 고용, 성장 등이다. 정부로서는 기업의 이런 공공기능을 강제할 수는 없고, 다만 기업에 유인을 제공할 수 있을 뿐이며, 이를 통해 정권의 정당성을 확보해 나갈 수 있다.

둘째, 기업은 이익집단정치, 정당활동, 선거에서 막강한 영향력을 행사할 수 있다.

셋째, 기업이 일반시민들로 하여금 다른 대안적 정치경제체제를 꿈꾸지 못하도록 지배엘리트들의 가치체계를 세뇌시킴으로써 현체제를 유지시킨다. 이러한 사고의 제약으로 인해 기업의 권력, 소득 분배, 정부와 기업의 관계, 기업과 노동의 관계 등 정치의 주요한 이슈는 제외된 채 부차적인 이슈에만 치중하는 결과가 나타난다.

한편 그는 시장과 민주주의의 관계에 대해 '왜 다원주의는 시장체제인 동시에 민간기업체제인가'라는 의문을 가진다. 그는 우선 다원주의 체제는 시장체제이지만, 시장체제가 반드시 다원주의로 연결되는 것은 아니기 때문에 시장과 다원주의 사이에 필연적인 관계가 존재하지는 않음을 지적한다. 이어서 오직 시장과 결합했을 때만이 다원주의가 나타나는 원인을 설명할 필요가 있는데, 그는 개인자유의 신장을 제시하고 있다. 즉, 다원주의와 시장체제 모두 개인의 자유를 신장하고자 하는 투쟁의 과정에서 생겨났는데, 일단 자유가 신장된 상태에서는 비민주적인 방법에 의해 사회를 통제할 수 있는 방법은 없다는 것이다. 그러나 거대한 기업은 다원주의체제조차도 효과적으로 통제할 수 있으며, 형식적으로는 민주주의가 유지되더라도 현실의 민주주의는 거대기업의 지배를 영속시킬 수 있는 좋은 방편으로 전락하게 된다는 것이다. 다시 말해 다원주의와 시장체제가 연결되는 것은 그 연결이 민주적이기 때문이 아니라 비민주적이기 때문에 가능하며, 비민주적이라는 의미는 바로 소수에 의한 지배를 의미한다. 뿐만 아니라 역사적으로 시장체제는 민주주의와 연계되어 왔는데, 그 이유 또한 앞서 지적한 바 있듯이, 엘리트들이 대중의 마음을 그렇게 조작했기 때문이다. 즉, 대중은 민주주의를 위해서는 시장이 필수적이라는 믿음을 갖게 된 것이다.

따라서 린드블롬은 개인의 자유, 즉 시민들이 시장엘리트들에 의해 제약되어 있지 않은 경쟁적인 아이디어를 선택할 수 있는 자유와 민주주의의 신장을 궁극적인 목표로 생각하였다. 이는 기업의 특권적 지위를 시민이 성공적으로 통제할 때 가능한 것이었으며, 이를 위해 시장과 민간기업 시스템의 개념적 분리를 시도하였다. 즉, 시장체제는 유지하지만 민간기업 시스템을 대체할 수 있는 방법을 찾자는 것이었고, 그가 대안체제로 제시한 것은 '생산에 대한 시장의 통제'와 '기업의 결정에 대한 집합적인 다원적 통제'를 결합하는 하이브리드 형태의 시민통제였다. 이는 기업의 생산을 개별적인 소비자가 결정하는 것이 아니라, 정부의 구매가 결정하는 시스템의 도입을 의미하는 것이다. 정부가 기업으로부터 군수물자, 고속도로, 교육 등 상당한 최종 생산물을 구입하고 있기 때문에 이런 생산물에 대한 정부통제의 범위를 넓힌다면 정부는 시장이 갖고 있는 유인체계를 약화시키지 않으면서도 생산활동을 조정할 수 있다는 것이다.

3) 특징과 한계

첫째, 지역사회의 통치구조에 있어 경제엘리트는 다수의 권력집단 가운데 하나일 뿐이다. 경제엘리트들은 선출직 공직자, 노동자, 시민단체 및 관료집단 등과 다양한 정책분야에서 경쟁해야만 한다. 정치란 집단 간의 갈등으로서, 집단끼리는 서로 경쟁, 타협, 협상을 하게 되며, 어떤 집단도 항상 승리할 수는 없다. 어떤 집단이 특정쟁점 분야에서 승리하면 다른 집단은 다른 분야에서 성공하게 되어 있다. 권력은 공유될 뿐 아니라 이동한다.

둘째, 권력관계는 항상 변화한다. 권력관계는 특정한 쟁점에 관해 형성되고 발전하게 되며, 일단 분쟁이 해소되면 권력관계도 소멸한다. 새로운 쟁점이 다시 제기되면 또 다른 행위자들에 의한 새로운 권력관계가 형성된다. 즉, 권력관계는 불안정한 유동상태에 있는 것이다. 경제엘리트가 어떤 상황하에서도 항상 모든 쟁점에 관해 정책결정을 좌우한다고 믿는 것은 순진할 뿐만 아니라 부정확한 것이다.

셋째, 기업엘리트들은 다양하게 구성되어 있으며, 때로는 상충된 목표를 추구하기도 한다. 따라서 종종 주요 쟁점에 관해 합의와 통일을 이루지 못한다.

넷째, 정치권력은 경제력으로부터만 흘러나오는 것은 아니다. 경제적 자원이 중요하기는 하지만 정치권력의 필요충분조건은 아니며, 다른 요소들, 가령 리더십이나 전문성 등도 권력자와 비권력자를 구분하는 데 있어 중요한 역할을 한다.

다섯째, 선출된 공직자들은 독립적인 정치권력의 원천이다. 이들은 다양한 쟁점들에 관해 가장 강력한 의사결정자 역할을 수행한다. 공직자들은 경제엘리트의 하수인이 아니며, 정책결정에 있어 이들의 역할을 과소평가하는 것은 정치과정을 근본적으로 잘못 이해하고 있는 것이다.

여섯째, 일반 주민들은 중요한 정치적 의사결정에 대해 영향력을 행사한다. 선거와 여론은 의사결정자들이 넘을 수 없는 한계를 설정하며, 특히 선거는 공직을 담당하고 그에 따른 권력을 행사할 인물을 결정한다. 비록 직접적으로 결정과정에 참여하지 않는다고 하더라도 주민들의 존재감은 상당히 크다. 더구나 정치과정의 주요 행위자들은 여론과 주민의 선호에 아주 민감하다.

다원주의의 한계는 다음과 같다.

첫째, 엘리트주의와 마찬가지로, 가장 논란이 많았던 쟁점을 분석대상으로 삼음으로써 쟁점 선정의 자의성이 지적될 수 있다.

둘째, 많은 중요한 의사결정들이 공공부문이 아니라 사적 영역에서 이루어지고 있다는 사실을 무시함으로써 권력의 실체를 간과하고 있다.

셋째, 경제엘리트들은 비밀리에 의사결정을 한다는 사실을 무시하고, 사소한 의사결정에 주목함으로써 분석결과에 오류가 있을 수 있다.

넷째, 리더십이 간과되고 있으며, 선거가 공공정책의 성격을 좌우한다는 것을 암시하고 있으나 구체적으로 증명하지는 못하였다.

3. 기타 지방정치이론

1) 도시한계론

일반적으로 엘리트이론과 다원주의는 지역사회 내부에 존재하는 경제엘리트 혹은 다양한 이익집단이 정책결정과정에 영향력을 행사한다는 것을 주요 내용으로 삼고 있다. 이는 권력자가 지역사회 내부에 존재한다는 가정을 전제한 것이다. 하지만 지역사회 외부의 요인에 의해서도 정책과정은 영향을 받을 수 있는 것이고, 피터슨(Paul E. Peterson)은 그 외부환경에 관심을 두었다.

피터슨에게 지방정부가 추구할 수 있는 최고의 가치는 경제성장이었다. 지역경제가 성장하게 되면 지방정부의 세수 확대, 정부서비스의 개선, 고용의 증대, 부동산 가치의 상승, 전반적인 삶의 질 향상 등과 같은 다른 가치들도 함께 개선된다. 물론 지역 전체의 이익은 지역의 정치적 영향력 향상이나 사회적 지위의 개선을 통해서도 높일 수 있지만, 지역의 경제적 지위를 높이는 것만큼 지역 전체의 이익이 되는 것은 없다. 따라서 지방정부는 지역의 경제성장을 위해 생산적 자원인 자본과 노동을 유치하기 위해 최선을 다하고, 이를 위해 전략적인 정책선택을 한다. 그는 지역경제에 미치는 영향을 기준으로 모든 정책을 개발정책, 재분배정책, 할당정책의 3가지로 구분하였다. 우선 개발정책(developmental policies)은 다른 도시와의 경쟁에서 지역의 경제적 지위를 향상시킬 수 있는 공공정책을 의미한다. 가령 도로, 공원, 대중교통수단, 주차시설, 레크리에이션 시설, 간선도로, 국제회의장, 사회간접자본 지출 등이 대표적으로 이러한 정책은 지역경제를 건실하게 만들며, 지방세원을 확대시키며, 납세자의 편익―과세 비율을 높이는 데 기여한다. 반면 고소득 주민의 세금으로 저소득 주민의 편익을 향상시켜 주는 재분배성 공공정책, 예를 들어 사회복지시설, 소득지원 프로그램, 지방정부의 재정적 지원을 받아 운영되는 보건 및 의료 시설, 저소득 계층을 위한 서민주택 등은 가난한 사람들의 역내유입을 촉진하는 동시에 생산적 자원의 역외유출을 유도하는 효과가 있다. 마지막으로 할당정책은 경찰, 소방 혹은 쓰레기 처리와 같은 도시의 현상유지를 위해 일상적으로 행해지는 서비스를 의미한다. 할당정책은 개발사업을 지원하는 경향이 있지만, 지역경제에 미치는 효과는 긍정적이지도 부정적이지도 않다.

이상의 논리가 의미하는 바는 우리가 물건을 구매할 때 가격과 품질을 따지는 것처럼, 노동과 자본이 거주지나 생산지를 결정할 때 지방정부가 제공하는 서비스의 비용(세금)과 편익(서비스)을 비교하고, 그들의 선호에 부합하지 않을 경우 그 지역을 떠나 다른 지역으로 이주한다는 것이다. 따라서 지방정부는 생산적 노동과 자본의 유치와 확보에 도움이 되는 정책에 최우선순위를 두는 것이 불가피하다고 주장한다. 이처럼 지방정부가 개발정책 > 할당정책 > 재분배정책의 순서로 차별적인 선호를 갖는 이유는 지방정부가 갖고 있는 시장경제적 제약에 기인한다. 통화규제나 관세장벽 혹은 이민 규제와 같이 생산적 자원의 흐름을 규제할 수 있는 연방(중앙)정부와는 달리 지방정부는 이를 규제할 효과적인 수단이 없기 때문이라는 것이다. 뿐만 아니라 지방정부는 세수의 대부분을 지방세나 세외수입을 통해 스스로 조달해야 한다. 연방이나 주정부로부터의 재정지원이 많이 증가하였지만, 여전히 미국의 도시정부는 세입의 약 60%를 지방세나 세외수입 등의 자체재원을 통해 조달하고 있는 것이다. 이처럼 노동과 자본의 이동을 규제할 수 없고, 필요한 재정자원을 스스로 조달해야 하는 시장경제적 제약 하에서 지방정부는 경제성장을 최고의 가치로 여기게 되며, 다른 지역과 경쟁하기 위해 개발정책에 매진하는 반면 재분배정책을 기피할 수밖에 없게 된다는 것이다.

흥미로운 것은 개발정책에서는 엘리트이론의 주장처럼 기술적 전문성을 소유한 경제엘리트들이 주도하는 경향이 나타난다는 점이다. 반면 할당정책에서는 이해관계가 첨예하기 때문에 관련된 모든 집단들이 참여하여 상호작용하게 되고, 따라서 다원론에 가까운 정책과정의 모습을 보이게 된다. 마지막으로 재분배정책에서는 정책주도자인 엘리트들이 정책에 관심이 적어 의제상정 자체를 기피하는 무의사결정의 유형을 보이게 된다.

2) 성장기구론

　로간과 몰로치(Logan and Molotch)는 성장이 지방정부에게 하나의 이데올로기가 되어가고 있음을 간파하고, 그 이유를 해명하고자 하였다. 그들은 지방정부가 성장을 지상과제로 삼는 것은 성장을 통해 이익을 보는 행위주체들이 지방정부에게 그렇게 하도록 요구하기 때문이라고 주장하고 있다. 시장을 포함한 지방정부의 고위 공무원들과 다양한 분야의 엘리트들은 다양한 인연으로 얽혀 있으면서 상호간의 이해를 서로 도모하고 있다. 로간과 몰로치는 이 유력 엘리트들이 형성하고 있는 네트워크를 성장연합이라 지칭하고, 핵심적 행위자와 보조적 행위자로 구분하였다. 핵심적 행위자에는 지방정부의 고위공무원, 기업, 부동산 개발 및 임대업자, 금융업자, 지역언론 등이 있으며, 보조적 행위자는 대학, 연구기관, 자영업자 등으로 구성된다. 이들은 각종 혈연, 지연, 학연 등을 이용하여 자신들의 이해를 적극적으로 추구하고 있다. 그렇다고 해서 연합구성원 간의 관계가 단순한 것은 아니다. 때로는 긴장과 갈등이 존재하기도 하며, 민간개발업자와 기업들도 이해관계가 복잡하게 얽혀 있기도 하다. 사적 부문의 행위자들은 공공부문의 행위자들과 끊임없는 협상을 해야 한다. 따라서 그 관계는 다음과 같이 정리할 수 있다.

　첫째, 엘리트 집단들이 일차적이고 직접적인 혜택을 받는다는 사실을 굳이 표명하지 않는다.

　둘째, 이들 성장연합은 평상시에는 눈에 잘 드러나지 않지만, 그들의 이해관계가 얽혀 있는 특정사안에 대해서는 그들의 영향력을 가시적으로 드러낸다. 그들은 시민참여나 민주주의적 의사결정을 강조하지만 성장연합에 들어있지 않은 사람들이나 집단들에 대해서는 아주 배타적이다.

　셋째, 성장연합은 성장 이데올로기를 계속적으로 생산해낸다. 지방정부, 상공회의소, 지방정부 부설 연구원, 대학, 지역언론 등은 지역의 중요한 정책 아젠다를 장악하고 있다. 외부자본 유치를 통한 대형사업, 큰 규모의 도시개발, 장소마케팅 등 성장과 관계된 사업이 중요한 사업으로 논의된다. 도시불평등과 빈곤문제 등 여러 사회적 문제들을 해결하기 위한 도시정책들은 우선순위에서 항상 뒷전으로 밀려난다.

3) 도시레짐이론

국제정치에서 레짐이란 "규칙, 규범, 절차의 네트워크를 포함하는 일련의 정부 운영의 배열"이나 "행위자들의 기대가 수렴하는 일련의 암묵적 혹은 명시적 원칙, 규범, 규칙 및 의사결정절차"로 정의된다. 하지만 도시레짐이론에서는 공적 조직과 사적 이해집단이 함께 기능하여 통치결정을 만들고 수행하는 비공식적인 제도적 장치로 이해된다. 이것은 지방정치체제 내에서 비교적 자율적이지만 권한이 부족한 지방정부가 통치에 충분한 자원과 권한을 확보하기 어렵기 때문에 사적 이해집단과의 결합을 통해 통치능력을 향상시킨다는 것이다. 도시정치 분야에서 레짐, 정부운영기제 그리고 제도적 배열에 대한 관심은 1980년대 후반 국제레짐의 영향하에 도시권력을 재해석함으로써 생겨났다. 특히, 서로 다른 사회영역(정부와 기업, 국가와 시장, 정치와 경제)이 정책결정에서 왜, 어떻게 협력에 도달하며, 이것을 이론적으로 어떻게 설명할 수 있을까 하는 점에 관심이 집중되었다. 그 결과 '누가 지배하는가'라는 문제의식에서 벗어나 공공의 목적이 어떻게 달성되며, 특히 그와 같은 목적들을 달성하기 위해 장기적이고 효율적인 통치연합이 어떻게 구축되고 유지될 수 있는가에 관한 관심을 집중시켰다.

대표적으로 엘킨(Stephen Elkin)은 달라스 시의 경제발전 사례에 대한 분석을 통해 지방적 지역적 정책결정에서 지방 기업엘리트의 권력을 확인하였다. 이를 통해 그는 행정가가 경제개발정책을 원활히 수행하기 위해서는 기업부문과 하나의 통치연합을 형성할 필요가 있다고 주장하였다. 그것은 생산적 자산의 소유권은 기업가들에게 있고, 대중통제의 대상이 되는 정부는 시민복리를 증진해야 하는 공적 책임권이 있기 때문에 서로 다른 자원을 갖고 있는 양자의 연합은 필연적인 것이었다. 이를 토대로 도시레짐의 형태를 다음 3가지로 구분하였다.

첫째는 1950−60년대 미국의 동부 및 중서부 도시의 도심재개발과 관련된 여러 이해집단 간의 연합으로 특징지워지는 다원주의형이고, 둘째는 1960년대 중후반 연방정부의 재정 지원에 의해 근린주민조직과 노동조합의 연대에 의해 형성된 연방주의형이며, 셋째는 전후 미국 남부도시들에서 발전되어 온 기업가주의형으로,

오늘날 글로벌 경제적 재구조화시기에 점차 확산되는 추세이다.

또한 스톤(Clarence Stone)은 다원론자들의 권력 개념이란 사회적 통제를 위한 것으로 결코 사회적 생산을 가져오지는 못한다고 주장하였다. 대신 도시정부가 문제해결을 위한 행동역량을 형성하기 위해서는 권력의 개념이 지배와 갈등 중심에서 벗어나 문제해결을 위한 협력과 생산을 지향하는 레짐의 형성이 필요하다고 보았다. 그는 아틀란타 연구에서 도시경제와 정치 간의 상호의존성 및 시기별 성격 변화를 분석하였는데, 그 결과 아틀란타 시는 기업엘리트, 선출직 정치인, 언론사 간의 동태적 목표지향적 연합에 의한 통치체제를 구축해 왔으며, 그 과정에서 실용성과 시민협력이 강조되어졌다고 주장하였다.

한편 스톤 역시 1900년대 이후의 아틀란타의 정책결정과정을 통해 역사적으로 통치연합이 도로 및 주택 건설, 교육정책과 같은 도시정책들을 어떻게 타결해 나가는지를 규명하였다. 먼저 그는 레짐을 정부기관의 공식적 업무를 보완하고 둘러싸는 비공식적 협약으로 정의하고, 그 협약에 참여하는 핵심그룹을 통치연합으로 규정하였다. 그리고 누가 통치연합을 구성하는지 그리고 그들간의 조화가 어떻게 이루어지는지, 나아가 어떠한 정책타결을 가져오는지에 관한 답을 얻을 수 있었다.

가령 백인중심의 정치체제가 흑인의 도전을 받기 시작하던 1940년대와 1950년대에는 백인기업가와 백인관료가 주도하는 통치연합 안으로 흑인지역사회의 기관을 끌어들임으로써 인종 간의 갈등이 심각했던 주택재개발사업을 성공적으로 타결할 수 있었다. 또한 1960년대와 1970년에는 흑인 유권자가 다수를 차지하자 다수의 흑인지도자가 통치연합에 영입되어 백인기업가와 함께 균형잡힌 통치체제를 형성할 수 있었고, 이를 통해 광역도로 건설과 학교의 인종차별 폐지와 같은 정책을 성공적으로 추진할 수 있었던 것이다. 또 1980년대에는 흑인 중간계층이 성장하자 흑인 중소기업가집단을 통치연합에 합류시키고, 이들을 배려하는 정책을 추진함으로써 도시재개발 정책을 성공적으로 추진할 수 있었다는 것이다.

결국 스톤은 다원론자들의 권력 개념이 사회적 통제와 지배를 위한 권력에 그친다고 비판하고, 사회적 생산을 가져오는 권력이 되기 위해서는 문제해결을 지향하는 레짐의 개념이 중심이 되어야 함을 강조하였다. 바로 이 점에서 스톤은 도시

권력론의 초점을 지배와 갈등으로부터 협력과 생산으로 재정향시켜 놓았다고 볼 수 있다.

4. 종   합

지방정치에 대한 엘리트주의적 관점은 많은 도전을 받았다. 엘리트주의자들의 주장처럼 권력이 집중되어 있지 않으며, 의사결정과정이 폐쇄적이지도 않다는 것이다. 또한 이데올로기적 선입견에 가려서 예단하는 잘못을 저질렀으며, 잘못된 방법론을 사용한 결과 잘못된 결론에 도달했다고 비판하였다.

다원주의 역시 대중이 의사결정자들을 제약하기에 충분한 영향력을 갖고 있다는 사실을 증명하지 못했다는 비판을 받고 있다. 나아가 의사결정과정에서 실제로 드러난 행태만을 연구하는 다원주의적 방법은 쉽게 보이지 않는 것들을 무시한다는 지적을 받고 있다. 왜냐하면 엘리트들은 대중에게 완전히 공개된 상태에서 자신들의 영향력을 행사할 만큼 어리석지 않기 때문이다.

이러한 비판이나 지적들은 결국 지방의 권력구조와 관련된 3가지 논점, 즉 누가 지역사회를 지배하는가? 소수지배 혹은 다원적 지배와 같은 권력구조는 왜 발생하는가? 특정권력구조가 어떤 결과를 가져오는가? 등과 관련하여 아직도 해결해야 될 과제가 남아 있음을 의미한다. 가령 권력의 개념과 그 원천, 환경적 제약의 결정력, 권력을 측정하기 위한 도구의 정립 등을 들 수 있을 것이다.

표 2-1　지방정치에 관한 제이론

구 분	주요 요소	특 징	지방정부의 역할	기 타
엘리트론 (Mills / Hunter)	소수의 경제엘리트	• 지역사회는 경제적 부와 사회적 지위를 소유한 '단일의 경제엘리트'에 의해 지배되는 폐쇄 체제	• 정책집행을 위한 도구적 존재	• 신엘리트론(Bachrach 와 Baratz): 편견의 동원, 보이지 않는 권력, 무의사결정
다 원 론 (Dahl)	다원적 엘리트	• 특정한 사안에 따라 '상이한 지배엘리트' 존재(권력의 분산성과 유동성) • 정책은 다양한 이해의 균형점	• 민주적 신조에 따라 행동하고, 비교적 모든 사안에 영향을 미치는 공정한 중재자 • 유권자에 통제 받음	• 신다원론(Lindblom): (기업)구조적 권력 소유. 분산된 불평등, 지방정부는 편파적 중재자
도시한계론 (Peterson)	지방정부	• 재분배정책보다 경제성장을 위주로 하는 개발정책 추구	• 자본과 노동의 통제에 있어 지방정부는 중앙정부(국가)와 다름 • 지역개발을 위해 다른 지역과의 경쟁 주도	• 개발정책: 엘리트론 • 재분배정책: 무의사결정 • 할당정책: 다원론
성장기구론 (Logan & Molotch)	부동산 임대업자 중심의 성장연합	• 부동산의 '교환가치'를 증가시키는 도시의 물리적 구조 개편 추구(성장 이데올로기)	• 정책집행을 위한 도구적 존재	• 주민에 구조개편비용 전가(Domhoff): 지역보전을 위한 근린운동 파괴
도시레짐론 (Elkin / Stone)	비공식적 레짐 (통치연합)	• 지방정부의 미약한 (무엇을 할) 권력과 자원을 사적 이해집단과의 연합으로 획득·강화	• 비교적 자율적인 존재	• 레짐은 고도의 안정성 향유

❶ 엘리트중심적인 권력구조를 지닌 지역사회는 가난한 지역이라 할지라도 사회복지 정책보다는 지역경제발전 정책에 더욱 중점을 둔다.

❷ 다원적 권력구조일수록 공공주택과 같은 私的財(private goods)의 정책산출 수준이 높아지는 반면, 수돗물의 불소화와 같은 集合財(collective goods)의 정책산출 수준은 낮아진다.

❸ 다원화되고 분권화된 지역사회일수록 주민의 참여를 자극하는 경향이 있지만, 그것이 지역의 민주주의를 보장하는 것은 아니다. 가령 선거는 이익집단이나 전문적인 정치인들의 기능이 강조됨으로써 개별시민들은 단순히 투표권이나 행사하는 수준에 그칠 수 있다. 또한 다양한 집단들이 경쟁적으로 많은 요구를 제기할 때 지방정부는 서로 상충하는 요구들을 수용할 능력도 거부할 수단도 갖지 못하는 '초다원주의(hyperpluralism)'의 함정에 빠질 수 있다.

참고문헌

김구섭. 1991. 『정치권력과 민주주의』. 서울: 박영사.

김운태. 1990. 『정치학원론』. 서울: 박영사.

김익식. 1994. "지방자치와 주민참여: 지역사회 권력구조와의 관계를 중심으로." 『지방행정연구』 9(1).

손병권. 1998. "다원주의와 이익집단정치의 장래 Ⅰ: 남북전쟁 이후 1950년대까지의 기업부문 이익의 등장과 성장을 중심으로." 『미국학』 제21집.

오명호. 2003. 『현대정치학이론』. 서울: 박영사.

지병문. 2011. 『도시와 지방의 정치이론』. 서울: 박영사.

하연섭. 2014. "Charles E. Lindblom의 정책연구: 정치와 시장 사이의 점증주의와 다원주의." 『행정논총』 52(2).

3 우리나라의 지방정치 발전사

지방자치와 지방정치를 구분하는 방식에는 크게 두 가지의 관점이 있다. 하나는 지방자치와 지방정치를 동의어로 보는 입장이고, 또 다른 하나는 지방자치의 하위 개념으로 지방정치를 구분하는 입장이다. 이러한 입장의 차이는 결국 정치라는 개념을 광의로 해석할 것이냐 아니면 협의로 해석할 것이냐의 차이와 같다. 정치를 인간 사회의 조직원리 및 운영원리로 보면 지방자치와 지방정치는 그 차이가 없다. 반면 정치를 정책결정이라는 의미로 받아들이면 지방정치는 지방자치와 다를 뿐만 아니라 지방행정처럼 지방자치의 하위개념이 된다.

지방자치란 "일정한 지역과 주민을 기초로 하는 공공단체가 자치권을 바탕으로 지역 내의 공공사무를 지역주민 스스로 또는 대표를 통하여 처리하는 과정"이다. 그러므로 이 과정 전체를 정치로 보면, 지방자치와 지방정치는 동의어가 되지만, 지방자치를 정책결정과정과 정책집행과정으로 나누고 정책결정과정을 지방정치로 보면 지방정치는 지방자치와 그 수준이 다른 용어가 된다.

이 글에서는 지방정치를 지방자치와 같은 개념으로 사용하고자 하는데, 그 이유는 언급한 바와 같이, 정치를 인간사회 및 조직의 기본적인 조직원리 및 운영원리로 보는 것이 일반적인 이해에 부합하고, 또 정책결정과 집행이 전혀 별개의 과정이나 사안으로 볼 수 없기 때문이다.

이러한 관점에서 우리나라 지방정치의 발전과정을 고찰하기 위해 먼저 지방정치의 토대를 이루는 우리의 정치문화에 대해 고찰해보고자 한다. 이어 대한민국 건국 이전 지방정치의 전통을 지방정치의 3요소 즉, 주민, 구역, 자치권 가운데 하나인 지방행정조직의 발전과정과 더불어 살펴보고자 한다.

그 다음으로 건국 이후 현대적인 의미의 지방정치의 발전을 도입기, 지방정치의 단절기, 지방자치의 부활과 정착기의 순으로 서술하고자 한다.

1. 지방정치와 정치문화

지방정치의 원활한 작동을 위해서는 이와 친화적인 문화적 배경이 중요하다. 이러한 측면에서 경제발전과 민주주의, 그리고 안정적인 사회발전과의 관련성 하에서 문화적인 측면, 특히 신뢰를 바탕으로 한 사회적 자본의 중요성이 강하게 부각되고 있다.

퍼트넘(Robert R. Putnam)은 이태리 남부와 북중부 지역사회를 대상으로 한 그의 연구에서, 호혜성의 규범과 시민참여적인 연결망의 형태와 같은 실질적인 사회적 자본의 축적이 전승된 공동체에서 민주주의가 필요로 하는 자발적인 협력(또는 참여)이 더 용이하다고 주장하고 있다. 즉, 복잡한 현대적 구조 하에서 사회적 자본은 두 가지의 연관된 근거 — 호혜성의 규범과 시민참여의 네트워크(연결망) — 에서 발생할 수 있다는 것이다. 또 사회적 자본은 통합적인 행위를 촉진함으로써 사회의 효율성을 발전시킨다고 한다. 이러한 측면에서 신뢰는 사회적 자본의 필수불가결한 구성요소이며, 사회적 자본은 높은 수준의 협동, 신뢰, 상호호혜성, 시민참여 그리고 집단적인 안녕을 지닌 사회적 평형상태를 낳고, 이러한 특성들이 시민공동체를 규정한다고 그는 주장한다. 그는 이러한 사회적 자본의 건설은 쉽지 않으나, 이것이 민주주의가 작동하게 하는 데 관건이라고 한다. 즉, 민주주의의 작동에 있어 문화적 배경이 얼마나 중요한가 하는 점을 강조하고 있는 것이다(Putnum, 167-185).

후쿠야마(Francis Fukuyama) 또한 경제적 번영에는 문화적인 배경이 매우 중요하다고 주장한다. 강한 공동체적 연대를 가진 사회는 고신뢰사회이며, 공동체적인 연대와 결속은 경제적 도약의 기초라고 말하고 있다. 사회적 자본은 경제생활뿐만 아니라, 사회적 삶의 모든 국면에 영향을 미친다고 한다. 민주주의와 자본주의가 제대로 작동하려면, 그 기능을 원활하게 해주는 전근대적 문화적 관습이 병행되어야 하는데, 법률, 계약, 합리성 외에도 관습에 바탕을 둔 호혜성, 도덕률, 공동체에 대한 의무, 신뢰 등이 가미되어야 한다는 것이다.

후쿠야마는 기본적으로 중국과 한국을 가족주의가 중심이 되는 사회이며, 신뢰가 부족한 사회라고 규정하고 있다. 중국의 전통적인 유교문화의 요체는 어떤 사회적인 충성심보다 가족의 결속을 중요시하여 혈연관계가 없는 사람들 사이에 구축된 신뢰가 부족하고 자발적인 공동체에 취약성을 드러내기 때문이라는 것이다(구승희 역, 30-195).

이와 같은 맥락에서 한국의 정치문화를 분석한 연구들을 보면, 한국사회에 유교문화에 바탕을 둔 가족주의 및 연고중심의 정의주의, 전근대적 권위주의, 소극적 참여주의가 엄연히 존재하고 있음을 부인하기 어렵다. 우리나라의 정치문화에 관한 여러 논문에서 한국인의 정치문화로 공통적으로 지적되어 온 것들을 보면, 권위주의, 시민성, 공동체성, 소외성, 분파성, 저항성, 민족적 주체성과 같은 것들이 한국 사회의 지배적인 정치문화라고 한다.

이와 같은 논의를 통해 볼 때, 한국의 정치문화가 지방정치에 내재되어 있는 보편적 가치와 그다지 친화력을 가지고 있지 못함을 알 수 있다. 우리의 정치문화가 아직 참여형의 양태를 보여주지 못하고 있고, 한국 사회가 권위주의와 부정부패, 고비용저효율의 정치, 정경유착, 한탕주의, 그리고 법과 질서의 경시풍조 등의 위기적 국면을 보여주고 있는 것은 결국 사회적 신뢰가 부족하기 때문이라고 할 수 있다. 이것이 궁극적으로 한국사회의 지방화와 분권화가 지향하는 인간의 자율성의 증대, 보다 개방적이고 수평적인 사회, 보편적인 민주주의, 그리고 인간의 존엄성에 기반한 보다 자유주의적인 민주주의의 실천에 한계요소라고 할 수 있다.

하지만 이러한 정치문화가 조금씩 변화되어 가고 있음을 또한 부인하기 어려운 것이 사실이다. 민주주의를 하나의 생활양식이라고 할 때, 근대적인 시민교육의 확대와 민주적인 각종 제도와 절차의 확립을 통해 우리의 지방정치도 조금씩 참여적으로 정착되어 가고 있다는 것이다. 분권화와 지방화의 심화와 지방의회의 순기능 증대, 그리고 시민참여의 통로 확대를 통해 우리의 정치문화도 점차 참여적으로 바뀌어 가고 있다고 할 수 있다.

2. 건국 이전의 지방정치

우리나라의 지방정치는 1949년 지방자치법의 제정에 따라 출범하였다고 보아야 하므로, 그 이전의 지방제도를 본래적 의미의 지방정치와 직접 연관시키기는 어렵다. 그러나 현실적으로 지방정치가 시행될 때 종전의 지방행정구역을 기준으로 지방자체단체를 구성하였고, 지방정치의 주요 요소 가운데 하나가 구역이므로 건국 이전의 지방제도를 고찰하는 것은 지방정치의 이해를 위하여 필수적이므로, 간략히 정리해 보고자 한다.

1) 고대국가시대

부족연맹을 모체로 하여 국가형태를 갖춘 고구려·백제·신라의 초기 지방조직은 부(部)이다. 부족을 의미하는 이들 부는 다른 지방민에 대하여 배타적 지위를 누리면서 부내의 일을 상당 부분 자율적으로 결정하였다. 그러나 시간이 흐름에 따라 중앙정부의 권한이 강화되면서 부의 권한이 축소되고 부의 주요인사는 중앙으로 흡수되어 귀족층을 형성하게 되었다.

물론 중앙정부와 부 간의 관계는 그 세력의 정도에 따라 상호의존적이거나 또는 대립적으로 관계가 형성되었을 것이다. 뿐만 아니라 부의 아래에는 그 보다 작은 여러 개의 부, 즉 부안에 여러 개의 부(部內部)가 있었다는 것은 씨족사회가 부족사회로, 부족사회가 부족연맹으로, 그리고 부족연맹이 고대국가로 발전되면서 종전의 정치조직이 나름대로의 자율권을 갖고 있었다는 사실을 나타내는 것이라고 할 수 있다. 그러나 후기에는 부가 사라지고 중국식의 주(州)가 설치되었다.

2) 통일신라시대

신라가 삼국을 통일한 후 신라의 영토는 급속히 확대되어 갔다. 이에 따라 보다 효과적으로 지방으로부터 세입을 확보하고 과거 고구려 및 백제계 주민을 통제하는 것이 매우 중요한 국가의 목표가 되었다. 이에 신문왕(神文王) 7년(687년)에 9주·5소경제도를 확립하여 沙伐州(상주), 歃良州(양산), 淸州(진주), 漢山州(광주), 首若州(춘천), 熊川州(공주), 河西州(강릉), 完山州(전주), 武珍州(광주)와 金官京(김해), 中原京(충주), 北原京(원주), 西原京(청주), 南原京(남원)을 두고, 주의 밑에 117군, 293현을 두었다. 통일신라시대의 주는 삼국시대의 주가 변동과 폐치를 반복한 것과 달리 고정된 지방행정구역의 성격이 강한 것이 특징이라고 할 수 있다.

통일신라시대에는 지방의 부족대표들이 한 자리에 모여 중요사항을 협의하여 처리하는 화백회의(和白會議)라는 제도가 있었다. 이 제도는 사로 6촌의 옛 부족회의인 남당(南堂)제도에서 유래한 것인데, 진골 이상의 귀족들이 참여하여 국가의 중대사를 의논하는 것이었다. 대체로 20명 정도의 진골이 참여하였고 의장은 상대등이었으며, 이 제도의 특징은 한 사람의 반대자도 없이 모든 사람들이 찬성해야 결정되는 만장일치의 제도였다는 것이다.

화백회의는 귀족들이 국왕을 추대하거나 폐위하는 등의 권한도 행사하였으며, 각 집단의 부정을 막고 단결을 강화한다는 구실로 귀족 세력과 왕권 사이의 권력을 조절하는 기능도 하였다. 실제, 신라 제25대 진지왕(재위 576-579)은 화백회의를 통해 폐위되었다. 이와 같은 사실들을 통해 신라가 귀족 집단 지도체제였으며, 왕권이 미약했음을 알 수 있다. 또 통일신라시대의 화백회의는 지방의 권력이 중앙정부로부터 상당 부분 용인되고 있었던 흔적이라고 할 수 있다.

제 3 장 우리나라의 지방정치 발전사

3) 고려시대

고려는 호족들의 연합으로 성립된 국가였던 관계로 건국 초기 왕권이 상당히 미약하여 지방을 효과적으로 통제할 여력이 거의 없었다. 성종 2년(983년)에 12목을 설치하였고, 성종 14년(995년)에는 10도를 설치하였으나, 이들 조직에 상주하는 지방관을 두지는 못하였다. 그래서 안찰사 등이 수시로 당해 지역을 순찰하여 그 지역의 토호들을 감독하게 하였다.

그러다 현종(1009-1031) 때에 이르러 5도양계제가 확립되고 여기에 따로 4경을 두었다. 5도(양광 · 경상 · 전라 · 교주 · 서해)에는 안찰사, 양계(동계 · 서계)에는 병마사, 4경(개경 · 서경 · 동경 · 남경)에는 유수를 두었는데, 실제로 군 · 현까지 중앙에서 관리를 파견하여 통치하도록 하였다.

고려시대에는 중앙의 고위관료에게 자기 연고지를 다스리도록 임명한 특수 관직으로서 사심관제라는 것이 있었다. 이 제도는 태조 18년(935년)에 신라의 마지막 임금인 김부(金傅, 경순왕)를 경주의 사심관으로 파견하고, 뒤이어 다른 공신들 역시 각각 그 출신지방의 사심관으로 임명하여 부호장 이하의 향직을 다스리게 한 데서 비롯되었다. 당시 공신들은 대부분 지방호족 출신으로서 중앙귀족화되어 가고 있었지만 출신지에 여전히 전통적인 세력기반을 확보하고 있었다.

건국 초기 지방관이 파견되지 못했으므로 중앙정부에서는 이러한 공신들의 세력기반을 이용하여 민심을 수습하고 그 지역의 토호세력을 통제하고자 한 것이다. 그 후 성종 대에 지방관제가 실시됨에 따라 이 제도도 정비되어 성종 15년(996년)에는 2인 이상의 사심관을 임명하는 제도로 정착되었다.

사심관은 부호장 이하의 향리를 관장하여 그 관할 지방민의 관리자가 되어 그 지방의 치안에 대한 연대 책임, 풍속 교정, 공무 조달을 맡아 지방에서 매우 큰 영향력을 행사했을 것으로 여겨진다. 이러한 사심관의 권력집중을 막기 위한 여러 가지 제도적인 조치들이 행해지게 된다. 대신들은 5향(처 · 모 · 부 · 조모 · 조부의 고향) 가운데 3향의 사심관을 겸할 수 있게 하고, 아무리 작은 주현이라도 최저 2인을 임명하게 했으며, 부나 친형제가 호장으로 있을 경우(나중에는 처족이 향역에 있는 경우에도)

사심관에 임명하지 못하게 하는 등 사심관과 향리의 혈연관계를 단절시켜 사심관의 권력이 지나치게 강화되는 것을 막으려 했다.

그럼에도 불구하고 사심관의 지방에서의 영향력은 많은 폐단을 초래했으며 특히 고려 후기에 중앙의 지방에 대한 통제력이 약화되자 그 폐단이 드러나, 넓은 공전(公田)을 점유하고 많은 민호(民戶)와 노비들을 가로채 사복을 채우고 상경(上京)한 향리에게 사형(私刑)을 가하는 등 폐해가 극심했다.

이로 인해 충렬왕 9년(1283년) 임시 폐지되었다가 충숙왕 5년(1318년)에 완전히 폐지되었다. 그 뒤 공민왕 18년(1379년)에 신돈이 사심관제도를 복구하여 스스로 5도도사심관(五道都事審官)이 되려 했으나 그의 세력이 지나치게 커지는 것을 두려워한 국왕의 반대로 뜻을 이루지 못했다.

이와 같은 고려시대의 사심관제도는 결국 고려의 중앙정부가 지방을 완전히 통제하지 못했을 뿐만 아니라 지방이 상당한 자율성을 가지고 있었음을 보여주는 것이라고 할 수 있다.

4) 조선시대

성종 2년에 경국대전이 완성됨에 따라 지방제도도 확정되었는데, 8도를 두고 그 밑에 부·대도호부·목·도호부·군·현을 두었다. 성종 2년 당시는 4부, 4대도호부, 20목, 44도호부, 82군, 175현이었으나 시간이 흐름에 따라 어느 정도의 증감이 있었다. 도에는 관찰사(감사), 부는 부윤(부사), 대도호부에는 대도호부사, 목에는 목사, 도호부에는 도호부사, 군에는 군수, 현에는 현감 등을 두었으나 모두 중앙에서 파견하였다.

그러나 1895년 5월 칙령 제98호에 의하여 8도제가 폐지되고 23부 336군제가 실시되었는데, 종전의 부·목·군·현을 모두 군으로 통일한 것이다. 그러나 이 제도는 1년밖에 시행되지 못하고 1896년 8월 13도·7부·1목·329군제가 실시되었고 도에는 관찰사, 부(廣州·개성·강화·인천·동래·덕원·함흥)에는 부사, 목(제주)에는 목사, 군에는 군수를 두었다.

조선시대의 통치체제는 일반적인 통념과 달리 적어도 갑오개혁과 일제침략 이전까지는 어느 정도 지방분권적인 체제를 유지하였다. 다시 말해 강력한 중앙통제가 이루어지는 국가는 아니었다는 것이다.

이러한 주장의 배경을 살펴보면 첫째, 조선시대의 지방관들이 봉건제후에 버금가는 막강한 권한을 행사했다는 것이다. 지방관들은 국왕의 임명을 받는 대리자들이었으나, 중앙정부의 통제가 철저하지 못했던 관계로 상당한 자율성을 가지고 있었다. 단기재임제(短期在任制), 친족상피제(親族相避制), 암행어사제와 같은 제도를 두어 중앙정부가 지방관들을 통제하려 한 것을 보아도 당시 지방관들의 위상을 충분히 짐작할 수 있다.

둘째, 조선시대 지방정부의 인사는 지방분권적으로 운영되었다. 중앙정부는 지방의 수령까지의 인사에만 관여하였고, 수령 이하의 이서(吏胥)에 대한 임용에는 관여하지 않았다.

셋째, 조선시대 군현은 이서들의 인사뿐만 아니라, 세입·세출에 관한 거의 모든 권한을 행사하였다. 조세징수권은 지방관의 전속권한이었으며, 군현은 거두어들인 조세의 극히 일부만을 중앙정부에 납부하였으며, 그 나머지는 관아의 경비에 충당하였다.

넷째, 조선시대 이서들의 막강한 행정실무 권한은 지방관의 중앙집권적 역할을 크게 제약하였다. 이는 단기간 재임하는 지방관들이 지역의 실정에 밝고 지방의 토착세력과 연결된 향리들에 의존하지 않을 수 없었기 때문이다.

다섯째, 조선시대 군현의 양반들의 총회였던 향회와 집행위원회에 해당하는 유향소의 역할을 중앙정부가 공인한 까닭은 중앙정부의 지방에 대한 통제력의 한계를 보여주는 하나의 사례라고 할 수 있다.

여섯째, 조선시대의 면과 리는 사실상 중앙정부의 통제력이 미치지 않는 지방행정단위였다. 중앙정부의 명령과 지시는 군현의 수령에게까지만 직접 전달되었고, 면리의 행정에는 수령을 통해 간접적으로 전달되었다(한국지방자치학회, 40-43).

정리하면 조선시대의 지방행정체계는 도-군현-면리의 3계층으로 이루어져 있었으며, 이들 중에서 군현과 면리는 지방분권과 주민자치의 요건을 갖춘 지방의

자치정부들이었다고 할 수 있다. 군현은 국왕이 임명한 수령이 지방세력을 대변하는 향회와 유향소의 일정한 통제를 받아 그 권한을 행사하였으며, 면리는 주민의 의사로 선임된 면리장이 마을의 일들을 주민총회격인 촌회의 결정에 따라 처리하였다.

하지만 조선시대의 이러한 지방분권적 체제는 갑오개혁과 광무개혁을 통해 점차 중앙집권적인 체제로 바뀌어 갔으며, 일제하에서는 이러한 체제가 더욱 공고화되었고, 지방자치는 정말 유명무실한 상황이 되었다.

5) 일제시대

한일합병후 일제가 시행한 지방행정제도의 대표적인 내용을 보면 다음과 같다.

첫째, 1910년 강점 이후 중앙의 직할이던 한성부가 개칭되면서 경기도의 소속으로 바뀌었다.

둘째, 면제를 실시하여 면(面)·방(坊)·사(社) 등 다양한 명칭으로 불리던 최일선 행정조직을 면으로 통일하고 면장이라는 책임자를 임명하였다.

셋째, 1915년에는 도제(島制)가 실시되어 종전의 울릉·제주군을 도(島)로 하였는데, 이는 도서지역의 특성상 경찰업무까지 관장하는 도사(島司)를 두어 통치하기 위한 것이었다.

넷째, 13도의 관찰사를 도장관으로 호칭을 바꾸고, 부와 군은 도장관의 감독하에 있는 동급의 행정기관이었으나, 수장의 임명에는 민족적 차별을 하였다. 군에는 한국인 군수를 임명하였으나, 다수의 일본인이 거주하는 부에는 반드시 일본인으로 부윤을 임명하였다.

다섯째, 1930년대 지방정부의 의결기관인 부회·읍회·도회를 설치하는 등 일견 지방정치의 모습을 갖추는 듯하였다. 그러나 도의회의 의원을 부회나 읍회, 면협의회에서 간접 선출하거나 도지사가 임명하는 방식을 택함으로써, 결국 의회가 본연의 기능을 하기에는 근본적인 한계가 있었다.

여섯째, 1941년 일본이 태평양전쟁을 일으킴으로써, 이러한 명목상의 지방정치도 중단되고 말았다. 1943년 지방선거가 임박하자 "지도요령"이라는 것을 내려보내 추천선거제도라는 것을 시행하였다. 간략히 말하면 지방자치단체장이 상부기관이나 경찰 등과 협의하여 "후보자추천모체"를 구성하고, 이들이 의원의 수만큼을 추천하면 이들을 대상으로 주민들이 투표를 하는 방식이었다.

이들이 어떤 인물들을 추천하였을 것인가는 굳이 설명이 필요 없는 것이 이렇게 뽑힌 의원들 대부분이 1급 친일파들이었다는 것을 보면 알 수 있다.

6) 미군정시대

1945년 태평양전쟁에서 승리한 미국은 그 해 9월 북위 38도선 이남을 점령하고 군정을 실시하였다. 미군정은 기본적으로 지방자치제도의 수립과 육성을 표방하고 이 방향으로 개혁을 시도했다. 하지만 2년 11개월이라는 짧은 시간에 지방자치제도를 수립하고 시행한다는 것 자체가 무리였다. 이하에서는 미군정에 의해 추진되었던 지방행정제도의 개편과 구상을 살펴본다.

첫째, 미군정은 일제시대 지방청을 지도 · 감독하던 식민통치의 핵심기관이었던 총독부 소속의 지방과를 폐지하였다.

둘째, 군정 초기 미군정 당국은 각 도와 부, 군에 자문기관인 고문회를 설치하였다. 고문회는 각급 지방수장의 자문기관으로서 주요 간부의 추천, 기구개편 등에 적지 않은 영향을 미쳤다. 하지만 각종의 이권개입도 적지 않아 사회적 지탄의 대상이 되었다.

셋째, 1946년 7월 제주도를 전라남도의 관할에서 분리하여 도로 승격시켰다.

넷째, 1946년 8월 미군정은 경성부를 서울특별시로 규정하는 "서울특별시헌장"을 발표하고, 그 후속조처로서 동년 9월 당시 경기도에 속했던 경성부를 서울특별시로 승격시켜 도와 동등한 직능과 권한을 갖도록 하였다.

다섯째, 1946년 11월 미군정 당국은 "기타 지방의 관공리 · 의회의원의 선거"를 공표하였으나, 실행에는 옮기지 못하였다. 이 법은 지방자치단체장과 지방의회의원들을 일반 · 보통 · 비밀 투표로 뽑는 것을 규정하는 등 상당히 선진적인 내용을 담았지만, 군정청의 지방의회 해산권과 지방의회의 의결취소권을 인정하는 등 군정의 본질적인 한계도 드러냈다(한국지방자치학회, 58−59).

3. 현대적 지방정치의 발전 과정

1) 지방정치의 도입기

1948년 제정된 우리나라 헌법은 민주주의의 모양새를 갖추기 위해서는 지방자치의 도입이 필요하였으므로 지방자치를 명문화하였고, 이에 따라 1949년 7월 지방자치법을 공포하였다. 그러나 이와 같은 지방자치제도는 일제가 효율적인 식민통치를 위해 만든 중앙집권적 행정체제의 바탕 위에 지방의회 및 지방자치단체장에 대한 선거와 임명 규정만 추가한 것이었다. 즉 지방자치제는 명목적인 제도에 불과했다는 것이다.

이승만 정권은 1949년 12월 한 번도 시행되지 않은 지방자치법을 개정하였는데, 개정된 지방자치법은 지방선거실시를 보류함으로써 지방자치제를 실질적으로 무의미하게 만들고 말았다. 그러다가 1952년 한국전쟁의 와중에 돌연 지방의회선거를 실시하였다. 이 역시 이승만 대통령의 정치적 야심에 의한 것으로써 당시 대통령을 간접 선출하는 권한을 가진 국회가 야당 내지 이승만의 정치적 반대파의 주도하에 있던 상황은 이승만의 재집권을 어렵게 하고 있었다. 이에 이승만은 기존 국회의 무력화를 기도했는데 그 결과로 시행된 것이 그동안 국내정세의 불안과 치안유지를 구실로 실시가 유보되던 지방의회 의원선거였다. 이렇듯 우리나라 최초의 지방의회 선거는 민주주의의 발전과는 무관하게 최고지도자의 정치적 목적을 달성하는 데 이용되었을 뿐이었다.

1952년 지방의회가 구성된 지 3년도 채 안되어 이승만 정권은 지방자치법의 제2차 개정을 시도하였다. 개정 이유는 지방의회가 지방자치단체장에 대한 불신임을 결의하는 경우가 빈발하여 지방자치단체장들이 고유 업무를 수행하는 데 차질을 빚고 있다는 것이다. 거기에다 지방자치단체장과 지방의원들 사이에 청탁이나 이권거래가 성행하는 등 지방자치제도 운영에 있어서 적지 않은 문제가 발생했기 때문이라는 것이었다. 이러한 이유를 들어 지방자치단체장에 대한 불신임결의제도와 지방자치단체장의 의회해산제도를 폐지하였다.

1956년 2월 2차 지방자치법 개정 이후 5개월 만에 이승만 정권은 다시 지방자치법을 개정했는데, 이는 야당측 인사가 지방자치단체장 선거에서 이기는 경우를 최소화하기 위해서였다. 이러한 목적으로 서울특별시 이외의 시의 구청장 임명권을 시장에게 부여하였다.

이승만 정권은 1958년 12월 다시 지방자치법을 개정했는데 그 주요 내용은 지방자치단체장에 대한 임명제를 도입하는 것이었다. 이는 결국 지방자치를 유명무실화하여 강력한 중앙집권적 통치체제를 구축하는 것이 그 목적이었다. 이처럼 1960년 4·19혁명에 의해 이승만 정권이 붕괴할 때까지 우리나라 지방자치의 역사는 오로지 최고권력자의 정치적 의도에 의해 이루어져 왔다고 해도 과언이 아니다.

4·19혁명으로 탄생한 민주당 정권은 1960년 11월 1일 전면 직선제를 골자로 하는 지방자치법개정안을 확정하였다. 이에 따라 그해 12월에 서울특별시와 도의회선거, 시·읍·면장 선거 및 서울시장과 도지사선거가 실시되었다. 이것은 우리나라 지방자치 역사상 최초로 완전한 자치의 형식을 취한 것으로서 실질적인 지역적 분권화의 출발점이 되었다.

그러나 지방자치의 경험 부족으로 인해 주민의 자치의식 측면에서 심각한 문제점이 드러났고, 실제 운영상에 있어서도 지방자치단체장과 의회 간의 불화와 극한 정쟁, 선출직 도지사와 국가가 임명하는 국장·과장 간의 불화, 중앙정부와 지방자치단체 간의 부조화 등으로 허다한 결점만을 드러내게 되어 지방자치에 대한 국민적 불신만 더욱 심화시키는 결과를 가져왔다.

제1·2공화국에 있어서의 지방자치는 이러한 주민의식 및 실제 운영상의 문제점을 안고 있었으나 보다 더 심각한 문제는 제도적 미비점이라고 할 수 있다. 그 가운데 중요한 몇 가지를 들면 다음과 같다.

첫째, 지방자치의 토대가 되는 지방자치법의 규정이 매우 포괄적이고 추상적일 뿐만 아니라 미비한 사항이 많아서 운영상 많은 어려움을 노출하였다. 한 가지 예를 들면 지방자치법은 "지방자치단체는 그 지방의 공공사무와 법령에 의하여 그 단체에 소속된 사무 및 장에게 위임된 사무를 처리한다"고 규정하고 있는데, 여기서 그 지방의 공공사무가 무엇이고 법령에 의하여 그 단체에 소속된 사무가 구체적으로 어떤 것인지를 구체적으로 규정하고 있지 않다.

둘째로, 중앙정부와 지방자치단체 간, 지방자치단체와 지방자치단체 간의 기능이나 사무의 배분이 명확하지 않아 모순과 혼란을 가져와 자치권의 행사를 어렵게 하였다.

셋째로, 국가와 지방자치단체 간의 자원배분에 있어서 자치단체의 재정이 극히 빈약하여 국고에 크게 의존할 수밖에 없으며, 지방자치단체에 위임된 국가사무의 처리에 소요되는 경비도 지방자치단체가 부담하도록 되어 있었다.

이외에도 광범위한 중앙정부의 권력적 감독권 행사로 인한 지방자치단체의 재량권의 제약, 주민들의 자치 의식과 역량의 부족, 그리고 이러한 것들로부터 파생되는 자치행정의 비능률을 제거하는 제도적 장치가 마련되지 못하였다.

2) 지방정치의 단절기

제1·2공화국을 거치면서 그 싹을 키워 오던 우리의 지방자치는 1961년 5월 16일에 발생한 군사쿠데타에 의해 중단되고 말았다. 군사쿠데타 세력은 전국의 지방의회를 일시에 해산하고 각급 지방의회의 의결사항을 상급 지방자치단체장이 집행하도록 조치했다. 1962년 4월 21일 공포되고 같은 해 10월 1일부터 시행된 '지방자치에 관한 임시조치법'은 모든 지방자치단체장들의 하향적 임면원칙을 제도화하였다. 이처럼 지방의회가 사라지고 지방자치단체장이 임명직으로 바뀐 사실은 내용적으로 볼 때 지방자치제도를 근본적으로 부인하는 행위라고 할 수 있다.

박정희 정권은 지방의회의 구성시기를 법률로써 정한다고 하였음에도(1962년 12월 26일 개정헌법 96조, 97조), 실제적으로는 그러한 법률을 제정하기 위한 아무런 조처도 취하지 않음으로써 5·16 이후 우리나라는 중앙집권적 시대로 접어들었다.

박정희 정권 이후 지방자치 문제가 다시 논의되기 시작한 것은 5공화국 말기인 80년대 중반이었다. 그 요인으로는 먼저 정치적으로 85년 2월 12대 총선에서 야당인 민주통일당이 대거 약진한 것이었다. 거기에다 급속한 경제성장으로 인한 시민사회의 성장, 노동자계급의 급격한 성장과 의식화, 경제성장 과정에서 축적된 국력의 신장으로 인한 안보부담의 감소, 동서냉전체제의 완화, 80년대 말 시작된 사회주의권의 붕괴와 개방, 그리고 부와 권력의 중앙 집중이 자원낭비와 관리의 비효율을 초래하는 등 다양한 국내외적 요인들이 분권화 내지 지방자치의 필요성을 다시금 인식하게 하는 계기를 제공하였다.

　　이러한 배경 하에 80년대 중반 이후 민주화에 대한 국민들의 열망이 높아지면서 지방자치는 정치권의 주요 현안으로 등장하였다. 1987년 당시 민정당대표인 노태우의 '6·29선언'으로 인하여 지방의회를 다시 설치하는 문제가 새롭게 제안되었다. 또한 같은 해 11월 17일 정부와 여당은 13대 대통령 선거공약으로 지방자치의 전면 실시를 발표하였으며 나머지 정당들도 지방자치의 실시를 전폭 지지하였다.

　　노태우 정권 시대 지방자치 논의 과정을 보면, 13대 대통령선거에서 노태우가 당선되고 그가 취임하기 이전까지 지방자치 실시문제와 관련하여 여야 간에 정치적 협상이 전개되었다. 그러나 여야가 끝내 합의를 이루지 못한 가운데, 민정당은 1988년 3월 임시국회 본회의에서 지방자치법과 지방의회의원선거법 등을 단독으로 처리했다. 같은 해 4월 공포된 지방자치법 부칙에 의하면 시·군·구의회는 1989년 4월 30일까지, 시·도의회는 1991년 4월 30일까지 구성하기로 하였으나, 지방자치단체장 선출시기에 대해서는 아무런 언급이 없었다.

　　1988년 4월 26일 실시된 13대 국회의원 선거결과 이른바 여소야대의 정국이 형성되자, 야당은 여당의 독주를 견제할 수 있게 되었다. 야당은 지방자치문제를 논의하기 위하여 공조체제를 마련했고, 1989년 3월에 지방자치법 개정법률안을 3월 임시국회에서 통과시켰다. 정부·여당은 야당이 통과시킨 개정법률안에 대해서 재의(再議)를 요구하면서도, 당시까지 유효하게 남아있던 지방자치 관련 현행법률, 즉 1989년 4월 30일까지 시·군·구의회를 구성한다는 법률적 약속마저 지키지 않았다. 결국 여야4당은 지방자치문제를 원점으로 돌려 재협상하기로 하고 마침내

1989년 12월 새로운 지방자치법개정안이 여야합의에 의해 만들어졌다. 하지만 시행만이 남은 듯 보였던 지방자치는 1990년 1월 민정당과 통일민주당, 신민주공화당이 이른바 3당 통합을 결행함으로써 다시 표류하기 시작했다. 거대 집권여당이 된 민주자유당은 1989년 12월에 합의한 지방자치제 관련법안의 전면적 재검토를 선언한 것이다.

정부와 여당은 당시까지 법적으로 효력을 지니고 있던 1990년 6월 30일 이전에 기초 및 광역 지방의회를 구성한다는 정치적 약속과 법률적 의무를 또다시 이행하지 않았다. 이에 대한 여야 간 첨예한 대립 끝에 1990년 12월 정기국회에서 여야만장일치로 지방자치법 개정법률안, 지방의회의원선거법 개정법률안, 그리고 지방자치단체장선거법안 등이 통과되었다. 그러나 정부와 여당은 지방자치단체장 선거를 준비하지 않는 등 지방자치의 전면적 실시에 미온적인 태도를 보였다. 그리고 마침내 1992년 연두기자회견에서 노태우대통령은 지방자치단체장 선거의 연기를 일방적으로 선언하기에 이르렀다.

1992년 12월에 14대 대통령으로 당선된 김영삼은 선거과정에서 1995년 지방자치단체장선거실시를 공약했었다. 그 후 1994년 3월에 마침내 지방자치단체장선거를 포함한 이른바 4대 지방선거를 1995년 6월 27일에 실시한다는 내용을 담은 지방자치법을 국회에서 통과시키고 16일에 공포하였다. 그리고 마침내 1995년 6월 27일에 역사적인 4대지방선거가 실시되었다. 이로써 지방의회는 제2기가 출범하게 되었고 지방자치단체장선거는 1960년대 이후 30여년 만에 부활하게 되었다.

3) 지방정치의 부활과 정착기

1961년 5월 5·16군사쿠테타로 지방의회가 해산되고 지방자치가 명목상으로만 존재하게 된 이후, 1988년 4월 지방자치법의 전면개정과 1991년 상반기 각급 지방자치단체의회의 선거를 거쳐, 1995년 제1회 전국동시지방선거를 실시하게 됨으로써 진정한 의미의 지방자치가 실시될 수 있는 바탕이 마련되었다.

오랜 기간이 흘러 재개된 우리나라 지방정치의 골자를 정리해 보면, 먼저 지방정치는 2계층제를 채택하여 광역지방자치단체인 특별시, 광역시, 도와 기초지방자치단체인 시, 군, 자치구를 두었다. 지방정치의 권력구조는 기관분립형을 기초로 하여 정책결정기관인 지방의회와 정책집행기관인 지방자치단체장을 분리하여 선출하는 방식을 채택하였다. 하지만 여러 가지 이유로 인해 먼저 지방의회를 구성한 관계로 지방정치 도입 초기에는 민선 지방의원과 관선 지방자치단체장이 지방정치의 주체가 되었다.

역대 지방선거의 주요 내용을 중심으로 우리 지방정치의 변화를 살펴보면 다음과 같다.

1991년 3월 26일에는 시·군·구 의원 선거가 있었으며, 같은 해 6월 20일에는 시·도 의원 선거가 치러졌다. 이 선거를 통해 4,303명의 기초지방의회의원과 866명의 광역지방의회의원을 선출하였다.

명실상부한 지방선거는 1995년 6월 27일 제1회 전국 동시 지방선거라는 이름으로 치러졌는데, 이 때에는 지방의원뿐만 아니라, 지방자치단체장도 주민들이 직접 선출하였다. 1994년 3월 16일 지방 선거를 앞두고 「대통령선거법」, 「국회의원선거법」, 「지방자치단체의장선거법」, 「지방의회의원선거법」 등으로 구분되어 적용되던 개별 선거법이 「공직선거및선거부정방지법」으로 통합되었다. 새로운 「공직선거법」에 따라 시·도 지사 및 시·군·자치구의 장 선거와 시·도의회 의원 및 시·군·자치구의회 의원 선거 등 4개 지방선거가 동시에 실시되었다.

그런데 총유권자의 68.4%가 투표에 참여한 이 선거를 통해 많은 문제점이 노출되었다. 먼저 지방자치단체장과 광역의원은 정당공천제를 적용한 반면, 기초의원의 경우 정당공천을 배제한 결과 도리어 내부공천(내천) 등으로 인해 불법, 금권선거가 선거를 혼탁하게 만드는 등의 부작용이 나타났다.

둘째, 선거 결과 당선된 지방의원들의 전문성이 상당히 떨어지고, 지역 토호들이 지방의회를 장악하는 등의 문제도 나타났다. 다수의 저학력, 고령자, 지역의 자영업자 및 유지 등이 지방의회를 장악하게 되는 결과가 나타난 것이다.

셋째, 기관분립형의 지방정치구조로 인해, 지방자치단체장과 의회의 다수당이 다른 경우 극단적인 대립과 갈등의 양상이 나타나는가 하면, 반대의 경우 유착과 담합이 나타나 의회가 통법부 내지 지방자치단체장의 거수기로 전락되는 등의 폐해가 나타났다.

1991년 지방의회의 부활 이후 나타난 지방자치단체장과 지방의회의 갈등과 대립의 사례, 그리고 유착과 담합의 사례를 보면 다음과 같은 것들이 있다. 먼저 갈등과 대립의 사례로 보면, ○○군과 ○○군의회의 갈등은 군의 장기개발계획 등 각종 군정시책에 대해 군의회가 승인을 미루어 군의 인사에도 차질을 가져오는 등 피해를 준 사례였다. 또 서울의 한 자치구에서는 구청장과 의회 간에 마찰이 생겨 의원들이 집단사표를 제출한 일도 있다(한국지방행정연구원 1996, 105－126; 지방의회백서 1996, 139).

야합 또는 유착의 사례로는 1997년 4월 18일 서울지검 특수1부가 근린공원 계획용지에 스포츠센터 건립을 허가해 주는 조건으로 2,000만원을 받은 혐의(뇌물수수)로 자치구청장과 전 지방의회의장을 구속한 사례가 있었다. 이 사건은 먼저 지방의회 의장이 '공원조성계획권고안'을 구의회에서 의결하고, 이에 따라 구청장이 스포츠센터 건립을 허가해 준 것으로 이와 같이 자치단체장과 지방의회가 결탁할 경우 보다 많은 문제를 야기할 수 있음을 보여주는 사례라 할 수 있다(중앙일보 1997년 4월 19일자 기사).

넷째, 무보수 명예직인 지방의원들이 의정활동에 적극성을 보이지 않거나, 각종 이권에 개입하는 등의 문제점도 나타났다.

제1회 전국동시지방선거로 구성된 지방의회는 국회의원선거와 2년 간격으로 선거를 실시하기 위해 임기를 3년으로 제한하여 제2회 지방선거는 1998년 6월 4일에 실시되었다.

제2회 지방선거는 헌정 사상 처음으로 선거에 의한 수평적 정권 교체가 이루어진 제15대 대통령 선거가 실시된 지 불과 6개월 여 만에 실시되었다. 당시 외환위기의 여파로 고비용 정치 구조의 개선과 함께 돈이 적게 드는 깨끗한 선거에 대한 국민들의 요구가 매우 높았다. 이에 따라 광역의회의 의원 정수는 970명에서 690명으로, 기초의회의 의원 정수는 4,541명에서 3,489명으로 대폭 축소되었다.

선거 결과 기초지방자치단체장선거와 지방의회의원선거에서 이른바 '일렬 투표'라 하여 광역지방자치단체장선거부터 기초의회의원선거까지 같은 기호의 후보를 찍는 현상이 두드러지면서 정당들의 지역 분할은 더욱 심화되었다. 한편 경쟁력 있는 유력 후보가 지역 연고 정당의 추천을 받지 못하고 무소속으로 출마하는 경우도 많았는데, 그 결과 기초지방자치단체장의 경우 무소속 당선자가 제1회 지방선거의 2명에 비해 44명으로 크게 늘어났다. 광역의회의원선거의 당선자 역시 39명으로 제1회의 5명에 비해 크게 늘어났다.

2002년 6월 13일에 치러진 제3회 전국동시지방선거는 2002년 12월에 치러질 제16대 대통령 선거를 앞두고 주요 정당의 대통령 후보자가 확정된 가운데 실시되었기 때문에 대통령선거의 전초전 성격이 강했다. 특징적인 것은 역대 지방선거 가운데 가장 낮은 투표율을 나타냈다는 점이다. 투표율이 48.8%에 그쳐 유권자의 과반수가 선거에 참여하지 않는 결과를 보여 주었다. 또 이번 선거에서 처음으로 광역의원비례대표선거가 도입되었다.

2006년 5월 31일 치러진 제4회 전국동시지방선거에서 집권 여당인 열린우리당이 거둔 결과는 사상 최악이었다. 광역지방자치단체장 선거에서 16개 선거구 모두 후보를 공천하였지만, 전라북도에서만 유일하게 당선자를 배출하였다. 거기에다 서울 지역의 25개 구청장 선거에서는 단 한 명의 당선자도 배출하지 못하였다.

제4회 지방선거에는 3회 지방선거와 달리 기초의원비례대표선거와 교육위원선거까지 치러, 총 7명을 선출하는 선거였다. 이로 인해 지방선거에 교육위원을 제외한 모든 선거에 정당공천제가 도입되게 되었다.

이와 같이 정당공천제가 확대된 것은 정당의 발전을 위해서라는 측면과 함께, 기존의 내천으로 인한 선거 잡음을 불식하기 위해 차라리 정당공천제를 도입하는 것이 바람직하다는 전문가들의 주장이 반영된 것이라고 할 수 있다.

2010년 6월 2일에 치러진 제5회 전국동시지방선거는 선거제도적인 측면에서 많은 변화가 있었던 선거이다. 첫째 우리나라 선거 사상 처음으로 '1인 8표제'가 도입되었다. 광역시·도의장선거, 시·군·자치구의장선거, 지역구 시·도의회의원선거, 비례대표 시·도의회의원선거, 지역구 시·군·자치구의회의원선거, 비례대표 시·군·자치구의회의원선거, 교육감선거, 교육의원선거 등 총 8개의 선거가 동시에 실시되었다. 둘째 정당의 관여가 허용되지 않는 교육자치 선거가 함께 실시되었는데, 광역시·도를 단위로 하는 교육감선거와 교육의원선거가 그것이다. 셋째 정당들마다 다양한 방식의 경선을 실시하였는데, 한나라당의 국민공천 배심원제와 민주당의 시민공천 배심원제가 대표적인 예이다.

2014년 6월 4일의 제6회 전국동시지방선거에서는 유권자 1인당 7표를 찍는 1인 7표제가 실시되었다. 다만 제주특별자치도의 경우 1인 5표, 세종특별자치시의 경우 1인 4표 선거가 실시됐다. 2010년 6·2지방선거의 경우 1인 8표제였지만, 2014년 6·4선거부터 교육의원을 따로 선출하지 않고 지방의원들로만 지방의회 교육위원회를 구성하도록 제도가 바뀌면서 7표로 줄어든 것이다.

2014년 제6회 전국동시지방선거의 대표적인 특징을 보면, 사전투표제의 첫 도입이다.

전국 단위 선거로는 처음으로 사전투표제가 도입돼 5월 30일부터 31일까지 이틀간 실시됐다. 사전투표는 별도의 부재자신고 없이 전국 투표소 어느 곳에서나 투표가 가능한 것으로, 사전투표율이 11.49%였다. 전체 투표율이 56.%로 제5회 지방선거의 투표율 54.5%보다 높게 나와 사전투표가 투표율을 견인하는 효과가 있음을 알 수 있었다. 뿐만 아니라, 사전투표가 상대적으로 투표율이 저조한 30대 미만의 투표율을 대폭 높여, 이들 연령대의 투표율을 높이는데 기여하였다. 사전투표율을 연령대별로 볼 때, 투표율이 높은 50대 이상이 11% 내외의 투표율을 보인 반면, 30대 미만의 투표율이 약 16%로 나타났다.

이상 지방선거 과정을 살펴본 결과 지방정치의 제도적 변화는 다음과 같이 정리할 수 있다.

첫째, 지방자치단체장 및 지방의원선거 과정에 정당공천제가 전면 적용된 것이다. 이와 같은 결과는 지방정치에 있어서도 정당의 역할이 매우 중요해졌음을 의미하며, 나아가 지역정당의 설립 필요성이 대두되었다는 것이다. 지금과 같이 정당설립요건이 전국정당의 설립을 전제로 하고 있는 것은 지방정치의 발전에 한계를 짓는 것으로 정당설립 요건을 완화하여 광역자치단체 수준의 정당 설립이 가능하도록 할 필요가 있다.

둘째, 교육자치의 여건 확보다. 교육위원의 선거에 이어 교육감의 선거를 지방선거에서 실시함으로써 교육자치에 대한 관심이 커지고 있는바, 지역적으로 특색 있는 교육의 실시를 위해 교육자치의 강화 필요성이 대두되고 있다.

셋째, 지방의원에 대한 유급제의 실시다. 지방정치 도입기 지방의원의 위상을 명예직으로 함으로써 직업적 지방의원의 진출이 어려워, 지방의원의 전문성이 떨어진다는 비판에 의해, 2005년 전면적으로 지방의원의 유급제가 실시되었다. 하지만 실질적으로 유급제가 소기의 취지를 달성하기에는 보수의 수준이 낮아 제도 도입의 효과가 거의 없다는 비판이 강하게 대두되고 있다. 지방정치의 발전을 위해 실질적인 유급제의 실시가 시급한 상황이다.

넷째, 사전투표제의 실시다. 사전투표의 실시로 실질적으로 선거일이 3일이 되었고, 이로 인해 투표율이 4년 전 지방선거에 비해 상승하였을 뿐만 아니라, 30대 미만의 투표율이 대폭 상승되었다.

다섯째, 주민소환제, 주민감사청구제, 주민입법청구제 등의 도입을 통해 지역 주민들의 직접 참여의 통로가 확대되었다. 하지만 그 요건을 충족시키기가 쉽지 않고, 이러한 제도의 활용과 직접적인 효과도 낮아 제도의 개선이 요구되는 상황 이다.

4. 결론: 지방정치 발전의 과제

"완전한 중앙집권 국가뿐만 아니라, 완전한 지방자치 국가도 이 세상에는 존재하지 않는다."

지방정치는 중앙정치와 대비되는 개념일 뿐만 아니라, 지방과 중앙은 전혀 별개의 존재가 아니면 균형을 유지하면서 궁극적으로 민주주의 발전을 도모하는 방향으로 나아가야 하며, 이것이 곧 지방정치의 발전이라고 할 수 있다.

그러면 구체적으로 지방정치의 발전이란 무엇인가?

민주주의의 이념을 자유, 평등, 박애, 인간존엄성 등의 확충이라고 한다면 지방정치의 이념은 민주성과 효율성이라는 데 어느 정도의 합의가 이루어지고 있다. 그러므로 지방정치의 발전은 이러한 이념의 실현을 중앙정부와의 관계 하에서 달성해 나가는 것이라고 할 수 있다.

다시 말해 국가적 통일성을 견지하면서 민주성과 효율성을 확충해 나가는 것인데, 우리나라의 경우 서구의 지방정치 선진국처럼 풍부한 지방정치의 경험을 가지지 못한데다, 정치문화 또한 이들 나라의 세속주의나 합리주의보다 정의주의와 연고주의가 더 지배적이다.

게다가 현재의 지방정치구조 또한 여전히 중앙집권적인 구도 하에 있다. 이러한 까닭에 우리의 지방정치를 2할 자치니 3할 자치니 하는 말을 하는 정도다.

그럼에도 불구하고 지방정치의 발전이 국가발전에 중요한 함의를 가지는 것은 우리가 현재 경험하고 있는 부정적인 상황이 중앙집권적인 국가 경영의 폐해에 대부분 기인하고 있기 때문이다.

이러한 까닭에 이러한 국가적 어려움을 극복하기 위한 하나의 방편으로 지방정치의 활성화를 주장하며, 그 방안으로는 다음과 같은 것들이 제시되고 있다.

첫째, 중앙정부의 분권화 의지다.

지방정치 발전의 전제는 중앙정부의 분권의지가 얼마나 강한가에 있다. 자치권을 구성하고 있는 재정권, 인사권, 입법권을 지방에 얼마나 부여하는가 하는 것이 관건이라는 것이다.

신자유주의 사조로 인해 중앙정부의 분권화에 대한 요구가 미국과 영국, 일본 등에서 매우 강하게 대두되어 왔다. 즉 중앙정부의 비대화가 결과적으로 비민주적, 비효율적으로 국가를 운영하게 한다는 것이다. 그러므로 분권화를 통해 이러한 문제를 해결하자는 욕구가 강하게 등장하는데, 이것은 결국 지방자치를 통한 민주성과 효율성의 함양이다.

이를 위해서는 지방의 자치역량이 전제가 되어야 하는데, 여기에는 중앙정부의 분권화 의지가 필수조건이다. 지방자치의 역사가 일천한 상황에서 지방에 대한 신뢰가 크지 않은 것이 사실이다. 하지만 지나간 20여년의 경험을 통해 볼 때, 자치의 역기능도 보이지만 그 이상의 순기능이 확인되고 있다. 그러므로 지방에 과감히 권한을 이양하는 중앙정부의 전향적인 자세가 절실하다고 하겠다.

둘째, 자치역량의 강화다.

"지방에는 권한도, 인재도, 돈도 없다"라는 말이 있었다.

우리나라 지방자치의 현실을 자조적으로 표현한 것인데, 이것이 마치 지방자치의 한계를 설정하는 의미로 많이들 받아들인다. 즉, 지방자치를 통해 기대할 수 있는 것이 별로 없다는 것이다.

하지만 우수한 인재들이 공직을 선호하게 됨에 따라 지방공무원들의 역량이 상당히 강화되고 있다. 또 단체장을 비롯한 지방의원들의 역량도 상당히 확충되어 궁극적으로 자치의 능력이 강화되고 있다.

이러한 측면에서 자치의 역량을 더욱 강화하기 위해서는 국가공무원과 지방공무원의 신분상, 대우상의 차별을 없애야 하며, 지방의원의 유급제를 실질화할 필요가 있다. 나아가 이들에 대한 교육을 더욱 강화해 나가야 할 것이다.

셋째, 주민참여의 확대다.

우리나라의 지방정치 발전과정을 보면 주민 참여를 위한 다양한 통로가 확대되고 있다는 것이다. 물론 지금의 제도만으로도 충분하다고 할 수 있다. 하지만 현재의 참여제도들이 작동하기에 그 요건이 지나치게 까다롭고 그 실효성을 담보하기에도 많은 어려움이 있다.

그러므로 이러한 참여의 요건들을 완화하고 다양한 참여의 통로를 개발하는 노력이 필요하다. 민주주의는 참여라는 자양분을 먹고 자라는 생물이다. 그러므로 지방자치가 참여를 확대하는 하나의 방편이 될 수 있도록 노력해야 할 것이다.

넷째, 지방선거의 경쟁력 강화다.

선거의 궁극적인 목적은 최적의 후보를 공직자로 선택하는 행위이다. 그러므로 선거제도 자체가 이러한 목적에 부합되어야 한다.

그런데 우리나라 선거는 특정 정당들의 독과점구조에다가, 상당한 비용이 소요되고, 또 엄격한 선거법으로 인해 정치라는 세계의 진입장벽이 상당히 높다.

결과적으로 이러한 장벽을 낮추고 궁극적으로 철폐하는 노력을 기울여야 한다는 것이다. 이러한 측면에서 정당의 민주화, 지역정당의 설립 인정, 돈이 적게 드는 선거제도, 쉬운 선거법 등의 여건이 구비되어야 한다.

다섯째, 지방정치인의 질적 제고다.

제도가 먼저냐, 인물이 먼저냐 하는 논쟁은 동서고금 정치사에 변함없이 대두되는 주제이다. 일견 간단해 보이는 문제이지만, 지금도 논쟁은 끊이지 않고 있다. 왜냐하면 그 누구의 주장도 완전한 답을 주지 못하기 때문이다. 제도가 아무리 완벽해도 어떤 인물이 그 제도를 운영하느냐에 따라서, 그리고 인물이 아무리 훌륭해도 제도가 미비하다면 제도의 성패를 예단하기 어렵기 때문이다. 이상적인 답이야 물론 훌륭한 인물과 이상적인 제도의 결합이다. 이러한 측면에서 제도적이며 형식적인 민주주의는 어느 정도 이루어졌다는 전제 하에 이를 운영하는 인물들의 질적 제고가 필요해 보인다.

상당수의 지방정치인들이 각종 비리에 연루되고, 또 도덕성에 문제가 발견되는 상황은 지방정치 발전에 있어 하나의 큰 걸림돌이다. 지역문제에 골몰하고 헌신적으로 일하며, 주민들의 신뢰를 받을 수 있는 지방정치인을 발굴하고 육성하는 노력이 정당과 지역사회를 중심으로 활발히 이루어져야 할 것이다.

여섯째, 적절한 중앙통제다.

우리나라의 지방정치는 중앙집권적인 성격이 강하다. 바꾸어 말하면 고유의 자치사무가 적고 국가의 위임사무가 많다는 의미이며, 그렇다 보니 중앙의 통제도 많다. 입법적, 행정적, 재정적 통제가 다양하게 이루어지고 있다는 것이다.

분권화는 결국 권한의 위임과 함께 통제도 적정 수준으로 완화하는 것이다. 지나친 통제는 결국 자치 역량을 위축시키며, 중앙에 지방을 예속시키는 결과를 가져올 수 있다. 그러므로 지방에 대한 중앙 통제는 가능한 최소한으로 이루어지는 것이 바람직하다.

지방자치 도입 이전 많은 우려와 걱정이 있었다. "우리와 같은 분단국가가 무슨 지방자치냐," "지방자치를 하면 전라공화국, 경상공화국, 충청공화국으로 나뉘고 말 것이다," "정치인들이 자기 영역 챙기려 지방자치 하려 한다" 등등 많은 비판적 시각이 있었지만, 그들의 주장이 대부분은 맞지 않았다.

물론 문제가 없지는 않았으나, 그럼에도 불구하고, 긍정적인 부분도 많았다.

경제적으로 상당한 발전을 이룬 지역도 있고, 문화와 예술, 관광 부문에서의 변화는 괄목할 만하다. 뿐만 아니라 정치교육적 기능도 상당한 성과를 보였다. 지방정치인으로 출발한 중앙정치인들을 다수 배출하였으며, 이러한 기능은 더욱 강화되는 추세이다.

우리의 지방정치는 이제 겨우 청년기에 접어들었다. 그러기에 여전히 미숙하고 불안해 보일 수 있다, 수 백 년의 지방정치 역사를 가진 나라들의 관점으로 보면 말이다. 지방정치의 역사적 경험이 거의 없고, 형식적인 지방자치의 경험마저도 일천한 우리의 지방정치가 앞으로 더욱 발전하기 위해서는 무엇보다 애정어린 관심과 신뢰, 그리고 적극적인 참여가 절실해 보인다.

생각해 볼 문제

❶ 지방정치 바람직하게 발전하고 있나?

❷ 지방정치 발전에 어떤 것들이 문제가 되고 있나?

❸ 지방자치 실시에 대한 1980년대의 우려는 어떤 것들이 있었나?

❹ 참여적 관점에서 지방정치는 기능하고 있는가?

참고문헌

구승회 역. 1996. 『트러스트: 사회도덕과 번영의 창조』. Francis Fukuyama, 1995. *TRUST: The Social Virtues and The Creation of Prosperity.* New York: Free Press, 서울: 한국경제신문사.

내무부. 1979. 『지방행정구역발전사』.

손봉숙. 1985. 『韓國地方自治研究』. 서울: 三英社.

엄태석. 2006. 『기초지방의회의 이해』. 파주: 한국학술정보(주).

_____. 2015. 『지방자치의 이상과 현실』. 서울: 大旺社.

이승종. 2003. 『지방자치론 ─ 정치와 정책』. 서울: 博英社.

이준한외. 2007. 『제4회 지방선거 현장 리포트』. 서울: 푸른길.

장황래. 2001. 『지방자치의 이해』. 서울: 大旺社.

조창현. 1988. 『지방자치란 무엇인가』. 서울: 동아일보사.

지방의회백서(1991. 4 ─ 1995. 7). 1996.

최영출·김병식·김보흠·배정환·안성호·엄태석·이정주. 2006. 『지역경쟁력 강화와 로컬 거버넌스』. 서울: 대영문화사.

한국지방자치학회. 1999. 『韓國地方自治論』. 서울: 삼영사.

한국지방행정연구원. 1996. 『지방자치시대의 갈등사례』.

한국학중앙연구원. 1991. 『한국민족문화대백과』.

Coleman, James S. 1994. "Social Capital in the Creation of Human Capital," *American Journal of Sociology.*

Putnam, Robert D. 1993. *Making Democracy Work ─ Civic Traditions in Modern Italy.* New Jersey: Princeton University Press.

LOCAL POLITICS

김용진. 1994. "지방자치단체의 종류와 관할구역," http://www.moleg.go.kr/knowledge/ monthlyPublication?mpbLegPstSeq=129348.

지방정치제도

4 지방정치제도의 기본원리

1.에서는 지방정치제도가 구성되고, 작동하는 기본원리에 대해서 다룬다. 지방정치제도는 중앙정부와 권력과 권한을 어떻게 나누고 있는가 하는 공치(共治, shared rule)의 차원과 지방정부 고유의 통치권을 의미하는 자치(自治, self-rule)의 차원으로 구성된다. 근대 국민국가에서 중앙의 상위정부와 대별되는 하위정부(sub-national government)로서 지방정치제도는 제각기 다른 역사적 기원과 개념적 구성요소를 갖고 있다.

2.에서는 이론적 수준에서 자치분권을 구성하는 주요 개념에 대해서 설명한다. 연방제와 단방제에 대해 역사적 기원과 운영원리를 살펴보고, 중앙정부와 지방정부간 관계(IGR: Inter-Governmental Relationship)의 여러 유형을 소개하고 있다. 다음으로 지방자치의 두 이념형이라 할 수 있는 단체자치와 주민자치의 역사적 배경과 작동방식을 비교한다. 중앙-지방정부의 역학관계에서 오해하기 쉬운 분권과 분산의 개념규정을 개관하고, 지방자치의 철학적 원리인 '보충성의 원칙'을 다룬다. 마지막으로 분권화 수준을 보다 맥락적으로 이해하기 위한 경험적 분석을 소개한다.

3.에서는 지방정치제도를 정치적 경쟁과 갈등의 동태적 차원에서 검토한다. 우선, 20세기의 후반기에 전 세계적인 정책방향이었던 분권개혁에 대해 각국의 개혁 경로를 비교하고, 그것의 정치적 결과를 평가한다. 다음으로, 민주주의 거버넌스와 분권화의 관계에 대한 서로 다른 입장을 소개한다. 마지막으로 선거 및 정당정치의 맥락에서 지방정치제도는 어떻게 작동하는가 하는 주제를 다루고 있다. 정당체제의 전국화 여부, 지방정부의 업무수행과 선거를 통한 책임성 문제를 중심으로 서술한다.

1. 자치분권의 이론적 차원들

1) 연방제와 단방제

연방주의는 양도불가능한 단일주권으로 개념화되는 국가주권 주장에 대한 반론으로, 작은 단위의 지역으로 권력이 분산될수록 국가권력의 남용이 제어되고 시민 개개인의 선호와 이익이 통치과정에 잘 반영될 수 있다는 생각이다. 연방주의는 정한 목표를 위한 공동의 행동을 추구하되(공치, shared rule), 다른 목표에 있어서는 연방의 구성단위들에게 자치(self–rule)를 보장하는 원칙이다(Watt 1998, 120).

미국 헌법의 철학에서도 연방주의는 중요한 자리를 차지한다. 제임스 매디슨, 토마스 제퍼슨 등 미국 건국의 아버지들(founding fathers)은 『연방주의자 논설』 (Federalist Papers)에서 대중 민주주의가 불러올 수 있는 대표적인 위험으로 다수의 전제(tyranny of majority)를 지목하였다. 이로부터 공화국을 보호하고 시민의 자유를 보장할 원리의 하나로 연방주의가 제시된 것이다. 유럽에서는 절대권력에 대항한 연방주의적 국가 혹은 사회적 질서라는 논리로서 알투시우스(J. Althusius)의 주권 분할론, 이후에 훔볼트(von Humboldt)가 제시한 보충성의 원칙 등의 사상적 조류로 전개되었고, 칸트(I. Kant)의 영구평화를 위한 국제적 연합을 창설하자는 아이디어도 연방주의와 관계되어 있다(김석태 2016, 4; Cameron and Falleti 2005).

라이커(Riker 1975, 101)는 연방제와 관련하여 가장 널리 인용되는 정의를 내린 바 있다. 그에 따르면, 연방제는 1) 동일한 영토와 시민에 대해 두 차원의 정부 통치가 이뤄지고, 2) 각각의 차원은 적어도 하나 이상의 자율적 결정영역을 보유하며, 3) 각각의 정부 자율성에 대한 헌법적 보장이 있어야 한다. 말하자면, 정부형태로서 연방제(federal system)와 단방제(unitary system)로 나누는 것은 연방정부와 주정부 간에 혹은 중앙정부와 지방정부 간에 업무분담과 역할의 한계에 관한 제도적 배열을 의미한다. 주권, 즉 헌법적 권위가 중앙정부에 집중돼 있는 경우를 단방제라고 하는 반면, 연방의 구성단위인 하위정부가 일정한 헌법적 자율성을 보장받는 경우를 연방제라고 할 수 있다.

캐머런과 팔레티(Cameron and Falleti 2005, 248)는 연방제를 구성하는 세 가지 층위를 제시하고 있다. 첫 번째로는 행정적(executive) 연방제로, 집행권의 수직적 분할을 의미한다. 모든 연방제는 연방정부와 대별되는 하위정부 기관을 보유한다. 두 번째는 입법적(legislative) 연방제로, 하위정부 단위에서 입법권의 수평적 분할을 의미한다. 대부분의 연방제에서 지방정부에 입법부를 두고 있다. 세 번째는 사법적 (judicial) 연방제로 연방을 구성하는 하부단위 안에 사법부를 두는 것이다.

연방주의가 도입되어 제도화되는 배경으로 라이커는 1) 외부의 군사-외교적 위협에 대응하거나 잠재적인 침공에 대비하기 위해 평화적 수단으로 영토에 대한 통제를 확대하려는 정치인들의 야망, 2) 외부의 위협으로 스스로를 보호하거나 잠재적인 침공에 동참하기 위해 일정 정도 독립성을 포기하려는 정치인들의 의지를 들고 있다(Riker 1964). 여기서 1)은 연방을 구성하여 중앙정부를 운영하려는 정치인의 입장을 나타내고, 2)는 일정한 주권의 양도를 통해서 공통의 방위를 도모하려는 지역 정치인의 입장을 대변한다. 여러 현대 국가에서 연방제 정부형태가 자리잡는 과정에서 나타나는 공통점을 버제스는 다음의 <표 4-1>과 같이 요약하고 있다.

연방제 정부는 단일한 형태가 아니라 무역과 안보 연합으로서 느슨한 연방에서부터 국가정책의 집행을 내릴 수 있는 행정력을 보유한 경우까지 다양하게 존재한다. 연방정부와 그 구성단위인 하위정부 간의 관계에 따라서, 대칭적(symmetric) 연방과 비대칭적(asymmetric) 연방으로 나눌 수 있다. 대칭적 연방의 경우, 각각의

표 4-1　연방주의 성립의 조건

공통의 이익	외재적/내재적 위협
1) 정치적 가치지향의 공유 2) 보다 강한 경제적 결속과 이를 통한 이득에 대한 기대 3) 의사소통과 거래의 범위 다양화 4) 정치적 독립 추구 5) 기존의 정치적 결사 6) 지역에 대한 전략적 고려 7) 지리적 근접성 8) 문화적, 이념적 공통분모(민족주의, 종교, 전승된 문화와 관습) 9) 정치적 리더십과 정치엘리트의 확대 10) 사회－정치적 제도의 동질성 11) 연방 모형에 대한 선호 12) 기존의 정치활동을 통해 누적된 역사적 과정의 결실	1) 실재하는 혹은 상상된 군사적 불안 2) 실재하는 혹은 상상된 경제적 불안 3) 실재하는 혹은 상상된 문화적 불안 4) 현존의 정치질서가 직면한 위험에 대한 인식

출처: Burgess(2006), 100

하부단위 단체는 연방정부와 모두가 동등한 관계를 맺고, 같은 정도의 권한을 보유하는 반면, 비대칭적 연방의 경우에는 특정의 하부단위는 보다 많은 자치를 누릴 수가 있다. 벨기에, 캐나다, 러시아, 스페인 등이 이에 해당한다. 비대칭적 연방주의는 특정 인종집단, 교육이나 언어에 대한 차이로 인한 소수집단과 같이 분리된 선호를 가진 집단에 대해 자치권을 보다 많이 부여하는 것이다. 대칭적 연방주의를 취하게 되면 연방을 구성하는 단위 간에 형평성을 기할 수 있지만, 인구가 균등하게 분포되지 않은 한, 특정 하위정부의 시민이 연방수준에서는 과다대표(overrep-resentation)되는 결과를 낳을 수 있다. 가령, 양원제 의회에서 각 주에 균등한 의석을 배분한 경우, 인구밀도에 따라 시민의 한 표 간에 등가성이 크게 훼손될 수 있다. 브라질의 로라이마(Roraima) 거주자의 1표는 상파올로(São Paulo) 거주자의 144 표와 같고, 미국 와이오밍(Wyoming) 거주자가 상원의원 선거에서 행사하는 1표는 캘리포니아에서는 67표의 가치를 갖는다.

연방제를 지지하는 많은 이론적 근거가 있는데, 대표적으로 제임스 매디슨(J. Madison)은 『연방주의자 논설』(Federalist) 10번에서 이 문제를 다루고 있다. 연방제 아래서 정치인들은 현재보다 고위직으로 진출하고자 할 경우, 서로 경쟁하고 정직 성을 통해서 평판을 높이고자 하며, 이것이 하위정부가 보다 능률있고 청렴하게 만 드는 동인이 된다. 하지만, 단방제에서는 이러한 유인이 없고, 부패한 지도자를 계 승하는 지도자가 똑같이 부패하지 않아야 할 이유가 없다. 티부(Tiebout 1956)는 하 위정부 간 경쟁이 낳는 효과에 주목한다. 그의 가설에 따르면 기업 간 경쟁이 가격 하락을 가져오듯이, 정부 간에 경쟁이 일어나면 정부는 보다 효율적으로 서비스를 제공하게 된다. 이른바 '발로 하는 투표'(vote avec les pieds)라 불리는 이 논리에 따 르면, 경합하는 하위정부가 제공하는 서비스와 세금제도에 따라 시민은 더 나은 공 동체로 이주하게 된다. 이러한 압력으로 인해 하위정부는 계속해서 효율화하고자 하는 것이다. 시민들이 자신의 선호에 맞는 곳에서 정착하고자 할 경우, 이러한 이 동으로 동질적인 지역이 만들어지고, 전체 지역은 이질적이게 된다. 하위정부 단위 는 전문화하게 되고, 지역적 수요에 정책을 맞추게 된다.

연방제/단방제의 유형과 관련하여 분권화/중앙집권화와 등치하는 것으로 이해 할 수 있다. 하지만, 연방제로 개혁한다고 할 때, 하위정부에 자율성을 부여하는 분권화, 혹은 탈중심화(decentralization)로만 이해할 수는 없다. 반대의 경로도 있을 수 있는 것이다. 연방을 구성한다는 것이 단방제에서 연방제로 전환한 경우라면, 보다 탈중심화하는 것을 의미하지만, 반대로 기존에 독립된 국가나 공동체들을 함 께 묶는 것이라면 중심화하는 것이기도 하다. 한국과 같이 중앙집권적 구조에서 분 권개혁이 권한의 하방이전을 뜻하는 반면, 현존하는 연방정부가 수립되는 과정은 여러 자치정부나 공동체를 한 데 묶어서 권한을 상방으로 이전하는 과정이었다.

2) 정부 간 관계

일반적으로 분권화 개혁이 중앙의 의사결정권을 지방에 이양하는 것이라면, 지방에 이양된 권한을 누가 행사하느냐 하는 문제가 남게 된다. 지방에는 중앙

혹은 지방자치단체에서 임명한 공직자들이 있는데, 이들에게 의사결정권을 주게 되면 의사결정을 하는 주체와 그로부터 영향을 받는 객체 사이에 거리가 줄어드는 효과가 발생한다. 중앙에서 파견한 공직이라 하더라도 중앙에서 지역의 현안을 직접 다루는 것에 비해서는 시민의 선호에 보다 부응하는 결정을 내릴 수 있을 것이다.

반면, 중앙집권국가에서 지방자치를 실시한다는 것은 지방의 공직자(즉, 단체장 혹은 지방의원)를 주민직선으로 선출하는 것을 의미한다. 여기서 유의할 점은 주민직선으로 주민의 대표를 선출한다고 하더라도 중앙정부의 권력은 지방에 영향을 미칠 수 있다는 데 있다. 중앙 – 지방 간 관계에 있어서 두 이념형이라 할 수 있는 영미형과 유럽대륙형에서 크게 차이가 난다. 가령, 미국식 주민자치의 전통에서는 자치권 내지 주권이 주민에서 비롯되며, 중앙정부에 대한 지방에 대한 영향력은 최대한 배제해야 한다는 원칙을 갖고 있다. 반면, 대륙의 전통에서는 주민자치보다는 단체자치[1]의 원칙이 강하게 작용하여 자치권은 중앙정부에 의해서 지방에 부여되는 것으로 이해하는 경향이 강하다. 대륙적 지방자치제도의 특성을 가진 한국에서는 중앙정부의 영향력이 주된 논란의 대상이 되고 있다. 모든 관료조직이 자신의 영향력을 확대하고자 하므로, 중앙정부는 지방자치 실시 이후에도 자신의 지방에 대한 영향력을 계속해서 발휘하고자 한다. 즉, 단일국가에서의 지방자치 실시는 결국 중앙정부와 지방자치단체 간의 상대적인 정책결정력 비중에 달려있다고 볼 수 있다(임도빈 2002, 133).

이와 같이 중앙정부와 그것을 구성하는 하위단위 간의 관계유형을 보는 정부 간 관계(intergovernmental relation: IGR)는 나라마다 다르고 정치적 맥락에 다라 달라진다. 중앙정부와 하위정부(지방정부) 간의 관계에 대해 대표적인 유형론은 라이트 (Wright 1988)가 제시하였다. 연방정부와 하위정부가 수직적이고 위계적으로 배열된 "포괄적(inclusive) 권위모형"인 데 반해, "조정적(coordinate) 권위모형"에서는 중앙정부와 하위정부 사이에 독립적 관계가 자리잡고 있다. 나아가 양자 모두로 간주될

---

1 주민자치와 단체자치의 개념에 대해서는 후술함.

표 4-2	정부 간 관계의 분류		
	포괄적 권위모형	**중첩적 권위모형**	**조정적 권위모형**
관계	종속적 관계	상호의존적 관계	독립적 관계
권위유형	계층제	교섭	자치

출처: 서성아(2011), 21

수 없는 경우로 "중첩적(overlapping) 권위모형"이 있다. 여기서는 중앙정부와 하위 단위간에 복잡하고 중첩적인 상호의존 관계를 형성한다.

　이러한 정부 간 관계를 규정하는 핵심적인 정치적 요인은 중앙정부로 권한과 권력이 얼마나 집중돼 있느냐 하는 점이다. 중앙집권적인 역사와 문화를 가졌다면, 설사 제도적으로 지방자치를 도입하더라도 그것이 독립성을 갖고 잘 운영되기 어렵다. 과거 권위주의 정부에서 임명하던 지방의 공직자를 선출직으로 전환한다 하더라도, 중앙집권적 정치관행과 행정문화가 유지되는 한, 진정한 의미의 자치는 자리잡기 어렵다. 반대로 지방공직자에 대한 선출권을 주민들이 갖지 못하고, 중앙에서 임명권을 갖고 있다 하더라도, 중앙의 통제력이 미약하고 지방의 자치역량이 강하다면 임명된 공직자가 충분한 자율성을 갖고 일할 수 있다. 가령, 프랑스의 경우, 중앙정부에서 임명한 국가도지사에게 지방의 자율권을 부여하고 있다(임도빈 2002, 134). 다른 한편, 중앙정부의 권력이 약하다는 것은 그만큼 지방의 고유한 자치역량이 강하다는 방증일 수 있다. 이러한 조건에서 분권과 지방자치의 토양이 자리잡을 수 있다.

　정부 간 관계는 단지 제도와 역사 및 문화에만 달려 있는 것이 아니라, 정치적 동학이 정부 간 관계의 변환을 가져오기도 한다. 대표적으로는 중앙정부 집권당이

　　　　　　　　　　　　　　제 4 장 지방정치제도의 기본원리

임기 중에 치러지는 지방선거에서 패배함으로써 중앙-지방정부의 당파성이 엇갈리게 되는 경우가 있다. 중앙정부와 지방정부를 구성하는 선거가 동시에(concurrent) 치러지지 않을 때 이러한 분할정부(divided government)[2]의 상태가 자주 발생할 수 있는데, 이 경우에는 법제도로 규정된 권한 관계에 대해 해석을 놓고 갈등이 심화될 수 있는 것이다. 대표적인 사례가 이명박 정부의 역점사업이었던 4대강 사업이다. 대규모 국책사업을 놓고 정부여당과 야당 및 시민단체 사이에 심각한 갈등이 있었지만, 임기 중반인 2010년에 치러진 지방선거에서 이 사업에 대한 찬반이 주요한 쟁점으로 부상하였고, 선거결과 야당 소속의 단체장이 대거 당선되면서, 이 사업을 둘러싼 갈등은 더욱 심화되었다(임정빈 2013). 이와 같이, 중앙정부와 지방정부 간의 관계의 제도적 배열만이 아니라 당파적 구성에 따라 협력과 갈등의 수준이 크게 변할 수 있는 것이다.

3) 주민자치와 단체자치

연방제와 단방제의 구분, 그리고 중앙과 지방의 정부 간 관계를 규정하는 것은 권력 공유를 의미하는 공치(shared rule)와 지방 고유의 자율권을 보장하는 자치(self-rule)의 수준이다. 이러한 자치에 있어서도 주민자치와 단체자치로 나눌 수 있는데, 자치권 보장이 밑으로부터의 참여를 통해 형성되었는가 아니면 중앙으로부터 위임받은 것인가에 따라 달라진다.

주민자치는 자발적 의사결정체 전통을 지니고 있었던 앵글로색슨 국가에서 연유한다 하여 영미 계통의 지방자치로 분류한다. 반면 단체자치는 중앙집권적 전통이 강했던 프랑스와 독일로부터 연유하였다 하여 대륙형 지방자치로 분류한다.

가령, 프랑스는 지방을 국가의 직할 하에 두는 통합형 지방제도의 원형이라 할

---

2 분할정부란 두 가지 유형이 있을 수 있다. 우선, 행정부-의회 관계에서 대통령이나 수상의 집권당이 의회에서 다수파가 되지 못한 상태를 말한다. 흔히, '여소야대'라고 하는 이러한 상황을 수평적 분할정부라고 한다면, 중앙정부의 집권당과 지방정부의 집권당이 서로 다른 상태를 수직적 분할정부라고 부른다.

표 4-3 주민자치와 단체자치

	주민자치	단체자치
기 원	• 근대국가 형성 이전부터 공동체	• 중앙정부로부터 자치권 이양
업무방식	• 자율적 의사결정과 자치의 전통	• 지방사무의 처리권 위임
권한의 한계	• 제한열거 방식 • 지방의 권한을 명문화	• 포괄적 수권 • 법률로 위임한 권한 규정
부서설치	• 별도 중앙부서 없이, 업무 분야별 연계	• 지방사무 관할하는 중앙 부서

수 있는데, 지방을 지배하는 봉건귀족의 힘을 억제하고자 하는 의도에서 이러한 제도가 자리잡게 되었다. 국가의 직할관료이자 왕국의 구현자인 지방장관을 각지에 파견하여 지방을 통치하게 하였다. 반면, 영국에서는 봉건귀족의 힘이 강했고, 의회가 일찍 성장함에 따라 산업화로 새롭게 등장한 신흥 지주층과 함께 의회세력의 중추로 자리잡았다. 이들이 군주권을 견제하면서 지방 정치세력의 자율성을 견지하게 되었다(한국지방자치학회 2008, 63-64).

이렇게 볼 때, 강력한 통치권을 가진 국가 혹은 중앙정부로부터 일정한 자치권을 부여받아 지방자치를 실시하는 전통을 단체자치라고 하며, 여기서는 중앙의 국가와 지방자치단체 간의 관계를 중요시한다. 지방정부 입장에서는 중앙정부가 행사하는 지방적 사무 처리권을 위임받아 지역실정에 맞게 행사하는 데 주안점을 두게 된다. 즉, 정부 간 관계(IGR)를 맥락에 맞게 재설정하는 일로 국한되는 것이다. 반대로, 주민자치는 근대 국민국가의 형성 이전부터 자리잡고 있던 공동체의 자율적 의사결정과 자치의 전통이 지속되고 상향적 흐름을 통해 업무가 처리된다.

중앙－지방 정부 간 권한의 한계를 규정하는 방식에도 차이가 난다. 대륙형 단체자치에서는 법률을 통해 일괄적으로 지방의 권한을 규정하는 포괄적 수권 방식으로 중앙정부가 지역적 사안에 대해 광범하게 개입할 여지가 발생한다. 반면, 영미형에서는 제한열거 방식으로 법률을 통해 지방의 권한을 명시한다. 여기서 지방은 상당한 자율권을 행사하며, 열거된 내용을 벗어나는 중앙정부의 개입은 엄격히 금지된다.

부서 설치에 있어서도 단체자치는 지방사무를 관장하는 내무부와 같은 중앙정부 조직을 별도로 두지만, 주민자치에서는 그렇지 않다. 그러므로, 주민자치의 경우 중앙정부의 부처별로 지방사무를 연계하기 위해 지방에 행정기관을 별도로 두는 경향이 있다.

이러한 두 가지 자치는 어디까지나 이념형(ideal type)일 뿐이고, 실제에 있어서는 두 유형이 혼합된 경우가 많다. 규범적으로 보더라도 두 원리는 적절히 조화를 이루는 것이 좋다. 지방자치가 실현되기 위해서는 당연히 중앙정부에 대해 독립된 사무·조직·재정 등을 갖춘 지방자치단체가 설립되어야 하므로, 단체자치의 요소가 존재한다. 다른 한편, 독립적 지방자치단체가 있다는 사실만으로 지방자치가 이뤄지는 것은 아니며, 주민참여와 상향적 의사투입이 없다면 허울뿐인 자치이고 실지로는 관치(官治)가 될 수밖에 없다. 이런 의미에서 주민자치의 요소는 필수불가결하다. 중앙정부와 지방정부 간 권력이 공유된 상태에서 지방 수준에서 주민들의 요구와 이익은 필요에 따라 중앙정부까지 전달되어야 한다. 이런 의미에서 단체자치의 요소가 없이 주민자치는 불완전하게 된다.

4) 분권 및 분산과 보충성의 원칙

분권과 분산은 중앙에 집중된 권력과 자원을 배분한다는 의미에서 비슷해 보이지만, 개념적으로 들어가 보면 매우 근본적인 차이가 있다. 행정적 의미에서 지방분권(decentralization)은 중앙집권에 대치되는 개념으로서 중앙정부에 집중되어 있는 권한과 사무 그리고 재원을 보다 많이 자치단체에 이양하려는 것이다. 반면 지역분산(deconcentration)은 수도권에 집적되어 있는 정부, 기업, 대학 등의 중추관리기능과 경제력을 비수도권 지역에 분산하는 것이다. 지방분권이 의사결정 및 집행, 그리고 재원조달의 권한을 분산하는 것이라면, 지역분산은 중앙의 결정에 의하여 분산으로 효율화와 균형발전을 도모하는 것이라 할 수 있다.

분권은 절대주의 중앙집권 국가의 억압적 잠재성을 제어하고, 시민의 실질적인 요구에 부응하여 대표성을 제고하기 위한 방안으로서 규범적 이념으로 자리잡았다. 국가권력이 개인의 자유를 침해하고, 민주적 대표성을 침식할 여지를 줄이기 위한 사상적 측면이 강하다. 반면, 분산은 각 국의 여건에 따라 실용적 목적으로 추진되어온 정책방향이라 할 수 있다. 기능의 배분과 자원의 분산투자를 통해서 산업화 과정의 집중과 인구 과밀화를 해소하고 여러 부작용을 극복하려는 시도이다.

분권은 중앙과 지방(local) 간의 관계, 즉 정부 간 관계(IGR)에 해당하는 문제이다. 정부의 두 층위가 각각 어느 정도의 권한과 재량을 보유할 것인가를 결정하기 때문이다. 반면, 분산은 중앙에 대응하는 지방의 의미가 아니라, 각자로 존재하는 지역(region)의 문제이다. 인력과 자원이 집중된 지역과 낙후된 지역 사이의 격차를 완화하고, 소득 및 후생 수준의 형평을 도모하고자 하는 조치이기 때문이다. 그러므로 분권과 관련해서는 하나의 중앙에 대응해서 여러 지방이 협력하는 경우가 많지만, 분산에 있어서는, 지방 간 분열과 갈등이 수반되는 경우가 많다(임승빈 2012, 16). 가령, 중앙정부가 결정한 공공기관의 지방이전의 경우, 지역마다 주요 기관을 유치하고자 하는 경쟁과 갈등이 첨예하게 일어났다.

자치분권은 중앙과 지방 간 권한의 배분과 관여의 한계를 결정하는 것이다. 그러한 결정의 원리로 자주 적용되는 것이 바로 "보충성의 원칙"(Subsidiaritätsprinzip)이다. 이 원칙은 공동체와 개인, 혹은 공동체 사이에 역할을 분담할 때 적용되는데, 무슨 일이든 당사자가 우선적으로 처리하고 책임을 져야 한다는 것이다. 자치단체 차원에서 필요한 재화와 서비스를 생산하고 공급하는 데 있어서 해당 단체가 우선적으로 사무를 처리하고, 부족하거나 보완이 필요한 영역에 대해서 중앙정부가 관여해야 한다는 원리이다. 보충성의 원칙에 따르면 정부의 과도한 개입은 제어되어야 하는데, 개인의 경제활동에 대한 과도한 영향력 행사는 비효율적인 자원배분을 초래할 뿐 아니라, 각 개인의 차별화된 역량이 발휘될 기회를 차단하기 때문이다 (지방자치학회 2008, 13).

보충성의 원칙은 일반적으로 연방정부와 주정부 간에 권위를 배분하는 원칙으로서, 특히 재정분권주의에서 핵심적인 결정원리로 자리잡고 있다. 이 원칙이 잘 적용되기 위해서는 탈중심화된 정책결정 구조를 갖고 있어야 하며, 분권을 통해 충분한 효율화가 달성되어 중앙으로 권한 이전을 하더라도 비용절감이 일어나지 않아야 한다. 정부 간 경쟁과 탈중심화에 따른 이득이 뚜렷할 때, 분권은 정부의 정직성과 효율성을 높이게 된다. 지방정부로서는 중앙에 의존하여 내려받은 공통의 정책을 집행할 때에 비해 스스로 결정할 때 더 많은 혁신의 기회를 갖게 된다.

보충성의 원칙이 적용되는 대표적인 사례는 바로 유럽연합이다. 유럽경제공동체조약에서 공동체의 권한은 회원국에 의해 귀속되어 열거된 권한임을 명시하면서, 이 공동체 권한의 행사가 그 집행을 획일화하고 집권화하는 명령보다는 집행수단의 선택을 회원국 권한에 맡기는 준칙을 통하여 적용된다고 천명하고 있다. 1984년 유럽의회의 연방조약초안에서도 "회원국은 보충성의 원칙에 따라, 개별적으로 행동하는 국가들보다 더욱 만족스럽게 수행할 수 있는 업무를 성공적으로 완수하는데 필요한 권한만을 공동기구에 위임한다"고 규정돼 있다(박재정 1995, 297).

한국에서도 최근 보충성의 원칙과 관련하여 중요한 정치쟁점이 형성되었다. 2012년 경상남도가 진주의료원 폐쇄조치를 결정하고, 이에 대해 야당이 반발하여 국정조사를 요청한 바 있다. 이 과정에서 홍준표 경남지사는 국정조사 중인 불출석 사유서를 제출하고, 대신 도의회에 출석하였다. 지방의료원의 설립 및 운영에 관한 사무는 국가사무가 아니라 지방자치단체의 고유사무라는 것이 주요 이유였다. 보충성의 원칙에 입각하면 큰 집단은 작은 집단이 스스로 목적을 달성할 수 없을 때가 아니라면 개입하지 말아야 한다. 이 사례에 대해서는 지방정부 차원에서 목적을 달성하고 있는 것인지 그렇지 않은 것인지 판단하기에 따라 각 단위의 선택에 대해 다르게 평가할 수 있다(최우용 2014).

5) 분권의 다양한 층위들

앞서 중앙과 지방정부 간 관계를 유형화하면서 연방제와 단방제로 나누어 본 바 있다. 이러한 이분법은 단순화하는 이점은 있지만, 각국의 정부 간 관계를 설명하는 데 한계가 있다. 연방제라 하더라도 지방이 중앙에 법률적으로나 재정적으로 의존적일 수 있는 반면, 단방제라 하더라도 지방정부가 상당정도의 자율성을 누리는 경우가 있기 때문이다.

보다 종합적인 조망을 위해서는 정부 간 관계에서 지방의 하위정부가 행사할 수 있는 자율적인 결정권의 범위가 어느 정도인가를 여러 층위에 따라 평가함으로써 분권 수준을 가늠할 수 있다. 분권의 영역은 행정적, 재정적, 정치적 차원 등으로 구분할 수 있다. 행정적(administrative) 분권은 교육, 보건, 사회보장, 주거 등의 정부 서비스를 제공하는 주체가 어디인가를 말한다. 이러한 정책결정이 어느 단위에서 이뤄지는가가 1차적인 관건이지만, 해당 서비스의 비용을 누가 충당하느냐에 따라 자율권의 폭과 범위도 달라지게 된다. 이와 관련하여 재정적(fiscal) 분권은 하위 지방정부가 과세 및 재정을 독자적으로 집행할 권한의 범위를 일컫는다. 과세 주체의 이전, 중앙정부 보조금의 증감, 과세 항목의 변경 등의 결정권과 관계된다. 정치적(political) 분권은 하위 정부단위에서 대표성을 보장할 헌법적 조항과 선거제

그림 4-1 국가별 지방정부 자율성 수준(2010년도)

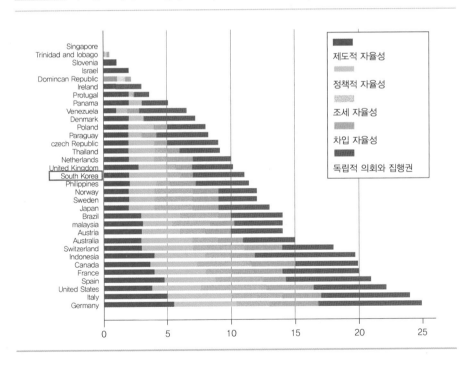

제 4 장 지방정치제도의 기본원리

도의 도입 등이 수반된다. 여기서는 지방정부의 정치적 정통성과 선거에서의 의석 할당 등에 따라 분권의 정도가 결정된다.

이러한 다양한 분권의 층위들을 경험적으로 측정하기 위해서 여러 가지 척도가 제시돼 왔다. 최근에 후야와 맑스(Hooghe and Marks 2012)는 일련의 연구를 통해서 기존의 여러 척도를 집대성하여 지방정부권위지표(regional authority index: RAI)를 개발하였다. 이것은 기존의 어떤 지표보다도 포괄하는 국가도 광범한데, 지표의 구성 요소는 다음과 같다.[3]

1) 제도적 자율성: 고유하고 독자적인 지방행정 기능을 측정,
2) 정책적 자율성: 경제, 교육·문화, 복지, 경찰 등 정책적 재량,
3) 조세 자율성: 과세 항목 및 세율에 대한 결정권한,
4) 차입 자율성: 지방정부 수준의 차입 결정 권한,
5) 독립적 의회와 집행권: 지방이 독자적인 의회와 집행부를 가졌는지 여부

위의 <그림 4-1>은 주요국에 대해 RAI 지표가 최저수준인 싱가포르부터 최고인 독일까지 지표의 구성요소들을 세분하여 비교하여 보여주고 있다. 전반적으로 영토가 넓고, 인구가 많은 국가일수록 연방제를 채택하고 있고, 그런만큼 지방정부가 갖는 자율성의 범위도 큰 것으로 나타난다. 역사적으로도 근대에 들어 국민국가를 수립한 나라는 각기 지방의 자율성을 인정하는 바탕에서 중앙정부의 정통성을 확보할 수 있었다.

위 그림을 통해서 한국은 지방정부의 자율성이 낮은 편에 속하는 것을 알 수 있는데, 구성요소 중에서도 조세 자율성과 차입 자율성이 매우 낮다는 것을 알 수 있다. 제도적 자율성이나 정책적 자율성이 높다 하더라도 재원을 조달할 재량이 제한돼 있다면, 자치(self-rule)의 차원은 적고, 공치(shared rule)의 차원이 큰 것이라고 볼 수 있다. 애초에 티부의 가설에서 강조되는 것은 재정적 자율성이며, 중앙정

---

3 아래 지표들은 각각 4 내지 5점 척도로 측정되었다. 자세한 내용은 부록을 참고할 것.

부에 의존적인 재정구조를 통해서 지방정부 간 유의미한 경쟁이 일어나기는 어려울 것이다. 한국정치에서도 분권개혁과 관련하여 주요 쟁점은 지방의 세수확대와 재정적 재량을 확대하는 문제이다. 2016년 6월 이재명 성남시장은 중앙정부의 지방재정 개편안에 반대하며 10일간 단식농성을 벌였는데, 지방재정의 배분권한을 둘러싼 갈등 사례이다. 논란의 핵심은 조정교부금 배분방식의 변경에 관한 것인데, 조정교부금이란 광역자치단체가 시군에서 걷는 일반 도세(취득세·등록면허세·레저세 등)의 일부를 조례를 통해 시군에 재배분하는 것이다. 중앙정부가 시도의 재정여건에 이 재원의 배분방식을 변경하려고 하자, 자체 재원의 손실이 발생하는 성남, 수원시 등에서 반발하고 있는 것이다.

2. 지방분권과 민주정치

1) 분권개혁의 과정과 정치적 결과

1970년대 이후 최근까지 전세계적으로 분권화 실험이 광범하게 진행되어 왔다. 1980년대만 해도 지방정부의 세수는 전체의 15% 수준이었고, 지출은 전체의 20% 수준에 머물렀다. 1990년대말에 이르러서는 세수는 19%, 지출은 25%에 달하게 되었다.[4] 이러한 분권화 개혁은 많은 개발도상국에서 도입되었는데, 중앙정부가 시장질서를 인위적으로 조정하고, 노동공급, 투자계획 수립, 금융 지원 및 판로개척까지 주도하는 발전국가(developmental state) 모형에서 벗어나, 시장자유주의로 전환해야 한다는 시대적 조류를 반영하였다. 세계은행(World Bank), 국제통화기금(IMF) 등 국제기구가 이러한 흐름을 주도하였고, 많은 국가가 이러한 흐름에 동참하고자 노력했다.

분권개혁의 이론적 근거는 앞서 살펴보았다시피, 분권이 이뤄지면 시민 개개인

---

4 세계은행 통계(http://www1.worldbank.org/publicsector/decentralization/what.htm).

과 기업들은 어떤 지방정부가 자신들에게 필요한 서비스를 제공하는지 판별할 수 있게 되고, 지역의 정치인들은 시민들의 선호에 부응하려는 경쟁을 펼치게 된다는 것이다. 민주적 거버넌스가 자리잡고, 정치적 권위와 정책의 책임소재가 분명하게 나눠진다면, 정책결정이 근거리에 있는 시민의 선호에 부응하기 용이하고, 시민들은 지역 정치인들이 자신들을 제대로 대표하도록 통제할 역량을 갖게 된다. 즉, 대의민주주의의 근본적 문제인 주인-대리인 문제가 상당부분 해소되는 것이다 (Wibbels 2006).

이러한 분권개혁이 시도되는 정치적 배경으로는 중앙정치인들의 이해관계로 설명할 수 있다. 오닐(O'Neill 2003)은 정당들이 특정 지방에서 안정적인 득표를 올릴 수 있고, 이에 따른 보상이 전국 수준의 경쟁상황보다 크다고 예상될 때, 분권개혁은 전략적인 선택이 될 수 있다고 설명한다. 정치인 중에서도 지지기반이 전국적이기보다는 국지적인 경우, 그러한 인사들은 지방분권을 통해서 기대되는 이익이 큰 것이다(Mardones 2007). 특히, 후보 공천 과정이 지역수준에서 진행되는 경우에 분권화에 대한 요구는 더욱 커진다.

민주화 이후 한국에서 지방선거가 부활된 배경도 이러한 정치적 메커니즘으로 이해할 수 있다. 1989년 여소야대의 13대 국회에서 지방선거 실시를 여야합의로 통과시켰지만, 1990년 김대중의 평민당을 제외한 3당 합당이 이뤄지면서 시행이 연기되었다. 이에 반발한 김대중 총재가 13일간의 단식을 통해서 지방자치제 실시를 관철시켰다. 호남지역에 강력한 정치적 지지기반을 가졌던 김대중으로서는 지방자치제를 통해서 기대되는 수익이 컸던 것이다. 부산·경남의 지지기반을 가졌던 김영삼도 야권의 일부일 때에는 김대중과 같은 유인을 가졌지만, 3당합당을 통해 집권세력의 일부가 됨에 따라 중앙정부의 권한이 유지되는 방향으로 선호가 바뀌었던 것이다.

분권개혁이 가져오는 정치적 결과에 대해서 일률적으로 평가하기는 어렵고, 같은 분권화를 하더라도 중앙과 지방 간 힘의 균형(balance of power)에 일어나는 변화는 국가마다 다르게 나타났다. 이 문제와 관련하여 튤리아 팔레티(Tulia G. Falleti 2005)는 분권이 정부 간 관계에 가져오는 변화에 대해 중요한 설명틀을 제공하고 있다. 그는 라틴 아메리카 국가들을 사례로 과정추적(process tracing) 방법을 활용하여 행정적 분권, 재정적 분권, 정치적 분권의 순차적 도입이 가져오는 중앙－지방 정부간 관계의 변화를 보여준다. 우선, 분권도입을 중앙정부가 주도했느냐, 지방정부가 주도했느냐에 따라 그 결과는 크게 달라진다. 중앙정부의 입장에서는 행정적 분권을 가장 선호한다. 왜냐하면, 대통령의 입장에서는 행정사무에서 발생하는 책임을 이전하면서도, 그러한 사업에 따르는 재정적 자원은 자신이 쥐고 있기를 바라기 때문이다. 물론, 지방공직자를 임명할 권한은 마지막까지 꼭 지키고 싶어하는 권한일 것이다. 그러므로, 중앙정부의 입장에서는 '행정적 분권 > 재정적 분권 > 정치적 분권'의 선호순서를 갖는다. 반면, 지방의 입장에서는 자신만의 정부를 선출할 권한을 가장 바라고, 다음으로 재정권한을 확보하고자 하며, 마지막으로 행정적 분권을 바란다(정치 > 재정 > 행정). 이러한 전제에서 중앙과 지방 중 어느 측에서 분권과정을 주도하느냐에 따라 유형별 분권의 순서는 달라지는 것이다. <표 4－4>의 (1), (3)과 같이 지방이 주도하면 정치적 분권으로 시작하고, (2), (4)와 같이 중앙에서 주도하면 행정적 분권으로 시작한다. 처음 시도된 분권개혁의 결과가 만족스럽고 대중적 지지를 얻게 되면, 분권과정은 강화되어 위의 선호순서에 맞춰 진행되지만, 분권 이후 정책결과가 좋지 않고, 재정위기, 민주화 투쟁 등의 계기가 발생하면 주도권이 다른 쪽으로 넘어가고 분권화 순서에도 변화가 온다. (6)의 경우, 중앙과 지방이 공동으로 분권을 추진하는 경우인데, 양자의 2차선호인 재정분

표 4-4 분권개혁의 순서와 정부 간 관계에 미치는 영향

주도세력	1단계 분권화	정책 피드백	2단계 분권화	3단계 분권화	정부 간 힘의 균형 변화
(1) 지방	정치적 분권	강화	재정적 분권	행정적 분권	크다
(2) 중앙	행정적 분권	강화	재정적 분권	정치적 분권	작다
(3) 지방	정치적 분권	역행	행정적 분권	재정적 분권	중간/작다
(4) 중앙	행정적 분권	역행	정치적 분권	재정적 분권	중간
(5) 공동	재정적 분권	역행	행정적 분권	정치적 분권	중간/작다
(6) 공동	재정적 분권	강화	정치적 분권	행정적 분권	크다

출처: Falleti(2005), 332

권이 시도되고, 그 과정이 순조로우면 힘을 얻게 된 지방정부가 정치적 분권을 도입하고, 마지막으로 행정적 분권을 하게 된다. 반면, (5)처럼 분권의 효과가 신통치 않게 되면 중앙정부로 주도권이 넘어가 행정적 분권, 정치적 분권의 순으로 진행된다. 이러한 분권의 순서에 따라 정부 간 힘의 균형에 일어나는 변화는 클 수도 있고, 작을 수도 있는 것이다.

이러한 경로유형에 따르면 라틴 아메리카에서 콜롬비아가 (1)에 속하는 대표적인 사례이고, 아르헨티나는 (2)라고 할 수 있다. 한국의 경우는 이들 나라처럼 영토가 크지 않으므로 단순비교는 어렵지만, (2)의 경로에 근접한 것으로 볼 수 있다. 중앙정부 주도로 행정사무의 일부를 지방으로 이관하여 처리해 왔고, 보조금이나 교부금 등을 이전(transfer)해서 지방의 수요를 충당해 왔으므로, 재정분권도 일부 이뤄진 것을 볼 수 있다. 물론 한국의 지방정부는 자체적인 과세 및 차입의 권한이 매우 제한적이므로 재정분권은 매우 낮은 수준이다. 전국 동시지방선거가 부활해서 정치적 분권이 이뤄졌다고 볼 수 있는 1995년 이후에 재정분권에 있어서의 커다란 진전은 없었기 때문이다.

이처럼 형식적인 수준에서 분권이 이루어지더라도 실지로 중앙－지방정부 간 권력관계의 변화가 자동적으로 일어나는 것은 아니다. 즉, 권력의 축이 지방으로 이동하지는 않는다. 가령, 재정적 재량이 없는 상태에서 행정 수준의 분권만 이뤄진다면, 지방정부는 더더욱 중앙정부에 의존하게 되므로, 종속적 위치는 더욱 심화될 수도 있는 것이다.

2) 분권화와 민주주의

분권화는 민주주의의 심화의 차원에서 필요한 처방으로 제시되어 왔다. 앞서 언급했듯이, 연방주의는 다수의 전제를 제어하고 다원민주주의(pluralist democracy)를 보호하기 위한 장치로 고안되었다. 연방제에서 중앙정부는 국가 전체에 대해 전능한 존재로 행세할 수 없고, 개별 구성단위의 독자성을 인정해야 하므로, 독재정부는 연방제의 형태를 취할 수 없다.

현대 민주주의가 형해화되어가는 데 대한 처방의 일환으로 분권화가 제기되기도 한다. 원자화된 개인이 아니라 결사체의 일원으로 활발히 참여하는 시민이 많아야 사회적 자본(social capital)이 형성되어 민주주의가 생동하게 된다는 이유이다(Putnam 1994). 토크빌이 미국에서 민주주의가 자리잡은 이유로 꼽은 것도 소규모 공동체에서 일어나는 자발적인 결사였고, 프랑스에서 민주주의가 어려운 이유는 중앙집중화된 권력구조였다.

그렇다면, 분권화는 민주주의가 공고화되고 심화되기 위한 필수조건일까? 이에 대해 로버트 달(Dahl 1983)은 동의하지 않는다. 작은 규모의 도시국가에서 민주주의가 발전할 수 있다는 것은 이론적으로나 경험적으로 지지할 수 없다는 것이다. 현대사회의 공해, 핵무기, 외교안보, 복지 등 대부분의 중대한 문제는 지방정부 수준에서 해결될 성질의 사안이 아닌데, 중앙정부의 민주적 과정을 통해서 이러한 문제를 대면할 수밖에 없다는 것이다. 그러므로, 연방제와 단방제 중에서 선택하는 것은 민주/반민주와는 아무 상관이 없는 것이다. 민주/반민주와 집권/분권의 이분법에 대해서 게링과 그의 동료들(Gerring et al. 2005)은 여러 제도적 조합에 따른 민주적 거버넌스의 성공여부를 평가하였다. 거버넌스의 핵심적 가치는 포괄적 시민권(inclusion)과 정부의 권위(authority)가 동시에 달성되는 것이다. 이런 기준으로 볼 때, 포괄과 권위가 모두 부재한 무정부 상태, 권위는 있지만 포괄이 없는 중앙집권주의, 포괄은 있지만, 권위가 없는 분권주의가 있다. 게링과 그의 동료들은 포괄과 권위를 동시에 달성하는 것이 거버넌스의 목표이며, 이를 '구심적(centripetal) 모형'이라고 제시한다. 이에 따르면, 분권이 곧 자치이고 시민권의 확대라고 볼 수는 없다는 것이다. 권위체가 사회의 이익과 요구를 효과적으로 수렴하고 해결하는 거버넌스는 분권만으로는 달성될 수 없다. 분권의 지향이 지나쳐서 안정적인 권위형성에 실패한다면, 정치공동체는 원심적(centrifugal) 힘이 지배하게 되고, 민주주의가 자리잡기 어렵게 된다. 이러한 거버넌스를 위해서 바람직한 제도적 배열로 단방제, 의회중심제, 폐쇄형 비례명부제[5]를 제시하고 있다.

---

5 선거제도를 크게 두 유형으로 나눌 때, 단순다수제(plurality)와 비례제(PR: proportional repre-
  sentation)가 있다. 전자는 단 한표가 많더라도 1등을 한 정당 후보가 승리하는 제도인 반면, 후자

제 4 장 지방정치제도의 기본원리

3) 선거 및 정당정치적 맥락

라이커(Riker 1964)는 연방제에서 지역적으로 분권화된 맥락에서 전국적인 일체감을 부여하는 데 정당체제의 역할을 강조했다. 정당체제가 전국화되지 않은 상태에서 연방제는 성공하기 어렵다고 보았다. 여기서 정당체제의 전국화(nationaliza-tion)란 주요 정당의 지지기반이 특정 지역에 국한되지 않고, 전국적으로 고르게 득표하는 상태를 말한다. 이러한 전국화된 정당이 없는 상태에서 연방제는 하위정부들이 분리·독립하고자 할 경우, 그 압력을 이겨내기 어려울 것이다. 이처럼 정당체제가 중심화된 정도는 정치체제에서 권력이 배분되는 양상에 커다란 영향을 미친다. 전국 단위에서 정당의 수직적 조직 양상은 정치인들의 유인구조에 영향을 미치고, 정부 간 관계에서 정책결정을 주조한다. 중앙의 정당조직은 여러 수준의 정부간 의사결정을 조정하고, 갈등을 조율하는 기능을 할 수 있다. 브라질이나 나이지리아 같은 연방제 국가에서 지방정부 수준의 독자적인 사업 추진이 전국적인 수준에서 일관되고 조화로운 정책수립을 어렵게 만드는 점을 감안하면, 모든 지역에 걸쳐 경쟁하는 전국정당은 이러한 집단행동 문제를 해결하는 데 꼭 필요한 존재이다.

하지만, 중앙−지방정부 간 혹은 여러 지방정부 간 정책조율은 반드시 중앙정당의 통제를 통해서만 달성되는 것은 아니다. 분권 상태에서 지방정부의 선출된 공직자는 재선하고자 하는 행위동기를 갖는데, 소속정당이 전국수준에서 지지받지 못하면 자신의 재선에도 부정적인 영향을 미칠 수 있다. 이러한 전국적 후광효과(national coattails)로 인해, 지방 정치인과 중앙 정치인 간에 행위조율이 일어날 수 있다. 후광효과란 대통령 선거와 의회 선거가 동시에 치러질 때, 대통령 선거에서 승리하는 정당의 의원 출마자가 추가득표를 하는 현상을 말하는데, 지방정부의 선출직 공직자도 이러한 혜택 혹은 피해를 입게 되는 것이다.

이런 정책적 조율은 긍정적인 측면이 있지만, 선거를 통한 책임성 확보라는 차

는 각 정당이나 후보가 득표한 비율에 따라 의석이 배정되는 제도이다. 비례제에서도 개방형과 폐쇄형이 있는데, 비례대표 순번을 정당이 확정하고 유권자가 정당투표만 하는 경우가 폐쇄형이고, 비례대표 명단에서 특정인물을 선택할 수 있는 제도가 폐쇄형이다.

원에서는 복잡한 문제를 야기한다. 대의제 민주주의에서 모든 선거는 현직정부의 성과를 평가해서 당락이 됨으로써 책임성(accountability)을 확보하는 기제이다. 하지만, 중앙과 지방이 병존하는 정부구조에서 지방선거는 이중적 책임성의 문제가 대두된다. 본래 시민들은 지방의 정치인에 대해 그들의 업무 성과에 기반해서 책임을 물어야 하지만, 상위 수준의 정부와 지방정부 간에 역할의 경계가 모호하고, 책임 소재도 불분명하기 때문에, 지방 정치인은 자신에게 부여된 업무를 훌륭히 수행하고도 선거에서는 지지받지 못하는 일이 일어날 수 있다. 성과에 대한 상벌이 일어나려면 '책임성의 명료함'(clarity of responsibility)이 전제되어야 하는데, 중앙정부의 실적이나 평판이 선거의 주된 의제가 되면 지방수준의 선거가 2차적 선거(second-order election)가 되고 만다. 기존 문헌들은 지방선거가 전국적 수준의 투표선택의 논리인가 아니면 지역에 고유한 것인가에 대해 뚜렷한 결론을 내리지 못하고 있다. 일부에서는 지방정부의 현직자는 자신의 관할권 안에서 이룬 실적에 기반해서 평가받는다고 주장하는 반면, 지방선거도 중앙정부의 경제실적에 결정적인 영향권 아래 있다는 반론도 있다(Anderson 2006; Niemi et al. 1995). 이에 대해 레온(León 2014)은 더 많은 정책영역과 자원이 지방정부에게 맡겨질수록 이러한 후광효과는 줄어든다는 것을 실증적으로 보여주고 있다.

이와 같이 분권이 선거적 외부성(electoral externality)을 낳을 수 있으므로, 특정 정당의 지역 정치인은 중앙당의 노선에서 이탈하려는 유인을 가질 수 있다. 가령, 2008년 총선에서 수도권에서 뉴타운 공약이 휩쓸 때 대통합민주신당의 경우, 소속 정당의 입장과는 반대로 뉴타운 활성화 공약을 자신의 캠페인에 채택한 경우가 다수 있었다.

3. 결 론

이제까지 우리는 지방정치제도의 구성원리와 정치적 작동방식에 대해 다각도에서 살펴보았다. 지방자치의 이념은 시민의 구체적인 생활단위에 기초하여 참여적 시민문화를 진작하고, 시민의 이익과 요구에 민감한 정책수행이 이뤄지게 함으로써, 민주주의와 시민자유를 확대하고자 한다. 억압적 잠재성이 있는 정치권력에 대해 분권과 자치의 이념은 민주주의를 민주화하는 매우 효과적인 처방전이 될 수 있다. 이런 취지에서 연방제와 지방정부의 역량 확대, 주민자치와 분권화, 보충성의 원칙에 기초한 중앙개입의 최소화 등을 규범적인 방향이라고 할 수 있을 것이다. 하지만, 민주주의의 실제 정치과정에서 볼 때, 중앙정부 수준에서 일정한 정도의 권위 확보는 지방의 민주적 거버넌스를 위해서도 반드시 필요하다. 자치의 확대가 권력의 파편화로 연결될 수 있고, 이는 중앙정부 수준에서 해결해야 할 사안에 대해서도 통치능력(governability)이 확보되지 않는 사태로 귀결될 수 있다. 나아가, 정당정치가 전국화되지 못하고 정책 프로그램에 기초한 정당경쟁이 이뤄지지 않을 경우, 지방정치는 후원-수혜의 후진성에 노출되기 쉽고, 비효율은 물론 민주주의의 책임성을 저해할 수 있다. 이런 측면에서 각 국의 역사적 배경과 정당정치 및 선거경쟁의 여건에 따라 요구되는 분권개혁의 방향은 다르다고 할 수 있다.

❶ 분산(deconcentration)과 분권(decentralization)은 개념적으로 구분되는데, 어떤 경우에 분권과 분산이 동시에 일어나고, 또 어떤 경우에 분산과 분권이 엇갈릴 수 있는가?

❷ 자치분권의 강화는 '발로 하는 투표'라는 표현처럼, 지방정부 간 경쟁을 유발하여 정부를 효율화하고 국가 전체적으로 경제실적을 높일 수 있는 반면, 지자체마다 선심성 정책에 매달림으로써 전체적으로 국가부채를 부풀리는 부작용도 있을 수 있다. 어떤 경우에 경제적으로 순작용을 하며, 어떤 경우에 부작용을 유발할까?

❸ 연방제는 전반적으로 국가의 지리적 규모가 크고, 인구가 많은 지역에서 많이 채택되고 있다. 우리나라에서도 지역주의 완화, 통일 대비 등의 목적으로 연방제를 주장하는 사람이 있는데, 한국과 같은 규모의 국가에서 연방제 도입은 어떠한 기대효과와 문제점을 유발할 것인가?

❹ 연방제는 역사적으로 이질적인 민족이나 언중, 종교, 인종 등이 하나의 국가를 형성할 때 도입되어 왔다. 한국과 같이 오랜 기간 단일 국가로 유지되어 온 경우에 연방제 도입은 가능할까? 그리고 가능하다면 기존의 연방제와 어떤 차이가 있을까?

참고문헌

김석태. 2016. "지방분권 사상과 한국의 지방자치." 『지방정부연구』 19(4): 1−24.

서성아. 2011. 『정부간 관계의 효과적 운영방안 연구』. 서울: 한국행정연구원.

임도빈. 2002. "정부간 관계: 의사결정체제의 변화." 안청시 외 『한국 지방자치와 민주주의』. 서울: 나남출판. 137−156.

임승빈. 2012. 『지방자치론: 제5판』. 서울: 법문사.

임정빈. 2013. "정부간 관계와 국책사업 갈등: 4대강 사업 갈등사례를 중심으로." 『한국정책연구』 13(4): 149−171.

최우용. 2014. "보충성의 원칙에서 본 지방자치단체의 사무에 대한 국회 관여의 범위." 『동아법학』 62집, 125−154.

한국지방자치학회. 2008. 『한국 지방자치의 이해』. 서울: 박영사.

Anderson, Cameron D. 2006. "Economic Voting and Multilevel Governance: A Comparative Individual−Level Analysis." *American Journal of Political Science*, Vol. 50, Issue 2, 449−46.

Burgess, Michael. 2006. *Comparative federalism: Theory and practice*. Routledge.

Falleti, Tulia G. 2005. "A sequential theory of decentralization: Latin American cases in comparative perspective." *American Political Science Review*, Vol. 99, No. 3, 327−346.

Gerring, J., S. C. Thacker, and C. Moreno. 2005. Centripetal democratic governance: A theory and global inquiry. *American Political Science Review*, Vol. 99, No. 4, 567−581.

Hooghe, Liesbet, Gary Marks & Arjan H. Schakel. 2008. "Operationalizing Regional

Authority: A Coding Scheme for 42 Countries, 1950-2006." *Regional & Federal Studies*, Vol. 18, No. 2−3, 123−142.

León, Sandra. 2014. "How does decentralization affect electoral competition of state−wide parties? Evidence from Spain." *Party Politics*, Vol. 20, No. 3, 391−402.

Mardones, Rodrigo. 2007. "The Congressional Politics of Decentralization The Case of Chile." *Comparative Political Studies*, Vol. 40, No. 3, 333−358.

O'Neill, Kathleen. 2003. "Decentralization as an electoral strategy." *Comparative Political Studies*, Vol. 36, No. 9, 1068−1091.

Putnam, Robert D., R. Leonardi, and R. Y. Nanetti. 1994. *Making democracy work: Civic traditions in modern Italy.* Princeton university press.

Riker, William H. 1964. *Federalism: Origin, Operation, Significance.* Boston: Little Brown & Company.

Riker, William H. 1975. "Federalism", in *Handbook of Political Science*, (eds.) F. Greenstein, and N. Polsby. MA: Addison−Wesley.

Schakel, Arjan H. 2008. "Validation of the Regional Authority Index." *Regional & Federal Studies*, Vol. 18, No. 2−3, 143−166.

Tiebout, Charles M. 1956. "A pure theory of local expenditures." *The journal of political economy*, Vol. 64, No. 5, 416−424.

Watts, Ronald L. 1998. "Federalism, federal political systems, and federations." *Annual Review of Political Science*, Vol. 1, 117−137.

Wibbels, Erik. 2006. "Madison in Baghdad?: Decentralization and federalism in comparative politics." *Annual Review of Political Science*, Vol. 9, 165−188.

Wright, Deil S. 1988. *Understanding Intergovernmental Relations.* 3rd ed. Pacific Grove, CA: Brooks−Cole.

제4장 지방정치제도의 기본원리

[부록] Hooghe and Marks의 지방정부 권위지표(RAI)

(http://www.arjanschakel.nl/regauth_dat.html)

○ 제도적 자율성 :

- 0: 지역수준에서 일반행정 기능 없음 1: 중앙정부에 종속된 지방행정 2: 지방행정의 자율성이 있으나, 중앙이 거부권 보유 3: 중앙의 거부권 없는 지방행정 자율성

○ 정책적 자율성 : a) 경제정책, b) 교육-문화정책, c) 복지정책, d) 잔여적 권력, 경찰 등 지방정부의 제도적 자원

- 0: 각 정책분야에서 매우 약한 재량, 1: 4개 분야 중 하나에서 정책적 재량, 2: 4개 분야 중 둘에서 정책적 재량, 3: 지방 고유사무 정책 재량을 보유하고, 나머지 중에서 2개 분야 정책재량, 4: 3과 같고 이민 및 시민권에 대한 재량 보유

○ 조세 자율성

0: 중앙정부가 지방세원 및 세율 결정

1: 지방정부가 소수 항목에 대한 과세

2: 지방정부가 소수 항목에 대한 세원 및 세율 결정

3: 소득세, 법인세, 부가세, 매출세 중 하나에 대해 지방이 세율 결정

4: 3번과 같은데, 세원도 지방이 결정

○ 차입 자율성

0: 지방정부는 차입 불가

1: 중앙정부의 사전 허가에 따라 차입. 허가기준은 경상수지 적자를 메우기 위해서는 차입불가, 해외나 중앙은행으로부터 차입불가, 상한선 이상 차입불가, 특정 목적으로만 차입허용
2: 중앙정부의 사전허가 없이도 차입가능. 위의 규칙의 일부 또는 전부는 적용
3: 중앙정부의 개입없이 지방정부가 차입

○ 독립적 의회와 집행권
지방이 독자적 의회 및 집행부를 가졌는지 여부. 의회와 집행부의 합계 0−4
Hooghe et al. 2008

제 4 장 지방정치제도의 기본원리

CHAPTER

5 지방정치의 구조와 기관구성 형태

지방정치는 지방이라는 공간적으로 제한된 영역에서 주로 일어나는 정치를 의미한다. 따라서 지방정치(local politics)는 지방을 어떻게 이해하느냐에 따라 달리 이해할 수 있다. 중심(center)과 대비되는 주변(periphery)으로 지방을 이해할 때 지방은 서울 혹은 좀 더 광범위하게는 수도권을 제외한 나머지 지역을 의미한다. 이와 달리 국가의 일부분으로서 주민들이 일상적인 삶을 살아가는 지리적 생활공간이라는 의미로 지방을 이해할 수도 있으며, 이 경우 서울이나 수도권 역시 지방 가운데 하나이다.

후자의 의미에서 지방정치는 지방정부를 기본단위로 이루어지며, 따라서 지방정치를 이해하는 핵심적 요소 가운데 하나는 지방정부에 대한 이해이다. 물론 여기에서 지방정부(local government)는 주민의 주권을 위임받은 통치 기구나 지방자치단체장을 중심으로 한 지방집행부를 지칭하는 협의의 의미가 아니라, 국민 주권에 기초한 국가와 유사하게 주민의 자치권에 기초한 지역적인 정치공동체라는 광의의 의미로, 지방자치단체와 유사하게 이해될 수 있다.

본 장에서는 이러한 지방정부의 구조와 기관구성 형태를 살펴본다. 보다 구체적으로 1.의 첫 번째 부분에서는 지지방자치단체가 무엇인지에 대한 간략한 이해와 함께 다양한 지방자치단체의 종류를 정리한다. 또한 두 번째 부분에서는 지방자치단체의 계층구조에 대한 설명과 함께 서구 유럽국가와 우리나라를 중심으로 실제 사례를 살펴보고, 이어지는 세 번째 부분에서는 인구규모를 중심으로 지방자치단체의 구역 문제를 생각해 본다. 다음으로 2.에서는 지방자치단체의 기관구성방식의 기본 유형에 대해 정리한 다음, 영국, 독일, 미국의 사례에 이어 우리나라 지방자치단체의 기관구성방식을 간략히 소개한다.

1. 지방정부의 구조

1) 지방자치단체의 의미와 종류

한 국가의 통치형태는 수직적으로, 즉 중앙과 지방의 관계라는 측면에서 다양한 형태를 띨 수 있다. 중앙국가가 지방에 하급 직속기관을 설치하고 그 기관을 통해 국가통치를 수행할 수도 있으며, 중앙국가와 별개로 법인격을 갖는 지방자치단체를 설립하고 지방자치단체가 주민참여와 자치권을 기반으로 지방을 통치하도록 할 수 있다. 오늘날 영국, 미국, 독일, 프랑스 등과 같은 서구 유럽국가를 포함한 민주주의 국가 대부분은 지방자치를 실시하고 있으며, 제도적 다원성에도 불구하고 지방자치의 중심에는 지방자치단체가 자리하고 있다. 우리나라 역시 헌법 제117조에서 "지방자치단체는 주민의 복리에 관한 사무를 처리하고 재산을 관리하며, 법령의 범위 안에서 자치에 관한 규정을 제정할 수 있다"고 규정하여, 지방자치단체를 헌법기관으로 명문화하고 있다.

이러한 의미를 갖는 지방자치단체는 다양한 개념정의에도 불구하고 일반적으로 구역(area, territory), 주민(residents, population), 자치권(rights of autonomy), 법인격(corporate entity) 등이 기본 요소 혹은 특징으로 제시된다.[1] 먼저 지방자치단체는 일

1 통상적으로 지방자치단체는 지방단체, 자치단체, 지방공공단체, 공공단체 등과 혼용되어 사용된다.

정한 지리적 범위를 구역으로 하고, 그 안에 거주하는 모든 주민을 구성원으로, 자치입법권, 자치사무권, 자치재정권, 그리고 자치조직 및 인사권 등과 같은 자치권을 행사하는 자치공동체로서 국민, 영토, 주권을 기본요소로 하는 국가와 유사하다. 다만 지방자치단체는 국가의 영토와 국민의 일부를 구역과 주민으로 하고, 자치단체가 향유하는 자치권 역시 국가로부터 부여받았기 때문에 법률의 범위 안에서 행사될 수 있다는 점에서 국가와 상이하다. 또한 국가의 공공사무를 처리하기 위해 지방에 설치한 지방행정기관이 법인격이 없고 상하관계가 있는 행정체계의 한 부분으로서 독립적 지위를 갖지 못하는 것과 달리 지방자치단체는 국가와 별개의 독자적 권리와 의무를 갖는 법인으로서 법률에 위배되지 않는 범위에서 자기책임성을 가지고 독자적으로 정책을 결정하고 집행할 수 있다.[2] 물론 지방자치단체가 국가사무를 위임받아 처리하는 국가행정기관의 역할을 동시에 수행할 수 있으며, 우리나라의 경우도 그렇다.

지방자치단체는 일반적으로 설립목적과 기능에 따라 보통지방자치단체와 특별지방자치단체로 구분된다. 일반지방자치단체 또는 종합자치단체(multi-purpose authority, Byme 1985)로도 불리는 보통지방자치단체는 존립 목적이나 수행기능이 문자 그대로 일반적이고 보편적인 성격을 가진 자치단체로 다양한 기능을 종합적으로 수행한다. 통상 우리가 지방자치단체라고 말하는 지방자치단체가 바로 보통지방자치단체이며, 이 글에서도 보통지방자치단체는 지방자치단체라 표현하기도 하였다. 보통지방자치단체는 계층제 논의에서 보다 자세히 살펴보겠지만 관할영역에 따라 광역자치단체, 중간자치단체, 기초자치단체 등으로 세분화될 수 있다. 우리나라의 특별시·광역시·도와 시·군·구 등이 보통지방자치단체에 해당하며, 영국의 county와 district, 미국 municipalities, 독일 Kreis와 Gemeinde, 프랑스 région, département, commune, 그리고 일본의 도·도·부·현(都·道·府·縣)과 시·정·촌

---

2 지방자치단체는 법적으로 대등한 법인이며, 원칙적으로 상하관계가 존재하지 않는다. 그러나 국가와 지방자치단체, 그리고 지방자치단체와 지방자치단체 사이에 상하 관계가 형성될 수 있다. 우리나라 지방자치법 역시 제8조 제3항에서 "지방자치단체는 법령이나 상급 지방자치단체의 조례를 위반하여 그 사무를 처리할 수 없다"고 하면서, 제166조 등에서 국가 혹은 상급지방자치단체의 지휘 감독을 받도록 하고 있다.

(市·町·村) 등도 보통지방자치단체이다.

특별지방자치단체(single-purpose authority)는 보통지방자치단체가 효율적으로 수행하기 어려운 특정 기능을 수행하기 위해 국가나 다수의 지방자치단체 등과 같은 다양한 주체에 의해 설립되는 지방자치단체이다. 특별지방자치단체는 설립목적과 기능 이외에도 통상 통치기구라기보다 서비스기관이며, 과세권이 없어 비과세 수입으로 운영된다는 점에서도 보통지방자치단체와 차이를 보인다. 이러한 특별지방자치단체는 설치 목적에 따라 특정 행정사무를 처리하기 위해 설치한 행정사무형 자치단체와 공기업의 경영을 위해 설치하는 기업경영적 자치단체, 그리고 설치 주체에 따라 주민이 특수 전문적 사무를 처리하기 위해 설치한 특별지방자치단체 (특수사무단체)와 지방자치단체가 광역의 사무를 처리하기 위해 설치한 특별자치단체 (광역사무단체) 등으로 세분화될 수 있다.

몇몇 국가를 중심으로 특별지방자치단체의 사례를 살펴보면 먼저 영국의 경우 17-19세기 교육, 보건, 위생, 치안, 도로 등의 사무를 처리하기 위해 설치했다가 20세기에 접어들면서 점차 사라져간 특별자치단체(ad hoc authority)나 광역적 문제를 해결하기 위해 다수의 지방자치단체가 설치한 합동이사회(joint board)가 특별지방자치단체의 대표적 사례이다. 미국의 경우 소방, 주택, 병원, 상·하수도 등과 같은 특별한 서비스의 공급이나 홍수, 토양보호 등 광역적 서비스의 공급과 같이 일반지방자치단체가 처리할 수 없는 특정 사무를 처리하기 위해 다양한 형태의 특별구(special district)를 두고 있다. 2012년 현재 미국에는 특수기능을 수행하는 37,203개의 특별구가 있으며, 교육업무를 담당하는 독립적인 학교구도 12,884개가 설치되어 있다(U. S. Census Bureau 2012). 프랑스 역시 광역 서비스를 제공하기 위해 코뮌조합(les syndicates de communes), 특별구(les districts), 도시코뮌(les communautes urbaines) 등의 특별자치단체를 두고 있다. 독일의 경우에는 특정 사무의 광역적 서비스를 제공하는 기초자치단체연합(Gemeinedeverband)이나 광역자치단체연합(Bezirksverband), 그리고 특정 사무를 처리하기 위한 목적조합(Zweckverband) 형태의 특별지방자치단체 등이 있다. 특별지방공공단체라 불리는 일본의 특별지방자치단체는 제한적인 자치권을 갖는 특별구, 다수의 지방자치단체가 공동의 업무를 처리하기 위한 지방공공단체조합, 자치단체의 분할·통합 등의 경우 재산과 시설의 관리 및 처분을 위해 설립하는 재산구, 다수의 지방자치단체가 종합개발을 위해 설치하는 지방개발사업단 등이 있다.

이러한 외국의 사례에서 볼 수 있듯 특별지방자치단체는 보통지방자치단체의 통합이나 합병 혹은 분할 등으로 야기되는 부정적 측면을 최소화하면서 보통지방자치단체가 갖는 규모의 한계를 극복하고 보통지방자치단체 간의 협력이 필요한 광역적인 사무나 조직과 운영에 유연성이 필요한 특정 사무를 경제적이고 효율적으로 처리하기 위해 설치된다. 그러나 특별지방자치단체는 설립과 운영 주체간 갈등과 마찰로 인한 폐해, 방만한 관리와 운영, 그리고 통제의 미흡으로 인한 책임성의 문제 등과 같은 다양한 문제점을 드러낼 수도 있다(김병준 2002).

우리나라의 경우 역시 지방자치법 제2조 제3항에서 '특정한 목적을 수행하기 위하여 필요하면 따로 특별지방자치단체를 설치'할 수 있도록 하고 있다. 또 제159조 제2항에서는 '지방자치단체조합은 법인으로 한다'고 하여 지방자치단체조합에 법인격을 부여하고 있으나, 보통지방자치단체와 달리 조례제정권은 인정하고 있지 않다. 지방자치단체조합의 설립과 관련해서는 '2개 이상의 지방자치단체가 하나 또는 둘 이상의 사무를 공동으로 처리할 필요가 있을 때에는 규약을 정하여 그 지방의회의 의결을 거쳐 시·도는 행정자치부장관의, 시·군 및 자치구는 시·도지사의 승인을 받아 지방자치단체조합을 설립'할 수 있도록 하고, '지방자치단체조합의 구성원인 시·군 및 자치구가 2개 이상의 시·도에 걸치는 지방자치단체조합은 행정자치부장관의 승인을 받아야 한다'고 규정하고 있다. 이와 더불어 지방공기업법 제44조(지방자치단체조합 설립의 특례)에서도 지방자치단체가 '지방직영기업의 경영에 관한 사무를 광역적으로 처리하기 위하여 필요한 경우 규약을 정하여 다른 지방자치단체와 공동으로 지방자치단체조합'을, 그리고 지방자치단체 기금관리기본법 제17조에서는 특별시·광역시·특별자치시·도·특별자치도가 '지방자치단체 간 상생(相生) 발전을 지원하고, 기금의 여유자금을 효율적으로 관리·활용하기 위하여 지역상생발전기금을 설치'하고 이를 관리·운용을 위하여 지방자치단체조합을 설립하도록 하고 있다. 2014년 말 현재 우리나라에는 16개 시·도가 설치한 지역상생발전기금을 비롯하여, 부산·진해 경제자유구역청을 포함한 4개의 경제자유구역청과 수도권 교통본부, 지리산권 관광개발조합 등과 같은 특별지방자치단체가 설립되어 있다(<표 5-1> 참조).

한편 지방자치단체를 지위와 권한에 따라 지방자치단체와 준지방자치단체 (quasi-local government,)로 구분하기도 한다(Zimmerman 1995; 하혜수 외 2010). 준지방자치단체(quasi-municipal corporation)의 대표적 사례는 주정부로부터 헌장(charter)이 부여되지 않아 법률적으로 독립된 법인으로 인정받지 못하는 비법인(incorporation) 카운티(County)이다. 이와 더불어 일본의 자치회, 미국 뉴욕시의 구(Borough), 독일 베를린시의 구(Bezirk), 프랑스 파리시의 구(Arrondissment), 영국의 패리쉬(Parish) 등 도 사례로 제시된다. 일본의 자치회는 자치사무를 처리하지만 공법인이 아닌 사단 법인이라는 점에서 보통지방자치단체와 차이를 보인다. 미국 뉴욕시, 독일 베를린 시, 프랑스 파리시의 구, 영국의 패리쉬 모두 법인격을 부여받고 있지 않다. 또한

표 5-1 **지방자치단체조합 현황(2014. 12. 31 기준)**

명 칭	구 성 원	목 적	승인일자
부산·진해 경제자유구역청	부산광역시·경남도	부산·진해 경제자유구역 내 각 종 인·허가사무 및 외자유치 등	'04. 1. 20
광양만권 경제자유구역청	전남도·경남도	광양만권 경제자유구역 내 각종 인·허가사무 및 외자유치 등	'04. 1. 20
수도권 교통본부	서울특별시·인천광역시· 경기도	수도권 교통 광역교통 추진 운영	'05. 2. 4
황해 경제자유구역청	경기도·충남도	황해 경제자유구역 내 각종 인· 허가 사무 및 외자유치 등	'08. 6. 10
대구·경북 경제자유구역청	대구광역시·경북도	대구·경북 경제자유구역 내 각 종 인·허가사무 및 외자유치 등	'08. 6. 10
지리산권 관광개발조합	남원·장수·구례·곡성· 함양·산청·하동	지리산 인근 7개 시군 관광개발 사업 공동 추진	'08. 9. 5
지역상생 발전기금조합	16개 시·도	수도권 규제 합리화 이익을 지방 상생발전 재원으로 활용	'10. 5. 3

자료: 행정자치부 자치행정과(2015)

미국 뉴욕시, 독일 베를린시, 프랑스 파리시의 구는 자치입법권과 자치재정권을 가지고 있지 않다. 이러한 사례에 기초해 볼 때 자치단체와 준자치단체의 가장 큰 차이점 가운데 하나는 법인격의 부여 여부이며, 지방자치단체와 달리 준지방자치단체는 법인격을 소유하고 있지 않다. 또한 준자치단체는 자치권이라는 측면에서도 자치입법권과 자치재정권 등에 제한이 있다는 점에서 지방자치단체와 차이를 보인다.

우리나라의 경우 2013년 5월 '지방분권 및 지방행정체제개편에 관한 특별법'을 제정하여 '풀뿌리자치의 활성화와 민주적 참여의식 고양을 위하여 읍·면·동에 해당 행정구역의 주민으로 구성되는 주민자치회'를 둘 수 있도록 하였다(27조). 이 법에 따르면 지방자치단체는 '지방자치단체 사무의 일부를 주민자치회에 위임 또는 위탁'할 수 있으며, 주민자치회는 '주민자치회 구역 내의 주민화합 및 발전을 위한 사항, 지방자치단체가 위임 또는 위탁하는 사무의 처리에 관한 사항, 그 밖에 관계 법령, 조례 또는 규칙으로 위임 또는 위탁한 사항' 등과 같은 업무를 수행하도록 하고 있다(28조). 또한 '행정자치부장관은 주민자치회의 설치 및 운영에 참고하기 위하여 주민자치회를 시범적으로 설치·운영할 수 있으며, 이를 위한 행정적·재정적 지원을 할 수 있다'(29조 4항)는 규정에 따라 2013년 7월부터 31개 읍·면·동을 시작으로 2015년 10월 현재 49개 읍·면·동에서 주민자치회를 시범 운영하고 있다. 읍·면·동의 주민대표로 구성되는 주민자치회는 논의 초기만 해도 읍·면·동을 실질적으로 대체하는 주민조직형 모델이 가장 이상적인 대안으로 제시되었으나, 이후 읍·면·동 폐지 문제 등 현실적 문제를 고려하여 또 다른 대안인 협력형과 통합형 가운데 협력형으로 시범사업이 실시되었다. 사단법인의 형태를 띠는 협력형 주민자치회는 읍·면·동사무소와 별개로 주민자치회를 설치하고, 읍·면·동사무소가 현행 기능을 수행하는 가운데 주민자치회가 주민자치기능, 위임·위탁사무 처리기능, 읍·면·동 행정기능 중 주민생활과 밀접한 관련이 있는 사항에 대한 협의·심의기능 등을 수행하도록 하는 모델이다.

제 5 장 지방정치의 구조와 기관구성 형태

2) 지방자치단체의 계층구조

지방자치단체는 앞서 살펴본 것처럼 일정한 범위의 지역 혹은 구역에 거주하는 주민을 기본으로 한다. 하나의 구역에 하나의 지방자치단체만 설치된다고 생각할 수도 있겠지만 현실은 하나의 구역에 둘 이상의 지방자치단체가 설치되는 경우가 적지 않다. 동일한 구역 안에 단 하나의 지방자치단체만 설치하는 경우를 단층제(single-tier system)라 하고, 둘 이상 복수의 지방자치단체가 설치되어 있는 경우를 중층제 혹은 다층제(multi-tier system)라고 말한다. 또한 한 국가가 단층제 혹은 중층제 가운데 어느 하나의 계층구조를 가질 수도 있지만 단층제와 중층제를 혼용하는 경우도 있는데 이를 혼합계층제(mixed-tier system)라 칭한다. 지방자치단체의 계층구조가 중층제인 경우 주민의 일상생활과 밀접한 공공사무를 처리하는 가장 소규모 구역을 기초로 설치된 자치단체를 기초자치단체(basic unit of local government) 혹은 1차적 자치단체(primary unit)라 하며, 여러 기초자치단체를 포괄하는 상대적으로 넓은 구역의 자치단체를 광역자치단체(wide-area unit of local government), 또는 중간자치단체(intermediate unit of local government), 상급자치단체(upper unit of local government), 2차적 자치단체(secondary unit of local government)라 부른다.

한 국가의 지방자치단체의 계층구조는 일반적으로 국가의 면적과 인구규모, 자연적·지리적 조건, 역사적 특수성, 정치적 상황 등에 따라 달라질 수 있다. 그럼에도 단층제는 단일의 지방자치단체가 자치사무를 처리하기 때문에 중층제에서 나타날 수 있는 중첩적인 사무처리나 이중 감독의 폐해를 방지하고 명확한 책임성을 부여할 수 있으며, 적은 비용으로 신속하고 명확하게 업무를 처리할 수 있다. 또한 단층제는 주민의 의사를 중간단계를 거치지 않고 직접적으로 중앙정부에 전달하거나 중앙정부의 정책결정을 주민에게 직접 전달하여 의사소통의 왜곡을 최소화할 수 있다. 이에 반하여 중층제는 광역자치단체와 기초자치단체의 수직적 업무 분담을 통해 주민의 일상생활과 관련된 서비스는 기초자치단체가, 대규모의 광역적인 사무는 광역자치단체가 수행하는 등 기초자치단체가 수행하기 어려운 사무를 광역자치단체가 보완하여 업무의 효율성이 증대될 수 있다. 또한 단층제에서는 기초자치단체가 수행할 수 없는 업무는 중앙국가가 직접 처리할 수밖에 없는 반면 중층제에서는 이를 광역자치단체가 수행할 수 있으며, 기초자치단체를 국가의 직접적 감독으로부터 벗어나게 할 수 있다. 단층제와 중층제는 이처럼 어느 하나의 장점(단점)이 다른 하나의 단점(장점)이며, 따라서 어느 하나가 제도적으로 우월하다고 이야기하기 어렵다.

　　<표 5-2>에서 살펴볼 수 있듯 서구 유럽 국가 대부분은 중층제를 선택하고 있다.[3] <표 5-2>에 제시된 20여 개 국 가운데 단층제를 실시하고 있는 나라는 오스트리아, 룩셈부르크, 스위스 등에 불과하며, 그나마 오스트리아와 스위스는 연방제 국가이다. 3층제(three-tier system)를 채택하고 있는 프랑스, 이탈리아 등을 제외하면 대부분의 국가가 2층제(two-tier system)이다. 몇몇 국가의 계층제 구조를 보다 구체적으로 살펴보면 먼저 영국의 경우 크게 잉글랜드, 웨일스, 스코틀랜드, 북아일랜드 지역으로 나누어진다. 이들 각 지역은 독자적인 입법권한을 갖는 의회나 집행부를 구성하지 않았으며, 이러한 의미에서 영국은 단방제(unitary state)국가였다. 그러나 1997년 권력이양을 위한 국민투표를 통해 잉글랜드를 제외한 지역에 각각 웨일스 의회(National Assembly for Wales), 스코틀랜드 의회(Scottisch Parliament), 북아일랜드 의회(The Northern Ireland Assembly)를 구성토록 하여 연방제적 성격을 갖게 되었다. 한편 영국 지방자치단체의 계층구조는 기본적으로 잉글랜드와 나머지 지역이 상이하다. 웨일스, 스코틀랜드, 북아일랜드 지역은 모두 단층제를 채택하고 있으며, 웨일스(Wales)와 스코틀랜드(Scotland)는 각각 22개와 32개의 통합자치단체(unitary authority)를, 북아일랜드(Northern Ireland)는 2015년 4월 현재 11개 구역(District Council, 2015년 4월 26개에서 11개로 축소)을 두고 있다. 이와 달리 잉글랜드의 경우 단층제와 중층제가 혼용되고 있다. 즉 대도시구역(Metropolitan District, 36개)과 통합카운티(Unitary Council, 56개)라는 단일한 지방자치단체를 설치한 지역이 있는 반면, 27개의 광역자치단체인 카운티(County)는 201개의 기초자치단체인 비대

---

3 Gomez-Reino & Martinez-Vazquez(2013)에 따르면 전 세계 197개국 가운데 35개국이 중앙정부만을, 101개국이 중앙정부 이외 단층의 지방정부를, 50개국이 2층, 10개국이 3층의 지방정부를 가지고 있다.

표 5-2 서구유럽 국가의 지방자치단체 계층구조

국 가	광역자치단체(연방주)	중간자치단체	기초자치단체
오스트리아	*9 Länder*		2,100 Gemeinden
벨기에	*3 regions* *3 communities*	10 provinces	589 communes
덴마크	5 regioner		98 kommuner
핀란드	18 maakunnanliitto 1 autonoous province		313 kunta
프랑스	13 regions 3 overseas regions	96 departements, 3 overseas epartments	36,658 communes
독일	*16 Länder*	295 Kreise	11,313 Gemeinden
그리스	13 peripheria		325 dimos
아일랜드	3 regions		31 cities & counties, 95 districts
이탈리아	20 regione	100 provicia, 10 citta metropolitane	8,006 communi
룩셈부르크			105 communes
네덜란드	12 provincies		390 gemeenten
노르웨이	19 fylkeskommune		428 kommune
포르투갈	2 autonomous regions	308 municipios	3,092 freguesias
스페인	17 comunidades autono-mas), 2 autonomous cities (ciudades autonomas)		8124 munipios, 52 diputaciones, consejos, cabildos
스웨덴	11 landsting 9 regioner		290 kommuner
스위스	*20 canton* *6 half canton*		2,324 communes
영국	4 nations	27 counties	392 district councils & unitary authorities
미국	*50 states*	3,301 county	16,364 municipality, town, township

* 기울임 부분은 연방주

자료: CEMR(2016), U.S. Census Bureau(2012)

도시구역(Non-Metropolitan District)으로, 광역자치단체인 대런던시(Greater London Authority)는 기초자치단체인 런던구(London Borough Council)와 런던시(City of London Corporation)로 구성되어 2층제 구조를 보인다.

단방제 국가인 프랑스는 기본적으로 기초자치단체인 코뮌(communes)과 중간자치단체인 데파르트망(départments), 그리고 광역자치단체인 레종(régions) 등 3층제 구조를 채택하고 있다. 다만 파리 레종은 기초자치단체인 코뮌(communes)과 중간자치단체인 데파르트망(départments)의 성격을 동시에 갖는 파리시 지역, 그리고 기초자치단체인 코뮌(communes)과 중간자치단체인 데파르트망(départments)을 설치한 파리시 이외 지역으로 구분할 수 있다.

연방제 국가(federal state)인 독일은 16개 주(Länder)로 구성되어 있다. 이들 16개 연방주 가운데 도시국가(Stadtstaaten)인 베를린과 함부르크는 하위의 지방자치단체를 따로 두지 않고 도시국가인 동시에 지방자치단체로서의 지위를 가진다. 이와 달리 도시국가의 하나인 브레멘은 브레멘과 브레멘하펜이라는 2개의 자치도시(kreisfreie Staedten)로 분할되어 있다. 이들 3개 도시국가 연방주를 제외한 나머지 13개 연방주는 기본적으로 295개의 크라이스(kreis)와 크라이스에 속하지 않는 도시지역에 107개의 자치도시(kreisfreie Staedten)라는 광역자치단체를 두고 있다. 크라이스 지역에는 다시 1,230개의 게마인데(Gemeinde)와 248개의 게마인데 독립지역(Gemeindefreie Gebiete)이라는 기초자치단체가 설치되어 있다. 따라서 연방주를 지방자치단체로 고려하지 않는다면 독일의 지방자치제는 크라이스-게마인데(Landkreise-Gemeinde)라는 이층제를 기본으로 하고, 도시지역에는 자치시(kreisfreie Staedten)라는 단층제 구조를 채택하고 있다. 다만 바덴-뷰르텐베르크(Baden-Wuerttemberg), 바이에른(Bayern), 헤센(Hessen) 주 등은 크라이스나 자치도시 상위에 정부구(Regierungsbezirke)를 두고 있으며, 니더작센(Niedersachsen)이나 작센(Sachsen) 주 등에서는 크라이스와 게마인데 중간층에 다양한 형태의 자치단체연합(Gemeinde-vervaende)인 특별지방자치단체를 두고 있기도 하다. 또한 베를린이나 함부르크에는 준지방자치단체인 구역(Bezirk)이 설치되어 있다.

연방제 국가인 미국은 50개 주(states)로 구성되어 있으며, 지방자치제도 역시

주의 권한에 속하고 주마다 다양한 지방자치제도를 채택하고 있다. 즉 미국의 지방 자치제도는 County와 그 하위에 Municipal이나 Town 혹은 Township 등을 두어 2층제를 채택한 곳이 보통이지만, 카운티나 미국 지방자치의 기초인 타운과 타운 십이 모든 주에 설치되어 있는 것은 아니다. 예컨대 코네티컷(Connecticut)주나 콜롬 비아(District of Columbia)에는 카운티가 설치되어 있지 않다. 또한 학교구(School District)와 같은 특별한 서비스를 제공하는 다양한 형태의 특별구(Special District)도 무수히 많다. 2012년 현재 미국에는 일반특별구가 37,203개, 교육특별구(Independent School District)가 12,884개로, 총 50,087개의 특별자치단체가 있다(U.S. Census Bureau 2012).

일본의 지방자치단체 계층구조는 광역자치단체인 도·도·부·현(都·道·府·縣) 과 기초자치단체인 시·정·촌(市·町·村)이라는 단일하고 통일된 2층제를 채택하고 있다. 우리나라의 특별시와 같은 지위를 갖는 도(都)는 도쿄(東京)도이며, 오사카와 교토는 부(府), 홋카이도는 도(道)이며, 나머지 43개의 현(県)이 있다. 기초자치단체 인 시·정·촌 가운데 시는 인구 규모에 따라 정령지정시, 중핵시, 특례시, 일반시 등으로 구분된다.

우리나라의 지방자치단체의 계층구조는 기본적으로 광역자치단체인 특별시, 광역시, 도, 특별자치도, 특별자치시와 기초자치단체인 시, 군, 구의 2층제 구조이 다. 지방자치법 제3조에 따르면 '특별시, 광역시, 특별자치시, 도, 특별자치도는 정 부의 직할(直轄)로 두고, 시는 도의 관할 구역 안에, 군은 광역시, 특별자치시나 도 의 관할 구역 안에 두며, 자치구는 특별시와 광역시, 특별자치시의 관할 구역 안에 둔다.' 여기에서 특별시는 서울특별시를 의미하며, 서울특별시에는 종로구, 중구 등과 같은 자치구를, 부산·인천·대구·광주·대전·울산 등의 광역시에는 구와 군 을, 경기도·강원도 등의 8개도는 시와 군을 기초자치단체로 두고 있다. 특별자치 도인 제주도와 특별자치시인 세종시는 따로 하위의 자치단체를 두고 있지 않는 단 층제 구조를 취하고 있다. 한편 지방자치법 제3조 제2항에서는 '특별시·광역시 및 특별자치시가 아닌 인구 50만 이상의 시에는 자치구가 아닌 구를 둘 수 있고, 군에 는 읍·면을 두며, 시와 구(자치구를 포함한다)에는 동을, 읍·면에는 리'를, '시에는

그림 5-1 우리나라의 지방자치단체와 행정기관

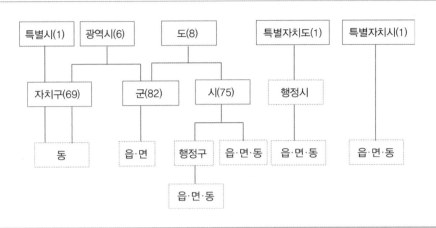

* 특별시＝서울특별시, 특별자치도＝제주특별자치도, 특별자치시＝세종특별시
* □는 지방자치단체, ( )의 숫자는 2015년 12월 31일 현재 자치단체수
* 2015년 12월 31일 현재 행정시 2개, 행정구 35개, 읍 220개, 면 1,193개, 동 2,089개
  자료: 행정자치부, 2016년 지방자치단체 행정구역 및 인구 현황

도시의 형태를 갖춘 지역에는 동을, 그 밖의 지역에는 읍·면을 두되, 자치구가 아닌 구를 둘 경우에는 그 구에 읍·면·동을 둘 수 있다'고 규정하고 있다. 여기에서 언급된 자치구가 아닌 구나 자치시가 아닌 시, 그리고 읍·면·동 등은 행정구역을 의미한다. 지방자치단체가 행정기능도 동시에 수행하기 때문에 우리의 경우 행정단위의 계층구조는 주로 3계층에서 4계층으로 구성된다(<그림 5-1> 참조).

예컨대 서울특별시(광역자치단체이자 상위 지방행정기관)－종로구(기초자치단체, 중간지방행정기관)－청운동(하위행정기관), 대구광역시(광역자치단체이자 상위 지방행정기관)－수성구, 달성군(기초자치단체, 중간지방행정기관)－범어1동, 옥포면(하위행정기관) 등은 3계층이지만, 경기도(광역자치단체이자 상위 지방행정기관)－수원시(기초자치단체, 중간지방행정기관)－권선구(중간지방행정기관)－권선1동(하위행정기관)이나 충청남도(광역자치단체이자 상위 지방행정기관)－천안시(기초자치단체, 중간지방행정기관)－동남구(중간지방행정기관)－병천면(하위행정기관) 등은 4계층이다. 제주특별자치도의 경우 제주특별자치도는 자치단체이지만 제주시와 서귀포시는 자치단체가 아닌 행정시이며, 그 하위에 읍·면·동을 두어, 행정계층구조로는 3층제이지만 지방자치단체 계층구조로는 단층제이다. 이와 유사하게 세종특별시 역시 세종특별시는 지방자치단체이지만 그 하위에는 행정기관인 읍·면·동만을 두고 있어, 행정계층구조는 2층제, 지방자치단체 계층구조는 단층제이다.

3) 지방자치단체의 구역

지방자치단체의 통치권이 미치는 일정한 정치적 공간이자 지리적 공간이 구역이다. 그렇다면 지방자치단체의 구역을 설정하는 기준은 무엇일까? 훼슬러(James W. Fesler, 1964)는 ① 자연적·지리적 조건, 특히 교통 통신의 발달 정도, ② 행정기능을 능률적으로 수행할 수 있는 적정 규모, ③ 자주적인 재원 조달 능력, ④ 주민참여와 효과적인 주민통제(popular control) 등을 제시한다. 이에 앞서 밀스포우(Arthur C. Millspaugh, 1936)는 ① 공동체(community): 자연발생적인 주민의 공동생활권과 일치, ② 행정단위(service unit): 적정한 인구규모와 행정능력, ③ 자주적 재원조달 단위(self-financing unit), ④ 행정적 편의의 구역(area of convenience): 주민의 접근 용이성과 행정처리 편리성 등을 구역설정의 기준으로 제시하기도 했다. 이처럼 구역설정의 기준은 논자마다 다소 상이하지만 일반적으로 자연적이고 역사적인 조건 이외에 지방자치단체가 수행하는 기능과 서비스의 성격(행정수요의 양질차이), 계층구조, 주민참여라는 민주성, 서비스 제공의 효율성과 경제성 등이 중요한 기준으로 고려된다.

지방자치단체의 구역과 관련하여 특히 관심을 끄는 것은 자치단체의 폐지, 경계의 변경, 분리, 통합, 신설 등과 같은 자치구역의 조정 문제이며, 이는 지방자치단체의 적정규모와 관련되어 있다. 그러나 자치단체의 구역설정기준에서 살펴볼 수 있듯이 적정규모의 기준을 마련하기는 쉽지 않다. 이를 고려하여 여기에서는 적정규모의 기준을 제시하기보다 세계 각국의 현황, 특히 서구유럽국가의 자치단체 규모와 함께 우리나라 자치단체의 규모를 살펴보기로 하겠다.

<표 5-3>에 제시된 서구 유럽국가 가운데 2016년 현재 5천만 명 이상의 인구규모를 가진 국가들의 경우를 먼저 살펴보면 기초자치단체당 평균 인구는 프랑스 1,797명, 독일 7,140명, 이탈리아 7,592명, 영국 164,052명 그리고 인구가 5천만에 조금 못 미치는 스페인의 경우 5,688명 등으로 영국을 제외하면 만 명을 넘지 않는다. 이들 국가 외에도 오스트리아(4,051명), 벨기에(1,908명), 룩셈부르크(5,235명), 포르투갈(3,372명), 스위스(3,533명) 등이 기초자치단체의 평균인구 규모가

표 5-3 서구유럽 국가의 기초자치단체 평균인구

국 가	면적(Km²)	인 구	기초자치단체수	기초자치단체 평균인구
오스트리아	83,879	8,507,786	2,100	4,051
벨기에	30,528	11,23,992	589	1,908
덴마크	42,921	5,627,235	98	57,421
핀란드	338,435	5,451,270	313	17,416
프랑스	632,834	65,856,609	36,658	1,797
독일	357,340	80,780,000	11,313	7,140
그리스	131,957	10,992,589	325	33,823
아일랜드	69,797	4,604,029	126	36,540
이탈리아	302,073	60,782,668	8,006	7,592
룩셈부르크	2,586	549,680	105	5,235
네덜란드	41,540	16,829,289	390	43,152
노르웨이	32,387	5,092,000	428	11,897
포르투갈	92,225	10,427,301	3,092	3,372
스페인	505,970	46,507,760	8,176	5,688
스웨덴	438,574	9,644,864	290	33,258
스위스	41,285	8,211,700	2,324	3,533
영국	248,528	64,308,261	392	164,052
미국*	9,26,675	313,847,465	35,886	8,746

자료: CEMR(2016), U.S. Census Bureau(2012)

제 5 장 지방정치의 구조와 기관구성 형태

만 명에 훨씬 못 미치는 수준이다. 기초자치단체당 평균인구가 만 명을 넘는 국가는 덴마크 57,421명, 핀란드 17,416명, 그리스 33,823명, 아일랜드 36,540명, 네덜란드 43,152명, 노르웨이 11,897명, 스웨덴 33,258명 등으로 덴마크를 제외하면 이들 국가에서도 평균인구는 5만 명을 넘지 않는다. 즉 <표 5-3>에 제시된 국가 가운데 기초자치단체당 평균인구규모가 가장 큰 국가는 영국으로 16만여 명이며, 만 명이 넘는 국가는 영국을 제외하고 7개국, 만 명 이하인 국가는 평균인구가 가장 작은 프랑스를 포함하여 8개국이다.

미국의 경우 U.S. Census Bureau에 따르면 2012년 현재 County가 3,301개 있으며, 카운티 하위(Subcounty)에 도시자치정부(Municipal Governments) 35,886개, 타운이나 타운십(Town/Township) 19,522개 등 16,364개의 보통자치단체가 있는 것으로 나타났다. 하위 자치단체인 도시자치정부와 타운이나 타운십의 전체 인구 평균은 8,746명으로 만 명을 넘지 않는다. 인구 규모가 10만을 넘는 도시자치정부나 타운/타운십도 각각 107개와 7개가 있지만, 대부분 만 명을 넘지 않으며, 인구규모가 1,000명 이하인 도시자치정부나 타운/타운십도 각각 9,205개(47.2%)와 8,516개(52.1%)에 달한다.

우리나라의 경우 2015년 12월 31일 현재 서울과 세종을 제외한 6개 광역자치단체(부산, 인천, 대구, 광주, 대전, 울산)의 평균 인구는 2,181,988명이며, 제주도를 제

표 5-4 미국의 인구규모별 기초자치단체수

인구규모	300,000 -	200,000 -	100,000 -	50,000 -	25,000 -
Municipal Governments	61	46	168	433	723
Town/Township	3	4	32	114	304
인구규모	10,000 -	5,000 -	2,500 -	1,000 -	-1,000
Municipal Governments	1,544	1,667	2,088	3,584	9,205
Town/Township	791	1,094	1,094	3,598	8,516

Municipal Governments: 총 19,519개, Town/Township: 총 16,360개
자료: U.S. Census Bureau(2012)

표 5-5 **우리나라의 인구규모별 기초자치단체수**

시(75)	평 균	100만-	50만-	30만-	20만-	10만-	-10만
	317,619	3	12	12	15	22	11
군(82)	평 균	10만-	7만-	5만-	3만-	-3만	
	53,810	5	8	22	34	13	
구(69)	평 균	50만-	40만-	30만-	20만-	10만-	-10만
	325,510	9	15	16	13	10	6

자료: 행정자치부(2016)

외한 6개도(경기도, 충남, 충북, 전북, 전남, 경남, 경북)의 평균 인구는 3,447,494이다(행정자치부 2016). 광역자치단체 가운데 서울과 경기가 1,000만 이상이며, 부산과 경남은 3천5백만, 인천, 대구, 경북, 충남 등은 200만 이상 300만 미만, 100만 이상 200만 미만은 광주, 대전, 울산, 강원, 충북, 전북, 전남 등이며, 제주와 세종은 100만을 넘지 못한다. 기초자치단체인 시·군·구의 평균 인구를 살펴보면 75개 자치시의 인구 평균은 317,619명이며, 82개 군은 53,810명, 69개 자치구는 325,510명이다. 군을 제외한 자치시와 자치구의 평균인구가 30만 명을 넘어서고 있으며, 226개 기초자치단체의 평균 인구는 228,006명이다. 앞서 살펴본 서구 유럽 국가들에 비해 평균 인구 규모가 매우 크고, 서구 유럽 국가 가운데 상대적으로 인구 규모가 큰 영국보다 많다.[4] 게다가 인구규모별로 볼 때 인구 규모가 3만 이하인 기초자치단체는 13개 군에 불과하며 대부분의 자치시와 자치구는 인구가 10만이 넘는다.

---

4 영국의 경우 준자치단체인 패리쉬(parish)의 평균 인구는 대략 6-7만 정도이다.

제 5 장 지방정치의 구조와 기관구성 형태

2. 지방정부의 기관구성 형태

1) 기관구성의 일반적 유형

지방자치단체는 통치기구의 성격을 가지며, 이에 따라 일반적으로 주민의 의사를 대표하는 지방의회나 단체장을 중심으로 한 집행부와 같은 대의기관을 구성한다. 이러한 협의의 지방정부는 입법기관인 지방의회와 집행기관인 집행부의 구성방법과 양자의 상호관계에 따라 기관통합형, 기관대립형, 절충형, 그리고 주민총회 등으로 구분된다. 기관통합형은 주민에 의해 직접 선출된 지방의회가 입법기능과 집행기능을 모두 담당하는 형태로 영국의 위원회형이나 미국의 위원회형이 대표적이다. 기관분리형으로 불리는 기관대립형은 지방의회와 집행부를 주민이 각각 별도로 직접 선출하고, 권력분립의 원칙에 따라 견제와 균형 속에 두 기관이 분리하여 입법기능과 집행기능을 수행하는 형태로 미국의 시장－의회형(Mayor－Council Plan)과 의회－매니저형(Council－Manager Plan), 일본의 단체장－의회형, 그리고 우리나라 지방자치단체의 기관구성 등이 여기에 해당한다. 기관대립형은 의회와 집행기관의 장의 상대적 권한에 따라 강시장－의회형(strong mayor－council plan), 약시장－의회형(weak mayor－council plan), 강시장－수석행정관형(strong mayor with chief administrative officer form) 등으로 세분화된다. 여기에서 상대적 권한의 중요한 지표는 단체장의 거부권(veto power), 의회해산권, 자율적인 인사권과 의회의 감사·조사권, 불신임권 등이다. 절충형은 문자 그대로 기관통합형과 기관대립형을 절충한 형태로 의회－집행위원회형과 시정관리관형(city manager plan)이 대표적이다. 주민총회형은 주민 모두가 참여하는 주민총회(town meeting)가 최종적 의사결정기구이며, 주민총회에서 선출된 행정위원회가 행정기관의 기능을 수행하는 형태이다.

지방자치단체의 기관구성에 관한 상세한 부분은 뒤에서 살펴보기로 하고 여기에서는 먼저 기관통합형과 기관대립형을 중심으로 각 유형의 장·단점을 간략히 살펴보기로 하겠다. 먼저 기관통합형의 경우 입법기관과 집행기관이 하나로 통합되어 하나의 기관에서 사무를 처리하기 때문에 행정의 안정성과 효율성이 높고, 주민들의 의사가 의원들을 통해 의사결정과정에 반영되는데 유리해 민주성이 강화될 수 있는 등의 장점이 있다. 그러나 기관통합형은 권한이 단일 기관에 통합되어 있기 때문에 권한남용의 폐해가 발생할 수 있고, 거의 동등한 권한을 갖는 의회의원이 집행기능을 수행하기 때문에 강력한 정책추진이 어렵고 정치적 책임성도 불명확해질 수 있으며, 추가적으로 의원들이 집행기능을 담당하기 때문에 전문성이 부족할 수 있다는 우려도 있다. 이와 반대로 기관대립형의 경우 입법기관과 집행기관이 분리되어 있어 두 기관이 상호견제와 균형을 이뤄 권한남용의 폐해를 방지할 수 있으며, 강력한 권한을 갖는 집행기관의 장이 강력하고 책임성 있게 업무를 처리할 수 있는 장점이 있다. 그러나 기관대립형은 입법기관과 집행기관이 상호 대립하는 경우 불안정성과 비효율성이 커질 수 있으며, 정책의 집행 과정에서 주민의 의사가 충분히 반영되기 어렵다는 단점이 있다. 이처럼 기관통합형과 기관대립형은 서로 대비되는 장·단점을 가지고 있어 양 제도 가운데 어느 것이 우월하다고 단정짓기는 어렵다. 절충형의 경우 기관통합형과 기관대립형이 혼합되어 있어 양자의 장점을 살리고 단점을 약화시킬 수 있다는 긍정적인 측면이 있으나, 거꾸로 양자의 단점만 부각될 경우 더욱 큰 문제가 될 수 있다는 취약점이 있다.

2) 지방정부구성의 실제

우리나라나 일본의 경우 모든 지방자치단체가 단일한 방식으로 지방자치단체의 기관을 구성하지만, 서구 유럽국가의 경우 지방자치단체의 기관구성은 여러 가지 형태가 혼용되고 있다. 여기에서는 여러 가지 기관구성 방식을 채택하고 있는 영국, 독일, 미국의 사례를 소개한 후, 우리나라 지방자치단체의 기관구성 방식을 살펴보겠다.

먼저 영국, 특히 잉글랜드의 경우 역사적으로 입법부와 집행부가 분리되어 있지 않은 기관통합형 방식으로 지방자치단체기관을 구성했다. 보다 구체적으로 주민들이 직접 선출한 의원(Councillor)으로 구성된 카운티가 정책결정기능을 담당하는 한편, 따로 집행부의 장을 선출 혹은 임명하지 않고 모든 의원들이 특정 위원회

(Committee)에 소속되어 위원회가 집행기능을 수행하도록 하는 위원회형(Committee System) 기관구성방식을 운용했다. 그러나 지난 2000년 지방자치개혁을 위한 'Local Government Act 2000'이 통과되면서 모든 지방자치단체가 지도자－내각 집행부형(Leader and Cabinet Executive), 시장－내각 집행부형(Mayor and Cabinet Executive), 시장－매니저 집행부형(Mayor and Council Manager Executive) 등 3가지 유형 가운데 하나로 기관을 구성하도록 했으며, 다른 방식(alternative arrangements)은 예외적으로만 인정하였다. 이에 따라 52개 카운티에서 시장을 직접선출하기 위한 주민투표가 실시되었으며, 이 가운데 16개 카운티에서 주민투표가 통과하기도 했다. 이후 2011년 'Localism Act 2011'의 통과로 자치단체 기관구성 방식을 전통적인 위원회형으로 복귀하는 것이 다시 허용되었다.

지도자－내각 집행부형은 주민들이 직접 선출한 카운티를 구성하고, 카운티의 다수 정당이나 정당연합이 선출한 집행부의 장(leader)이 일부 의원들로 내각을 구성하여 집행기능을 수행하는 방식이다. 전통적인 위원회형은 집행부를 별도로 구성하지 않는 반면, 이 유형에서는 지도자－내각이라는 별도의 집행부를 구성토록 한 것이다. 시장－내각 집행부형은 주민들이 직접 선출한 카운티와 별도로 주민들이 직접 선출한 시장이 내각을 구성하여 집행기능을 수행하는 방식이다. 입법기능을 담당하는 카운티와 집행기능을 담당하는 시장－내각이 별도로 구성된다는 점에서 기관대립형이라고 할 수 있다. 시장－매니저 집행부형은 주민들이 직접 선출한 시장과 의회가 지명한 매니저가 집행부를 구성하는 방식이나, 2007년 'Local Government and Public Involvement in Health Act 2007'을 통해 폐지되었다. 2016년 현재 대런던시를 포함한 잉글랜드의 17개 카운티에서 시장－내각 집행부형을 채택하고 있으며, 웨일스나 스코틀랜드, 북아일랜드 지역에서 시장을 주민이 직접 선출하는 자치단체는 없다.

다음으로 독일의 지방자치단체의 기관구성은 이사회형(Magistratsverfassung), 라인지역 시장형(Rheinische Bürgermeisterverfassung), 남독일 시장형(Süddeutsche Bürgermeisterverfassung), 북독일 의회형(Norddeutsche Ratsverfassung) 등 4가지 방식에 기초하고 있다. 이사회형은 1800년대 프로이센 시기부터 전통적으로

독일 지방자치단체의 기관을 구성하는 방식이었으나, 오늘날은 브레멘하펜(Bremnerhaven)과 다소 변형된 형태로 헤센(Hessen) 주에서만 채택하고 있는 제도이다. 전통적인 이사회형은 주민이 직접 선출한 대의기관과 별로도 집단집행기구(collegial body)인 이사회(Magistrat)를 구성하여 이 기관이 집행기능을 수행하는 제도이다. 이사회는 주민의 대의기관인 의회의 선출을 통해 구성되지만, 의회 의원은 이사회 직을 맡을 수 없으며, 의회에 대해 책임을 진다. 또한 의회가 시장(이사회 의장)을 선출하지만, 시장은 실질적 권한을 갖지 못한다. 다만 헤센에서는 1993년부터 이사회 의장인 시장을 주민들이 직접 선출하는 변형된 형태의 이사회형을 운용하고 있다. 라인지역의 시장형은 2차 대전 후 프랑스 점령 지역이었던 라인지역에서 지방자치단체의 기관을 구성하던 방식이다. 이 방식은 전통적으로 주민들이 직접 선출한 대의기관인 의회에서 집행부의 장인 시장을 선출하였지만, 현재는 집행부의 장인 시장을 주민들이 직접 선출하는 방식으로 모두 바뀌어 실질적으로는 남독일 시장형과 매우 유사한 방식이 되었다. 남독일 시장형은 19세기 바이에른, 바덴뷔르텐베르크, 바덴 등지에서 발전하였다. 이 방식에서는 시민들이 직접 선출로 의회를 구성할 뿐만 아니라 집행기관을 대표하는 시장 역시 주민들이 직접 선출하는 방식이다. 이 방식에서 시장은 집행기관을 이끌 뿐만 아니라, 자치단체를 대표하고, 동시에 의회의장을 겸직하는 등 강력한 권한을 가지고 있다. 마지막으로 북독일 의회형은 영국점령 지역이었던 노르트라인-베스트팔렌과 니더작센에서 시행되었던 제도로 주민들의 직접 선출로 의회를 구성하고, 이 의회에서 시장을 선출하는 제도이다. 이 제도에서 시장은 단지 의회 의장에 불과하며, 의회에 종속된 행정부는 행정 관료인 행정관(Ober-Stadtdirektor)이 이끌었다. 그러나 이후 노르트라인-베스트팔렌에서는 6년 임기, 니더작센에서는 8년 임기의 시장을 주민들이 직접 선출하고, 이 시장이 집행부를 이끄는 방식으로 제도 개혁이 이루어지면서 전통적인 북독일 의회형 역시 사라지게 되었다. 이처럼 현재 독일의 지방자치단체 구성방식은 대부분의 지역에서 주민이 직접 선출한 대의기구인 의회와 별도로 주민이 직접 선출한 시장이 집행부를 이끄는 방식이 중심을 이루고 있다고 할 수 있다.

미국에서는 <표 5-6>에서 살펴볼 수 있듯 의회-매니저형(Council-Manager),

시장－의회형(Mayor－Council), 위원회형(Commission), 주민총회형(Town Meeting), 대
의원주민총회형(Representative Town Meeting) 등 5가지 기관구성방식이 혼용되고 있
다. 의회－매니저형은 의회를 중심으로 지방자치단체가 운영되는 기관통합형으로
주민들의 직접 선출로 구성된 의회가 정책결정기능뿐만 아니라 전문행정가인 매니
저(Manager)의 선임을 통해 집행기능을 수행하는 방식이다. 이 방식에서도 의회에
서 선출한 시장이 있지만, 시장은 실질적 권한을 갖지 못하고 상징적으로 지방자치
단체를 대표할 뿐이다. 증가세에 있는 이 방식은 2008년 현재 미국 지방자치단체
기관구성 방식 가운데 가장 다수를 차지하고 있다. 의회－매니저형과 함께 미국 지
방자치단체 기관구성의 중심을 이루는 시장－의회형은 주민에 의해 직접 선출된
의회와 독립적으로 주민이 직접 선출한 시장을 중심으로 집행기능이 이루어지는
전형적인 기관대립형이다. 시장－의회형은 이미 언급했듯 시장의 권한에 따라 강
시장형과 약시장형으로 구분할 수 있는데, 강시장형은 대도시에서, 약시장형은 소
도시에서 주로 채택하는 기관구성방식이다. <표 5－6>에서 살펴볼 수 있듯 이
방식은 1984년 당시에는 여러 기관구성방식 가운데 가장 다수를 차지했으나, 2008
년 현재 다소 감소했다. 다음으로 위원회형은 위원회가 의결기능과 집행기능을 함
께 수행하는 기관통합형 기관구성방식이다. 즉 주민에 의해 직접 선출된 5－7명의

표 5-6 미국 지방자치단체의 기관구성

	2008	2004	2000	1996	1992	1988	1984
CM	3,520(49%)	3,453	3,302	2,760	2,441	2,356	2,290(35%)
MC	3,131(43.5%)	3,089	2,988	3,319	3,635	3,686	3,686(56%)
commission	143(2.0%)	145	143	154	168	173	176(3%)
Town Mtg.	338(4.7%)	338	334	365	363	369	370(6%)
Rep. Town M.	62(0.9%)	63	65	70	79	82	81(1%)
계	7,194	7,091	6,832	6,668	6,686	6,666	6,603

*CM: 의회－매니저(Council－Manager), MC: 시장－의회(Mayor－Council), Town Mtg.: 주민총회
(Town Meeting), Rep. Town M.: 대의원주민총회(Representative Town Meeting)
자료: ICMA Municipal Yearbook(2008)

위원들이 의사결정기능을 수행하면서, 동시에 각 위원이 집행부의 각 부서를 분담하여 집행기능을 수행하는 방식이다. 주민총회형은 영국 식민지 시절의 뉴잉글랜드(New England)에서 유래한 직접 민주주의 방식의 제도로 주마다 다소 차이가 있지만 대개 년 1회 개최되는 주민총회에서 입법기능과 함께 예산을 심의하고, 공직자를 선출하는 등 주민들이 직접 통치하는 방식이다. 연례적인 주민총회 이외에 특별 주민총회를 개최할 수도 있지만, 일상적인 업무는 주민들이 직접 선출한 행정위원회가 수행한다. 마지막으로 대의원주민총회형식은 주민총회형과 유사하게 기본적으로 모든 주민이 참여하는 주민총회에서 의사결정이 이루어지지만, 주민 전체가 아니라 주민 가운데 선출된 대의원만이 투표권을 행사할 수 있다는 점에서 차이가 있다. 주민총회형과 대의원주민총회형은 2008년 현재 400여개(전체 5%)의 타운에서 채택되고 있다.

한편 미국의 지방자치단체 기관구성 방식을 인구규모별로 살펴볼 때 <표 5-7>에서 알 수 있는 것처럼 인구 5,000 미만을 제외한 250,000 이하 자치단체의 경우 의회-매니저형이, 250,000 이상의 자치단체에서는 시장-의회형이 다수를 차지해, 인구규모가 적은 농촌이나 소도시에서는 의회-매니저형이, 인구규모가 큰 대도시는 시장-의회형이 중심이 되고 있다는 것을 알 수 있다.

우리나라의 지방자치단체 기관구성은 앞서 살펴본 영국, 독일, 미국 등과 달리 강시장-의회형의 기관대립형 방식이 모든 지방자치단체에 일괄적으로 적용되고

표 5-7 미국 지방자치단체의 인구규모별 기관구성

인구규모	2,500-	5,000-	10,000-	25,000-	50,000-
기관구성방식	CM: 743(37%) MC: 1,123(56%)	CM: 894(46%) MC: 864(45%)	CM: 1,004(52%) MC: 760(39%)	CM: 552(62%) MC: 299(34%)	CM: 309(64%) MC: 165(34%)
인구규모	100,000-	250,000-	500,000-	1,000,000-	
기관구성방식	CM: 144(69%) MC: 61(29%)	CM: 20(48%) MC: 21(50%)	CM: 8(32%) MC: 16(64%)	CM: 3(33%) MC: 6(67%)	

*CM: 의회-매니저(Council-Manager), MC: 시장-의회(Mayor-Council)
자료: ICMA Municipal Yearbook(2014)

제5장 지방정치의 구조와 기관구성 형태

있다. 헌법 제118조는 제1항에서 '지방자치단체에 의회를 둔다'고 하여 지방의회를 지방자치의 헌법적 기초 기관으로 명시하고 있다. 지방자치법에 따르면 지방의회 의원은 임기 4년(32조)으로 '주민이 보통·평등·직접·비밀선거에 따라 선출한 다'(31조). 지방의회와 달리 헌법 제118조는 제2항에서 '지방의회의 조직·권한·의 원선거와 지방자치단체의 장의 선임방법 기타 지방자치단체의 조직과 운영에 관한 사항은 법률로 정한다'고 하여, 자치단체장과 관련한 사항은 법률로 위임하고 있다. 다만 지방자치법 제93조는 '특별시에 특별시장, 광역시에 광역시장, 특별자치시에 특별자치시장, 도와 특별자치도에 도지사', '시에 시장, 군에 군수, 자치구에 구청장' 등의 지방자치단체장을 두도록 하고, 임기 4년의 지방자치단체장은 '주민이 보통·평등·직접·비밀선거에 따라 선출'(94조)하도록 하여, 의회와 별도로 독립적인 집행부를 구성하도록 규정하고 있다. 특히 우리나라의 지방자치단체장은 '지방자치단체를 대표하고, 그 사무를 총괄'(101조)할 뿐만 아니라 지방의회 의결에 대한 재의요구권, 독립적인 인사권 등 강력한 권한을 가지고 있어 기관대립형 가운데도 강시장─의회형에 속한다고 할 수 있다.[5] 한편 우리나라의 지방자치단체는 '지방교육자치에 관한 법률(약칭: 교육자치법)' 제4조에 따라 '시·도의회에 교육·학예에 관한 의안과 청원 등을 심사·의결'하기 위한 상임위원회, 즉 교육위원회를 설치해야 하며, 교육위원회는 시·도의회의원과 임기 4년으로 주민들이 별도로 직접 선출한 교육의원으로 구성하도록 하고 있다. 이와 별도로 우리나라는 자치경제도를 도입하려 했지만 여러 가지 논란 끝에 현재는 제주특별자치도에만 자치경찰단 제도가 실시되고 있다.

3. 쟁점과 과제

이 장에서는 지방정치의 기본 단위인 지방자치단체를 중심으로 지방정부의 구

---

5 보다 구체적인 단체장의 권한에 관해서는 관련 장을 살펴보도록 하라.

조와 기관구성 형태를 살펴보았다. 이 장에서 다룬 지방정부의 구조와 기관구성과 관련하여 제기되는 쟁점과 우리나라 지방정치의 활성화를 위한 과제를 몇 가지 간략히 정리해 보면 다음과 같다.

첫째, 지방자치단체의 종류는 보통지방자치단체와 특별지방자치단체로 구분된다. 앞서 살펴본 것처럼 많은 서구 유럽국가, 특히 미국의 경우 특별지방자치단체가 매우 활성화되어 있다. 이와 달리 우리의 경우 특별지방자치단체는 매우 제한적이며, 이에 따라 일부에서는 특별지방자치단체를 보다 활성화할 필요가 있다는 주장이 제기되고 있다.

둘째, 보통지방자치단체는 일반적으로 단층제와 중층제로 구분된다. 서구 유럽국가의 경우 대부분 중층제이며, 우리와 같거나 우리보다 1계층 내지 2계층이 많아 계층을 확대할 필요가 있다는 주장이 대두되고 있다(강재호 2005 등). 이와 달리 기초자치단체의 구역을 확대하고 광역자치단체를 폐지하는 단층제를 현행 제도의 대안으로 제시하고 있는 논의도 적지 않다.

셋째, 계층제 논의와 별도로 우리나라의 기초자치단체는 인구규모가 지나치게 비대하며, 이것이 지방정치의 활성화를 위한 주민참여에 걸림돌이 되고 있다는 주장 역시 간과할 수 없다. 또한 이와 관련하여 준지방자치단체로 현재 시범 실시되고 있는 주민자치회를 본격화해야 할 것인지, 그리고 주민자치회를 주민자치형, 통합형, 협력형 가운데 어떤 방식으로 운영하는 것이 바람직한지 등에 대한 논의가 필요하다.

넷째, 계층제나 주민자치회 논의와 별도로 이 글에서 상세히 다루지는 않았지만 현실적으로 지방자치단체의 통·폐합 문제가 지속적으로 제기되고 있으며, 마산·창원·진해 등과 같은 일부 지역은 실제 통합을 이루기도 했지만, 통합이 무산된 지역도 적지 않다. 지방자치단체의 광역화가 가져다 줄 수 있는 긍정적인 측면과 부정적 측면에 대한 이론적이고 현실적인 보다 심도 깊은 논의가 절실하다.

마지막으로 지방자치단체의 기관구성 방식이 매우 다양한 영국, 독일, 미국 등과 달리 우리나라 지방자치단체의 기관구성방식은 강시장-의회형이라는 기관대립형으로 획일화되어 있다. 이들 국가처럼 광역자치단체와 기초자치단체, 농촌과 도시, 지역의 정당구도 등과 같은 지방자치단체의 특성을 고려하여 기관구성방식을 다양화할 필요성이 있다는 주장 역시 지방정치 활성화에 매우 의미가 크다고 할 수 있다(가상준 외 2014 등).

생각해 볼 문제

❶ 실제 지방자치단체의 광역화 추진 사례를 찾아보고 찬성과 반대의 논리, 광역화의 성공과 실패 이유, 그리고 광역화 이후 나타난 광역화의 긍정적·부정적 효과에 대해 논의해 보자.

❷ 자치단체의 적정 규모는 어느 정도일까?

❸ 현행 읍·면·동 주민자치센터와 주민자치회의 차이점은 무엇이며, 주민자치회를 운영할 때 어떠한 운영방식이 지방정치 활성화에 보다 도움이 될까?

❹ 우리나라처럼 자치단체와 관련한 제반 규정, 특히 기관구성방식이 단일하고 통일적일 때 나타나는 장점과 단점은 무엇일까?

가상준 외. 2014. 『한국 지방자치의 현실과 개혁 과제』. 사회평론아카데미.

강재호. 2005. "지방정부체계개편론에 대한 비판적 고찰." 『지방정부연구』 9(3).

김병준. 2002. 『한국지방자치론』. 법문사.

하혜수, 최영출, 홍준현. 2010. "준지방자치단체의 개념과 적용가능성 연구." 『한국지방자치학회보』 22(3)(통권 71호).

행정자치부 자치행정과. 2015. 『자치조합설립』.

행정자치부. 2016. 『지방자치단체 행정구역 및 인구 현황』.

CEMR. 2016. *Local and Regional Governments in Europe: Structures and Competences.*

Fesler, James W. 1964. *Area and Administration.* Alabama: Uni. of Alabama Press.

Gomez−Reino, Juan Luis & Martinez−Vazquez, Jorge. 2013. "An international per−spective on the determinants of local government fragmentation." in Santiago Lago−Penas and Jorge Martinez−Vazquez, *The Challenge of Local Government Size Theoretical Perspectives, International Experience and Policy Reform.*

ICMA. 2014. *The Municipal Yearbook 2014.*

Millspaugh, Arthur C. 1936. *Local Democracy and Crime Control.* Washington D.C.: Brookings Inc.

U. S. Census Bureau. 2012. *2012 Census of Governments.* (https://www.census.gov/govs/cog/)

Zimmerman, Joseph. 1995. *State−Local Relations: A Partnership Approach.* 2nd ed. Westport: Praeger.

제 5 장 지방정치의 구조와 기관구성 형태

LOCAL POLITICS

CHAPTER

6 지방정부의 자치권과 기능 사무

한국에서 권력의 중앙 집중화를 통한 경제개발정책의 시행이 경제성장의 원동력이 된 측면을 부정할 수 없다. 그러나 그 대가는 혹독했다. 민주화의 후퇴를 비롯하여 획일적인 행정 서비스의 제공, 지방에의 창의적 사무 위임의 부족, 지역격차의 심화 유발 등의 폐해가 나타났기 때문이다. 현재와 같이 중앙정부가 법령제정권, 예산권, 인사권을 모두 움켜지고 있는 상황 하에서는 지방정부의 자치를 기대하기 어렵다. 한국사회의 고질적인 사회문제인 양극화와 마찬가지로 중앙정부와 지방정부의 양극화 현상이 지방정치뿐만 아니라 한국정치발전의 발목을 잡고 있다.

본 장에서는 다음과 같은 세 가지 주제에 대해 살펴볼 것이다. 첫째, 자치입법권, 자치행정권, 자치조직권, 자치재정권 등을 내용으로 하는 지방정부의 자치권에 대해서 살펴보게 된다. 둘째, 지방정부의 기능 사무와 관련하여 사무배분의 방식, 사무처리의 기본 원칙, 사무구분 현황 등에 대해 언급하고자 한다. 셋째, 현재 나타나고 있는 지방정부의 권한과 관련한 쟁점에 대해 살펴보고자 한다. 여기에는 제주특별자치도의 사례, '누리과정' 문제와 지방재정분권, 행정자치부의 '지방재정 개정안' 논란 등의 내용이 포함된다.

1. 지방정부의 자치권

1) 지방자치권의 개념과 유래

(1) 지방자치권의 개념

자치는 지방의 주민들이 자기의 자율적 규율을 통해 지방의 공동 관심사를 결정하는 것을 의미한다. 자치는 중앙정치와 달리 소규모 정치의 장에서 주민들의 직접 참여를 통해 이루어진다는데 의미가 있으므로 지방정치의 핵심에 해당한다고 할 수 있다.

지방자치권은 지방정부가 자치정부로서의 목적을 달성하기 위해 갖는 권한을 의미한다. 좁은 의미로는 지방정부가 외부의 간섭과 제약으로부터 자유롭게 정책을 결정하고 집행할 수 있는 권한을 말한다. 넓은 의미로는 지방정부의 자유로운 정책결정 권한과 지역주민의 복지수준을 증진할 수 있는 능력을 말한다. 결국 지방정부의 자치권은 자치권한과 자치능력을 포함하는 개념이라고 볼 수 있다.

지방자치권의 핵심요소는 사무수행에 있어 전권한성과 자기책임성의 원칙을 갖는다는 것이다. 전권한성은 상위법의 규정을 제외하고 지방이 그 지역 내에서 주민의 복리와 관련된 모든 사무를 자기입법을 통해 집행할 수 있는 권한을 의미한다. 자기책임성이란 활동영역의 보장 내지 다른 행정주체, 특히 국가에 의한 합목적성이 지시로부터 자유로운 것을 의미하는 것이다(강기홍 2011, 15).

자치권은 지방정부에게 더 많은 권한을 부여하는 것이 아니다. 자치권은 주민의 자치권한의 확대를 도모하는 것을 기본으로 한다. 그런데 대한민국 헌법에는 주민의 자치권 조항이 명확하게 명시되어 있지 않다. 헌법 제117조와 제118조에 명시된 지방자치관련 단 두 개의 조문은 지방자치의 선언적 규정에 불과하며, 현대 지방자치의 제도적 수요와 복잡한 현실을 충분히 반영하기에는 한계를 지니고 있다. 지방자치 주체들(집행부, 의회, 광역·기초)을 획일적으로 규율하고 있어, 풀뿌리 자치를 수행하는 지방정부의 의의와 특성을 전혀 반영하지 못하고 있기 때문이다

(조충훈 2016, 21).

(2) 지방자치권의 유래

자치권의 유래에 대해서는 고유권설, 국권설(전래권설), 제도적 보장설 등이 있다. 고유권설은 자치권이 근대국가 이전부터 지역주민들이 보유한 고유한 권리라는 입장이다. 개인의 기본권을 중시하는 자연법사상과 공동체의 중요성을 강조하는 공동체 이론 등에 기초하는 것으로, 인간이 자연스럽게 구성하는 공동체나 소규모 지역정부가 국가에 우선한다는 입장을 갖는다. 결국 개인의 기본권과 마찬가지로 지방의 권한에 대하여 국가가 관여할 수 없다는 주장이라고 할 수 있다.

국권설은 지방정부가 국가의 창조물이고 국가에서 유래된 것이라는 입장이다. 이러한 견해는 주로 독일의 공법학자들에 의해 주장되어 왔는데, 고유권설과는 달리 지방정부 고유의 지방자치권을 인정하지 않는다. 즉 지방정부의 자치권은 중앙정부의 통합기제 안에서만 존재하는 것으로, 국가가 부여하기 전에는 행사될 수 없는 것으로 보는 견해이다. 지방정부 역시 국가의 창조물로서 국가가 법인격을 부여하기 전에는 존재할 수 없는 것으로 해석한다. 국권설은 주로 행정법학자들과 중앙정부 관료들과 행정실무가들의 강한 지지를 받아 왔다.

국권설은 순수탁설(純受託說)과 준독립설(準獨立說)로 세분된다. 순수탁설은 지방자치의 본질을 지방정부가 국가로부터 위탁된 정치적 지배권을 행사하면서 국가이익을 위한 국가사무를 자치적으로 처리하는 것으로 이해한다. 준독립설은 지방정부가 국가의 창조물이기는 하지만 자기 이익 실현을 위한 독립적 법인이자 권리의 주체임을 강조한다. 이러한 이유로 지방자치의 본질을 지방정부가 자기 지역의 이익을 위해 국가로부터 주어진 정치적 지배권을 바탕으로 지역의 공공사무를 자치적으로 처리해 나가는 것으로 파악한다(김병준 2000, 118-119).

2) 지방자치권의 종류

지방자치권의 종류에는 지방입법권, 자치행정권, 자치사법권, 자치조직권, 자치재정권 등이 있다. 그러나 한국의 경우 지방정부가 독자적으로 법원을 구성하여 재판하는 것은 허용하고 있지 않으므로 자치사법권은 주어지지 않고 있다. 지방자치권의 종류에 대한 설명은 한국 지방자치 사례를 중심으로 진행하고자 한다.

(1) 자치입법권

자치입법권은 지방정부가 독자적으로 법규를 제정하는 권한이다. 자치입법은 법률에 위반되지 않는 범위 내에서 효력을 가지며, 보통 조례나 규칙의 형식을 취한다. 조례는 지방자치단체의 권한에 속하는 일체의 사무를 포함하며, 규칙은 지방자치단체장의 권한에 속하는 사무 및 자치사무·단체위임사무·기관위임사무 등을 포함한다.

그런데 우리나라 지방정부의 입법권은 중앙정부의 개입에 의해 많은 제한을 받고 있는 것이 현실이다. 중앙정부에 의한 지방정부의 입법권에 대한 제한은 지방정부의 구조, 일반적인 행정사무 및 재정운영에 관련된 것뿐만 아니라 의회의 조직과 운영에 관련된 것까지 직접적으로 이루어지고 있다.

구체적으로, 지방자치법은 지방정부의 조례와 규칙이 법률뿐만 아니라 행정부에 의한 행정입법인 령(令)의 범위도 넘지 못하게 하고 있는데, 이러한 제한은 결국 행정부의 의사에 의해 자치입법권이 제약을 받도록 하고 있다. 예를 들어, 지방의원의 의정활동비, 여비, 월정수당 지급과 관련하여 '대통령령이 정하는 범위에서 해당 지방자치단체의 조례'로 정하도록 되어 있는 것은 지방정부에게 조례를 제정할 수 있는 자치입법권을 부여하기는 했지만, 실질적인 권한은 중앙정부가 쥐고 있는 것을 단적으로 보여주는 사례이다.

(2) 자치행정권

자치행정권은 지방정부가 순수한 지방 사무인 고유사무를 독자적으로 처리할 수 있는 권한을 의미한다. 고유사무는 지방정부의 존립목적인 지방적 복리사무를 의미하는데, 헌법 제117조 제1항에 '지방자치단체는 주민의 복리에 관한 사무를 처리'할 수 있는 권한을 부여하고 있는 것에 근거한다. 일반적으로 고유사무는 지방정부의 존립목적인 사무와 그 구역안의 지방적 사무(자치사무)를 의미하는 것으로 해석된다.

아울러 지방자치단체장은 법률이 정하는 바에 따라 부단체장과 읍·면·동장 등, 하부 행정기관의 기관장을 포함한 공무원을 제청·임명할 수 있는 권한을 갖는다. 제청된 자들은 행정자치부장관을 거쳐 대통령이 임명하도록 되어 있으며, 결격사유가 없는 한 30일 이내에 임명절차를 종료하도록 되어 있다.

그런데 한국에서는 자치행정권 역시 지방입법권과 마찬가지로 상당한 제약을 받고 있다. 예를 들어, 지방자치법 제169조에는 지방자치단체의 사무에 관한 그 장의 명령이나 처분이 법령에 위반되거나 현저히 부당하여 공익을 해친다고 인정되면 시·도에 대해서는 주무부장관이, 시·군 및 자치구에 대하여는 시·도지사가 기간을 정하여 서면으로 시정할 것을 권하고, 그 기간에 이행하지 아니하면 이를 취소하거나 정지할 수 있도록 되어 있다. 이 경우 자치사무에 관한 명령이나 처분에 대하여는 법령을 위반하는 것에 한하도록 되어 있다. 다만, 지방자치단체의 장은 자치사무에 관한 명령이나 처분의 취소 또는 정지에 대하여 이의가 있으면 그 취소처분을 통보받은 날부터 15일 이내에 대법원에 소(訴)를 제기할 수 있다. 그런데 이러한 자치사무 처리에 대한 국가와 상급자치단체의 취소 및 정지권 보유는 자치사무의 위법성 여부에 대한 판단을 법원이 아닌 주무부장관 또는 시·도지사가 한다는 점에서 자치행정권을 극도로 제약하고 있는 것이다. 같은 맥락에서 위법성 여부에 대한 판단을 상급기관에서 내려놓고, 취소·정지처분을 당한 지방자치단체의 장이 그에 대한 소를 제기하도록 한다는 것은 합리적인 제도라고 해석하기 어렵다.

(3) 자치조직권

자치조직권은 조례나 규칙 등의 형식으로 지방정부의 조직을 독자적으로 구성할 수 있는 권한을 의미한다. 자치조직권은 조직구성에 필요한 인력의 범위를 규정하는 정원 및 충원, 인력배치, 보수 등의 문제와 관련이 있으므로 자치인사권을 포함한다. 한국의 자치조직권은 헌법 제118조에 근거하여 지방의회의 조직·권한·의원선거와 지방자치단체의 장의 선임방법 기타 지방자치단체의 조직과 운영에 관한 사항은 법률로 정하도록 되어 있다. 그리고 지방자치법 제112조에 의거 지방자치단체는 그 사무를 분장하기 위하여 필요한 행정기구와 지방공무원을 둘 수 있으며, 이에 따른 행정기구의 설치와 지방공무원의 정원은 인건비 등 대통령령으로 정하는 기준에 따라 그 지방자치단체의 조례로 정하도록 되어 있다.

자치조직권의 범위는 의결기관인 지방의회뿐만 아니라 집행기관인 자치단체장, 장의 보조기관, 장의 소속기관, 하급행정 등을 포함하지만 일반적으로 집행기관의 기구 및 인력운영에 관한 구성 권한으로 간주된다(한국행정연구원 2007, 11).

한편, 지방정부의 자치조직권의 범위는 매우 제한되어 있다. 자치조직을 지방정부의 조례나 규칙으로 정하는 경우에도 상급기관의 승인 또는 협의를 조건으로 하고 있기 때문이다. 또한 중앙정부의 「지방자치단체의 지방공무원정원기준」은 지방정부 간 균형을 맞추는 데 초점을 두고 있다. 이로 인해 행정수요의 변화에 따른 인적자원의 동원이 쉽지 않게 된다. 지방정부가 자율적인 책임행정을 펴나가기 위해서는 중앙정부의 필요에 의한 것이 아니라 지방정부의 필요에 적합한 자치조직권(자치인사권)이 필요하기 때문이다.

예를 들어, 지방자치법 제90조에 지방의회 사무처의 사무처장·사무국장·사무과장 및 직원을 지방공무원으로 보하게 되어 있는데, 동법 제91조에 의하면 이들 사무직원의 임용·보수·복무·신분보장·징계 등에 대해서는 지방자치법에서 정한 것 이외에는 지방공무원법을 적용하도록 되어 있다. 이로 인해 지방의회의 활성화 방안으로 지방의회 사무처의 독립성 확보가 필요하다는 지적이 오랫동안 제기되어 왔다.

(4) 자치재정권

자치재정권은 지방정부가 배분된 기능을 수행하는데 필요한 경비를 충당하기 위해 중앙정부의 간섭을 받지 않고 독자적으로 그 재원을 조달하고 관리할 수 있는 권한을 말한다. 지방자치법 제35조에 예산의 심의·확정을 지방의회의 의결사항으로 규정하고 있고, 동법 제11조에는 국가가 지방재정의 자주성과 건전한 운영을 조장하여야 하는 것으로 규정하고 있다.

지방의회는 예산의 심의·확정, 결산의 승인, 법률에 규정된 것을 제외한 사용료, 수수료, 분담금, 지방세 또는 가입금의 부과 징수, 기금의 설치·운용, 주요 재산의 취득·처분, 공공시설의 설치·관리 및 처분, 법령과 조례에 규정된 것을 제외한 예산 외 의무부담이나 권리의 포기 등을 의회의 의결사항으로 규정하고 있다. 아울러, 추가경정예산의 확정, 계속비의 설정, 지방채, 일시차입금에 관한 권한도 보유하고 있으며, 회계기록의 검사 역시 기능상으로 재정권에 포함된다.

　　이와 같이 지방의회가 예산과 결산 그리고 중요한 재정적인 활동에 대하여 의결권을 가지고 있다는 것은 지방정부의 중요한 활동에 대해서 지방정부의 최종결정권을 부여한 것으로 해석할 수 있다. 그러나 우리나라는 조세법정주의를 엄격하게 해석하여, 지방수입에 대한 지방정부의 권한을 아주 미약하게 규정하고 있어 지방정부의 재정권은 상대적으로 취약한 것이 현실이다.

　　이러한 현실을 극복하고자 지방 자주재원 확보를 위한 제도적 보완이 시도되어 왔다. 주요 내용은 지방양여금제도 도입(1991), 담배소비세 신설(1991), 지방세 탄력세율제도 도입(1991), 지역개발세 신설(1992), 주행세 신설(2000), 지방교육세 신설(2001), 지방소비세 신설(2010) 등이다. 아울러 지방교부세의 세율인상(2000, 2005), 소방안전교부세 신설(2014)도 있었다. 또한 도의 시·군에 대한 재정보전금(2014년 조정교부금으로 명칭변경) 제도 신설(2010), 지방채발행 총액한도제를 통한 지방채 발행 자율권 확대(2005), 주민참여예산 제도(2005, 2011) 도입 등의 재정분권을 도모하는 제도적 보완도 있었다.

　　그러나 이러한 노력에도 불구하고 지방의 재정 수요에 비해 재정수입이 충분히 뒷받침되지 못하면서 지방정부의 재정운영은 여전히 취약한 상황에 처해 있다. 한편, 국세와 지방세는 8 : 2 구조가 고착화되어 있고, 지방정부의 재정자립도는 1995년 63.3%에서 2015년 50.6%로 지속적인 하락 추세에 있으며, 기초단체의 경우 1995년 44%에서 2015년 현재 22%로 수준으로 대폭 하락하였다.

　　결국 지방정부의 자치재정권의 확보를 위해서는 지방정부가 그 재정운영을 국가의 관여 없이 자주적으로 행할 수 있어야 하며, 지방정부의 사무증가에 따른 필요 경비 조달을 위해 자주재원 확보에 만전을 기해야 한다. 또한 상황의 변화에 따른 지방재정법과 국세 및 지방세법의 개정이 요구된다. 자치재정권은 뒤에서 사례 분석을 통해 다시 언급할 것이다.

3) 중앙정부의 지방자치발전종합계획과 지방정부의 자치권

대통령 소속의 지방자치발전위원회는 한국의 지방자치발전을 위한 종합계획안을 제시하였고, 2014년 12월 국무회의의 심의를 거쳐 최초의 정부의 공식 계획을 수립하였다. 이 계획은 지난 20여 년 동안 추진되어 온 지방분권 논의를 종합적으로 정리하였다는 의미를 갖는다. 지방분권과 관련한 논의는 사무이양위원회(1998) 부터 시작하여 지방분권추진위원회(2003), 지방분권촉진위원회(2009) 등을 통해 지속적으로 논의되어 왔다. 정부는 이러한 과정에서 3천 여 건의 기관위임 사무를 지방자치사무로 이양하기도 하였고, 참여정부에서는 2006년에 지방분권과 지방자치의 모델로 제주도에 제주특별자치도의 지위를 부여하기도 하였다.

지방자치발전종합계획의 주요 내용은 아래 <표 6-1>과 같다.

지방자치발전위원회 지방자치발전종합계획은 지방정부의 자치권을 신장시킬 수 있는 다양한 안을 포함하고 있는 것은 사실이다. 강력한 지방분권 기초 확립과 실천, 자치기반 확충 및 자율과 책임성 강화, 주민중심 생활자치·근린자치 실현, 나아가 미래지향적 지방행정체제 구축을 위한 계획에 이르기까지 구체적인 계획을

표 6-1 지방자치발전위원회 지방자치발전종합계획

분 야	추진과제	세부추진과제
강력한 지방분권·기초확립과 실천	자치사무와 국가사무의 구분체계 정비	46,005개의 총 사무 중 주민 인접 처리사무는 지방으로 이양, 국가차원에서 통일할 사무는 국가로 환원
	중앙권한 및 사무의 지방이양	효과적인 이양 위해 '지방일괄이양법' 제정 지방 자치사무 비율을 40%까지 단계적 확대
	특별지방행정기관 정비	특별지방행정기관 사무 중 주민생활과 밀접한 현지성 사무와 지방자치단체와 유사·중복되는 사무는 지방에 이양
	국가와 지방자치단체의 협력체제 정립	'중앙·지방 협력회의'를 설치하여 지방자치단체의 의견을 국정에 적극 반영

자치기반 확충 및 자율과 책임성 강화	지방재정 확충 및 건전성 강화	사회복지 지출 증가로 열악해진 지방재정 확충을 위해 국세와 지방세 비율을 합리적으로 조정, 재정 건전성 관리 강화
	지방선거제도 개선	지역이 필요로 하는 인재가 등용될 수 있도록 불합리한 선거제도 개선, 선거공영제에 따른 책임성 강화
	지방의회 활성화 및 책임성 제고	조례제정범위 확대, 의회의장의 인사권 강화 등을 통해 지방의회를 활성화, 지방의원에 대한 겸직제한 확대로 책임성 강화
	지방자치단체 평가제도 개선	평가절차 및 방법을 개선하여 정부합동평가의 실효성을 높이고 개별평가를 최소화하여 지자체의 부담 감소
	지방자치단체 간 행정협력체제 정립	교통·경제개발 등 새로운 광역행정 수요에 대응하고, 지방자치단체 간 상생·발전할 수 있는 특별지방자치단체 제도 도입
주민중심 생활자치·근린자치 실현	자치경찰제도 도입	시·군·구에 자치경찰단을 설치하여 방범, 학교폭력 등 주민생활과 가장 밀접한 치안서비스 제공
	교육자치와 지방자치 연계·통합 노력	교육분야를 포함한 종합적인 지방행정 수행으로 지역주민이 원하는 수준 높은 교육서비스 제공
	읍·면·동 주민자치회 도입	지역문제를 지역주민이 직접 참여하여 해결하는 주거단위인 읍·면·동 단위의 주민자치회 도입
	지방자치단체 간 관할구역 경계조정 제도 개선	생활·경제권과 관할구역 경계 불일치로 인한 주민 불편을 해소하기 위해 경계조정 전담기구를 설치하여 개선
	주민직접참여제도 강화	주민조례제정 및 주민소환의 청구요건을 완화하는 등 주민의 직접참여 기회를 확대하여 주민권리 강화 및 자치의식 제고
	지방자치단체 소규모 읍·면·동 통합	읍·면·동 기능개편 등 행정여건 변화를 반영하여 주민편익 등을 증진하는 방향으로 통합방안 마련
미래지향적 지방행정체제 구축	특별·광역시 자치구·군의 지위 및 기능 개편	특별시·광역시 자치구·군을 지방자치단체가 아닌 행정구·군의 형태로 개편하여 대도시 경쟁력을 강화
	대도시 특례제도 개선	대도시 규모에 따라 50만 이상은 특례시, 100만 이상은 특정시로 명칭 부여, 각종 특례 대폭 확대
	지방자치단체 기관구성 형태 다양화	현행 단체장 중심의 지자체 구성 형태를 단체장 권한 분산형, 의회중심형 등으로 다양하게 선택 가능
	도의 지위 및 기능 재정립	국가사무의 지방이양 등과 연계하여 도의 개편방안을 마련하되 남북통일 등 미래 대비 개편방안 검토
	시·군·구 통합 및 통합 지자체 특례 발굴	지역발전과 주민 삶의 질 향상을 위해 시·군·구 자율통합을 지원하고 통합 지방자치단체 지원특례 발굴

출처: 지방자치발전위원회(2014), 『지방자치발전종합계획』

담고 있다. 그러나 이러한 계획이 실질적으로 효력을 발휘하기 위해서는 중앙정부의 의지와 정치권의 합의가 절대적으로 필요하다. 지방정치발전의 핵심은 지역주민의 능동적이고 관심어린 참여를 유도하고 보장해 주는 방향으로 이루어져야 한다. 그러나 칼자루를 쥐고 있는 정부·여당은 대통령의 눈치만 보고 있지, 지역주민을 위한 고민을 하고 있는 것으로 평가되지는 않는다.

2. 지방정부의 기능과 사무

지방자치권은 그 자치권이 행사될 수 있는 사무의 범위와 내용, 사무를 처리할 수 있는 행정적·재정적 능력과 병행해서 논의되어야 한다. 아무리 막강한 자치입법권과 자치행정권이 주어졌다 하더라도 자치권을 행사할 수 있는 사무의 범위와 내용이 좁고 사소한 것이거나, 행정적·재정적 능력이 부족하다면 자치권은 그 의미 자체를 상실하게 된다. 결국 지방정부의 실질적인 권한은 자치권 행사의 대상이 되는 사무의 범위와 내용, 지방정부의 행정적·재정적 능력에 의해 좌우되는 것이다.

한 국가 내에서 수행되는 공공사무 중에는 본질적으로 중앙정부가 처리해야 할 사무와 지방정부가 수행해야 할 사무가 있다. 아울러 기능 면에서 중앙정부가 수행하는 것이 보다 효율적인 사무와 지방정부가 수행하는 것이 보다 효율적인 사무가 존재한다. 이러한 사무들을 적절히 분류하여 국가사무와 지방정부의 사무로 분류하고, 그 처리에 관한 권한을 중앙정부와 지방정부에 부여하는 것을 사무배분이라고 한다.

1) 사무배분의 방식

사무배분의 방식에는 개별 방식, 포괄 방식, 혼합 방식 등 세 가지로 설명될 수 있다. 우리나라의 경우에는 포괄 방식에 가까운 혼합형에 해당한다고 볼 수 있다(김병국 2000, 139-140).

(1) 개별 방식

개별 배분방식은 지방정부가 중앙정부의 의회가 제정하는 특별법에 의해 자치권을 개별적으로 부여받아 자치적으로 수행할 수 있는 사무까지 개별적으로 지정받는 방식을 말한다. 일반적으로 사무가 구체적으로 명시되고, 주어진 사무에 대해 비교적 철저한 자치권을 부여받는다. 예를 들어, 자치헌장제(home rule charter system)를 채택하고 있는 미국의 일부 주와 영국 등에서 채택되고 있는 방식이 여기에 해당한다.

이러한 방식의 장점은 사무의 배분이 지방정부별로 이루어지기 때문에 사무배분에 있어 각 지방정부의 특수성이 고려될 수 있다는 점이다. 아울러 사무의 내용이 구체적으로 명시되기 때문에 주어진 사무에 관한 한 중앙정부의 간섭을 최대한으로 배제할 수 있다. 한국의 경우 광역자치단체와 기초자치단체 간의 사무배분에 있어 특정 부류의 지방자치단체의 특수성을 감안하여 특례주의를 채택하고 있다.

한편, 개별 방식은 지방정부별로 사무를 구체적으로 지정해 주는 방식을 취함으로써 운영상의 유연성이 떨어질 수 있으며, 개별 지방정부를 대상으로 한 특별법 형태로 이루어지기 때문에 법제정에 따른 업무상의 부담과 시의성을 놓칠 수 있다는 단점을 갖는다.

(2) 포괄 방식

포괄 배분방식은 사무를 배분함에 있어 사무 자체를 구체적으로 명시하지 않고, 지역적 사무를 띤 사무에 관한 처리를 일괄적으로 부여하는 방식이다. 이 경우 지방정부는 법률이 특별히 금지한 사항이나 법률에 의해 반드시 중앙정부가 처리하도록 되어 있는 사항을 제외하고는 자치적으로 처리할 수 있는 권한을 갖게 된다.

이러한 방식은 배분방식이 간단하다는 점에서 유연성을 기할 수 있다는 장점을 갖는다. 즉 개별 사무에 대한 권리의 주체를 법으로 명시하지 않음으로써 상황에 따라 그 주체를 달리할 수 있는 여지를 남겨 놓고 있다. 그러나 어느 것이 국가사무이고 어느 것이 자치사무인지에 대한 명확한 구분이 없기 때문에 행정주체 간에 혼동이 야기될 수 있는 단점을 갖는다. 따라서 구분이 애매할 경우, 보다 강력한 권한을 가지고 있는 중앙정부가 지방정부보다 더 많은 권한과 영역을 차지할 가능성이 더 클 수밖에 없다. 예를 들어, 한국의 지방자치법은 지방정부의 사무에 대해 포괄적으로 예시해 놓고 있는데, 항상 단서조항으로 '다만, 법률에 이와 다른 규정이 있는 경우에는 그러하지 아니하다'라는 규정이 지나치게 많이 따라붙기 때문에 지방정부의 사무 영역이 현실적으로 축소될 가능성을 높이고 있다.

결국 우리나라 지방자치제도는 중앙정부와 지방정부의 사무배분이 분리되어 있지 않고 경계가 모호한 것을 특징으로 한다. 중앙정부, 특별(광역)시와 도, 시·군·구 등 3단계의 정부 간 사무구분이 불분명하고, 정부 간에도 수직적 관계로 인해 기능 및 사무의 주종관계가 여전히 존재한다. 또한 중앙집권적 정치문화로 인해 기능과 사무 이전이 권한을 빼앗기는 것으로 간주되는 풍토가 존재한다. 따라서 현재 시행되고 있는 각 지방정부의 사무를 예시하여 일괄적으로 배분하는 사무배분 방식은 시·구 간의 사무배분을 불분명하게 하는 측면이 있다. 또한 특수수요에 기인하는 재정부담기준과 이로 인한 사무소관도 불분명하여 시와 자치구 간 갈등이 발생할 여지가 있다.

(3) 혼합 방식

혼합 방식은 앞의 두 방식을 혼합한 형태를 말하며, 실례로 일본의 예시적 포괄 배정방식과 나이지리아의 사무목록 선정방식을 들 수 있다. 일본의 예시적 포괄 방식은 중간자치단체가 처리할 사무와 기초자치단체가 처리할 사무를 예시하여 일괄 배정하는 방식이다. 나이지리아 방식은 지방정부가 처리할 수 있는 수십 종의 사무를 목록으로 만들어 놓고 개별 지방정부들이 행정적·재정적 능력을 감안하여 그 사무의 전부 또는 일부를 자치사무로 부여하는 방식이다. 그러나 예시방식에 있어서의 '예시'는 어디까지나 예시인 만큼 사무 처리와 관련된 행정주체들이 권한을 분명하게 하지 않는다는 문제점을 가지며, 목록선정방식 역시 결코 간편한 방법이 아니라는 한계를 가지고 있다(김병국 2000, 139).

2) 사무처리의 기본원칙

지방정부 종류별 사무배분 기준은 경합회피와 기초자치단체 우선의 원칙, 업무량 적정성의 원칙 등 두 가지 측면으로 설명될 수 있다.

(1) 경합회피와 기초자치단체 우선의 원칙

지방자치법 제10조에 따르면 "국가, 광역자치단체, 기초자치단체의 사무는 상호 경합하지 않아야 하며, 사무가 서로 경합하면 시·군 및 자치구에서 먼저 처리한다"고 규정하고 있다. 이러한 경합회피의 원칙은 주민에게 가장 가까운 정부의 주요성을 인정하기 위한 것이며, 행정적 책임을 명확히 하고 능률을 향상시키기 위한 목적을 갖는다.

같은 맥락에서, 주민 복리 및 생활에 밀접한 업무는 주민참여와 주민 통제 하에서 스스로 처리될 수 있도록 기초자치단체에 우선적으로 분배되어야 한다. 이를 현지성의 원칙 또는 지방자치 존중의 원칙, 보충성의 원칙[1]이라고 일컫는다.

(2) 업무량 적정성의 원칙

지방자치법 제8조에서 지방정부는 조직과 운영을 합리적으로 하고 그 규모를 적정하게 유지하여야 한다고 규정하고 있다. 지방정부는 그 사무를 처리할 때 주민의 편의와 복리증진을 위하여 노력하여야 한다. 지방정부는 조직과 운영을 합리적으로 하고 그 규모를 적정하게 운영하여야 한다. 지방정부는 법령이나 상급 지방정부의 조례를 위반하여 그 사무를 처리할 수 없다.

지방정부는 지방자치법 제9조에 의거 관할 구역의 자치사무와 법령에 따라 지방정부의 구역, 조직, 행정관리 등에 관한 사무, 주민의 복지증진에 관한 사무, 농림·상공업 등 산업 진흥에 관한 사무, 지역개발과 주민의 생활환경시설의 설치·

---

1 지방정부의 자치재정권의 확대를 주장하는 입장에는 '보충성의 원칙'이 강조된다. 이 원칙은 유럽연합과 그 회원국 간의 권한 배분을 위해 채택된 이후 계속 주장되고 있는 것으로, 권한이 주민에게 가장 가까운 수준에서 행사되기 쉽고 가장 효과적으로 행사될 수 있는 수준으로 배분되어야 한다는 내용을 골자로 한다.

제 6 장 지방정부의 자치권과 기능 사무

관리에 관한 사무, 교육·체육·문화·예술의 진흥에 관한 사무, 지역민방위 및 지방소방에 관한 사무 등을 처리하게 되어 있다.

3) 사무구분 현황

공공사무는 국가사무와 자치사무 구분에 따라 지방정부의 재량권 범위, 국가감독, 재정부담의 책임자, 지방의회의 관여, 조례 제정 등에서 내용적 차이가 발생하므로 국가와 지방정부 간 명확한 역할분담과 책임분담이 이루어져야 한다.

아래의 <표 6-2>에서는 사무의 구분과 현행 지방자치법상 사무구분의 근거를 제시하고 있다.

일반적으로 국가사무는 개별법상 국가가 처리하는 사무로 외교·국방·사법·국세 등 국가존립에 필요한 사무로 보고, 자치사무는 지방자치법 제9조에서 '관할구역의 자치사무'라고 규정하고, 자기의 책임과 부담으로 주민의 복지증진을 위하여 처리하는 포괄적 의미의 사무, 법령으로 위임되지 아니한 사무로서 주로 주민에 대하여 서비스를 제공하는 비권력적 사무[2]라고 본다. 한편 위임사무[3]는 법령에 의해 위임받은 사무 등을 명시하고 있다.

표 6-2 지방자치법상 사무구분 체계

사무의 구분	현행 지방자치법상 사무구분 근거
국가사무	• 국가사무의 예시: 외교, 국방, 사법, 국세 등 국가의 존립에 필요한 사무(지방자치법 제11조)
자치사무	• 관할 구역의 자치사무 처리(지방자치법 제9조) • 지방자치단체의 사무(동법 제151조)
위임사무	• 법령에 의하여 자치단체에 속하는 사무(지방자치법 제9조) • 법령에 따라 그 지방자치단체의 장에게 위임된 사무(동법 제103조, 제141조)
위탁사무	• 소관 사무의 일부를 다른 지방자치단체나 그 장에게 위탁하여 처리하는 사무(지방자치법 제151조)

2 지방자치법 제22조 후단: "다만, 주민의 권리제한 또는 의무부과에 관한 사항이나 벌칙을 정할 때에는 법률의 위임이 있어야 한다."
3 김대중 정부에서 위임 확정된 사무 중 김대중 정부 당시에 이양 완료된 비율은 38%였으나, 노무

3. 지방정부 권한의 쟁점과 사례

1) 지방분권의 시험장인 제주특별자치도

2006년 승격된 제주특별자치도는 자치경찰의 실시, 교육자치권 확대, 중앙권한의 이양, 자치입법권, 자치재정권의 부여 등 지방정부 자치권이 확대된 대표적인 사례에 해당한다. 제주특별자치도는 지방자치제도의 시행 이후 최초로 하위에 기초지방자치단체를 설치하지 않고 단층제 광역지방자치단체로 행정시인 제주시와 서귀포시가 설치되어 있다.

제주특별자치도는 중앙정부로부터 약 3,900개의 권한을 이관받았다. 역대 정부들이 지방분권에 대하여 강조해도 대통령 임기 동안 실제로 권한을 이관해 주는 수는 몇 백 개에 불과했다. 그러나 제주특별자치도는 권한과 함께 조직과 인력까지도 이관받았을 뿐만 아니라 자치경찰 설치, 특별지방행정기관의 이관, 감사위원회 설치 등 지방분권 시험장으로서의 역할을 수행하고 있다. 그러나 중앙정부는 여전히 핵심권한을 이관하지 않으려는 입장을 갖고 있으며, 제주특별자치도가 이양받은 권한을 제대로 활용하지 못하고 있다는 비판이 제기되기도 한다.

이러한 문제를 해결하기 위해서는 다음과 조치가 요구된다. 첫째, 분권의 재분권이 이루어져야 한다. 현재 중앙정부의 권한 이양이 도지사에게만 집중되어 있는 문제를 해결해야 한다. 중앙정부에서 이관된 권한을 도지사에서 행정시로, 다시 주민과 일선행정기관으로 재 이관, 재 분권이 이루어져야 고도의 지방자치 실시라는 제주특별자치도 설치 목적이 달성될 수 있다. 둘째, 있는 권한을 최대한 활용해야 한다. 제주특별자치도와 중앙정부 간에 권한 이관은 현재 5단계가 진행 중이며, 갈수록 권한 이관이 많은 저항에 부딪히고 있다. 한 단계 권한 이양을 마무리하는 데 소용되는 시간이 3-4년이 소요되며, 받아오는 권한도 갈수록 줄어들고 있다. 결국 제주특별자치도는 이제 더 많은 권한을 중앙정부에서 이관받기 위하여 노력

현 정부의 경우 이양완료 비율이 68%로 매우 높았고, 이명박 정부에서는 32.5%에 불과하여 가장 낮은 비율을 보였다.

하는 것보다, 이관되어 있는 3,900여개의 권한을 충분히 활용하는 방안을 마련하는 것이 바람직하다. 셋째, 중앙정부와의 연계가 강화되어야 한다. 우리나라 지방자치가 실패하는 이유는 입법권, 조직권, 재정권 등 자치고권이 부족하기 때문이다. 제주특별자치도는 이를 타개하기 위하여 위의 자치고권을 최대화하였다. 이러한 이유로 제주도와 중앙정부와의 관계가 단절되는 예기치 못한 상황이 나타나고 있다. 지방자치단체와 중앙정부의 관계를 과거 상하관계가 아닌 수평적, 협력적 관계 설정이 시급하게 이루어져야 한다. 자치가 고립이 되어서는 안 된다는 점을 인식할 필요가 있다. 넷째, 혁신의 본산 역할을 다 해야 한다. 타 지역에 비해 많은 권한을 제주특별자치도에 이관한 이유 중 하나는 혁신의 시범실시이다. 즉, 제주특별자치도는 제주 주민을 위한 제도가 아니라, 우리나라 지방자치를 성숙시키기 위한 전 단계이다. 따라서 제주가 앞장서서 가장 선진적인 지방분권을 진행해 주어야 한다(양영철 2014).

2) '누리과정' 문제와 지방재정분권

한국의 경우 지방자치권은 모두 법률 또는 법령에 의하여 중앙정부의 통제 하에 놓여 있다. 자치재정권은 지방자치단체의 사무처리에 필요한 재원을 조달하고 사용할 수 있는 권한이다. 재원조달의 자유권과 그 사용에 대한 결정·운영권은 물론 재산관리권까지 포함한다. 그런데 자치재정권은 조세법률주의, 지방채발행 승인제도, 예산편성지침의 준수의무, 국고보조금제도에 따른 지방비 부담의무 등에 의해 자율성이 침해를 받고 있다. 그리고 한국의 지방재정조정체계는 매우 열악한 상황이다. 지방교부세에 의해 중앙－지방정부 간 재정조정이 이루어지고, 특별시/광역시의 자치구를 대상으로 조정교부금 형태 정도가 있으며, 그나마 도에는 재정조정기능도 없다. 결국 지방정치가 정착되고 발전하려면 자치권의 범위가 확대되어야 한다. 또한 지방정치에서 강조되는 대표적인 분권개혁은 행정분권과 재정분권의 문제이며, 양자는 상호 연계되어 있기 때문에 함께 풀어나가야 할 문제이다(심익섭 2009, 12－13).

이러한 상황에서 2016년 지방예산 편성과정에서 '누리과정'지원 갈등이 전국적인 이슈가 되었다. 누리과정은 만 3−5세의 어린이집 보육과정과 유치원의 보육과정을 통합한 것을 말하며, 2012년에 만 5세 무상보육을 시작으로 2013년부터 만 3−4세로 확대하여 운영하고 있다. 누리과정 예산지원에 대하여 2015년도 지방정부 예산편성과정에서 재원부족에 대한 문제가 심화되기 시작하였으며, 2016년도 예산편성과정에서 누리과정예산지원은 국가의 책임이라는 지방교육청의 주장과 지방의 의무라는 중앙의 주장으로 갈등을 빚어 누리과정 예산 미 편성의 문제가 발생하였으며, 2016년 5월 현재 여전히 논쟁의 대상이 되고 있다. 17개 시·도교육청 누리과정 예산 편성 현황은 아래 <표 6−3>과 같다.

표 6-3 17개 시·도교육청 누리과정 예산 편성 현황(2016. 5. 23 현재)

구 분	지 역	편성액(단위: 억 원)	
		유치원	어린이집
어린이집 전액 미 편성(4곳)	경기	5,100(전액)	0
	광주	681(11개월)	0
	강원	454(전액)	0
	전북	723(전액)	0
유치원, 어린이집 부분 편성(7곳)	서울	1,008(4.8개월)	1,513(4.8개월)
	부산	842(8개월)	488(6개월)
	인천	594(6개월)	562(6개월)
	충북	229(6개월)	412(6개월)
	전남	203(5개월)	397(5개월)
	경남	1,456(전액)	241(2개월)
	제주	166(전액)	76(2개월)
유치원, 어린이집 전액 편성 (6곳, 계획 포함)	대구	1,153(전액)	766(전액)
	대전	734(전액)	550(전액)
	울산	569(전액)	465(전액)
	세종	86(전액)	172(전액)
	충남	671(전액)	1,073(전액)
	경북	1,167(전액)	986(전액)

출처: 교육부, 감사원

제 6 장 지방정부의 자치권과 기능 사무

2016년 5월 24일, 감사원은 예산 편성 주체 논란에 대해 "어린이집 누리과정 예산을 우선 편성할 의무가 시·도교육청에 있다"고 밝혔다. 또 올해 예산을 일부 또는 전혀 편성하지 않은 11개 시·도교육청이 추가 세입을 활용하고 세출 예산을 조정하면 누리과정 예산을 편성할 재정적 여력이 있다고 평가 결과를 발표하고, 해당 교육청의 교육감에게 예산을 우선 편성할 방안을 마련하도록 통보하였다.

그러나 중앙정부가 지방재정 사정을 전혀 고려하지 않고 결정한 '영유아 무상보육 확대조치'는 사회복지 지출예산을 지방에 전가한 대표적인 집권적 사례로 현재 시군구는 재정 부담이 가중되어 국고보조 매칭사업을 감당하기에 한계에 이르고 있다.

3) 행정자치부의 '지방재정 개혁안' 논란

정부는 지방재정의 총량이 증가하였음에도 불구하고 지방정부 간 재정격차가 날로 확대되고 세원의 지역편중으로 부익부 빈익빈 현상이 심화되어 이에 대한 대책을 제시하였다. 2016년 4월 22일 국가재정전략회의를 통해 시·군 조정교부금 및 법인지방소득세 개선을 포함하는 '지방재정 형평성 및 건전성 강화방안'에 대한 기본방향을 발표하였고, 5월 23일에는 전국 시·도 및 시·군의 부단체장과 재정세제 전문가 등 500여 명이 참석한 지방재정전략회의를 개최하여 다양한 의견을 수렴하였다. 행자부는 이번 지방재정 개혁안이 법률에 부합하지 않는 특정 지방자치단체에 과도한 특례를 부여하는 조례를 폐지하고, 극심하게 편중된 지방세 세원을 일부 조정하는 등 정부가 추진한 지방재정 확충 효과를 전국에 고르게 구현하기 위한 것이라고 설명하고 있다.

행자부의 발표가 있자 경기도의 성남시를 비롯한 6개시에서 바로 반발이 나타났는데, 그 요지는 마땅히 정부가 해야 할 몫을 몇 개 시·군에 떠넘기려는 속셈이라는 것이다. 현재 시·군의 재원규모에 따라 국가가 지원하는 교부세의 규모는 약 32조 원에 이르는데, 이번 조치로 경기도 내 시·군들에게는 약 200억 원씩의 세수가 증가하기 때문에 기존에 받던 교부세 중 3천억에서 6천억 원 가량은 다른 광역단체들의 시·군으로 들어가게 된다는 것이다.[4] 결국 경기도의 입장에서는 행자부가 지역불균형을 해소할 국가의 책임을 경기도 6개 시·군에 전가하려는 의도를 갖는다고 평가하면서, 이번 개혁안이 현실화되면 경기도 내 6개 도시의 복지단체들은 엄청난 피해를 보게 될 것이라고 전망했다(인천일보 2016/05/25).

한편, 이번 개혁안이 지방재정을 통해 다양한 복지 정책 등 지방정부의 자유로운 정책 실행을 막으려는 의도를 갖는다는 견해도 있다. 부유한 지방정부의 예산을 가난한 지방정부로 이전하기 위해 '조정교부금 배분기준 조정'과 '법인지방소득세 개편'을 내용으로 하는 지방재정 개혁안은 지방정부가 선심성, 낭비성 예산을 편성하지 못하도록 하기 위한 의도를 갖는다는 것이다. 예를 들어, 성남시 3대 무상복지 정책으로 대표되는 지방정부들의 다양한 복지 정책에 사용되는 예산을 축소시켜 지방정부에서 자체적으로 시행하는 복지정책을 근본적으로 차단하겠다는 의도가 깔려있는 것으로 해석한다. 이재명 성남시장은 정부의 지방재정 개혁안에 대해 "명백한 지방자치 탄압이자 훼손으로 묵과할 수 없다. 중앙정부는 지방재정 확충을 위해 노력해야지 하향평준화 하겠다는 것인가?"라는 질타와 함께 단식농성에 들어갔다(오마이뉴스 2016/05/08).

4. 결   론

신자유주의적 관점에서 추진된 각종 조치들은 소득의 불균형 및 사회적 양극화의 심화, 저성장사회로의 빠른 진입과 일자리의 감소, 이에 따른 가정의 붕괴 및 출산율 감소와 노령인구의 폭증 등 심대한 정치사회적 부작용을 초래하였다. 중앙정부의 재정은 독감에 걸려 있고, 지방정부의 재정은 폐렴에 걸려있는 듯하다.

한국에서 지방정부의 예산이 점진적으로 증가해 온 것은 사실이나, 글로벌 금

---

4 2016년 5월 24일 행자부가 주관한 '2016년 지방재정 전략회의'에서 경기도를 제외한 거의 모든 단체들이 이번 개혁안에 찬성하였다.

융 위기 이후 경기부양으로 정부 지출이 많아지고, 경기부양의 책임을 중앙이 지방에게 요구하는 과정에서 지방정부의 재정이 약화되었다. 현재 지방정부 예산에서 자체사업비가 차지하고 있는 비중이 감소하고 있는데, 자체사업비의 감소 원인은 무엇보다도 사회복지비 지출의 증가를 들 수 있다. 특히 대도시 지역의 사회복지비 비율은 대체로 총지출증가율보다 높은 것으로 나타나고 있다. 정부는 이러한 현상을 비판적으로 보고 있지만, 주민의 입장에서 복지의 신장은 당연한 권리의 향유이며, 이것은 지방자치법에서도 명시되어 있는 바와 같이 주민 복리를 위한 차원의 문제이다.

이와 같이 어려운 상황 하에서도 지방의 자치권 확대는 지역 주민의 권익 신장과 민주주의 발전을 위해 실현되어야 할 과제임에 틀림없다. 지방정치는 중앙정부의 권력 이양이 없을 경우 성공할 수 없다. 주민과 관련된 사안의 의사 결정권이 중앙에서 지방으로 이양하는 지방 분권화가 지방자치의 핵심이다. 또한 하나의 자치단체 내에서도 위에서 아래로의 권한 이양이 있어야 한다. 그렇지 않으면 지방에서도 지방 독재가 나타날 수 있기 때문이다.

독립적인 제도가 확보되었다 해도 지방자치의 자율성이 보장되는 것은 아니다. 제도가 자율적으로 작동하려면 제도를 움직이는 자치권한이 있어야 한다. 즉 지방이 스스로 법규와 조직을 만들 수 있어야 한다. 독자적으로 처리할 수 있는 행정사무도 있어야 한다. 그리고 필요한 돈을 스스로 조달하고 관리할 수 있어야 한다. 그러나 중앙정부는 권한, 돈, 인재, 정보들을 독점하면서 지방에 자치권을 획기적으로 부여하지 않고 있다. 게다가 지역의 자율적인 역량과 창조성을 기반으로 한 다양한 자치제도의 도입은 요원하기만 하다. 지금처럼 국회에 입법권이 독점된 상황에서 다양한 자치제도는 불가능하다. 오히려 정치적 이해관계에 따라 지방자치의 자율성은 크게 신장되지 못하고 있다.

권한 이양은 궁극적으로 관에서 민으로의 권한 이양이 진행되어야 한다. 그럼에도 불구하고 현재의 분권은 중앙정부와 지방자치단체 간에 사무이양에 머물러 있다. 따라서 주민들의 폭넓은 공감을 이끌어내지 못하고 있다. 이러한 변화가 나타나기 위해서는 현실적으로 정치권의 의지가 중요한 의미를 갖는데, 지난 20대

총선의 정당별 지방자치 관련 공약을 보면 지방정치의 활성화에 대한 의지가 그리 크게 엿보이지 않는다. 아래의 <표 6-4>에서는 제20대 총선 정당별 지방자치 관련 공약을 보여 주고 있다.

한국의 주요 정당인 새누리당과 더불어민주당은 나름대로 지방자치 관련 공약을 마련하였다. 그런데 문제는 이러한 지방자치 관련 공약이 정당별 10대 공약에 들어가 있지 않는데 있다. 게다가 국민의당은 지방자치 관련 공약을 수립하지도 않았다. 위에 열거된 대부분의 공약은 기존 정부에서 제시했던 내용이다. 다만 더불어민주당이 제시한 지방분권특별위원회의 상설화가 이루어질 경우 지방자치 관련 정책의 지속적 논의가 가능하고 독립적인 정책결정이 담보될 수 있어 기존의 주요 쟁점들의 해결을 기대할 수 있다(금창호 2016, 19).

결론적으로, 제대로 된 지방분권은 지방정부가 자치사무를 자기권한과 부담과 책임으로 처리함으로써 자치역량을 발휘할 수 있도록, 행정 서비스의 공급자가 아닌, 수요자 중심으로 제도화하는 것이다. 제도운영의 결과가 주민의 편익향상, 행정효율의 제고, 지역경쟁력 강화를 이루어 내야 한다. 이를 위해 먼저 주민생활 밀착형 사무, 지역자원과 특성의 관리와 활용을 위한 사무 등을 지방에 일괄이양하고 기관 위임사무와 공동사무는 폐지해야 한다. 사무이양에 따른 소요재원의 확충과 아울러 지방재정을 어떻게 확보하느냐 하는 사항이 지방정치 활성화의 관건이다.

표 6-4 제20대 총선 정당별 지방자치 관련 공약

새누리당	더불어민주당
● 지방재정 확충 및 건전성 강화 ● 대도시 규모/역량에 부합하는 역할/기능 부여 ● 중앙권한 및 사무의 적극적 지방이양으로 실질적인 지방분권 추진 ● 자치경찰제 도입, 가정과 학교 등 생활주변 치안 강화	● 국회의 세종시 이전 ● 제2차 국토균형발전 추진 ● 지방자주재원 확충 ● 중앙권한의 지속적인 지방이전 ● 실질적인 지방자치 기반 구축(지방분권특별위원회 상설화, 지방자치권 확대)

제6장 지방정부의 자치권과 기능 사무

❶ 자치역량을 갖춘 지방정부에 더 많은 권한을 이양하는 차등적 지방분권을 적용하여 인구와 재정력 그리고 의지를 갖춘 지방정부에 더 많은 권한을 이양한다면, 지방분권에 따른 성과와 책임성을 확보할 수 있을까?

❷ 지방정치가 자치권, 사무배분, 지방분권 등 여러 문제점을 가지고 있음에도 불구하고 정치권에 이에 대해 근본적인 논의를 전개하지 않고 있는 이유는 무엇일까?

<활용할 사항> 관할구역 경계조정을 둘러싼 행정자치부와 충청남도의 충돌

행정자치부는 지방의회 의견 수렴 후 대통령령으로 정하도록 되어 있는 관할구역 경계조정을 중앙분쟁조정위원회 의결 및 행자부장관 결정으로 변경하는 내용을 골자로 하는 '지방자치법 일부 개정 법률안'(개정안)을 입법 예고했으며, 개정안은 5–6월 법제처 심사를 거쳐 7월에 국회에 제출될 전망이다. 이 개정안은 관할구역 경계조정에 대한 전권을 사실상 행자부가 소유하겠다는 의미를 담고 있는데, 경계조정 신청자를 기존 자치단체장에서 중앙부처와 사업시행자로까지 확대하고 있는 점에서 이를 확인할 수 있다. 또한 분쟁 발생 시 자율협의체 구성 신설 협의가 이루어지지 않을 경우에도 행자부장관이 결정하는 내용을 포함하고 있다. 당진·평택항 매립지를 놓고 도계분쟁을 겪고 있는 충청남도는 "헌법이 보장하는 자치단체의 자치 관할권을 침해하는 등 위헌의 소지가 있고, 보편·타당하고 합리적인 원칙과 기준이 없는 상태에서의 경계 조정은 자치단체 근간을 훼손하고 지역 간 갈등을 초래할 소지가 있다"는 내용의 반대 입장을 담은 공문을 전달하였다. 아울러 경기도와 경상남도 역시 행자부의 권한강화 및 주민투표까지 무시하는 결정에 반대한다는 의견을 개진하였다(디트뉴스 2016/05/16).

이상의 내용과 같은 행자부와 충남도의 분쟁 양상은 현재 우리나라에서 진행되고 있는 중앙정부와 지방정부의 갈등 양상 중의 대표적 사례 중의 하나이다. 앞에서 소개한 현안 이슈들과 더불어 정부와 충남도의 갈등 해결과정을 관심을 갖고 지켜본다면 한국 지방정치의 미래를 예견할 수 있을 것이다.

강기홍. 2011. "지방자치단체의 행정소송 수행권."『공법연구』39(4).

금창호. 2016. "20대 국회와 지방자치 발전전망."『지방행정』Vol. 751.

김병준. 2000.『한국지방자치론: 지방정치, 자치행정, 자치경영』. 서울: 법문사.

심익섭. 2009. "중앙과 지방정부 간의 합리적 권한 관계에 관한 비교연구." 동국대학교 부설 사회과학연구원.『사회과학연구』16(2).

양영철. 2014."지방분권과 제주특별자치도의 발전 방향." 대통령소속 지방자치발전위원회 e-뉴스레터 제27호.

조충훈. 2016. "20대 국회 헌법개정과 지방자치: 지방분권 개헌."『지방행정』Vol. 751.

지방자치위원회. 2014.『지방자치발전종합계획』.

한국행정연구원. 2007.『참여정부의 자치조직권 확대정책의 평가와 과제』.

디트뉴스. 2016/05/16. "행자부 지방자치법 개정에 충남도 발끈".

오마이뉴스. 2016/05/08. "지방재정개혁안－국정교과서는 쌍둥이다".

인천일보. 2016/05/25. "정부 지방재정개혁안 재고하라".

지방자치단체장의 역할과 책임은 지방정치의 발전과 성공을 결정하는 중요한 요소이다. 2000년대에 들어 실질적인 지방분권이 주창되고 지방정부의 자율적이고 효율적인 운영이 강조되면서, 지방정부의 수장의 책임과 리더십의 역할은 매우 중요해졌다. 특히 우리 국민들의 지방정치에 대한 관심과 참여도가 여전히 높지 않은 상황에서, 지방정치의 대표자인 지방자치단체장의 역할은 더욱 중요해진다.

그런데 최근 들어 한국경제의 잠재성장률이 2−3%대로 낮아지면서 장기적으로 중앙정부는 물론 지방정부의 예산 증가율도 낮아질 수밖에 없을 것이다. 여기에 한국사회의 고령화와 저출산, 잠재성장률의 하락 등으로 지방의 자주세원의 기반은 약화되고 있다. 특히 중소도시 내지 농어촌 지역의 지방자치단체일수록 자주세원의 기반이 빈약하여 지방재정의 형편이 열악하다. 여기에 대도시와 중소도시 내지 농어촌지역 사이에 지역발전의 격차와 지역주민들 간의 소득격차도 여전히 크게 남아있다.

이렇게 자주세원의 기반도 빈약하고 지역발전도 뒤쳐진 지역이라면, 지방자치와 주민자치가 원만하게 운영되기 어렵다. 그리고 지역경제의 상황이 어려워 단기적으로 지역경제의 활성화의 과제까지 주어진다면, 그런 지역의 지방자치단체장의 역할과 정치적 책임은 배가된다.

최근 중앙정부가 지방자치단체에 지원하는 교부금을 놓고 지역 간 경쟁이 치열해지고 있다. 이런 교부금 내지 외부의 투자금을 보다 많이 확보하기 위해서는 지방자치단체의 차별화되고 창의적인 지역개발전략이 중요하다. 오늘날의 지방자치단체장은 이러한 창의적인 지역발전전략을 수립하고 외부의 재원을 가능한 한 많이 확보하는 것이 가장 큰 과제가 되었다. 여기에 지역 내의 활용 가능한 인적 및 물적 자원을 효과적으로 동원하여 효율적으로 활용하는 것도 주민들이 단체장을 선거에서 평가하는 주요한 기준이 되었다. 지방자치단체가 주민들에게 제공했던 행정서비스의 수준을 주민들의 요구수준에 맞춰 지속적으로 향상시키는 것은 단체장의 기본의무에 가깝다.

단체장의 역할은 크게 법적 권한과 정치적 리더십으로 구분할 수 있다. 전자는 지방자치제도와 관련 법규에서 규정한 광역 및 기초 자치단체장의 관리, 집행, 위임, 임명 등의 권한을 들 수 있다. 후자는 지방정치의 리더로서 지방자치단체 내의 정책의 결정과 집행 과정에서 발휘하는 개인적인 다양한 능력을 뜻한다. 전자가 단체장의 행정적인 권한과 법적인 책임을 강조한다면, 후자는 관할 지역을 대표하는 정치 리더로서 주민들의 정책적 요구사항을 수렴해 지역발전을 주도하는 정치적인 역할과 책임을 강조한다.

단체장은 지방의회와 협력하고 지방공무원들을 지도감독하면서 지역발전을 위한 정치적 리더십을 최대한 발휘하여야 한다. 단체장의 이러한 역할과 능력의 성과는 지방선거를 통해 최종적으로 평가된다. 단체장의 역할과 능력에 대한 지역주민의 관심이 높고, 단체장의 정치적 리더십에 대한 지역주민의 요구가 강할수록 단체장의 정치적 리더십은 중요해진다.

1. 자치단체장의 지위

1) 지방자치단체 대표로서의 지위

지방자치단체장[1]은 해당 지방자치단체를 법적으로 대표하고, 자치단체에 귀속된 사무를 자신의 최종 책임으로 총괄하고 집행한다. 또한 지방행정의 수장으로서 지방행정업무의 관리집행권, 소속 직원에 대한 지휘 및 인사권을 갖는다. 그리고 자치단체에서 제정하는 조례를 공포하고, 법령이나 조례에 따라 직속기관을 설치하고 규칙 제정권을 갖는다. 단체장은 지방자치단체를 대표하여 외부 기관 내지 기구와 계약을 체결할 수도 있다. 단체장은 법적으로나 정치적으로나 지방정치와 지방행정을 상징적으로 대표한다. 또한 지역 주민 내지 지역 구성원을 정치적으로 대표하면서 지역공동체의 발전과 운영을 주도한다.

2) 국가기관의 집행기관장으로서의 지위

자치단체의 장은 중앙정부가 위임한 일반적인 행정사무를 집행하는 경우, 그 위임의 범위 내에서 국가기관의 집행기관장의 지위를 갖게 된다. 또한 중앙정부로부터 위임되어 지방의 자치단체가 자체적으로 처리할 수 있도록 규정한 업무에 대해서는 국가의 일선기관으로서 자체적으로 업무를 처리할 수 있다. 이처럼 단체장이 국가의 위임사무를 처리하는 경우, 그 역할과 책임은 국가기관이 정한 관련 법규와 지시 및 감독에 따라야 한다. 국가기관의 위임업무는 정책의 일관성과 형평성을 고려해 대부분 전국적으로 동일한 기준과 처리 방법이 적용된다. 따라서 이러한 집행기관장으로서의 단체장의 지위는 앞서 설명한 자치단체의 대표로서의 지위보다 수동적이고 업무수행의 책임성과 자율성도 상대적으로 약하다. 그러나 지역주

---

1 현행 지방자치법에서 규정하고 있는 지방자치단체의 장에는 특별시의 특별시장, 광역시의 광역시장, 특별자치시의 특별자치시장, 도와 특별자치도의 도지사, 시의 시장, 군의 군수, 자치구의 구청장이 있다(지방자치법 2조).

민의 입장에서 단체장이 수행하는 집행기관장으로서의 역할과 대표기관장으로서의 역할에 대한 기대와 책임에는 차이가 있을 수 없다.

2. 단체장의 권한

지방자치단체의 장이 갖고 있는 권한은 다양하고 포괄적이다. 지방자치단체의 대표로서의 권한은 주민들의 경제활동, 사회복지, 교육환경, 문화생활 등 주민생활 전반에 영향을 준다. 지방자치단체의 행정관리업무가 점차 주민들의 생활과 복지에 대한 종합적이고 일괄적인 서비스를 지향해가면서, 지방자치단체의 대표로서의 역할은 매우 중요해지고 있다. 지역과 주민들의 특성에 적합한 효율적인 행정업무체계를 개발하고 행정서비스의 수준을 향상시키는데 단체장의 능동적이고 창의적인 역할은 매우 중요하다. 단체장이 갖고 있는 여러 권한과 정치적 리더십을 효율적으로 발휘한다면 지역주민에 대한 행정서비스의 수준을 향상시키고 지역주민이 만족하는 지역발전에 상당한 진전을 이룰 것이다.

지방자치단체장이 갖고 있는 주요 권한을 총괄하면 다음 <표 7-1>과 같다.

여기서는 지방자치단체장의 주요 권한을 통할대표권, 지휘·감독권, 관리 및 집행권, 기관 및 시설의 설치권, 규칙제정권, 지방의회 관련 권한 등 크게 6가지로 묶어 설명한다.

1) 통할대표권(統轄代表權)

지방자치단체의 장은 현행 지방자치법상 자치단체를 대표하고 사무를 총괄하는 통할대표권을 가진다(지방자치법 101조). 단체장의 대표권은 지방자치단체장인 시장, 도지사, 군수, 구청장이 수행하는 업무상의 행위가 해당 자치단체의 법률행위로서 대외적으로 대표한다는 것을 의미한다. 사무통할권은 내부업무에 대해 유기적 종합성을 확보하는 통합적 조정권을 갖는 것을 의미한다(이달곤 외 4인 2012, 250).

표 7-1	지방자치단체장의 권한2

기초·광역자치단체장의 공통 권한	광역자치단체장의 권한
• 지방자치단체 사무에 대한 관리·집행권 • 조례의 범위 내에서의 소관사무 위임권 • 보조기관 및 하부행정기관의 장에 대한 지휘·감독 및 임명권 • 조례의 범위 내에서의 규칙제정권 • 소속행정기관의 설치권 • 기관시설의 설치감독권 • 예산 편성 및 집행권 • 지방의회 임시회 소집요구권 • 지방의회 의결에 관한 재의 요구권 및 재의결된 사안을 대법원에 제소할 수 있는 제소권 • 지방의회의 의결을 거쳐야 하는 사안 중 주민의 생명과 재산보호를 위해 긴급하게 필요한 사항에 대한 선결처분권 • 의회사무기구 직원임명권	• 지방자치단체 사무에 관한 지도·감독권 • 시·군 및 자치구청장이 국가위임사무에 관한 명령·처분이 부당할 때 당해 명령·처분의 취소·정지권 • 시·군 및 자치구청장이 국가위임사무 또는 시·도 위임사무의 관리 및 집행을 명백히 해태하고 있을 시 직무이행 명령권 • 기초자치단체 간의 분쟁에 대한 분쟁조정권

2) 지휘·감독권

단체장은 지방자치단체의 산하에 소속한 공공 기관들에 대한 지휘·감독의 권한을 갖는다. 관할 지역 내에서 국가기관의 위임사무를 수행하는 집행기관에 대하여도 필요한 지휘·감독의 권한을 갖는다. 또한 광역자치단체장은 관할구역 내의 기초자치단체를 대상으로도 지휘·감독의 기능을 수행한다. 기초자치단체장은 별도의 지방선거로 선출되고 별도의 기초지방의회가 운영된다는 의미에서, 광역자치단체와 기초자치단체는 법적으로 상호 독립적이다. 그렇지만 광역자치단체의 업무가운데는 관할 지역 내의 기초자치단체를 대상으로 한 다양한 지원 사업들이 있다. 광역자치단체가 이러한 지원 사업을 수행하면서, 그 사업 목적의 원활한 달성을 위해 지역 내의 기초자치단체에 대해 일정 수준의 지휘·감독의 권한을 행사하는 것은 불가피하다. 또한 광역자치단체가 관할 지역 내의 주민들에게 제공하는 행정서

---

2 고경훈의 <표 3>(2012, 88)을 일부 수정해 재작성함.

제 7 장 집행부: 단체장의 권한과 리더십—관료제(공무원)

비스의 일관성과 형평성을 위해서도 광역자치단체장의 지휘·감독 권한은 필요하다. 광역자치단체장은 관할구역 내의 시·군·자치구에 재정과 기술을 지원하면서 이에 관련하여 구체적으로 조언, 권고, 지도할 수 있고, 필요한 자료의 제출을 요구할 수도 있다(지방자치법 166조). 기초자치단체장의 명령이나 처분이 위법하거나 부당하다고 인정될 때는 광역자치단체장은 서면으로 기간을 정하여 시정을 명하고, 시정되지 않을 경우는 이를 취소하거나 정지할 수도 있다. 또한 광역자치단체로부터 기초자치단체에 위임된 업무와 관련하여 기초자치단체가 이를 태만하게 집행하고 처리할 경우, 광역자치단체장은 그 이행을 명령하는 직무이행명령권을 행사할 수 있다. 이러한 명령에 기초자치단체장이 기간 내에 이행하지 않을 경우, 광역자치단체장은 행정·재정상의 필요한 조치를 취할 수도 있다(동법 170조).

3) 관리 및 집행권

(1) 사무 관리 및 집행

단체장은 해당 자치단체의 자치사무와 국가기관이 자치단체에 위임한 사무를 관리하고 집행할 권한과 책임을 갖는다.[3] 또한 단체장은 조례 또는 규칙에 따라 효율적인 업무추진을 위해 자신의 권한에 속하는 사무의 일부를 보조기관, 소속 행정기관 또는 하부행정기관에 위임할 수 있다(지방자치법 104조 1항). 이것은 단체장이 행사할 수 있는 업무위임의 권한을 통하여 공무원 조직을 적절하게 운영하고, 새로

---

3 자치사무는 고유사무라고도 하며, 자치단체가 자체의 예산을 사용해 스스로의 권한과 책임 하에 이뤄지는 사무로 조례와 규칙을 정하여 처리하는 경우가 많다. 상하수도사업, 청결미화사업, 지방도로 신설관리 등 자치단체의 존립과 주민의 복리증진을 위한 사업들이 핵심을 이룬다. 위임사무는 단체위임사무와 기관위임사무로 구분된다. 전자는 중앙정부의 법령으로 지방자치단체에게 개별적으로 위임된 사무이다. 그 사무비용은 중앙정부의 전액 또는 일부 보조로 지원된다. 보건소 운영, 시·군의 재해구호사업, 생활보호업무, 조세 등의 공과금 징수업무 등 지방적 이해와 중앙정부 차원의 이해가 공존하는 성격의 업무가 해당된다. 후자는 중앙정부의 법령에 근거하여 중앙정부 또는 상급자치단체가 자치단체장에게 위임한 사무로, 수임한 자치단체장은 중앙정부 또는 상급자치단체의 하부행정기관의 지위에서 위임사무를 처리한다. 중앙정부예산으로 전액 처리되고 중앙정부의 강력한 관리감독을 받으며, 선거, 경찰, 지적, 산업통계, 인구조사, 각종 인허가 업무 등 전국적으로 통일성이 요구되는 국가업무가 대부분이다.

운 조직을 신설할 수도 있다는 것을 의미한다. 그리고 그 업무의 일부를 관할 지방자치단체나 공공단체 또는 그 기관(사업소·출장소를 포함)에 위임하거나 위탁할 수도 있다(동법 104조 2항). 단체장의 권한에 속하는 사무 가운데 조사·검사·검정·관리 업무 등 주민의 권리·의무와 직접 관련되지 아니하는 사무에 대해서는, 법인·단체 또는 그 기관이나 개인에게 위탁할 수 있다(동법 104조 3항). 이러한 업무의 위탁은 상하의 관계가 아닌 조직이나 개인에게 그 권한의 일부를 이전하는 것이다. 그리고 위임이나 위탁을 받은 기관이나 개인은 자기의 책임으로 업무를 수행하게 된다.

(2) 조직 및 인사

단체장은 자치단체의 내부 기관과 시설을 설치하고 구성하여 효율적으로 운영할 수 있는 조직권과 인사권을 갖는다. 단체장은 기본적으로 소속 구성원들에 대한 지휘·감독권을 행사할 수 있고, 법령과 조례·규칙이 정한 바에 따라 임면·교육훈련·복무·징계 등에 관한 사항을 처리한다(지방자치법 105조). 이러한 조직권과 인사권은 단체장의 고유 권한으로 인정된다.

또한 지방자치단체는 법령, 대통령령, 조례에 따라 여러 직속기관, 사업소, 출장소, 합의제행정기관, 자문기관 등을 설치 운영할 수 있다. 이러한 직속기관으로는 대통령령으로 정하는 바에 따라 조례를 정하여 교육훈련기관, 보건진료기관, 시험연구기관 및 중소기업지도기관 등을 설치할 수 있다(동법 113조). 그리고 특정업무를 효율적으로 운영하기 위한 사업소와 원격지 주민의 편의와 특정 지역의 개발 촉진을 위한 출장소를 대통령령으로 정한 바에 따라 조례로 정하여 설치할 수 있다(동법 114조 및 115조). 단체장은 소관업무의 일부를 독립하여 수행할 필요가 있을 때 합의제행정기관을 설치할 수 있으며, 업무에 관련하여 심의회·위원회 등의 자문기관도 설치·운영할 수 있다(동법 116조 및 116조의2). 이러한 합의제행정기관과 자문기관은 법령이나 그 지방자치단체의 조례로 정하는 바에 따라야만 한다.

단체장의 조직과 기관의 운영에 관한 권한은 지역발전전략을 창의적으로 설계하는데 긴요하면서 단체장의 창의적 리더십을 드러낼 수 있는 중요한 수단이기도 하다. 단체장이 이 권한을 창의적으로 활용한다면, 관할 지역과 행정기관의 활용

가능한 인적 및 물적 자원을 효율적으로 동원하고, 지역발전에 필요한 외부의 투자 재원을 확보하는 길잡이가 될 수 있다.

(3) 규칙의 제정

단체장은 지방자치법 제23조에 따라 법령 또는 조례가 위임한 범위 내에서, 자신의 권한에 속하는 사무에 관하여 규칙을 제정할 수 있다. 다만 기초자치단체인 시·군 및 자치구의 규칙은 그 지역을 관할하는 광역자치단체인 시·도의 조례나 규칙을 위반해서는 안 된다.

(4) 재정운영

단체장은 자치단체가 운영하는 재정에 관련하여 재정운영권을 갖는다. 이 권한에는 예산 편성권 및 집행권, 지방채 발행권이 포함된다. 예산 편성권과 집행권은 자치단체장으로서 사무의 관리·집행, 주민의 복리증진, 지역경제의 활성화, 문화예술진흥사업, 생활환경의 개선 등을 추진하는 데에 있어 핵심적인 권한이다. 예산의 편성과 집행은 단체장의 고유 권한이다. 자신의 선거공약을 실천하고 자치단체의 현안을 해결하며, 주민의 요구사항을 해결하는 데 적절하게 예산을 사용할 수 있다. 그러나 단체장은 수지균형의 원칙에서 건전 재정을 운영해야 한다(지방자치법 122조). 단체장은 법령에 따라서만 지방채4를 발행해야 하고, 공익을 위하여 필요하다고 인정하여 보증채무부담행위를 하려면 사전에 지방의회의 의결을 받아야만 한다(동법 124조). 예산에 계상(計上)된 범위의 지출을 위하여 필요할 경우, 일시차입금을 차입할 수도 있고5 법령에 근거하거나 조례에 따라 지방의회의 의결을 거쳐 공익기관에 제한적으로 출연 또는 출자할 수도 있다(지방재정법 18조).

---

4 지방채의 종류는 지방자치단체가 증권발행의 방법으로 차입하는 지방채증권과 증서에 의하여 차입하는 차입금으로 구분된다. 지방채증권은 외국에서 발행하는 경우를 포함하며, 차입금에는 외국정부·국제기구 등으로부터의 차관(현물차관 포함)을 도입하는 경우를 포함한다(지방재정법 시행령 7조).

5 그 한도액에 대하여 회계연도마다 회계별로 미리 지방의회의 의결을 얻어야 하며, 일시차입금은 해당 회계연도의 수입으로 상환하여야 한다(지방재정법 14조).

지방자치단체의 예산 편성과 집행은 자치단체의 재정 및 회계에 관한 기본원칙을 규정하고 있는 지방재정법에 따라 건전하고 투명하게 운용되고 관리되어야 한다. 그리고 지방재정은 건전하고 효율적으로 운용되어, 국가의 정책에 반하거나 국가 또는 다른 지방자치단체의 재정에 부당한 영향을 미치게 하여서는 아니 된다 (동법 3조). 또한 단체장은 재정활동의 성과관리체계를 구축하여 성과 중심의 지방재정을 운용하여야 한다(동법 5조).

4) 지방의회 관련 권한

자치단체장은 지방자치제도에서 최고의결기관인 지방의회에 대하여 여러 권한을 행사한다. 주요한 권한으로는 의회출석 및 의견진술권, 의안발의권, 임시회 소집권, 재의요구권, 선결처분권 등이 있다. 단체장이 지방의회에 출석해 의견을 진술하고 의안을 발의하는 것은 지방행정의 수장으로써 기본적으로 가져야 할 권한이다. 또한 단체장은 필요한 경우에 임시회의의 소집을 요구할 수도 있다. 그리고 단체장은 지방의회에 대하여 강력한 견제 권한으로써 재의요구권과 선결처분권을 갖고 있다.

(1) 의안 발의 및 예산 편성 제출권

단체장은 지방의회에서 의결할 의안을 의장에게 제출할 수 있다(지방자치법 66조). 단체장이 발의한 의안이 예산상 또는 기금상의 조치를 수반하는 경우에는 그 의안의 시행에 수반될 것으로 예상되는 비용에 대한 추계서와 이에 상응하는 재원조달방안에 관한 자료를 의안에 첨부하여야 한다(동법 66조의3). 단체장이 업무를 집행하면서 사전에 의회의 의결을 필요로 하는 법규에 따라 의안을 발의하는 것은 단체장의 고유 권한이라고 볼 수 있다.

또한 단체장은 예산안의 편성·제출권을 갖는다. 지방자치단체의 회계연도는 매년 1월 1일에 시작하여 그해 12월 31일에 끝난다(동법 125조). 단체장은 회계연도마다 예산안을 편성하여, 시·도는 회계연도 시작 50일 전까지, 시·군 및 자치구는

제7장 집행부: 단체장의 권한과 리더십 — 관료제(공무원)

40일 전까지 지방의회에 제출하여야 한다(동법 127조 1항). 단체장은 예산안을 제출한 후 부득이한 사유로 그 내용의 일부를 수정하려면, 수정예산안을 작성하여 의회에 제출할 수 있다(동법 127조 4항). 지방의회는 예산안 심의과정에서 단체장의 동의 없이 지출예산 각 항의 금액을 증가하거나 새로운 비용항목을 설치할 수 없다(동법 127조 3항). 그리고 단체장은 회계연도 중에 집행 중인 예산을 변경할 필요가 있으면, 추가경정예산안을 편성하여 지방의회에 제출할 수 있다. 한편 새해 예산이 의회에서 새로운 회계연도가 개시될 때까지 의결되지 못하면, 단체장은 법률이 정한 경비6에 한하여 전년도 예산에 준하여 집행할 수 있다.

(2) 재의요구권

재의요구권은 단체장이 지방의회의 의결에 대해 재의를 요구하는 권한이다. 재의요구의 대상은 조례안, 일반안건 의결, 예산안의결 등 지방의회의 업무 전반에 대해 상당히 포괄적이다.

첫째, 지방의회가 의결하여 단체장에게 이송된 조례안에 대하여 단체장이 이의가 있을 경우, 법정공포일(이송받은 일로부터 20일 이내) 이전에 그 이유를 붙여 지방의회에 재의를 요구할 수 있다(지방자치법 26조). 이때 단체장은 조례안의 일부에 대하여 또는 조례안을 수정하여 재의를 요구할 수 없다(지방자치법 26조 3항). 재의 요구를 받은 지방의회가 이 재의에 대해 재적의원 과반수의 출석과 출석의원 3분의 2 이상의 찬성으로 전과 같은 의결을 하면 그 조례안은 조례로서 확정된다(동법 26조 4항).

둘째, 지방의회가 의결한 일반 안건이 월권7이거나 법령에 위반되었을 때, 또는 공익을 현저히 해친다고 인정되면, 그 의결사항에 대해 단체장이 재의를 요구할 수 있다(동법 107조). 이러한 단체장의 재의요구에 대해 지방의회가 재의결하면 그

---

6 그 경비의 항목으로는 ⅰ) 법령이나 조례에 따라 설치된 기관이나 시설의 유지·운영, ⅱ) 법령상 또는 조례상 지출의무의 이행, ⅲ) 이미 예산으로 승인된 사업의 계속 등이다.

7 월권이란 일반적으로 단체장의 전속적 권한으로 인정되는 사항에 대하여 의회가 사후적·소극적인 견제가 아닌 사전적·적극적으로 관여하여, 집행기관인 단체장과 의결기관인 의회 간의 권한분배의 원칙을 벗어난 경우이거나 또는 단체장이 국가의 일선 행정기관의 지위에서 수행하는 기관위임사무에 대하여 의회가 조례로써 규율하려는 경우 등을 예로 들 수 있다.

의결사항은 확정된다(동법 107조 2항).

셋째, 단체장은 지방의회가 의결한 사항이 자치단체의 예산상 집행할 수 없는 경비를 포함하고 있다고 인정하면 재의 요구를 할 수 있다. 또한 자치단체가 법령에 따라 의무적으로 부담하여야 할 경비와 비상재해로 인한 시설의 응급 복구의 경비에 대해 지방의회가 이를 삭감하는 의결을 할 경우에도 단체장은 재의를 요구할 수 있다(동법 108조). 재의 요구에 대해 지방의회가 전과 동일하게 재의결하면 그 삭감 의결은 확정된다.

이러한 단체장의 재의요구권은 지방의회에 대한 강력한 견제 수단이다. 그리고 단체장은 지방의회에서 재의결된 내용이 법령에 위반된다고 인정하면, 대법원에 소송을 제기할 수 있고(동법 107조 3항), 필요하다고 인정할 경우는 그 의결의 집행을 정지하게 하는 집행정지결정을 신청할 수도 있다(동법 172조).[8]

(3) 선결처분권

선결처분이란 지방의회의 의결이 필요한 사항임에도 불구하고 법률이 정한 특정의 이유가 있을 때, 단체장의 판단으로 의회의 의결에 앞서 먼저 집행하는 것을 의미한다. 이러한 사례로써 첫째, 단체장은 의회의원이 구속되는 등의 사유로 의결정족수의 미달로 지방의회가 개회할 수 없을 때는 선결처분을 할 수 있다. 둘째, 지방의회의 의결사항 중 주민의 생명과 재산보호를 위하여 긴급하게 필요한 사항[9]임에도, 지방의회를 소집할 시간적 여유가 없거나 지방의회에서 의결이 지체되어 의결되지 아니할 때에는 선결처분이 가능하다(지방자치법 109조 1항).

선결처분한 행위는 의회의 의결을 거쳐 처분한 것과 같이 적법하고 유효하게

---

8 지방의회의 의결이 법령에 위반되거나 공익을 현저히 해친다고 판단되면, 상급기관에 의한 재의 요구도 가능하다. 시·도에 대해서는 주무부장관이, 시·군 및 자치구에 대해서는 시·도지사가 재의를 요구할 수 있고, 재의요구를 받은 지방자치단체의 장은 의무적으로 이를 따라야 하며, 의결 사항을 이송받은 날부터 20일 이내에 지방의회에 이유를 붙여 재의를 요구하여야 한다(지방자치법 172조 1항).

9 ⅰ) 천재지변이나 대형화재로 인한 피해의 복구 및 구호, ⅱ) 중요한 군사안보상의 지원, ⅲ) 급성감염병에 대한 예방조치, ⅳ) 그 밖에 긴급하게 조치하지 아니하면 주민의 생명과 재산에 중대한 피해가 발생할 우려가 있는 사항 등을 의미한다(지방자치법시행령 72조 1항).

효력을 발생한다. 단체장은 선결처분을 한 이후에는 지체 없이 의회에 보고하여 승인을 받아야 한다(동법 109조 2항). 또한 단체장은 선결처분을 하였을 때에는 시·도의 경우에는 행정자치부장관에게, 시·군 및 자치구의 경우에는 시·도지사에게 그 사실을 보고하여야 한다(지방자치법시행령 72조). 단체장의 선결처분이 의회의 승인을 받지 못하면 그 선결처분은 그 때부터 효력을 상실한다(동법 109조 3항).

(4) 기타 권한

단체장은 지방의회와 위원회에 출석하여 행정사무와 처리상황을 보고하거나 의견을 진술하고 질문에 응답할 수 있다(지방자치법 42조 1항). 또한 단체장은 지방의회와 위원회의 임시회의를 요구할 수도 있다(동법 61조). 단체장이 임시회의를 요구하면 의회의장은 15일 이내에 소집하여야 한다. 그리고 단체장은 의회의장의 추천을 받아 지방의회에 소속된 사무직원을 임명한다. 사무직원 가운데 별정직공무원, 임기제공무원, 대통령령으로 정하는 일반직공무원의 임용은 지방의회 사무처장·사무국장·사무과장에게 위임하여야 한다(동법 91조).

3. 단체장의 역할과 책임

1) 단체장의 역할과 책임의 의의

지방자치단체가 지역주민들에게 제공하고 수행하는 공공재와 공공서비스는 중앙정부가 수행하는 것과 크게 다르지 않다. 그 내용들은 도시계획, 지역산업발전, 사회자본의 개발과 관리, 상하수도사업, 지방도로의 건설 및 관리, 복지서비스제공, 문화 및 관광 진흥, 체육시설의 관리, 거주환경의 관리, 민간자본의 유치 등 매우 다양하다. 이러한 업무들은 다양한 기관과 단체들과의 협력과 절충을 필요로 한다.

이런 가운데 산업기반이 열악한 중소도시와 농어촌지역의 지방자치단체일수록 지방세 수입이 빈약해 자치단체의 예산의 상당 부분은 중앙정부 또는 광역지방정부로부터 지원을 받는 지원금 내지 보조금으로 채워진다. 그런데 국고보조금의 대부분은 지급되는 항목의 지출에만 사용하도록 제한되어 있어 국고보조사업에 그대로 지출된다. 따라서 지방세 수입이 빈약해 예산의 대부분을 국고지원금 내지 보조금으로 충당하는 지방자치단체일수록 자체사업비의 비중은 낮아진다.[10] 그 결과 지방자치단체가 지역사정에 적합하게 자주적으로 지역을 개발하고 지역경제를 활성화할 수 있는 능력은 약해진다. 이런 지역의 단체장은 부족한 재원을 확보하는 것이 최대 과제가 된다. 또한 지역 내에 존재하는 인적 및 물적 자원을 효율적으로 운용하고 합리화하여 최대한의 성과를 올리는 것도 필요하다. 이를 위해서는 지역 내 다양한 그룹 간의 이해관계를 절충하고 불필요한 갈등을 최소화하는 것이 필요하다. 그리고 지방자치단체의 행정관리업무에 대해 높아지는 주민의 눈높이에 맞춰 수준 높은 행정서비스를 제공하는 것도 중요하다. 지역주민들의 삶의 만족도와 자부심을 고취시킬 지역의 문화컨텐츠를 재창조하는 것 역시 필요하다.

지역과 주민 생활의 발전을 위해 이러한 과제들을 해결해가는 지방자치단체장의 역할을 다음의 5가지로 정리했다. 즉 정치리더, 정책 조정 및 결정자, 행정서비스 책임자, 지역 커뮤니티 거버너, 지역문화 창조의 후원자이다.

2) 지역 및 주민생활의 발전을 위한 5대 역할

(1) 정치리더

단체장은 지역 주민과 단체들의 신뢰와 지지를 잃지 않는 정치리더가 되어야 한다. 먼저 자신이 지역 주민과 단체에게 주장하고 약속한 내용에 대해서 신뢰를 잃지 말아야 한다. 상황과 환경의 변화로 그 내용을 수정해야만 한다면, 그 불가피성에 대해 충분히 설명하고 양해를 구해야 한다. 둘째, 단체장이 정치리더로서 높

---

10 2016년 확정 예산을 기준으로 국고보조금의 비율은 전국 평균이 44.7%이나, 서울특별시 본청이 27.1%로 가장 낮고 전남 광주북구청이 75.6%로 가장 높았다. 또한 자체사업의 비중은 전국 평균이 36.0%이나, 서울본청이 52.8%로 가장 높고, 대구서구청이 8.5%로 가장 낮았다(행정자치부 지방재정365의 재정지표 가운데 일반회계의 보조사업비와 자체사업비의 수치를 각각 인용함: http://lofin.moi.go.kr/).

은 평가를 얻으려면 지역 주민과 단체들이 지지할 수 있는 지역발전의 비전을 제시해야 한다. 이를 위해서는 지역발전의 방향과 추진 방법에 주민과 단체들의 다양한 요구사항들이 포함되어야 한다. 또한 지역발전에 대한 단체장의 강력한 의지와 열정은 반대와 저항을 약화시키는 가장 강력한 수단이 된다. 셋째, 지역발전정책에 필요한 인적 및 물적 자원을 효과적으로 조직하고 배분하여 집행하여야 한다. 단체장은 수시로 변화하는 주민의 요구와 정책 환경의 변화에 민감하여야 하며, 조직 및 재원의 재편에 늘 대비하여야 한다. 넷째, 정책에 필요한 적정 예산을 편성하고 집행하는데, 지방의회와 협조적이고 원만한 관계를 형성하여야 한다. 단체장이 정치이념과 정파적 대립에 매몰되어 의회의원들과 불필요한 논쟁과 갈등을 반복하는 것은 정치리더십을 포기하는 것에 가깝다. 다섯째, 단체장은 모든 지역주민과 단체의 권익의 대변자이어야 한다. 관할 지역 또는 단체들 간에 이해관계의 대립이 빈번하고, 또한 해결해야 할 과제가 복잡한 문제일수록 단체장은 어느 일방의 이익에 편중된 결정은 가능한 피해야 한다. 일방적인 결정을 내리기 전에, 일방적인 피해를 안게 되는 지역과 단체를 위해서는 다른 보상과 지원의 복안을 수립해야 한다. 지방자치단체는 구성원들이 공평하게 이익을 나누고 전체의 이익을 공유하는 지역공동체가 되어야 한다.

(2) 정책 조정 및 결정자

단체장은 정책의 최종 결정자이지만 최종 결론을 내리기 전에 이해당사자들의 주장과 요구를 조율하고 설득시키는데 적극적이어야 한다. 단체장은 정책을 조정하는 데 자신이 지휘하고 감독하는 인적·물적 자원을 효과적으로 활용하여야 한다. 위원회와 자문기관의 제도를 적절히 활용하여 전문가 그룹의 인적네트워크를 다양하게 구축하여, 돌발적으로 발생하는 다양한 문제에 즉각적으로 대응할 수 있어야 한다. 단체장은 평소에 공무원 조직의 업무역량을 실질적으로 강화하고 업무전문성을 향상시키는데 강한 관심과 열정을 기울여야 한다. 그리고 지방자치의 환경의 급격한 변화에 대응하기 위해 조직구조를 유연하게 운영해야 한다. 조직의 개편과 시스템의 변화 과정에서 유발되는 여러 갈등을 극복하고 새로운 운영시스템을 정착시키기 위해서는 단체장의 강력한 추진의지와 함께 공무원들의 마인드를 변화시키는 리더십을 발휘해야 한다(김병국·권오철·하현상 2012, 127-12).

(3) 행정서비스 책임자

단체장은 지역주민에 대한 행정서비스의 최종 책임자이다. 지방자치제도가 정착이 되면서 지역주민들에게 수준 높은 행정서비스를 제공해주기 위한 자치단체의 다양한 노력이 나타나고 있다. 대표적인 사례의 하나가 여러 분야의 민원업무를 하나로 통합하거나 처리절차를 간소화 내지 일원화하는 원스톱 민원행정 서비스이다. 발전하는 정보통신기술의 도움을 받아 의료보건, 사회복지, 출산지원, 인허가, 등록 및 신고, 취업지원, 창업 및 기업 지원 등과 같은 민원행정업무에서 원스톱 서비스의 개발이 활발하다. 이러한 서비스의 개발은 고객인 지역주민의 만족을 높여준다. 이와 같은 민원행정의 개선이 추진되기 위해서는 관련 법규의 개정과 제도개선이 선행되어야 한다. 또한 이러한 업무통합과 제도개선에 소극적인 공무원들의 자세도 극복해야 할 과제이다. 보직이 순환되는 공무원들은 자신들이 익숙해있는 기존의 업무관행을 스스로 개선하는 것에 소극적이기 쉽다. 또한 공무원들은 행정개선으로 담당해야 할 새로운 통합업무가 자신의 업무 영역과 책임의 확대로 이어지기 때문에 개선에 소극적이기 쉽다. 이러한 공무원들의 소극적인 자세를 극복하는 데 이들의 임용권자인 단체장의 역할이 중요하다. 행정서비스의 개선과 수준 향상에 대한 단체장의 열정과 의지가 필요하다. 그리고 행정서비스 담당자들에 대한 엄격한 업무 관리와 공정한 평가제도를 운영하는 것도 필요하다.

(4) 지역 커뮤니티의 거버너

지역발전과 지역경제의 활성화는 지방자치단체의 노력만으로 성취되는 것은 아니다. 지역 내 공공기관과 기업, 단체, 주민 등 지역 구성원 모두가 역할과 책임을 분담하고 공동의 노력을 다해야 한다. 지역 구성원 모두의 공동 노력과 책임이 원활하게 수행되기 위해서는 단체장이 지역공동체의 거버너(governor)와 같은 역할을 수행해야 하다. 지방자치가 성공적으로 운영될수록 지역의 공동체적 성격은 강화될 것이다. 지방자치에 관련한 지역 주민들의 불만과 갈등은 감소하고 공유되는 복리와 만족감은 확대될 것이다.

지방자치단체가 관할 지역의 지역 공동체적 성격을 강화하는 데 기여하기 위해서는 단체장이 지역 커뮤니티의 거버너가 되어야 한다. 여기서 지역공동체의 거버너란, 지역 커뮤니티의 책임자이지만 주요한 의사 결정은 구성원들과 대등한 관계에서 충분한 협의와 합의 과정을 거쳐 함께 추진한다는 것을 의미한다. 이때 단체장은 지역 주민, 단체, 기업 등과 함께 공동의 대표자 내지 관리자와 같은 리더가 되어야 한다. 단체장이 이런 지역 커뮤니티의 거버너라면 구성원들에게 일방적인 지시나 명령, 복종을 강요해서는 안 된다. 공동의 이해관계에 관련된 정책을 단체장이 독단으로 결정해서도 안 된다. 단체장이 이러한 지역 커뮤니티의 거버너와 같은 역할을 수행한다면 관할 지역의 공동체적 성격은 강화된다. 즉 단체장이 지방자치단체의 수장이지만, 주요 정책은 관련 단체와 기관, 지역주민, 전문가, 기타 이해당사자들과 대등한 관계에서 공동으로 결정해갈 때, 관할 지역의 공동체적 성격은 강화된다. 이런 단체장이라면, 다수 주민의 요구를 무시하고, 주민의 갈등을 증폭시키고, 어느 일방의 합리적이지 못한 이익을 대변하는 단체장의 독단은 행하지 않을 것이다. 그리고 주민과 행정기관이 주민업무를 공동으로 디자인하고 관리하는 진정한 주민자치의 길이 넓어질 수도 있다.

(5) 지역문화 창조의 후원자

2000년대에 들어 지역발전과 지역경제의 활성화의 주요 방안으로 지방자치단체별 특성화전략이 대두되었다. 정부는 2004년부터 「지역특화발전특구에 대한 규제특례법」을 제정하여 지역의 특성화전략을 적극 지원하고 있다. 지역특성에 맞게 선택적으로 규제특례를 적용함으로써 지역의 특화발전을 촉진시키겠다는 의도이다. 지방자치단체들 역시 지역의 자원과 장점을 특성화하고 차별화하는 전략을 경쟁적으로 추진하고 있다. 지역문화축제가 전국적으로 확산된 것이 하나의 좋은 예이다.

지방자치단체들이 지역특성화의 전략으로 적극적으로 추진하는 것이 지역의 문화자원을 적극 개발하여 지역경제의 활성화의 방안으로 활용하는 것이다. 사업 추진에 과도한 예산을 투자하지 않아도, 지역 주민들에게 가시적인 성과를 보일수도 있다. 지역 내 산업시설이 부족한 중소도시 또는 농어촌지역일수록 지역 내에 존재하는 역사·문화·자연 자원의 경제적 가치의 중요성은 높아진다. 이들 자원들을 문화 자원 내지 상품으로 개발하는 것은 일차적으로 지역생활에 대한 주민의 만족도를 높이고 지역주민으로서의 자부심도 강화해준다. 또한 이들 자원들은 새로운 이주민수를 늘리고 지역방문객을 증가시켜 지역경제를 활성화하는 강력한 기반이 될 수도 있다. 오늘날 단체장은 이러한 지역의 문화자산들을 지역을 차별화하는 전략으로 새롭게 디자인하고 재창조해가는 노력의 강력한 후원자가 되어야 한다.

4. 지역발전과 단체장의 리더십

1) 리더십의 개요

앞서 기술했듯이 지방자치단체의 장은 지방정치의 대표이자 행정집행기관의 수장이다. 또한 지역주민들의 다양한 요구에 신속하게 대응해야 하는 지역행정서비스의 책임자이면서, 지역발전과 지역경제의 활성화를 주도할 커뮤니티의 거버너이기도하다. 단체장이 이러한 여러 역할을 충분히 수행하기 위한 개인적인 조건 또는 경력이 무엇인가는 단체장을 선출하는 지역 유권자들에게 매우 중요한 정보이다. 반대로 단체장 선거에 나서는 후보자에게는 자신이 단체장의 후보로서 얼마나 적합하고 능력이 있는가를 내세울 수 있는 중요한 근거가 될 수도 있다.

리더십에 관한 연구들은 사회과학 전반에 걸쳐 다양하게 연구되고 있다. 그러나 리더십에 대한 통합된 정의나 리더십을 형성하는 요인들에 합의는 이뤄져 있지 않다. 대체로 리더십이란 사람들의 조직이나 집단을 이끄는 대표자의 활동이나 능력, 그리고 대표자의 위치나 기능 자체를 의미한다. 여기서는 이러한 맥락에서 단체장의 리더십으로 지방자치단체가 관할하는 지역의 모든 구성원들을 이끌어가는 능력으로 정의한다. 또한 지역의 모든 구성원을 이끌어간다는 의미는 다음과 같다. 즉 지역 내의 모든 주민, 단체, 기관 등이 지방자치단체에게 정책적으로 요구하는 사항에 대해 단체장이 모든 자원을 활용하여 주도적으로 달성해가는 것을 뜻한다.

이런 단체장의 리더십의 능력에는 다음과 같은 사항들이 포함된다. 지역 구성원들의 정책적 요구사항을 수렴하는 능력, 지역발전의 비전을 설계하는 능력, 그 비전을 구성원들이 공유하고 자발적으로 참여하게 하는 능력, 그 비전을 달성할 수 있는 정보, 지식, 방법 등을 구성원들에게 제시하는 능력, 주요 구성원들의 상충하는 이해관계를 조율하고 균형을 찾아내는 능력, 동원이 가능한 모든 인적 및 물적 자원의 효율적 활용 능력 등이 포함된다. 그리고 단체장의 리더십은 궁극적으로 개인의 능력으로 발현되며, 개인적인 배움이나 경험을 통해 일부 향상되고 변화될 수 있을 것으로 규정한다.

그런데 현재 지방자치단체의 장들에게 요구되는 리더십의 능력이 무엇인가를 일률적으로 규정하는 것은 어려운 일이다. 지역별 경제, 사회, 문화적인 상황이 다르고, 지역주민의 인적구성에도 차이가 많다. 또한 지역별 당면한 현안의 내용이 다르다. 따라서 단체장의 리더십의 요건을 일률적으로 한정하는 것이 매우 어렵다.

리더십에 관해 체계적으로 가장 일찍 연구된 것은 19세기 중반부터 시작된 위인론(the great man theory)이다. 그리고 1930 – 40년대에 바람직한 리더의 능력을 개인의 특성이나 속성에서 찾으려 했던 자질론이 대두되었다. 1940 – 50년대에는 행태주의적 리더십 연구가 확산되었고, 1960년대에 이르러서는 상황론적 리더십 연구들이 활발해졌다. 1970년대 이후에는 거래론과 변혁론적 리더십 연구가 확산되었다. 여기서는 위의 6가지 이론 내지 접근법을 중심으로 단체장의 리더십을 설명한다.

2) 리더십의 유형

(1) 위 인 론

위인론(great man theory)적 리더십이란 리더가 될 수 있는 인물은 보통의 대중들과는 다른 특별한 자질과 속성을 내재하고 있는 위인이라는 것이다. 그리고 위인의 자질과 속성은 선천적인 것으로 인간의 노력에 의한 후천적인 것이 아니라고 한다. 이런 점에서 위인론적 리더십은 영웅숭배론(hero-worship)에 가깝다. 전쟁이나 국가적 재난을 극복하거나 국가의 흥망을 주도한 영웅이나 국왕의 리더십에 관한 연구가 이러한 접근법의 유형이다. 이러한 위인론은 지나친 개인숭배론에 치우치기 쉽다. 그리고 그동안의 다양한 연구를 통해 개인의 자질과 속성은 체계적인 교육과 훈련, 개인의 특별한 경험을 통해서 변화하고 개선될 수 있다는 사실과도 거리가 멀다.

(2) 자질론 리더십

이 자질론(trait theory)적 접근법은 리더의 바람직한 특성(characteristics)이나 속성(traits)이 리더십의 성과를 결정한다는 주장이다. 리더로서 바람직하다고 판단되는 특성이나 속성의 요인에는 인품, 정직, 책임감, 열정, 창의력, 판단력, 사명감, 봉사심, 건강 등이 포함된다. 단체장의 리더십에 적용한다면, 이러한 바람직한 개인의 특성이나 속성이 많을수록 우수한 리더십을 발휘할 수 있다는 것이다. 또한 리더에게 구체적으로 어떠한 특성과 속성을 지니고 있는가를 분석한다면, 그 리더의 리더십의 성과는 어느 정도 예측할 수도 있다는 것이다. 그렇지만 이 접근법에서는 리더가 갖고 있는 각각의 특성이나 속성을 정확하게 파악하고 측정하는 것이 쉽지 않다. 또한 오늘날 조직이나 단체의 인적구성원이 다양하고, 리더십의 성과에 영향을 미치는 요인이 다양하게 존재하면서 본 모델의 설명력은 약해진다.

(3) 행태론 리더십

행태론(behavioral theory)적 리더십은 실제 리더의 특정 행태를 관찰하고 분석하여 성공 또는 실패, 효과적 또는 비효과적인 리더십의 행태적 특징을 규명하는 접근법이다. 이 접근법에서는 리더의 구체적인 행동이야말로 구성원들에게 어떤 영향을 줄 것인가를 알려주는 최상의 예측변수이고, 리더십의 성공여부를 결정하는 요인이라고 생각한다. 따라서 이런 주장에 따르면, 성공 또는 실패의 리더십을 결정하는 구체적인 행동요인을 성공적으로 규명한다면 성공할 수 있는 리더를 양성

해내는 방안을 수립하는 것이 가능하다. 구체적인 상황별로 리더가 대처할 수 있는 행동 요령이나 지침을 교육하고 롤 플레잉과 같은 방법으로 훈련을 거듭하면 능력 있는 리더를 양성할 수 있다는 것이다.

이러한 접근법에서 연구된 대표적인 리더의 유형으로 과업 중심형 리더(task oriented leader)와 구성원 중심형 리더(people oriented leader)가 있다. 전자는 리더의 주된 관심이 과업에 있어 과업의 추진 방법, 절차를 중시하고 구성원과 스탭을 엄격하게 관리하는 리더십의 유형이다. 후자는 구성원과의 관계를 중시하여 구성원들의 요구와 이들의 만족감 등을 중시하는 리더십의 유형이다. 그렇지만 행태론적 접근법은 외부로 나타나는 리더의 하나하나의 행동을 중시하지만, 각각의 행동을 자극하는 의도나 윤리관, 책임감 등과 같은 내면의 특성들에는 소홀하다. 행태론적 접근법은 이러한 내면적인 특성을 분석하는 것에 일정한 한계를 갖고 있다.

(4) 상황론 리더십

상황론(contingency theory)적 접근법은 리더십의 성과를 리더의 특성이나 속성에 리더십이 발휘되는 특정의 상황(situations)을 결부시켜 설명한다. 이 접근법은 모든 리더십의 유형은 특정의 사람들과 특정의 장소라는 조건 하에서 최고의 성과를 낸다고 본다. 만약 리더의 상황이 그러한 특정의 조건에서 멀어지면 적은 성과를 낸다고 설명한다. 또한 리더십이 발휘되는 상황을 구성하는 변수들에는 리더의 성격(personality)과 함께, 구성원들의 인적 특성, 리더와 구성원들 간의 관계, 직무의 구조, 문제와 위기의 구조적 특성 등 다양한 요인들이 포함된다. 그리고 리더십의 성과를 결정하는 요인으로써 리더의 성격이나 심리적 성향을 가장 강조하기도 하고, 구성원들이 리더를 어떻게 인식하고 직무의 특성이 어떠한가가 좀 더 강조되기도 한다. 이러한 리더십 모델의 구체적인 유형에는 업적지향적인 과업 중시형 리더십, 구성원의 자율의사를 존중하는 방임형 리더십, 엄격한 규정과 절차를 강조하는 통제위주의 권위주의형 리더십, 구성원들의 동기부여에 리더의 행동이 어느 정도 영향을 미치는가에 따라 리더십이 발휘된다는 경로-목표이론(path-goal theory of leadership) 등이 있다.

그런데 리더가 처한 위기나 문제의 상황에 영향을 미치는 변수는 매우 다양하고 수시로 변화한다. 그렇기 때문에 단체장의 리더십을 이 접근법으로 설명하려면, 그 시점의 상황을 매번 새롭게 규정하고 리더와 구성원들에게 영향을 준 상황요인들이 무엇인지를 파악해야 한다. 또한 구성원이 많을 경우 실제로 다수의 구성원들에게 어떤 상황 요인이 공유되고 있었는지를 찾아내는 것도 쉽지 않다. 그리고 리더십의 결정 요인으로 단편적인 상황을 지나치게 중시하면, 리더의 개인적인 능력보다는 환경결정론적인 결론에 도달할 위험이 있다.[11]

(5) 거래적 리더십

거래적(transactional) 리더십이란 리더와 추종자들 사이의 거래에 의해 리더십이 형성된다는 주장이다. 이 주장은 리더와 추종자들 사이의 긍정적이고 상호 유익한 관계를 높게 평가한다. 그리고 거래적 리더십이 성립하기 위해서는 리더의 추종자들이 리더가 부여한 업무를 원활하게 수행할 때, 리더는 이에 대한 적절한 보상의 수단을 확보해야만 한다는 것이다. 반대로 추종자들이 자신의 업무를 충실하게 실행하지 못했을 때는 리더는 적절한 징벌을 내려야만 한다. 거래적 리더십을 발휘하고 있는 리더는 조직과 개인의 목표가 일체화되는 환경을 구축했을 때 가장 효과적인 리더십을 발휘하게 된다. 그러므로 단체장이 거래적 리더십을 발휘하려면, 구성원들의 적극적인 참여와 지지를 얻어야 하고, 동시에 이를 위한 적절한 보상 수단을 강구해야만 한다. 가장 보편적인 보상 수단은 단체장의 목표와 구성원들의 요구나 기대의 내용을 일치시키는 것이다. 단체장이 이루려는 조직의 목표가 구성원 개개인의 목표로도 공유될 때, 단체장의 리더십은 높게 평가될 것이다.

---

11 이러한 상황론적 리더십의 관점에서 국내 기초자치단체장의 과업지향형 – 관계지향형 리더십을 분석한 사례가 있다. 그 분석 결과를 보면, 단체장의 과업지향형 리더십이 강할수록 공무원의 내재적 직무동기와 개인 및 집단의 업무성과도 높게 나타났다. 그러나 관계지향형 리더십이 강하면 공무원의 내재적 직무동기는 높아지나 개인 및 조직의 업무성과에는 유의미한 영향을 미치지 못하는 것으로 나타났다(최봉기 외 2인 2008).

제 7 장 집행부: 단체장의 권한과 리더십－관료제(공무원)

(6) 변혁적 리더십

변혁적(transformationa) 리더십이란 조직의 변화를 이끌어가는 리더십을 의미한다. 리더가 조직을 관리하면서 조직의 안정을 중시할 수도 있고 반대로 혁신적인 조직의 변화를 도모할 수도 있다. 리더는 새로운 조직의 목표를 추진하는 데 기존 조직의 효용성이 낮다고 판단한다면, 조직의 개편과 혁신을 추진할 것이다. 이러한 개편과 혁신을 성공적으로 추진하기 위해서는 이러한 변혁의 비전을 구성원에 제시하고 공유하는 것이 필요하다. 또한 변혁을 정당화하는 이념으로써 새로운 도덕성(morality)을 구축하는 것도 필요하다. 이 새로운 도덕성은 기존의 조직이 안고 있는 문제점과 과제를 해결하는 것이어야 하고, 가능한 많은 구성원이 수용하고 지지할 수 있는 것이어야 한다. 이러한 변혁의 비전과 도덕성이 구성원들에게 공유될 때 단체장의 변혁적인 리더십은 발휘된다. 지역의 새로운 발전을 위해 구성원들을 동원하고 이해당사자들의 복잡한 이해관계를 신속하게 조율하는데 단체장의 변혁적 리더십은 절실하게 요구된다.

국내의 지방자치단체장의 리더십에 대한 연구도 활발하다. 두 가지를 소개하면, 주민의 직접선거로 최초로 자치단체장을 선출한 1995년부터 1999년, 2002년, 2006년 선거까지 4차례의 선거에서 당선된 기초자치단체장들의 리더십을 종합적으로 분석하고, 기초자치단체장의 리더십을 향상시킬 방안을 제시한 연구가 있다(박해육·주재복 2008). 변혁적 리더십의 접근법에 따라, 단체장의 개인적인 혁신성, 정치적 자원, 경제적 자원을 측정변수로 사용하여 4회 지방자치단체장선거의 245명 당선자(2006. 7－2010. 6)의 리더십의 유형을 분석한 연구도 있다. 그 분석결과를 보면, 단체장들의 리더십은 혁신가형 65명, 중계인형 77명, 사업가형 44명, 보스형 59명인 것으로 분석되었다(고경훈 2012).

5. 지방공무원의 역할과 책임

1) 지방공무원의 개요

지방공무원은 지방자치단체장이 임명하여 지방자치단체의 행정업무를 담당하고 지방자치단체로부터 보수를 지급받는 공무원을 의미한다. 지방공무원은 경력직과 특수경력직으로 구분한다(지방공무원법 2조). 경력직은 실적과 자격에 따라 임용되는 공무원으로 일반직과 특정직으로 나눠진다. 일반직공무원은 기술·연구 또는 행정 일반에 대한 업무를 담당하는 공무원을 말한다. 특정직공무원은 공립 대학 및 전문대학에 근무하는 교육공무원, 교육감 소속의 교육전문위원, 자치경찰공무원 및 지방소방공무원과 그 밖의 특수 분야의 업무를 담당하는 공무원을 포함한다. 특수경력직공무원은 정무직과 별정직으로 나뉜다. 정무직공무원은 선거로 취임하거나 임명할 때 지방의회의 동의가 필요한 공무원을 말한다. 고도의 정책결정업무를 담당하거나 이를 보조하는 공무원으로 법령이나 조례에서 정무직으로 지정된다. 별정직공무원은 비서관, 비서 등의 보좌업무를 수행하거나 특정한 업무 수행을 위하여 법령에서 별정직으로 지정한 공무원이다. 또한 지방자치단체장은 국가안보 및 보안·기밀에 관계하는 분야를 제외한 분야에서 대통령령으로 정하는 바에 따라 외국인을 공무원으로 임용할 수 있다.

지방자치단체의 장은 지방공무원법에서 정하는 바에 따라 소속 공무원의 임용권, 즉 임명, 휴직, 면직과 징계의 권한을 갖는다(동법 6조 1항). 또한 모든 공무원은 담당 직무와 관련된 학식·기술 및 응용 능력을 배양하기 위하여 법령에서 정하는 바에 따라 훈련을 받아야 한다(동법 74조). 이런 훈련의 책임은 지방자치단체의 장과 감독 직위에 있는 공무원에게 있고, 공무원의 훈련성적은 인사관리에 반영하여야 한다(동법 74조 3항과 4항).

2) 지방공무원의 기본적인 책임과 의무

지방공무원은 임명되어 취임할 때에 소속 기관장 앞에서 조례로 정하는 바에 따라 선서를 하여야 한다. 모든 공무원은 직무를 수행할 때 소속 상사의 직무상 명령에 복종하여야 하는데, 다만 이에 대한 의견은 진술할 수 있다(지방공무원법 49조). 또한 주민 전체의 봉사자로서 친절하고 공정하게 직무를 수행하여야 하며(동법 51조), 종교중립의 의무(동법 51조의2), 직무상 알게 된 비밀의 엄수의무(동법 52조), 청렴의 의무(동법 53조),[12] 품위유지의 의무(동법 56조) 등을 준수해야 한다. 그리고 지방공무원은 영리를 목적으로 하는 업무에 종사하지 못하며, 소속 기관장의 허가 없이 다른 직무를 겸할 수 없다(동법 56조). 공무원이 이러한 의무사항을 위반하거나 직무를 태만히 하였을 때는 징계처분의 대상이 된다(동법 69조). 징계는 파면·해임·정직·감봉 및 견책으로 구분한다(동법 70조).

3) 지방공무원의 보직관리와 업무 전문성

공무원의 보직은 순환보직을 원칙으로 하며 평균 1−2년을 주기로 보직이 바뀐다. 보직기간이 짧으면 담당공무원이 업무 전문성을 높여가는 것이 어렵다. 행정업무가 복잡해지고 융합행정업무가 증가하면서, 담당 공무원의 전문지식과 다양한 행정관리 경험의 필요성도 커진다. 특히 재난관리, 소방과 위생, 복지와 환경, 공공시설의 관리 등의 업무는 국민의 생명과 재산을 보호하는 업무이다. 이런 분야의 업무를 담당하는 공무원이 정확한 업무 지식과 정보, 행정관리의 경험을 충분히 갖추고 있지 못한다면 지역주민의 안전과 재산관리는 위태로워진다.

이런 지방공무원의 업무역량을 강화하기 위해 '성과계약 등의 평가제'[13]와 '다

---

12 직무와 관련하여 직접적이든 간접적이든 사례, 증여 또는 향응을 주거나 받을 수 없고 직무상 관계가 있든 없든 그 소속 상사에게 증여하거나 소속 공무원으로부터 증여를 받아서는 아니 된다.
13 본 제도는 4급 이상 공무원에 대한 근무성적평정의 방법으로 도입된 것으로 성과계약에 의한 목표달성도의 평가, 부서 운영에 대한 평가나 그 밖에 직무 수행에 관련된 평가 등이 포함된다(지방공무원 임용령 31조의2).

면평가제'14와 같은 새로운 인사관리 방안이 도입되었다. 또한 지방공무원의 성공적인 직무 수행에 필요한 능력과 자질을 설정하고 이를 기준으로 평가하는 '역량평가제'를 도입하였다. 역량평가의 결과는 담당 공무원의 승진임용·보직관리 등 인사관리에 활용된다(지방공무원 임용령 8조의5).15

한편 지방공무원들의 전문성을 강화하기 위한 방안들도 다양하게 실시되고 있다. 정부는 2013년 대통령령으로 「지방전문경력관 규정」을 신설하여, 지방자치단체장이 순환보직이 곤란하거나 장기 재직 등이 필요한 특수 업무 분야의 직위를 '지방전문경력관'으로 지정하도록 했다. 2015년부터는 사회복지, 법무, 재난·안전, 공장설립민원업무 등의 직위의 필수 복무기간을 2년으로 규정하여 직무의 연속성과 담당 공무원의 전문성을 강화했다(동령 27조). 지방자치단체장은 법무, 세무 등 전문성이 요구되는 분야의 직위를 '전문직위'로 지정하여 보직기간을 3년 이상으로 운영하는 것도 가능해졌다. 또한 직무수행요건이나 업무분야가 동일한 전문직위의 군(群)을 '전문직위군'으로 지정하여 5년을 재임하는 것도 가능해졌다(동령 7조의3). 전문직위에 임명된 '전문관'에 대해서는 전문성을 강화하는 전문교육훈련을 적극 지원하도록 했다. 이외에도 지방자치단체장은 전문성이 요구되거나 효율적인 정책 수립을 위하여 필요하다고 판단될 때, 공직 내부나 외부에서 적격자를 임용할 필요가 있는 직위를 '개방형직위'로 지정하여 운영할 수 있다(지방공무원법 29조의4).16 또한 지방자치단체장은 해당 기관의 직위 중 업무의 효율적인 처리를 위하여 해당 기관 내부 또는 외부의 공무원 중에서 적격자를 임용할 필요가 있는 직위를 '공모직위'로 지정하여 운영할 수도 있다(동법 29조의5).

---

14 다면평가제는 지방자치단체가 규칙으로 정한 것에 따라, 인사위원회가 지방공무원의 승진임용을 심의 및 의결하는 과정에서 심사대상 공무원과 동일하거나 하위계급의 공무원 또는 업무와 관련된 민원인 등이 해당 공무원에 대해 평가한 결과도 반영하도록 한 제도이다.

15 단체장은 자치단체의 특성을 반영하여 소속 공무원에게 요구되는 역량의 종류와 내용을 설정하도록 했고, 평가방법 또한 자치단체의 장이 정하도록 했다(행정자치부 예규 제57호(2016. 6. 30), 『지방공무원 인사분야 통합지침』 참조).

16 이 경우 지방자치법 등의 관계 법령이나 조례·규칙에 따라 시·도는 5급 이상, 시·군·구는 6급 이상 공무원 또는 이에 상당하는 공무원으로 임명할 수 있는 직위 중 임기제공무원으로도 보할 수 있는 직위를 개방형직위로 본다.

이처럼 최근 몇 년 동안 지방공무원의 직무역량을 강화하고 전문성을 향상시키기 위한 여러 제도가 새로 도입되었다. 이러한 제도들이 도입 취지에 적합한 운영 성과를 가져올지는 해당 지방자치단체장의 실행 의지와 엄격하고 공정한 제도운영의 성과에 따라 크게 좌우될 것이다. 지방공무원의 입장에서는 새로운 제도가 도입되어 직무수행에 대한 평가와 인사관리의 내용이 복잡해져 이에 대한 부담이 커졌다. 직무에 관련한 지식과 정보를 익히고 주어진 행정관리업무를 처리하면서, 동시에 직무의 역량강화와 전문성의 향상을 위한 별도의 노력을 추가해야만 한다.

　　한편 지방자치단체장은 개방형직위, 공모직 직위, 지방전문경력관, 전문관 제도를 적절히 활용한다면, 적재적소에 전문성이 높은 공무원을 배치하여 내부의 인적자원을 효과적으로 활용할 수 있게 되었다. 또한 기존의 위원회 내지 자문기관을 통해 외부의 전문가까지 활용할 수 있다. 단체장은 지역발전과 지역경제의 활성화를 위한 여러 사업들을 추진하는데 필요한 인적 자원을 적절하게 구성해갈 수 있을 것이다.

4) 광역자치단체 및 기초자치단체의 주요 사무 분장 및 조직 사례

(1) 인천직할시

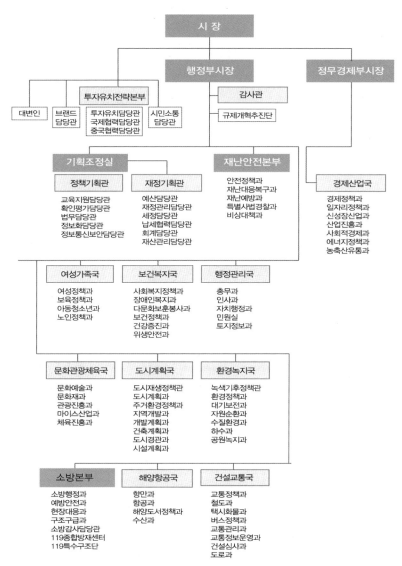

http://www.incheon.go.kr/app/organize-www

제 7 장 집행부: 단체장의 권한과 리더십-관료제(공무원)

◆ 직속기관

인재개발원	보건환경연구원
농업기술센터	중부소방서
남동소방서	부평소방서
서부소방서	공단소방서
계양소방서	남부소방서
강화소방서	공항소방서
소방안전학교	

◆ 사업소

경제자유구역청	상수도사업본부
도시철도건설본부	종합건설본부
여성복지관	여성의광장
종합문화예술회관	인천대공원사업소
서부공원사업소	월미공원사업소
미추홀도서관	계양공원사업소
구월농축산물도매시장	시립박물관
수산자원연구소	삼산농산물도매시장
수산사무소	중앙협력본부
아동복지관	서부여성회관

http://www.incheon.go.kr/articles/182(2016년 8월 1일 현재)

(2) 전라북도 고창군

◆ 사업소

생물권보전사업소	생물권보전	자연생태	생태홍보
체육청소년사업소	체육진흥	청소년	체육시설
상하수도사업소	관리	상수도	하수도
환경시설사업소	시설관리	생활환경	폐기물처리
문화시설사업소	문화예술	문화시설	인문도서관

◆ 직속기관

보건소	보건행정	예방의약	건강증진	방문보건
농업기술센터	농촌개발과 : 지도행정	농업경영	생활자원	귀농귀촌	농업인상담소
	기술지원과 : 환경농업	경제작물	특화작물	농기계지원	새기술연구개발 T/F

http://www.gochang.go.kr/index.gochang?menuCd=DOM_000000506003002000(2016년 8월 1일 현재)

6. 결론: 지방자치단체장의 리더십에 대한 평가

우리의 지방자치제도는 1995년 지역주민의 선거를 통해 지방자치단체장이 선출된 이후 2014년 지방선거까지 6회의 선거를 거쳤다. 지방자치단체장의 리더십에서 보면 그동안의 지방자치의 수준이 일정 부분 향상된 것이 사실이지만 적지 않은 문제점이 여전히 개선되고 있지 못하다. 예를 들어 선거를 의식한 단체장의 선심성 사업의 증가, 지방자치단체 간의 랜드마크형 대형건설 사업의 추진 등의 문제점이 있고(이용환 외 2명 2013), 지방자치단체장의 부패 문제 역시 줄지 않고 있다.

지방자치단체장의 입장에서 보았을 때, 지방자치의 여건 또한 우려되는 사항이 많다. 고령화와 저출산, 지역 간의 발전의 격차, 자주세원의 부족 등의 문제가 대표적이다. 이들 문제들은 한국 사회 전체의 구조적인 문제로써 중앙정부의 책임과 역할이 더욱 크다. 그러나 이러한 조건에서 지방자치를 운영하고 지역발전을 이끌어가야 하는 단체장의 입장에서 이런 문제를 개선하고 해결하지 않고서는 지역주민의 지지를 확보할 수 없고, 다음 선거에서 당선을 어렵게 한다. 사실 지역 주민들에게 주민자치와 관련한 현안에서 중앙정부와 지방정부의 책임과 역할을 정확하게 구분해줄 것을 기대하는 것은 무리이다. 그렇다고 지역주민들이 중앙정부의 국가정책으로 추진되는 사업에 대한 불만을 지방정부에게 하소연하는 것을 수수방관만 할 수도 없다. 중앙─지방 정부 간의 정책연계가 조화롭고, 관련 재원의 배분 역시 각각의 역할에 비례해 배분되고 집행된다면, 중앙─지방 정부 간의 갈등은 줄어들고, 지역주민들에 대한 지방정부의 책임도 경감될 것이다. 그러나 현실적으로 이런 상황을 기대할 수는 없다. 그 이유 중의 하나는 대도시와 중소도시 내지 농어촌 지역 간에 거주인구수와 경제수준의 편차가 지나치게 커서 전국적으로 재원의 배분의 균형점을 찾기가 대단히 어렵기 때문이다. 예를 들어 세원을 중앙정부에서 지방정부로 대거 이전해도 세원의 자체 기반이 약해 지방세로 경상비지출도 감당할 수 없는 지방정부가 많기 때문이다.

그렇다면 지난 20년 이상 지방자치제도의 경험을 통해 지역주민들이 지역에 합당한 단체장을 올바르게 평가하고 선출할 수 있는 기준은 무엇일까?

첫째, 비리부패의 가능성이 높은 인물은 우선 배제되어야 한다. 단체장들의 비리와 부패는 각종 인허가와 지역개발, 공사업체선정, 인사비리 등에 집중된다(강원택 외 4명 2010, 40; 안광현 2010, 114). 단체장의 부패는 단체장 개인의 범죄로 끝나는 것이 아니다. 지역의 인적 및 물적 자원의 효율적 활용을 방해하고, 지역 구성원들의 결속력을 약화시켜 지역공동체의 원만한 운영에 큰 타격을 준다. 또한 지방정부 수장의 부패와 비리는 지방자치제도 전반에 대한 불신과 지역공동체의 퇴보로도 나타난다.

둘째, 단체장은 지역발전에 대한 열정과 강력한 의지의 소유자이어야 한다. 단체장에 바람직한 여러 재질과 능력이 다소 부족해도, 진실한 열정과 의지가 강하다면, 이런 단점들을 충분히 보완하는 것이 가능하다. 개인적으로 부족한 능력은 행정 조직과 기관의 공무원들의 지식과 경험, 자문기관의 네트워크를 활용하는 것으로 보완될 수 있다.

셋째, 임기 내내 지역의 모든 주민, 기관과 단체의 요구에 공평하게 귀를 기울이는 인물이어야 한다. 선거기간 동안만 주민들 앞에 나타나고, 당선 후에는 자신을 지지했던 지지자들의 의견만 경청하는 인물은 배제되어야 한다. 단체장은 모든 구성원의 정치적 대표이며 행정기관의 수반이 되어야 한다.

넷째, 헌신하고 봉사하는 자세의 인물이어야 한다. 오늘날 행정기관은 지시하고 명령을 내리는 기관이 아니라, 고객인 지역주민들의 눈높이에 맞춰 서비스하고 봉사하는 기관이다. 단체장이 지방정치의 대표자이자 지방행정의 수장이기는 하지만, 기본적으로는 지역의 주권자인 지역주민의 선거를 통해 대표로서 당선된 인물이다. 따라서 단체장은 지역주민의 정치적 요구와 의견을 지방행정과 지역발전의 정책에 최대한 반영해야 할 책임과 의무가 있다. 또한 중앙정부에 대해서는 지방의 균형발전과 주민의 복리를 위해 지역주민의 목소리를 대변해야 한다.

지역주민의 입장에서 이러한 인물을 지방정부의 단체장으로 선출하려면 어떤 노력이나 자세를 갖추면 될 것인가? 실천하는 것이 어려울지 모르겠지만 대답은 의외로 간단하다. 무엇보다도 단체장의 지방정치와 행정관리에 대한 끝임 없는 관심과 감시이다. 잘하는 업적에 대해서는 큰 갈채를, 잘못한 일에 대해서는 엄중한 경고와 신랄한 비판을 서슴지 않아야 한다. 또한 선의의 실수와 과오에 대해서는 따뜻한 위로와 격려가 필요하다. 단체장을 향한 지역주민들의 이런 관심과 갈채, 비판, 위로, 격려가 끝임 없이 이어질 때, 단체장의 리더십은 발휘되고 주민들의 만족감은 증가한다.

❶ 내가 거주하고 있는 기초자치단체의 인구규모와 연령별 구성, 지역산업의 현황, 지역 커뮤니티의 특징, 예산규모, 재정현황, 재정자립도 등에 대해 어느 정도의 정보를 갖고 있는가?

❷ 내가 거주하는 지역의 단체장은 어떠한 속성과 경력의 소유자이며, 지방정치의 대표와 지방행정의 수장으로서 어느 정도의 리더십을 발휘하고 있는가?

❸ 내가 거주하는 지역의 지방정부가 제공하는 행정서비스에 대해 지역 주민들은 어느 정도로 만족하고 있는가? 만족의 수준이 높지 않다면 그 이유는 무엇일까?

❹ 현 거주 지역의 단체장이 리더십을 최대한 발휘할 수 있게 하는 효과적인 방안에는 어떤 것들이 있는가?

❺ 지방공무원들이 지역주민들에 대한 행정관리업무를 창의적이고 능동적으로 수행할 수 있게 하는 방안에는 어떤 것들이 있을까?

❻ 우리 지역의 단체장에게 적합한 리더십의 유형은 어떤 것이며, 그 이유는 무엇일까?

강원택 · 전용주 · 임성학 · 박경미 · 조진만. 2010. "입법 분야 청렴성 제고를 위한 부패 실태조사 용역사업보고서." 국민권익위원회.

고경훈. 2012. "지방자치단체장의 리더십에 관한 경험적 연구: Yates의 모형을 기준으로." 『한국행정연구』 21(2): 79－102.

김병국 · 권오철 · 하현상. 2012. 『지방자치단체 다양화 방안』. 한국지방행정연구원.

박해육 · 주재육. 2008. 『지방자치단체장의 리더십 연구 － 민선 기초자치단체장을 중심으로 －』. 한국지방행정연구원.

안광현. 2010. 『현대지방자치론 II』. 서울: 한국학술정보(주)

이달곤 · 하혜수 · 정정화 · 전주상 · 김철회. 2012. 『지방자치론』. 서울: 박영사.

이용환 · 송상훈 · 이현우. 2013. "한국지방자치의 활성화 방안." 『이슈&진단』 (97): 1－25.

주용학, 2010. 『지방자치단체장의 리더십』. 서울: 도서출판 조명문화사.

최항순. 2006. "광역자치단체장의 바람직한 역할에 관한 연구: 주요단체장들의 성공사례를 중심으로." 『한국공공관리학보』 20(2), 95－127.

행정자치부. 2016. "지방공무원 인사분야 통합지침(행정자치부 예규 제57호(2016.6.28.)."

행정자치부 지방재정365의 재정지표: http://lofin.moi.go.kr/

쟁점과 과제

8 세방화(glocalization)와 지방정부의 역할 변화

19세기 후반 공산주의의 유령이 유럽을 휩쓸었다면, 21세기의 초입에는 신자유주의 세계화의 유령이 전 세계를 휩쓸고 있다. '신자유주의'(neo-liberalism)나 그 동의어처럼 쓰이는 '세계화'(globalization)는 이제 어린 아이들까지 그 의미를 어느 정도는 이해할 만큼 우리 모두에게 익숙한 용어가 되고 있다. 신자유주의 세계화의 유령이 휩쓸고 지나간 자리에는 지난 세기 내내 철옹성처럼 견고해 보였던 국민국가 시대의 국경이 조금씩 허물어 내리는 조짐이 나타나고 있다. 국경을 따라 나뉘어 있던 시장은 거대한 지역시장 혹은 세계시장으로 통합되어 가고 있다. 자본주의 경제체제가 전 지구적인 통합을 이룩해 가고 있는 것이다.

경제의 세계화는 경제적 영역에 국한되어 나타나는 것은 아니다. 그것은 정치적, 기술적, 문화적인 측면에서의 세계화도 동시에 수반한다(기든스 2000). 특히 경제의 세계화는 결국 전지구적 차원에서의 '글로벌 스탠다드(global standard)'의 확산과 함께 문화의 세계화로 귀결된다. 문화의 세계화는 허물어져 가는 국경을 따라 문화적 교류와 협력이 보다 활발해지면서 그 속도가 점점 빨라지고 있다. 미국을 중심으로 한 세계 자본주의가 빚어내는 다양한 문화적 산물과 상징들은 인종과 언어, 문화와 종교의 차이를 넘어 세계인이 공유하는 보편적인 문화 코드로 정착해

가고 있는 것이다. 코카콜라와 스타벅스가 지배하는 세계, 미국산 팝 컬쳐는 이제 세계인의 삶 속에 친숙한 일상의 문화로 자리잡아가고 있다.

신자유주의 세계화가 가져온 이런 변화는 지방자치의 존재 양식에도 많은 변화를 가져오고 있다. 자본주의 경제의 전지구적 통합은 지방자치의 핵심인 지방정부 간 투자나 자본유치에 있어 경쟁체제를 강화시키고 있다. 영국이나 미국 등 서구 선진국의 수많은 지방정부들이 지역경제의 성장에 더욱 목을 매는 모습을 보이고 있을 뿐 아니라 기업의 경영 논리와 유사한 정부 운영의 행태를 보이고 있다(유재원 2000). 이와 같은 지방정부 운영의 변화상은 비단 유럽이나 북미 선진국가의 지방정부에 국한되어 나타나는 현상이 아니다. 대만, 홍콩, 싱가폴 등 신흥공업국(NICs)은 물론 브라질, 인도, 중국, 러시아 등 이른바 BRICs로 불리는 신흥시장(emerging markets)의 지방정부들도 신자유주의적 세계화의 세례를 받으면서 선진국 지방정부들과 비슷한 행태를 보여주고 있다. 물론 1990년 이후 지방자치제를 도입, 시행해 온 우리나라 지방정부의 경우도 예외는 아니다.

신자유주의 세계화는 비단 지방정부의 운영 행태만 바꿔 놓은 것은 아니다. 지방정부 간 경쟁의 강화는 지방정부가 외국의 중앙정부나 지방정부 혹은 국제 정부 간 기구, 국제 비정부기구, 초국적 기업 등과 맺는 대외 관계의 형식에도 큰 변화를 가져왔다. 세계화 이전에는 지방정부가 중앙정부의 간섭을 받지 않고 그와 같은 대외적인 행위자들과 직접적인 대외 관계를 맺긴 쉽지 않은 일이었다. 하지만 신자유주의적 세계화의 시대에 접어들면서 세계적 규모의 시장통합으로 인해 중앙정부의 역할이 줄어들게 되고, 지방정부가 중앙정부를 거치지 않고 직접 국경 밖의 정부나 기업, 국제기구나 국제 비정부조직 등과 협력적 관계를 맺는 경우가 빈발하고 있다. 즉, 지방정부 차원에서 국제교류와 협력의 명분 아래 이루어지는 '지방외교(혹은 자치외교)' 활동이 비약적으로 증가하고 있는 것이다.

또한 신자유주의 세계화에 따른 자본주의 경제체제의 시장통합이 가져온 노동력의 국제적 이동은 지방정부의 운영에 있어 외국 이주민 집단에 의해 주도되는 '다문화사회'라는 새로운 정책 환경을 만들어 내었다. 그와 같은 다문화사회 현상은 외국의 이주노동자뿐만 아니라 국제결혼이나 유학 등을 통해 전체적인 외국인 거주민의 비중이 증가하는 현상과 맥을 같이 하고 있다.

　이 장에서는 먼저 근대 국민국가체제의 해체를 촉발한 신자유주의 세계화와 그에 동반한 지방화 현상, 즉 세방화 현상의 본질과 그 등장 배경이 무엇인지 살펴본다. 다음으로 세방화의 흐름이 지방정부의 존재 및 행위 양식을 어떻게 송두리째 바꿔놓고 있는지를 살펴본다. 또한 그런 변화가 세방화와 지방자치에 미친 영향에 대한 이해를 바탕으로 '지방외교(혹은 자치외교)'로 불리는 지방정부의 국제교류협력이 양적, 질적 측면에서 어떻게 변화해 왔으며, 지방정부가 다문화사회의 환경에 어떻게 적응해가고 있는지를 살펴본다. 마지막으로, 지방정부의 국제교류협력과 다문화정책이 세방화 시대에 보다 전향적으로 수행되기 위해 염두에 두어야 할 몇 가지 정책적 고려사항들을 제시하며 글을 맺는다.

1. 세방화와 지방자치

1) 신자유주의적 세계화와 근대 국민국가체제의 해체

　1648년 체결된 웨스트팔리아 조약은 유럽 전역을 휩쓸었던 30년 전쟁의 종결을 가져온 조약이기도 하지만 오랜 중세의 봉건적 질서가 주권에 입각한 근대적인 국민국가 중심의 질서로 전환되는 역사적인 사건이기도 했다. 웨스트팔리아 조약 체결 이후 근대 국민국가는 대내적으로는 최고성을 대외적으로는 독립성을 지닌 주권을 행사하는 국제관계의 중요한 주체로서 그 중요성이 부각되어 왔다. 하지만 그로부터 350여년이 지난 오늘날 웨스트팔리아 조약으로 확립되기 시작한 근대 국민국가체제는 신자유주의에 입각한 세계화의 거센 흐름 속에 또 다른 근본적인 변화를 겪고 있다.

　1980년대 이후 신자유주의적 세계화가 전 세계를 강타하면서 근대적인 국민국가의 주권이 국가 간 관계의 가장 중요한 요소로 작동하는 국제질서는 점점 그 의미를 잃어가고 있는 실정이다. 근대 국민국가체제에서 시장의 주요한 행위자였던 기업은 이제 더 이상 국가 관리의 대상이 될 수 있는 규모가 아니다. 국경을 초월하여 전지구적 차원에서 생산과 판매를 수행하는 초국적기업(transnational companies: TNCs)이 경제의 세계화를 앞당기는 주요 행위자로 등장한 지 오래이다. 미국 월스트리트의 거대한 금융자본은 1980년대 이후 자본주의 세계시장에서 일상화된 형태로 나타나기 시작한 외환위기, 외채위기, 은행위기, 재정위기 등 다양한 금융위기를 틈타 세계 곳곳에 뿌리내리기 시작했고, 그와 같은 금융세계화의 네트워크를 통해 엄청난 수익을 창출하고 있다. 미국 자본주의의 기준을 세계에 강요하는 이른바 워싱턴 컨센서스(Washington Consensus)에 입각한 경제와 금융의 세계화는 정치, 문화 등 다른 영역에서 마저 서구적 기준을 강요하며 전 세계를 유사한 생활의 가치와 신념에 의해 움직이는 새로운 글로벌 공동체로 만들어가고 있다.

이와 같은 신자유주의 세계화가 만들어낸 정치, 경제, 군사, 안보, 사회, 문화 등 모든 영역에 걸친 변화는 근대 국민국가 체제 하에서 대외적으로는 독립된 주권행사의 거의 유일한 주체였던 국가, 즉 중앙정부에 대응하는 지방정부의 위상과 역할에도 큰 변화를 가져왔다. 즉, 세계화와 함께 나타나기 시작한 새로운 현상의 하나인 지방화(localization)가 동시에 진전되면서 세방화(glocalization)라는 지금껏 찾아볼 수 없었던 새로운 현상이 나타나기 시작한 것이다.

2) 세계화(globalization)와 지방화(localization) = 세방화(glocalization)

세방화의 본질을 제대로 이해하기 위해 먼저 세계화가 정확히 무엇을 의미하는지 살펴볼 필요가 있다. 세계화의 개념에 대해서는 다양한 정의가 존재한다. 많은 사회과학자들은 국제화(Internationalization)와 대비되는 세계화의 특징을 부각시키고 있다. 국제화가 국민국가 간의 교류가 늘어나는 단순한 현상을 말한다면, 세계화는 양적 교류의 확대를 넘어서 근대적인 사회생활이 새롭게 재구성됨으로써 세계사회가 독자적인 차원을 획득하는 과정을 말한다(Harvey 1989). 기든스는 세계화가 세계적 범위의 사회관계가 심화되는 것으로 정의될 수 있으며, 서로 멀리 떨어져 있는 지방들을 연계시킴으로써 지리적으로 멀리 떨어진 지방들에서 일어나는 사건들이 서로 원인과 결과가 되는 현상으로 이해한다(Giddens 1990). 엘브로우는 세계화야말로 세계의 시민들이 하나의 단일한 세계사회, 지구사회로 통합되는 모든 과정을 일컫는 것이라고 주장한다(Albrow 1996). 시마이는 매스컴과 무역, 자본의 흐름 등으로 인한 상호 의존성과 기술적 변화(transformation) 과정, 생산과 소비유형의 동질화(homogenization) 및 표준화 과정, 무역과 투자 및 여타 교역 등의 세계시장 지향 과정, 시장의 공간적 · 제도적 통합과정, 국경을 초월한 경제적 규제와 제도 및 정책 등의 일체성 또는 유사성의 증가과정으로 세계화의 특징을 요약하고 있다(Simai 1994, 233).

이와 같은 다양한 정의들을 고려할 때, 세계화란 각 국가경제의 세계경제로의 통합은 물론, 정치적, 문화적 통합까지 의미하는데 국가 및 지역 간에 존재하던 상품, 서비스, 자본, 노동, 정보 등에 대한 인위적 장벽이 제거되어 하나의 단일 집단의 형태로 통합되는 경향으로 정리할 수 있다.

그렇다면 지방화(localization)란 무엇인가? 일찍이 세계화 현상에 대해 주목했던 기든스(A. Giddens)나 돌푸스(O. Dollfus)와 같은 학자들은 세계화 현상이 반드시 국가나 지방자치단체들을 세계무대로 끌어내기만 하는 단일한 과정이 아니라고 주장한다(Giddens 1990). 세계화의 추세 속에 각 지방은 자율적이고 자주적인 방법으로 자신의 생존과 발전을 모색할 수밖에 없기에 지방화는 세계화의 필요조건이라 할 수 있다. 따라서 지방화는 '가장 지방적인 것이 가장 세계적'이라는 사고에 입각하여 세계적 차원의 정치 · 경제 · 사회 · 문화 활동의 주체로 거듭나는 보다 적극적인 개념을 내포하고 있다.

세계화는 국민국가의 장악력이 약화된 틈을 타서 지방자치를 위한 새로운 압력을 만들어 내기도 한다는 점에서 세계화와 지방화를 동시에 가져오는 매우 복합적인 현상이라 할 수 있다. 세계화가 지닌 이런 이중적, 복합적 측면은 세방화(glocalization)라는 개념으로 구체화되고 있다. 먼저 세방화의 개념이 왜 중요하며 어떠한 시대적 상황 하에서 나타나게 되었는지를 살펴볼 필요가 있다. 세방화의 개념은 다음의 3가지 중요한 출발점을 지니고 있다. 첫째, 세계적 차원에서의 자본주의의 지속적 발전에 힘입어 고전적인 국가중심의 세계질서가 해체되어가는 과정에서 보편적 현상으로서의 세계화(globalization)가 추진되고 있다는 점이다. 즉, 세방화란 시장경쟁의 원리가 국경과 주권을 초월하여 전지구적으로 보편화되어가는 세계화의 과정과 그 맥을 같이 함으로써 국가의 시장개입 배제와 국가간 상호의존의 심화 현상을 수반하고 있다는 것이다. 둘째, 급속한 과학기술의 발달이 지방자치단체와 같은 지역단위의 경제주체들이 중앙정부에 의존하지 않고 세계적 시장경쟁에서 주요한 행위주체로 등장케 함으로써 세방화를 가속시키고 있다는 것이다. 마지막으로 우리나라의 경우에서처럼 중앙정부 주도의 고도경제성장 과정에서 나타나는 지역 간 불균형 성장의 문제가 지방자치단체 스스로 자활과 자립의 계기로서 세계화의 추세를 적극 활용하게 만들었다는 것이다.

이상의 논의를 종합해 볼 때 세방화의 문제는 선택의 문제가 아니라 시대적 요구로서 우리 모두에게 주어진 현실의 "당위"라고 할 수 있다. 이와 같은 맥락에서 이제 지방자치단체는 지역 이미지 제고와 경제적 자원으로 만드는 역량적 우위요소를 개발하여 지식자산과 부가가치를 창출함으로써 지역발전과 국가 발전을 동시에 추구해 나가야 하는 시대적 요구에 직면해 있는 것이다.

3) 세방화 시대의 다층적 거버넌스에서 지방정부의 변화된 위상과 역할

세방화 시대에 중앙정부와 지방정부의 위상과 역할은 어떻게 달라지고 있는가? 그 답은 너무도 간단하다. 당연히 중앙정부의 위상이 낮아지고 역할은 축소되는 반면 지방정부의 위상은 높아지고 역할은 더욱 확대되고 있다는 것이다. 세계화와 지방화가 동시에 진행되고 있는 시대의 흐름을 극단적으로 이해하는 시각에서는 현재와 같은 세방화의 시대를 일종의 '신중세시대'로까지 이해하려는 경향을 보이고 있다. 즉, 주권국가의 국경이 무너진 대신 지역 혹은 지방의 경계가 그것을 대체해 가고 있으며, 경우에 따라서는 강력한 지방권력이 오히려 중앙권력을 능가하는 수준에까지 이르게 된다. 결국에는 분절된 주권국가들 간의 대립이라는 웨스트팔리아적 국제질서가 분절된 지역 혹은 지방공동체 간의 대립과 경쟁이라는 전혀 새로운 신중세적 국제질서로 전환해 갈 가능성도 예견되고 있다.

이런 세방화의 시대에는 웨스트팔리아 체제 하에서는 거의 유일한 대외적 주권행사의 담당자였던 국가(혹은 중앙/연방정부)의 역할이 축소되고 그 공백을 지역 혹은 지방정부의 지방외교나 국제교류협력이 대체하는 모습이 나타나고 있다. 유럽의 지역통합 과정에서 일반화된 다층적 거버넌스 체계는 세방화 시대의 국제관계에서 지방정부와 외국 중앙정부, 지방정부와 외국 지방정부, 지방정부와 지역적 혹은 국제적 수준의 기구/레짐 간의 새로운 다층적, 복합적 관계를 잘 보여주고 있다.

원래 다층적 거버넌스(multi-level governance)의 개념은 마크스(Marks 1992)가 1988년 유럽연합의 주요 개혁에 뒤이은 구조정책(structural policy)의 발전과정을 분석하면서 처음 사용한 것으로 알려져 있다. 이후 마크스를 비롯한 다른 학자들이 유럽연합의 의사결정과정에 다층적 거버넌스의 개념을 폭넓게 적용해 가면서 개념적 발전을 이루어 왔다(Bache and Flinders 2004, 2).[1] 다층적 거버넌스는 중앙정부의 권한이 수직적인 차원에서 지역적 수준이 다른 행위자들(actors at other territorial levels)에게 분산되거나 수평적인 차원에서 비국가 행위자들(non-state actors)에게로 분산되는 현상을 설명하는 개념이다(Bache and Flinders 2004). 마크스(Marks 1993)는 정책네트워크 접근법(policy network approach)에 의거하여 다층적 거버넌스를 "몇 개의 지역적 층위에서 뿌리내리고 있는(nested) 정부들 간의 지속적인 협상 체계"로 정의하고 있다(392). 다층거버넌스의 체계 속에는 초국가적, 국가적, 지역적, 지방적 차원의 정부들이 지역적으로 모든 것에 우선하는 정책네트워크에 서로 연결되어 있다(402-403).

베스틸과 벌클리(Betsill and Bulkeley 2006)는 EU에 다층적 거버넌스 시스템이 도입된 배경을 다음의 세 가지로 요약하고 있다. 첫째, 초국적 기관들이 정책결정

1 다층적 거버넌스의 개념은 다원주의에 입각한 국제관계론의 학문적 전통에서 발전되어 나온 신기능주의와 국가중심적인 현실주의에 바탕을 둔 정부간주의(intergovernmentalism)의 논쟁의 와중에서 신기능주의적 입장을 견지하면서도 정부간주의의 문제의식을 포용하기 위해 고안된 개념이다. 다층적 거버넌스와 비슷한 의미로 사용되는 개념들에는 다층위 거버넌스(multi-tiered governance), 다중거버넌스(polycentric governance), 다중시각 거버넌스(muti-perspectival governance), FOCJ(기능적, 중첩적, 경쟁적 관할권), 프래그머레이션(fragmeration: fragmentation과 integration의 합성어), SOAs(spheres of authority: 이 역시 Rosenau에 의해 global governance의 핵심개념을 설명하기 위해 제시된 개념) 등이 있다.

제 8 장 세방화와 지방정부의 역할 변화

과정에 독립적인 영향력들을 행사하게 됨으로써 주권국가들이 더 이상 정책결정을 독점하지 못하게 되었다는 점이다. 둘째, 보다 복잡해진 정책문제들에 대해 집단적인 결정을 해야 할 필요가 증대됨에 따라 주권국가들이 정책결정과정에 대한 통제권을 상실하게 되었다는 점이다. 셋째, 초국적, 국가적, 하위국가적 수준의 정치적 공론장들이 정책네트워크를 통해 서로 긴밀히 연결된 점을 들고 있다. 이런 배경들이 작용해서 결국 각기 다른 수준의 거버넌스 구조에서 활동하는 행위자들 간에 정책결정을 둘러싼 경쟁이 형성되기에 이른 것이다.

다층적 거버넌스에 입각한 설명이 기본적으로 국가의 역할 축소를 전제로 하고 있음은 사실이나 그것이 반드시 국가 역할의 축소를 수반함을 의미하는 것은 아니다. 오히려 다층적 거버넌스의 시각이 주장하는 바는 기존의 전통적인 이분법적인 시각, 즉 국내정치와 국제정치 간의 구분, 지역이나 국가 또는 글로벌한 수준에서의 지리적 규모에 따른 구분, 국가와 비국가행위자 간의 구분에 입각한 설명이 더 이상 유효하지 않음을 의미하는 것이다. 이런 의미에서 다층적 거버넌스의 시각은 국가가 지닌 복잡성과 정책결정과정을 통제하는 국가적 수준에서의 국가기관들의 축소된 능력을 강조하면서, 권위가 작동하는 전혀 새로운 영역으로 관심을 돌릴 것을 제안하고 있는 것이다.

따라서 세방화의 시대가 도래 했다고 해서 그것이 반드시 지방자치나 지방분권의 발전 혹은 심화로 이어진다는 보장은 어디에도 없다. 즉, 세방화의 시대가 지방정부의 위상과 역할을 강화시키는 면이 있긴 하지만 다른 한편으로 지방정부의 부담을 가중시키는 면도 없지 않다는 것이다. 세계화의 진전으로 자본과 노동 등 생산요소의 국경 간 이동이 보다 활발해지면서 그간 언어와 민족 등의 요소로 나누어져 있었던 민족국가 중심의 공동체적 기반이 약화된다. 따라서 활발한 외국인 이주나 노동력 이동 등으로 인해 세계의 각 국가는 보다 다층적이고 복합적인 인종, 민족, 언어, 문화의 융합을 경험하게 된다. 즉, 다문화적 공동체가 세계 곳곳에서 일상화된 형태로 나타나고 있어 각 국가의 중앙정부뿐만 아니라 지방정부 또한 그와 같은 변화하는 공동체의 속성에 나름대로 적응해야 할 필요가 생기게 된 것이다. 두말할 나위 없이 이와 같은 다문화사회의 도래는 지방자치의 관리에 있어

크나큰 부담 요소로 작용하게 된다. 우리나라의 경우에도 국제결혼이나 이주노동자의 증가로 인한 다문화주의의 확산으로 다문화사회로의 진입 속도가 빨라지고 있다. 특히 지방정부 차원에서 그에 대한 보다 신속한 대응이 요구되고 있는 시점에 이르고 있다.

2. 세계화와 지방정부의 위상 변화

1) 유럽지방자치헌장과 지방자치의 세계화

1949년 결성된 유럽평의회(Council of Europe)는 지방자치의 세계화에 있어 매우 중요한 역할을 한 기구라 할 수 있다. 유럽평의회 헌장의 규약 정신에 따라 민주국가의 원칙, 인권의 보호 및 정치적 자유와 함께 지방자치의 문제가 중요한 의제로 다루어지면서 지방자치단체협의회가 결성되어 활동하게 된 것이 지방자치의 세계화의 출발점이 되었다.

유럽평의회에 설치된 유럽지방자치단체협의회는 1952년 지방회의 내에 지방자치단체와 지역문제를 위한 특별위원회를 설치하였고 1957년에는 모든 회원국의 지방자치단체대표들로 구성되는 유럽지방자치단체협회를 발족했다. 1968년과 1970년의 지방자치 관련 선언을 거쳐 1985년 유럽지방자치헌장이 유럽각료회의에서 의결되었고 1988년 9월 4개국의 비준을 거쳐 마침내 효력을 발생하게 되었다(이기우 2005).

유럽자치헌장은 이후 세계지방자치헌장 추진의 디딤돌이 되었고 결국 지방자치를 일국 내의 국내문제에서 국경을 초월한 세계적인 차원의 문제로 격상시키는데 크게 기여하였다.

2) 세계화와 지방화 간 관계의 이중성

세계화와 지방화의 동시 진행이 가능하다는 주장은 세계화의 외적 압력이 중앙정부의 기능을 약화시키면서 지방으로의 분권화를 진전시킬 것이라는 낙관적 기대에 바탕을 두고 있다. 즉, 세계적으로 국가 간의 자유로운 무역을 가로막아 왔던 다양한 무역장벽들이 무너지고 개인 혹은 기업의 자유로운 의사결정에 따라 자본과 노동이 국경을 넘어 자유롭게 이동할 수 있게 되면 국민국가의 기능은 자연히 쇠퇴할 수밖에 없고 국가 내부적으로는 지방화를 통한 분권화가 이루어질 수밖에 없다는 것이다(임혁백 1994).

하지만 과연 그와 같은 세계화가 지방화를 견인할 것이라는 가설적 예측이 반드시 옳은 것인가에 대한 반론도 만만치 않다. 세계화의 압력이 지방화와 분권화를 촉진한다 하더라도 우리나라와 같이 지방정부 간의 재정적 불균형이 심하거나 지역 간 격차가 두드러진 사회에서는 세계화가 국민국가의 주권을 약화시켜 중앙정부에 대한 지방정부의 자율성이 강화될 것이라는 긍정적 전망이 반드시 실현될 것이라고 보기 어렵다는 것이다. 즉, 세계화가 진행되어도 가난하거나 아직 지방자치나 시민사회의 발달이 제대로 이루어지지 않은 국가에서는 세계화 현상이 지방화와 분권화에 미치는 영향이 제한적일 수밖에 없으며(Hoffmann 2002), 따라서 국민국가의 기능이 본질적으로 약화되지 않고 지속될 것이라는 주장이다. 경우에 따라서는 세계화가 오히려 국민국가의 역할과 기능을 더 강화하는 역설적 상황이 생겨날 수도 있다는 주장까지 제기되기도 한다(김호기 1995; 정정길 1996).

3. 세방화 시대 지방정부의 대외관계와 국제교류협력

1) 세방화와 지방정부의 대외관계 변화

세계화가 과연 국민국가의 주권을 약화시킬 것인가에 대한 미래 예측을 놓고 여전히 많은 논쟁이 전개되고 있는 상황이지만 세계화가 어떤 형식으로든 국가 주권의 부분적인 약화를 동반한다는 사실에 대해서는 이론의 여지가 없는 것이 사실이다. 근대적 국민국가의 주권은 대내적으로는 최고성을, 대외적으로는 독립성을 지닌 것으로 주로 중앙정부에 의해서 행사되어 왔다. 하지만 세계화의 급속한 진전은 중앙정부에 의해 대외적으로는 독립적으로 행사되던 주권이 부분적으로 지방정부로 이양되거나 위임되는 현상을 동반하게 된다. 즉, 중앙정부로 대표되는 국가주권의 약화에 의해 생겨나는 힘의 공백을 지방정부의 역할 증대로 메워 나가는 지방화의 현상이 함께 동반되고 있는 것이다. 이와 같은 세계화와 지방화의 동시적 진행은 앞서 살펴본 바와 같이 이미 세계화 현상에 주목했던 많은 학자들에 의해 확인된 바 있고, 그와 같은 현상을 지칭하는 용어로 세방화의 개념이 널리 쓰이고 있음 또한 확인하였다. 따라서 세계화와 지방화가 동시에 진행되는 변화된 행정 환경 속에서 지방정부는 더 이상 중앙정부에 의존하지 않고 스스로 국제적인 교류와 협력을 통해 글로벌 역량을 강화함으로써 점점 치열해 지고 있는 지방정부 간의 지역성장 경쟁에 적극적으로 대응하고자 노력하게 된다(김재근·서인석 2012, 411).

<그림 8-1>은 세방화가 가져온 국제교류협력의 패러다임 변화를 보여주고 있다. 신자유주의 세계화 시대 이전에는 외교에 관한 권한이 주로 중앙정부에만 독점되고 있어 국제교류협력은 국가와 국가 간의 외교나 국방 혹은 법적 계약 관계와 관련된 것이었다. 하지만 신자유주의 세계화 시대가 도래하면서 국가와 국가 간 외교관계로만 인식되었던 국제교류협력의 패러다임은 큰 변화를 겪게 된다. 무엇보다 먼저 중앙정부뿐만 아니라 지방정부나 기업, 시민사회단체 등 다양한 행위자들이 나타나게 되었고 이들 간의 교류협력의 방법과 내용 또한 다양화되기에 이른 것이다. 이는 앞서 설명한 세방화 시대의 다층적 거버넌스 구조에서 지방정부를 비롯한 다양한 거버넌스의 행위주체들이 국가를 대신해 수평적 네트워크의 형성에 개입하게 되는 상황과도 맥락이 닿아 있다.

엄밀한 의미에서 지방정부의 대외관계는 국가 간 대외관계를 의미하는 국제관계(international relations), 국제교류(international exchange), 국제협력(international co-operation)의 3가지 차원에서 이루어질 수 있다. 지방정부의 국제관계는 국가가 펼

그림 8-1 세방화에 따른 국제교류협력의 패러다임 변화

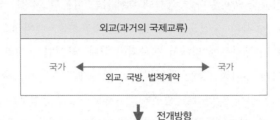

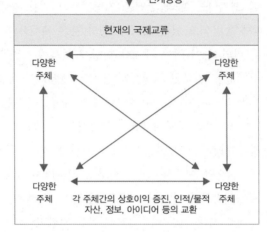

출처: 한국지방자치단체국제화재단(2006), 22

치는 외교행위에 대비하여 지방외교(local diplomacy)나 자치외교 등으로 불릴 수 있고, 지방정부의 국제교류는 지방정부가 외국의 다양한 층위의 주체들과 인적, 물적 자원 혹은 제도나 정보지식 등의 교환을 통해 상호이해를 도모하는 일체의 과정으로 이해된다. 또한 지방정부의 국제협력은 지방정부 간, 개인, 집단, 기관, 정부 등 다양한 주체들이 우호협력, 이해증진, 공동이익을 도모할 목적으로 공식, 비공식적으로 추진하는 대등한 협력관계를 지칭하는 것이다. 지방외교나 자치외교는 보다 공식적이고 정태적인 관계를 의미하는 반면, 국제교류는 주로 문화적 활동이나 민간차원의 관계 형성을 의미하고 국제협력은 협력 주체들 간의 사업이나 활동에 초

표 8-1 국제교류협력의 접근방법과 내용

교류형태	내용과 사례
시민·기업 협력형	각종 예술행사, 기업박람회 등
도시정부 간 친선교류형	자매결연, 공무원 등 인사교류
지방자치단체 간 개별문제 중심 교류형	관광개발, 지역개발, 문화교류
국제적인 Know-How 교류형	정보화정책, 도시정책, 행정관리기법
지방자치단체 차원의 협정-선언형	평화도시선언, 경제협력협정

출처: 한국지방행정연구원(1990)

점을 맞춘 적극적 개념이라 할 수 있다(박재욱·류재현 2009, 158-160). 따라서 지방외교(혹은 자치외교), 국제교류, 국제협력 등의 용어를 맥락에 따라 적절히 구분하여 사용하는 것이 바람직하겠지만 지방정부의 대외관계를 국제교류협력이라는 보편적 용어로 통칭하는 것이 일반적이라 할 수 있다.

2) 지방정부의 국제교류협력

그렇다면 신자유주의 세계화 시대에 지방정부는 어떤 내용으로 중앙정부의 국제교류협력을 대체해 가고 있는 것일까? 지방자치의 시대에 중앙정부와 지방정부의 역할은 뚜렷이 구분된다. 일반적으로 지방자치의 수준이 아무리 높은 국가라 하더라도 중앙정부는 외교나 군사, 치안 등의 기본적인 업무를 담당하는 반면, 지방정부는 중앙정부로부터 위임받은 사무(위임사무)나 지방정부 스스로 결정한 사무(자치사무)를 수행하게 된다. 즉, 중앙정부와 지방정부 간에는 확실한 역할 구분이 따르며, 이는 지방자치의 수준에 관계없이 보편적으로 지켜지는 준칙이라 할 수 있다. 따라서 세계화가 아무리 급속히 진전된다 하더라도 지방정부가 국가, 즉 중앙정부의 고유한 사무라 할 수 있는 외교나 군사, 치안 등과 같은 영역에서 다른 국가와 대등한 행위자로 행세할 수는 없다. 아무리 지방자치가 발달하고 또 세계화의 영향을 직접적으로 받고 있는 국가라 하더라도 지방정부의 국제교류협력이 외교, 군사, 안보의 측면에서 이루어질 수는 없는 것이다.

그렇다면 어떤 영역이 신자유주의 세계화 시대에 지방정부에게 위임되거나 이양된 국제교류협력의 영역인 것인가? 지방자치단체가 주체가 되는 지방과 지방 간의 교류협력은 너무도 당연히 행정, 경제, 사회, 문화 분야의 교류협력으로 한정될 가능성이 높다. 지방자치의 수준이 비교적 낮은 우리나라의 경우, 지방정부 차원에서 이루어지고 있는 국제교류협력의 내용을 교류형태별로 살펴보면 <표 8-1>에 제시된 바와 같이 시민·기업 협력형에서부터 지방자치단체 차원의 협정—선언형에 이르기까지 매우 다양하다. 또한 이러한 지방자치단체 국제교류협력을 분야별로 구분하여 살펴보면 <표 8-2>와 같은데 행정교류, 인적교류, 경제교류 등

표 8-2 우리나라 지방정부 국제교류협력사업의 분야별 주요 내용

교류 분야	주요 교류 내용
행정교류	대표단 상호방문, 행정정보교류, 교류10주년 기념식 등
인적교류(청소년 교류 포함)	교환(파견) 근무, 시찰 및 조사단 파견, 대학생 교류, 교환학생, 국제인턴십 등
경제교류	경제교류협정 체결, 지역기업 진출 및 합자투자사업 전용공단 조성, 무역센터 건립 상품전시관 및 특산품 상설전시관 개관 시장개척단 파견 및 산업시찰 상공회의소 간 자매결연, 중소기업 연합회 조직 투자설명회 및 관광전시회 개최, 기술이전 협의, 여객 직항로 개설
문화예술교류	민속축제 참가, 합창단·시립가무단·민속무용단 공연 사진전 개최, 서적 기증, 바둑 및 서예 교류전 국악연수, 민속품 전시회 개최
관광교류	관광물산전, 수학여행, 의료관광유치 등
스포츠교류	스포츠 교류단 파견, 친선 스포츠 경기 개최, 프로팀 친선경기 개최
기술·학술교류	행정정보 관련 세미나, 국제심포지엄 개최, 농업기술연수, 산업연수 등
민간단체교류	상공회의소 간 교류, 예술협회·의사회 등 민간단체 간 교류, 대학생 교류사업 등
상징사업	상호 기념공원 조성, 자매도시 전시관 개관, 명예시민증 수여 등
기타 교류	명예박사학위 수여, 재난시 복구 지원, 의료봉사활동, 동물교환 등

출처: 박용길(2004), 6, 전국시도지사협의회 홈페이지(http://exchange.gaok.or.kr, 검색일: 2016. 6. 13) 내용을 바탕으로 재구성

10개 분야로 나눌 수 있다.

<표 8-1>과 <표 8-2>에서 나타난 바와 같이 우리나라 지방자치단체 차원에서 가장 흔히 시도되고 있는 국제교류협력의 형식은 자매결연 및 우호도시 교류이다. 지방정부는 자매결연이나 우호도시 교류라는 비교적 쉬운 국제교류협력사업을 통해 외국의 지방자치단체와 정보를 교환하거나, 우호친선을 다지거나, 경제

표 8-3 2015년 기준 우리나라 지방자치단체들의 국제교류 현황(자매결연/우호교류)

(단위: 개, 건)

지역	단체수 (광역)	외국 국가 (광역)	외국 도시 (광역)	단체수 (기초)	외국 국가 (기초)	외국 도시 (기초)	자치단체 소계
합계	16	60	379	217	59	1,080	73개국 1118개 도시 1,459건
서울	1	35	49	25	24	133	42개국 175개 도시 182건
부산	1	23	30	16	8	47	24개국 73개 도시 77건
대구	1	10	18	7	7	22	14개국 39개 도시 40건
인천	1	17	30	10	10	48	21개국 76개 도시 78건
광주	1	11	18	5	2	11	12개국 28개 도시 29건
대전	1	19	25	5	4	11	20개국 36개 도시 36건
울산	1	10	15	5	6	16	10개국 31개 도시 31건
경기	1	21	33	30	34	204	37개국 232개 도시 237건
강원	1	16	28	18	17	102	24개국 126개 도시 130건
충북	1	11	16	12	9	43	14개국 59개 도시 59건
충남	1	13	26	15	15	78	25개국 102개 도시 104건
전북	1	4	9	13	11	60	12개국 66개 도시 69건
전남	1	13	32	20	22	93	28개국 123개 도시 125건
경북	1	11	15	15	20	99	26개국 110개 도시 114건
경남	1	13	23	18	14	92	19개국 111개 도시 115건
제주	1	9	12	2	5	20	11개국 32개 도시 32건

출처: 전국시도지사협의회 홈페이지(http://exchange.gaok.or.kr/exchange/list.action, 검색일: 2016. 6. 13)

제 8 장 세방화와 지방정부의 역할 변화

교류, 통상, 문화 등 다양한 분야에서 지방자치단체 간 교류를 추진하고 있다. <표 8-3>은 2016년 현재 우리나라의 지방자치단체들이 맺고 있는 국제교류 현황을 나타낸 자료이다. 세종특별시를 제외한 16개 광역시도들이 73개국 1,118개 도시와 1,459건에 이르는 자매결연이나 우호교류협력 등 국제교류협력 관계를 맺고 있다. 하지만 지방자치단체의 교류협력 대부분이 서울, 경기, 인천 등 수도권 지방자치단체에 의해 주도되고 있는 것으로 나타났다. 또한 우리나라 지방자치단체의 국제교류협력을 상대 국가별로 살펴보면 중국 589건, 일본 201건, 미국 163건으로 미·중·일 3국과의 협력건이 전체의 65.3%에 달해 교류협력이 주요국가에 집중되고 있고, 독일 등 서유럽 국가와의 교류협력은 극히 드문 것으로 나타났다.

우리나라 지방자치단체들은 세방화의 시대에 부응하기 위해 어떤 국제교류협력의 노력을 펼쳐 왔는가? 1990년 우리나라에 지방자치제도가 재도입된 이래 지방자치단체들의 국제적인 교류와 협력을 제도적으로 뒷받침하기 위한 노력은 1994년 7월 15일 전국 지방자치단체들이 공동 출연해 설립한 '재단법인 한국지방자치국제교류재단'이 대표적 사례라 할 수 있다. 동 단체는 지방자치단체의 해외 진출 및 교류 협력 확대 요구를 효율적으로 지원하기 위해 설립된 단체로서 2009년 행정안전부의 정부 공기업선진화 방침에 따라 2009년 말 해산될 때까지 국내 지방자치단체들의 국제교류를 알선하는 등 지방자치단체 국제교류협력 네트워크의 허브 역할을 자임하며 지방정부의 국제교류협력에 있어 중요한 역할을 담당해 왔다(정덕주 1996). <표 8-4>는 1960년대 이후 우리나라 지방자치단체의 국제교류협력의 변화 추이를 나타낸 자료인데 1960년대 이후 2000년대까지 지속적인 증가 추세를 보

표 8-4 우리나라 지방자치단체의 시기별 국제교류협력 추이 변화(1960-2015년)

(단위: 건)

구분	1960년대	1970년대	1980년대	1990년대	2000년대	2010년대	합
광역단체	6	6	23	103	160	79	377
기초단체	4	12	37	261	526	233	1,073
계	10	18	60	364	686	312	1,450

출처: 전국시도지사협의회 홈페이지(http://exchange.gaok.or.kr, 검색일: 2016. 6. 13)

여주고 있다. 특히 세계화가 본격적으로 나타나기 시작한 1990년대의 경우, 1980년대와 비교해 광역자치단체 수준에서는 4.5배 이상, 기초자치단체 수준에서는 8배 가량 국제교류협력 건수가 폭증하였다. 2000년대 역시 1990년대와 비교해 큰폭으로 지방자치단체의 국제교류협력이 늘어나고 있음을 알 수 있다.

4. 세계화와 지방정부의 다문화정책

1) 다문화사회의 출현

우리나라는 5천년의 유구한 역사 속에 단일민족국가를 이루어 온 것을 자랑으로 삼고 있고 이런 자부심은 대한민국 헌법의 전문에도 잘 드러나 있다. 헌법 전문에 "유구한 역사와 전통에 빛나는 우리 대한국민은 … 정의·인도와 동포애로써 민족의 단결을 공고히 하고 … "라고 쓰고 있는데 이는 우리나라가 단일민족의 역사

표 8-5 연도별 다문화 가족 관련 통계 변화 추이(2007-2015년)　　　　(단위: 명)

연도	계			결혼이민자			혼인귀화자			기타사유 국적취득자		
	계	남	여	계	남	여	계	남	여	계	남	여
2015	305,446	51,655	253,791	147,382	22,309	125,073	92,316	4,563	87,753	65,748	24,783	40,965
2014	295,842	48,787	247,055	149,764	21,953	127,811	90,439	4,261	86,178	55,639	22,573	33,066
2013	281,295	45,348	235,947	147,591	20,887	126,704	83,929	4,264	79,665	49,775	20,197	29,578
2012	267,727	42,459	225,268	144,214	19,630	124,584	76,473	4,268	72,205	47,040	18,561	28,479
2011	252,764	39,825	212,939	141,654	18,561	123,093	69,804	4,317	65,487	41,306	16,947	24,359
2010	221,548	34,144	187,404	125,087	15,876	109,211	56,584	3,796	52,788	39,877	14,472	25,405
2009	199,398	30,988	168,410	125,673	15,190	110,483	41,417	2,047	39,370	32,308	13,751	18,557
2008	168,224	26,339	141,885	102,713	13,711	89,002	41,672	2,991	38,681	23,839	9,637	14,202
2007	142,015	21,905	120,110	87,964	12,497	75,467	38,991	2,624	36,367	15,060	6,784	8,276

출처: 여성가족부 다문화가족 관련 연도별 통계(http://www.mogef.go.kr/korea/view/policy/…, 검색일: 2016. 6. 13)

를 자랑으로 삼고 있음을 보여주는 것이다. 하지만 1980년대에 들어서면서 세계화의 도래로 인해 우리나라와 같은 단일민족주의 국가에서조차 다문화사회가 일반화되어 나타나게 되었다. 우리나라가 다문화사회로 발전한 것은 외국인 주민수가 계속 증가해 왔기 때문이다. 외국인주민은 ① 국내에 90일을 초과하여 체류하는 한국국적을 가지지 아니한 자와 ② 외국인이었으나 한국국적을 취득한 자, ③ 결혼이민자 및 국적취득자의 미성년 자녀를 의미하는데 신자유주의 세계화는 우리나라에 외국인 근로자나 국제결혼 등의 사유로 이와 같은 외국인주민의 수를 급격히 증가시키는 데 기여하고 있다. <표 8-5>는 2007-2015년 사이 우리나라로 유입된 결혼이민자, 혼인귀화자, 기타 사유 국적취득자 등 다양한 유형의 다문화 가족 구성원의 증가 추이를 보여주고 있다. 2007년 14만 2천여 명에 불과했던 다문화 가족 구성원은 2015년에 이르러 두 배가 넘는 30만 5천여 명으로 급증하였음을 알 수 있다.

2) 다문화사회의 성숙과 발전

우리나라 사회는 어떻게 그와 같이 짧은 시간에 다문화사회로 진입하게 된 것인가? 무엇보다 먼저 외국인 노동자의 유입 증가가 다문화사회 형성의 가장 중요한 배경으로 지목될 수 있다. 우리나라에 외국인 노동자들이 대거 유입되기 시작한 것은 1980년대 후반의 일로 고용비용이 급격히 상승하고 소득수준이 향상됨에 따라 3D 업종을 기피하는 현상이 생겨나면서 단순기능 인력을 중심으로 인력난이 심화되기 시작했기 때문이다(허윤정 외 2006, 7). 이처럼 젊은 노동력의 비중 감소, 소득수준 향상에 따른 근로의욕 감퇴, 1980년대 후반의 노사분규 급증에 따른 급격한 임금인상 등 우리나라 경제발전에 따른 노동시장의 여건변화로 인해 산업연수생제도 등이 도입되면서 외국인 이주노동자들의 유입이 가속화되었다(송병준 1997). <표 8-6>은 2006-2015년 기간 연도별/시도별 외국인주민 현황을 조사한 자료이다. 조사기간 중 우리나라 외국인주민수는 매년 증가해 온 것으로 나타나고 있다. 외국인주민이 전체 인구에서 차지하는 비중 또한 2012-2013년을 제외하고는

표 8-6 연도별/시도별 외국인주민 현황(2006-2015년) (단위: 명, %)

구분	2006	2007	2008	2009	2010	2011	2012	2013	2014	2015
합계	536,627 (1.1)	722,686 (1.5)	891,341 (1.8)	1,106,884 (2.2)	1,139,283 (2.3)	1,265,006 (2.5)	1,409,577 (2.8)	1,445,631 (2.8)	1,569,470 (3.1)	1,741,919 (3.4)
서울	148,966	207,417	260,019	334,910	336,221	366,279	406,293	395,640	415,059	457,806
부산	22,433	28,591	33,192	40,913	41,365	44,726	49,329	51,617	54,394	57,807
대구	15,068	20,731	22,822	25,424	26,002	28,153	31,231	32,522	34,976	37,610
인천	33,960	43,093	49,253	61,522	63,575	69,350	73,588	75,552	82,523	91,525
광주	6,711	10,784	13,077	15,659	16,632	18,824	20,649	22,291	24,466	26,536
대전	8,167	12,044	14,682	18,834	19,699	21,360	22,499	22,907	23,729	25,190
울산	8,664	12,034	14,667	18,914	19,354	21,400	25,163	28,045	32,772	38,183
세종	–	–	–	–	–	–	–	3,668	3,782	4,302
경기	169,081	214,727	277,991	323,964	337,821	380,606	424,946	440,735	492,790	554,160
강원	8,951	13,238	15,236	18,908	19,041	21,940	22,731	23,738	25,141	26,657
충북	13,889	19,274	22,669	28,311	30,138	34,083	37,653	39,177	43,148	48,002
충남	20,641	30,337	36,591	45,920	48,874	57,869	67,157	68,639	75,438	83,524
전북	12,282	14,903	18,423	27,223	28,450	31,515	35,281	37,788	39,777	43,141
전남	11,980	16,312	20,551	30,309	31,305	35,077	39,006	41,340	43,828	48,473
경북	24,568	34,579	36,685	44,831	46,658	50,808	56,250	59,330	64,931	70,725
경남	28,621	40,607	50,431	64,298	66,800	74,517	87,395	89,986	97,148	108,375
제주	2,645	4,015	5,052	6,944	7,348	8,499	10,406	12,656	15,568	19,903

출처: 2015년도 외국인주민현황조사 결과(http://www.moi.go.kr/frt/bbs/type001/commonSelectBoard Article.do?bbsId=BBSMSTR_000000000014&nttId=46327, 검색일: 2016. 6. 13)

＊괄호 안의 숫자는 전체인구 대비 비중을 나타냄

매년 지속 증가했는데, 2006년 전체 인구의 1.1%에 불과했던 것이 2015년에는 3배가 넘는 3.4%로 급증한 것을 알 수 있다. 이런 점들을 놓고 볼 때, 우리나라 다문화사회 형성은 무엇보다 외국인주민의 지속적인 유입에 따른 것임을 알 수 있다.

외국인주민의 지속적 유입은 국제결혼이나 해외유학생 유입에 따른 영향도 있겠으나 무엇보다 외국인노동자의 집단 유입에 따른 영향이 가장 결정적인 요인이라 할 수 있다. 외국인 산업기술연수생제도는 1991년 처음 도입된 이래 1993년 국내 고용사정 악화로 일시 중단되기도 했는데 1990년대에는 외국인노동자들의 체류 기간 연장이 이어지는 가운데 초기의 산업기술연수생제도가 연수추천제도로 바뀌었다. 그와 같은 연수추천제도는 2007년에 이르러서는 다시 고용허가제로 일원화되는 등 우리나라 외국인 노동인력 정책은 많은 변화를 겪었다(허윤정 외 2006, 8). 이처럼 외국인 노동자 관련 제도가 다양하게 변화해 왔음에도 불구하고 외국인 노동자들의 국내 유입이 지속되어 온 것은 외국인 노동자들에게 한국이 여전히 기회의 땅으로 여겨지고 있었기 때문이다.

농촌을 중심으로 급속히 확산된 국제결혼 풍속 또한 다문화사회 형성의 중요한 배경으로 작용했다. 우리나라가 고령화 사회로 변모해가는 가운데 만혼 풍조가 확산되고 농촌지역 거주 결혼 적령기 남성들이 국내에서 배우자를 찾을 수 없게 되자 베트남, 필리핀 등 해외에서 배우자를 구하게 되면서 1990년대 초반부터 국제결혼이 활성화되기 시작했다. <표 8−5>에서 알 수 있는 바와 같이 이른바 '농촌총각 장가보내기' 운동으로 인해 국제결혼이 증가되면서 자연스럽게 외국인 결혼이주여성이 증가할 수밖에 없었던 것이다.

마지막으로 2000년 이후에 외국인 유학생 수가 증가하기 시작한 것도 우리나라가 다문화사회로 변모해 가는데 큰 역할을 하게 된다. <그림 8−2>는 2003−

그림 8−2 연도별 국내 외국인 유학생수 현황

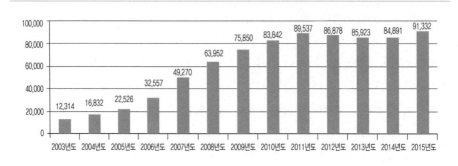

출처: 교육부 정부3.0 정보공개 사이트(http://moe.go.kr/web/100088/ko/board/..., 검색일: 2016. 6. 13)

2015년 연도별 국내 외국인 학생수를 나타낸 자료인데 우리나라에 유학한 외국인 학생수는 2003년 12,314명에 불과했던 것이 2015년에는 거의 8배에 가까운 91,332명으로 증가했다.

3) 중앙 및 지방정부 다문화정책의 방향과 과제

앞서 살펴 본 바와 같이 외국인 근로자의 유입, 국제결혼의 증가에 따른 결혼이민자 및 혼인귀화자의 증가, 외국인유학생의 증가 등에 힘입은 외국인 이주민수의 급증 현상은 우리 사회를 급속히 다문화 사회로 변모시키는 원동력으로 작용했다. 이와 같은 다문화사회로의 변화에 적응하기 위해 우리나라의 중앙정부와 지방정부는 적극적인 다문화정책을 수립, 시행해 나가게 되는데, 2006년 4월 다문화·다민족사회로의 전환을 선언하고 결혼이주여성에 대한 지원정책을 체계적으로 추진하기 시작했다. 또한 2007년 5월 17일 재한외국인 처우기본법을 제정해 외국인 이주민의 우리 사회 정착을 도울 수 있는 제도적 기반을 마련하였다. 나아가 2008년 3월 21일 국제결혼가정을 지원하는 포괄적인 법안으로 평가되는 '다문화가족지원법'을 제정해 다문화사회의 구성원을 체계적으로 지원할 수 있는 법적 기반을 확고히 하였다.

한편 우리 정부의 외국인 이주민 관리정책은 제1차 외국인정책 기본계획(2008–2012년)에 잘 나타나고 있는데, 제1차 기본계획이 지향하는 정책의 기본 방향은 다음 세 가지로 요약된다. 첫째, 개방을 통한 국가경쟁력 강화 차원으로 개방을 통한 이익과 비용을 비교하여 국가경쟁력 강화에 도움이 되는가를 기준으로 입국문호 개방의 대상과 방식을 결정한다는 것이다. 둘째, 인권이 존중되는 성숙한 다문화사회로의 발전 차원으로 국내 정착이민자의 증가에 따른 사회갈등 문제의 해소와 외국인 인권보장을 위해서 이민자에 대한 사회적응 지원과 국민의 차별적 인식 해소를 동시에 추진하고 지원의 대상·내용·방식을 전략적으로 설정한다는 것이다. 셋째, 법과 원칙에 따른 체류질서의 확립 차원으로 개방의 긍정적 효과를 극대화하고 부작용을 방지하기 위해 법과 원칙에 따라 체류질서를 확립하는데 매진하겠다는 것이다. 이러한 정책방향에 의거하여 제1차 기본계획은 적극적인 이민 허용을 통한 국가경쟁력 강화, 질 높은 사회통합, 질서있는 이민행정 구현, 외국인 인권옹호 등의 네 가지 정책목표를 구현하는데 주력하고 있다.

제1차 외국인정책 기본계획이 외국인 이주민의 정착과 관리를 위한 중앙정부의 기본적인 정책방향과 목표를 밝힌 것이라면 2008년 제정된 '다문화가족지원법'은 다문화사회의 구성원에 대한 지원방향을 제도화한 것으로 해당 법률의 주요내용은 다음과 같다. 첫째, '다문화가족지원법'에는 다문화가족의 지원 근거가 명확히 규정되고 있다. 둘째, 3년마다 다문화가족실태조사를 실시해야 하는 의무를 여성가족부장관의 의무로 명확히 부과하고 있다. 셋째, 보육, 의료, 교육, 다국어서비스 지원 등 다문화가족의 안정적인 가족생활의 영위와 사회통합을 위한 지원 의무를 명기하고 있다. 넷째, 다문화정책에 대한 국가와 지방자치단체의 책무에 대해 다음과 같이 구체적으로 규정하고 있다. "국가와 지방자치단체는 다문화가족 구성원이 안정적인 가족생활을 영위할 수 있도록 필요한 제도와 여건을 조성하고 이를 위한 시책을 수립·시행하여야 한다"(다문화가족지원법 3조).

'다문화가족지원법' 제3조에서 명시하고 있는 바와 같이 지방정부는 국가와 함께 다문화가족 구성원의 안정적인 가족생활 영위를 위해 지원을 다할 법적 의무를 지닌 주체이다. 따라서 지방정부는 동법 제5조에서부터 제17조에 명기된 다양한 지원정책과 관리감독 의무를 수행해야 하는 주체이다. '다문화가족지원법'에 명기된 지방자치단체에 위임될 가능성이 높은 다문화가족 지원업무는 다문화가족에 대한 이해 증진(5조), 생활정보 제공 및 교육 지원(6조), 평등한 가족관계의 유지를 위한 조치(7조), 의료 및 건강관리를 위한 지원(9조), 다국어에 의한 서비스 제공(11조), 다문화가족지원센터 설치 및 운영(12조) 등 매우 다양한 영역을 포괄하고 있다. 따라서 이와 같이 세방화가 가져온 다문화사회의 도래는 지방정부에게는 인적, 재정적 자원의 부담을 동반하는 시대적 과제가 아닐 수 없다. 우리나라와 같이 혈통의 단일성을 강조하는 국가에서 다문화사회가 세계적 차원의 보편성을 지니면서 발전해 가기 위해서는 다문화정책에 대한 지방정부의 적극적인 자세가 필요한 것은 사실이다. 하지만 다문화주의에 대한 중앙정부와 지방정부 간의 인식수준의 차이가 여전히 온존하는 상황에서 과연 다문화주의가 캐나다, 미국 등 서구와 같이 다양성을 자연스럽게 수용하는 형태의 생활양식으로 정착될 수 있을 것인지는 여전히 의문스러운 것이 사실이다.

5. 결 론

앞서 살펴 본 바와 같이 우리나라의 지방정부는 세계화와 지방화가 동시에 심화되는 과정에서 새롭게 마련된 다층적 거버넌스의 주요한 행위주체로 다양한 지방외교나 국제교류협력 사업을 추진할 수 있는 긍정적 기회를 가질 수도 있다. 하지만 그와 반대로 급증하는 외국인 이주민들로 인해 새롭게 형성된 다문화사회를 지역사회의 중요한 구성원으로 동화시켜 내어야 하는 정책적 부담을 안고 있는 것 또한 사실이다. 즉 지방정부에게 있어 세방화는 기회인 동시에 위기 또한 될 수 있는 것이다. 그렇다면 이러한 세방화 시대에 성공적인 지방자치를 이룩하기 위해 지방정부는 어떤 방향으로 세방화에 대응해 나가야 할 것인가?

구체적으로 세방화가 나아가야 할 방향에 대해서는 관점에 따라서 다양한 의견이 있을 수 있다. 하지만 다음에 제시하는 몇 가지 사항은 세방화의 과정에서 지방정부가 반드시 유념해야 할 내용이다. 첫째, 세방화는 지방분권이라는 아래로부터의 민주주의적 요구로부터 분출된 것이기에 민간이 주도하는 방식으로 이루어질 필요가 있다는 것이다. 한국의 경우 최근 지방자치단체들 간의 지나친 경쟁으로 인해 지방자치단체를 중심으로 한 "관이 주도하는 형태"로 변질되어 가는 경향이 나타나고 있다. 세방화가 지닌 원래의 의도가 희석되지 않도록 일관성과 지속성을 갖기 어려운 관 주도보다 국제교류의 궁극적인 주체와 수혜자인 지역 주민의 역량을 강화하고 능동적 참여를 관에서 뒷받침하는 민간주도의 방식이 바람직하다.

둘째, 지나치게 의욕만 앞선 형식적 세방화 프로그램보다는 지역특성과 현실에 뿌리를 둔 실천적이고 구체적인 세방화 프로그램의 추진이 중요하다. 최근 몇몇 자치단체들이 보여준 바와 같은 선심성, 전시행정적인 세방화 프로그램은 이미 많은 문제점을 드러내고 있다. 그러한 보여주기 위한 일회성의 세방화 프로그램들은 그것이 지닌 비효율성으로 인해 지자체 발전의 밑거름이 되기보다 오히려 성장의 발목을 잡는 역기능을 수행하고 있다. 따라서 지방자치단체들은 세방화 프로그램의 추진에 있어 그것이 가져다 줄 경제적 효과를 면밀히 분석하여 프로그램의 존폐여부를 냉철히 판단할 필요가 있다.

셋째, 세방화의 개념은 중앙정부와의 대립과 갈등이 아니라 이해와 협력을 전제하는 것이며 중앙과의 균형을 고려하지 않는 세방화는 성공할 수 없음을 유의할 필요가 있다는 점이다. 중앙과 지방 간의 이해와 협력의 부재는 추진 중인 세방화 프로그램의 효율성을 저해하는 요소로 작용하기 십상이다. 따라서 중앙정부가 정치적 입장의 차이를 이유로 지방자치단체의 세방화 프로그램에 대한 가능한 지원을 의도적으로 회피하여서는 안 될 것이지만, 지방자치단체 또한 정치적 입장의 차이를 넘어 국가/지방 경제의 동시 성장이라는 대의의 실현을 위해 대승적 견지에서 중앙정부를 이해시키고 협력을 구하는 노력을 게을리 하지 말아야 한다.

넷째, 신뢰의 중요성이다. 세방화는 국경과 주권을 초월한 세계 공동체 내에서의 횡적구조의 긴장과 협력을 그 바탕에 두고 있다. 따라서 세방화의 프로그램을 추진하는 과정에서 새로운 지역 이미지를 만들고 지역 상품과 자원을 세일즈하기 위해서는 신뢰에 바탕을 둔 교류가 선행되어야 한다.

다섯째, 대기업과 중앙정부를 중심으로 하는 국가적 차원의 행동이 위주가 되는 '현대적' 접근방식보다는, 중소규모의 네트워크화된 지역사회의 협력적 경제활동을 중심으로 세계적인 경쟁에 대응해가는 탈현대적 인식에 바탕을 둔 접근이 경우에 따라서는 보다 바람직하고 효과적일 수 있다는 점이다. 이러한 네트워크 중심의, 민간 및 지역공동체 중심의 세방화는 무엇보다도 지역사회 구성원들의 문화전통과 역사의식에 바탕을 둔 인식전환이 전제가 되어야 할 것이다.

❶ 신자유주의 세계화는 과연 국가의 쇠퇴를 가속화시킬 따름인가? 신자유주의 세계
   화 시대에 국가의 역할은 정말 약화되고 있는가?

❷ 우리나라 헌법 전문에는 반만년의 유구한 단일민족의 역사를 강조하고 있고 우리
   국민들의 의식 속에는 다문화사회의 혼종성을 수용하기 어려운 단일민족의식이 강
   하게 남아있다. 이런 상황에서 과연 우리 사회는 다문화사회로의 통합을 완성할
   수 있는가? 다문화사회 통합의 정신적 토대를 완성하기 위해 헌법 전문에 명기된
   단일민족의 역사를 강조한 부분을 개정해야 하는가?

❸ 세방화 시대에 지방에게 주어진 기회와 위기의 요소는 각각 무엇인가? 지방외교와
   다문화사회는 지방정부에게 어떤 요소로 작용하는가? 긍정적인 요소는 무엇이며
   또 부정적인 요소는 무엇인가?

김재근 · 서인석. 2012. "지방자치단체 국제교류의 구조적 특성 분석." 『지방행정연구』 26(3): 409-438.

김호기. 1995. "세계화와 국민국가의 위상: 국민국가는 몰락하고 있는가?" 『계간사상』(1995년 봄호).

박용길. 2004. "강원도 국제교류사업과 문화 · 관광자원의 장소마케팅 전략: 일본과의 문화 · 관광교류를 중심으로." 강원행정학회 학술대회 자료집.

박재욱 · 류재현. 2009. "한일 지방정부의 다자간 국제교류협력체 비교연구: '한일해협연안시도현지사교류회의'와 '동아시아경제교류추진기구'를 중심으로." 『지방정부연구』 13(2): 155-178.

여성가족부. 2015. 다문화가족 관련 연도별 통계.

유재원. 2000. "세계화, 신자유주의 그리고 지방정치." 『한국행정학보』 34(4): 155-173.

이기우. 2005. "유럽지방자치헌장과 지방자치의 세계화." 『지방행정연구』 19(3): 27-50.

이주호 · 강은방 · 유건상 · 이재은. 2007. "지방자치단체의 국제교류 활성화 방안 연구: 충청북도를 중심으로." 『한국지방자치연구』 9(1): 19-44.

임혁백. 1994. "세계화와 민주화: 타고난 동반자인가? 사귀기 힘든 친구인가?" 『계간 사상』 (1994년 겨울호).

정덕주. 1996. "지방자치단체간의 국제협력에 관한 비교연구: 한국 · 일본의 비교를 중심으로." 『동아논집』 33: 243-260.

허윤정 · 박수명 · 이성주 · 류경석. 2006. 『외국인 노동자의 실태 및 고용허가제의 문제점』 서울: 한국노동조합총연맹.

한국지방자치단체국제화재단. 2006. 『지방자치단체 국제교류 매뉴얼』. 서울: 한국지방자치단체국제화재단.

한국지방행정연구원. 1990. 『지방자치단체의 국제교류에 관한 연구』 서울: 한국지방행정연구원.

Albrow M. 1996. *The Global Age*, Cambridge. Polity Press.

Bache, Ian and Matthew Flinders (ed). 2004. *Multi−Level Governance*. Oxford: Oxford University Press.

Beck, Ulrich. 1999. *What is Globalization?* Polity Press.

Betsill, Michele M., and Harriet Bulkeley. 2006. "Cities and the Multilevel Governance of Global Climate Change." *Global Governance* 12(2): 141−159.

Giddens, Anthony. 1990. *The Consequences of Modernity*. Stanford: Stanford University Press.

Harvey, David. 1989. "From Managerialism to Entrepreneurialism: The Transformation in Urban Governance in Late Capitalism." *Geografisk Annaler. Series B, Human Geography*, 71(1): 3−17.

Hoffmann, Stanley. 2002. "Clash of Globalizations." *Foreign Affairs*, July/August.

Marks, Gary. 1992. "'Structural Policy in the European Community" in A. Sbragia(ed), *Euro−politics, Institutions and Policy−making in the 'New' European Com−munity*, Washington D.C: The Brookings Institution.

Marks, Gary. 1993. "Structural Policy and Multilevel Governance in the EC." *The State of the European Community*, Vol.2 'The Maastricht Debates and Beyond'. Alan Cafruny and Glenda Rosenthal eds. Boulder: Lynne Rienner, 391−410.

Simai M. 1994. *The Future of Global Governance: Marketing Risk and Change in the International System*. Washington, D.C.: USIP.

CHAPTER

9 통일시대의 지방정부

우리는 1945년 분단 이후 오랜 기간 동안 통일된 민족국가를 수립하지 못한 채 여러 가지 고통을 겪으며 살아 왔다. 70년 이상 지속된 분단 상황은 남북한의 불필요한 국력 낭비와 이산가족의 고통, 자원의 분할 사용 등 여러 가지 측면에서 폐해를 가져와 우리 민족의 발전과 번영을 저해하여 왔다. 또한 분단 상황의 지속은 남북한의 정치과정에서 인류 보편의 가치인 자유와 평등, 인권 등 민주주의 요소들이 정상적으로 꽃피는 것을 방해해 왔다. 특히 장기적인 분단으로 인해 민주주의의 실험장이라고 할 수 있는 지방자치가 정상적으로 시행될 수 없었다. 지방자치의 지체와 장애는 남북한의 민주주의 발전과 지역주민의 인권보장을 저해하는 요인으로 작용해 왔다.

남북한 통일은 남북한에 세워진 각기 다른 두 개의 정치체제를 통합해 하나의 국가로 만드는 것을 말한다. 남북한이 단일한 헌법과 정부 그리고 국가를 수립하여 단일한 정치체제를 만드는 것은 분단 극복을 위한 핵심요소이며 통일을 위한 최종적인 작업이다(통일교육원 2016, 12-13). 하지만 남북한이 단일한 정치체제를 만드는 데에는 상당한 시간이 필요하다. 남북한이 정치·경제·사회·문화 등 모든 차원에서 완전한 통합을 이루어내기 위해서는 중장기적인 통일과정과 통일 이후의 기간을 거쳐야 한다. 그렇기에 남한의 「민족공동체 통일방안」은 통일국가의 완성에 이르기까지 '화해협력'과 '남북연합'의 단계를 각각 설정하여 점진적이고 단계적으로 통일을 이루어나가는 접근방식을 취하고 있다.

지방자치는 남북한의 완전한 통합을 실질적으로 이끌 수 있는 핵심적인 요소다. 남북한은 70년 이상의 분단으로 인해 사실상 두 개의 이질적인 체제가 되었다. 통일은 단순히 분단 이전의 상태로 돌아가는 것이 아니라 서로 다른 두 개의 체제를 통합해 새로운 하나의 국가공동체를 건설하는 일이다. 통일한국이라는 새로운 공동체의 건설은 중앙정치 수준의 접근방식만으로 해결하기에는 한계가 있다. 현실적으로 상이한 체제를 가진 두 개의 국가가 한반도에 존재해 온 상황에서 남한과 북한이라는 하위 영역의 특수성을 무시한 채 동질성 확립을 위해 획일적인 가치나 제도를 하향적으로 강요하려고 한다면 통합의 과정은 오히려 난항을 겪을 수밖에 없다. 통일한국이 건강한 자유민주주의와 시장경제의 기반 위에 새로운 공동체로 나아가기 위해서는 남북한 지역정부, 즉 현재의 남북한 중앙정부와 그 하위 단위의 각급 지방정부의 자율성을 강화하고 이를 토대로 자치역량을 강화해 나가는 것이 필요하다(강원택 2014, 30-31). 따라서 많은 시간을 필요로 하는 통일과정에서 남북한 지역주민, 특히 북한지역 지방주민들이 스스로 다스릴 수 있는 기회와 역량을 확대하기 위해 각급 단위의 지방정부는 필수적이다.

물론 남북한은 통일을 급속히 이루었던 동서독의 사례와는 다르다. 동서독은 통일 직전까지 서로 다른 정부조직체계를 갖추고 있었다. 하지만 구동독은 서독으로 전격 편입되기 직전인 1990년 5월 지방자치제도를 전면적으로 도입·실시하였다. 구동독의 경우, 통일 이전에는 지방자치제도를 실시하지 않았지만 북한과 같은 1인 우상숭배의 전체주의 사회는 아니었다. 제한적이지만 종교·환경·여성 등 시민사회단체들이 활동하고 있었다. 또 분단 직전 프로이센 시대부터 지방자치제도를 시행한 역사적 경험을 갖고 있었다. 더욱이 통일 직전 구동독 지방의 경제·재정 상태나 인프라 상태는 현재의 북한의 지방과 비교하여 매우 양호한 편이었다.

그럼에도 불구하고 중장기적인 통일과정과 통일 이후에 지방정부, 특히 북한지역의 지방정부 수립 문제는 일차적인 과제로 부상할 것이다. 지역은 개인이 일상적인 삶을 살아가는 영역이고 지방정부는 교육·보건·복지·개발 등 지역주민들의 실질적인 필요와 욕구를 해결해야 하기 때문이다. 물론 통일과정과 통일 이후 북한지역에서 지방자치제도를 전면적으로 시행하기 위해서는 북한지역 지방정부의 자치권뿐만 아니라 북한지역 내 정당의 설립 및 활동 등 정치과정이 개선되어야 한다(양현모 2014, 275). 지방자치가 없는 민주주의의 실질적인 진전은 있을 수 없기에 가능하면 빠른 기간 내에 지방자치제도를 기능화하고 활성화하는 것이 필요하다.

이 장에서는 통일시대 지방정부의 필요성과 구성, 남북한 지방정부의 현황, 통일시대 지방정부의 과제 등을 살펴볼 것이다.

1. 통일시대 지방정부의 필요성과 성립

1) 통일시대 지방정부의 필요성

(1) 지방자치와 민주주의

남북한 통일에 의한 새로운 하나의 국가공동체 형성은 당연히 민주주의 원칙에 의거해야 할 것이다. 지방자치제도는 이러한 민주주의의 원칙을 구현해 낼 수 있는 중요한 핵심적인 장치다. 하지만 지방자치를 통한 민주주의의 실현과 지방자치제도의 이상적인 구현이 순탄치 않다는 사실은 외국의 역사적 사례를 통해 쉽게 알 수 있다.

토크빌(Alexis de Tocqueville) 이래 많은 분권론자들은 지방자치와 민주주의의 긍정적 관계를 역설해왔다. 토크빌은 평등의 가치에 기초한 대중적 민주주의가 궁극적으로 권력집중을 가져와 사회구성원의 자유를 위협할 수 있다는 점을 우려하였다. 그래서 국가 내지 중앙정부에 의해 행해질 수 있는 독단을 제어할 수 있는 방안으로 마을회의(town meetings)와 같은 중간적 기구 내지 기구의 존재를 구상하였다. 권력을 되도록 분산시키는 것이 좋겠다는 토크빌의 견해는 지방자치가 민주시민 교육 및 양성에 기여한다는 점을 강조한 것이다. 또한 민주주의란 말 자체가 민중 내지 가난한 자들(*demos*)에 의한 지배(*kratos*)를 의미하기 때문에 지방자치는 민주주의의 중요한 기초이자 필수불가결한 요소다. 지방자치를 하지 않고서는 사회구성원의 폭넓은 참여 기회를 보장할 수 없기 때문이다.

물론 남한의 지방자치 역사에서도 준비가 덜 되었다거나 주민의 역량이 부족하다는 것 혹은 효율적이지 않다는 것 등의 반대 논리가 없었던 것은 아니다(강원택 2014, 38). 이 같은 견해는 통일시대가 도래하면 북한 지역에 지방자치를 전면 도입하는 과정에서 재등장할 수 있다. 보다 근본적으로는 지방자치와 민주주의의 관계를 부정하는 논리가 주창될 수도 있다. 즉 남한 지방선거의 낮은 투표율에서 알 수 있듯이, 참여 기회의 확대와 실질적인 참여는 별개라는 점, 지방정부가 소수의 권력엘리트들에 의해 장악되어 자신들에게 불리한 정책문제가 의제가 되지 못하게 하는 무의사결정(無意思決定)과 같은 소수전제(少數專制)가 가능하다는 점, 그리고 이와 정반대로 다수 집단이 소수의 기본권을 무시하면서까지 자신들의 이익을 추구할 수 있는 다수전제가 가능하다는 점, 지방자치를 통해서 민주시민의 교육을 받는 것이 아니라 지역적 이익을 지나치게 중시하는 배타주의와 분리주의를 배울 수 있다는 점 등(김병준 2015, 21-25)이 제기될 수 있다.

하지만 남북한이 같은 경제·사회·문화공동체를 형성하고 궁극적으로는 정치적 통합을 통해 정치공동체를 달성함으로써 하나의 통일국가로 나아가기 위해서는 통일의 원칙으로서 민주주의의 가치를 중시해야 한다. 우리의 민족공동체 통일방안은 통일을 추진함에 있어서 '민주'를 기본원칙으로 설정하고 있다. 민주의 원칙이란 통일이 남북한 사회구성원 모두의 자유와 권리를 바탕으로 이루어지는 민주적 통합 방식으로 이루어져야 함을 말한다(통일교육원 2016, 212). 이는 통일에 이르는 과정과 절차가 민주주의의 원칙에 입각해야 함은 물론이거니와 완성된 통일국가 역시 8천만 명 이상의 남북한 사회구성원 및 해외동포 모두가 주인이 되는 민주국가여야 함을 의미한다.

(2) 지방자치와 인권보장

인간의 존엄성, 자유와 평등 그리고 복지 등과 함께 인권은 통일과 관계없이 존중되어야 하는 인류의 보편적 가치다. 남한의 지방자치법은 지방정부가 지역주민의 경제적·사회적·문화적 권리와 같은 인권을 보장하는 역할을 수행하도록 규정하고 있다. 즉 이 법은 '지방자치단체의 사무범위'에서 주민의 복지증진에 관한 사무, 교육·체육·문화·예술의 진흥에 관한 사무 등을 설정하고 있다.

지역주민의 인권보장을 위한 지방정부의 역할은 통일 후 남북한 지역 내에 성립하는 지방정부의 개편 과정에도 반영되는 것이 바람직하다. 특히 남북연합 단계에서 북한의 지역정부가 북한주민의 인권보장을 위한 역할을 확대할 수 있게 법·제도적인 정비 등 제반 노력을 기울일 수 있도록 지원하여야 한다. 현재 북한의 인권보장 문제는 남북한만이 아니라 전 세계적 이슈가 되었고 유엔 등 국제기구의 연례 의제가 되고 있음은 주지의 사실이다. 그럼에도 북한의 지방정부는 북한주민들로 하여금 노동당과 중앙정부의 정책과 노선을 충실히 수행하도록 하고 북한체제 유지를 위해 북한주민들을 동원하고 통제하는 데 주안점을 두고 있다. 이러한 요인으로 인해 북한 내 취약계층의 생존권·교육권과 같은 인권보장은 통일시대에 최우선적으로 추진하여야 할 과제 중 하나가 되고 있다.

통일시대 남북한주민 개개인의 기본적인 인권보장을 위해서는 지방자치가 조속히 실현되어야 한다. 북한지역에 지방자치를 곧바로 시행하는 것이 혼란을 유발할 수도 있겠지만, 북한주민의 인권보장을 위해서는 지방자치를 조속히 시행하는 것이 바람직하다. 지방정부의 자치권에 대한 고유권설은 지방정부가 원래부터 자치권을 가지고 있다고 주장한다. 즉 지방정부가 지역사회와 지역주민과 관련된 일을 스스로 결정하고 처리할 수 있는 권한을 가진다는 점을 강조한다. 이러한 정신은 17세기 계몽주의 철학자 존 로크(John Locke)의 민주주의 사상과 미국의 제3대 대통령인 토마스 제퍼슨(Thomas Jefferson)의 직접민주주의 철학 그리고 보충성의 원칙(subsidiary principle 또는 principle of subsidiarity)으로 유명한 교황 레오 13세(Leo Ⅷ)의 1891년 회칙(回勅, encyclical letter) 등에서 찾을 수 있다(김병준 2015, 341). 이 같은 규범적 견해는 적극적인 분권화와 지방화를 위한 사상적·철학적 기초로서 중요한 의미를 갖는다.

제9장 통일시대의 지방정부

'보충성의 원칙'이란 공적 성격을 지닌 일은 되도록 시민 또는 지역주민의 공동체에 의해서, 또 이들 시민 또는 지역주민에게 가장 가까운 정부에 의해 처리되어야 한다는 원칙을 말한다. 1891년 5월 교황 레오 13세는 주교들에게 내린 회칙(제목은 "새로운 현상에 대하여(Of the New Things)")에서 도시 노동자들의 궁핍한 생활과 노사분규 등 날로 심화되어가는 자본과 노동의 대립에 대한 신앙인들의 이해와 관심을 촉구하였다. '회칙'이란 로마 교황이 전 세계의 주교들에게 보내는 공식 편지다. 주로 가톨릭교회 전체와 관계있는 문제에 대한 교황의 입장과 훈시 등이 언급된다. 아울러 교황은 이 회칙에서 이 같은 문제들을 해결하기 위해 국가보다는 이해당사자와 교회를 비롯한 공동체의 적극적인 역할과 자세가 필요함을 역설하였다. 국가는 개인의 자유와 권리를 보호하기 위해 노력하여야 하며, 개인과 이들 개인들로 이루어지는 사적인 집단이나 공동체의 능력을 벗어나는 일에만 관여하여야 한다고 천명한 것이었다. 이것이 '보충성의 원칙'이다(김병준 2015, 376).

2) 통일시대 지방정부의 성립

(1) 남북한 통일방안과 지방정부의 기초

남한의 공식적인 통일방안은 민족공동체 통일방안이다. 민족공동체 통일방안은 노태우 정부가 기초한 「한민족공동체 통일방안」을 김영삼 정부가 발전시켜 완성한 것으로서 이후 김대중 정부로부터 박근혜 정부에 이르기까지 계승되고 있다. 이 방안은 국민적 합의에 기초해 민주적이고 평화적인 방법에 의해 점진적이고 단계적인 방식으로 통일을 이루어 나간다는 점을 명시하고 있다. 점진적이고 단계적으로 통일을 이루어 나간다는 것은 화해협력과 남북연합 단계를 거쳐 궁극적으로 '1민족 1국가 1체제 1정부'의 통일국가를 완성해 나가야 한다는 것을 말한다. 화해협력 단계는 남북한이 각기 현존하는 두 체제와 두 정부를 그대로 유지한 채 분단상태를 평화적으로 관리하는 단계다. 남북연합 단계는 남북이 서로 다른 체제와 정부 하에서 통일지향적인 협력관계를 통해 통합과정을 관리해 나가는 단계다. 그리고 1민족 1국가의 통일국가 완성은 남북연합 단계에서 제정한 통일헌법에 따라 남북

자유총선거를 실시해 통일국회를 구성하고 통일정부를 수립함으로써 이루어진다.

반면 북한의 통일방안은 연방제 안에 기초하고 있다. 북한의 연방제 안은 1960년대 남북연방제 안이 제시된 이래 1970년대 고려연방제 안, 1980년대 고려민주연방제 안, 1990년대 1민족 1국가 2제도 2정부에 기초한 연방제 안, 2000년대 낮은 단계의 연방제 안으로 변화해 왔다. 1980년대 '고려민주연방공화국 창립' 방안보다 수세적·방어적 성격을 띠고 있는 1990년대 '1민족 1국가 2제도 2정부에 기초한 연방제' 안은 흡수통일을 우려하여 남북한 지역정부가 외교권·군사권·내치권을 갖는 지역정부의 권한 강화를 주요 내용으로 하고 있다. 즉 이는 통일국가의 형태는 남북한의 두 지역정부가 동등하게 참가하는 1민족 1국가 2제도 2정부의 연방국가이어야 하며, '제도통일'은 후대에 일임해야 한다는 입장을 취하고 있다. 그리고 낮은 단계의 연방제 안은 1민족 1국가 2제도 2정부의 원칙에 기초하되, 남북한의 정부가 정치·군사·외교에 관한 권한을 비롯해 기존 기능과 권한을 그대로 보유한 채 상위에 민족통일기구를 구성하는 것을 주요 내용으로 하고 있다.

남북한의 통일방안은 기본적으로 통일의 기본철학, 통일의 원칙, 전제조건 존재 여부, 통일과정, 통일의 실현절차, 통일국가의 형태와 기구, 통일의 미래상 등에서 차이를 나타내고 있다. 하지만 남북한은 2000년 남북정상회담에서 6·15 공동선언을 채택하면서 남북한 통일방안의 공통점을 찾으려고 노력하였다. 남북한은 이 선언 제2항에서 "남과 북은 나라의 통일을 위한 남측의 연합제 안과 북측의 낮은 단계의 연방제 안이 서로 공통성이 있다고 인정하고 앞으로 이 방향에서 통일을 지향시켜 나가기"로 합의하였다. 남북한은 완전한 통일국가에 이르기까지 평화공존의 단계가 필요하다는 점을 인정하고 2체제 2정부를 유지하면서 남북한 두 지역정부 간에 협력체제가 유지되어야 한다는 점에 대해 합의한 것이다.

(2) 남북한 지방정부의 성립

지방정부란 "국가로부터 자치권을 부여받아 국가 내의 일정한 지리적 범위, 즉 일정 지역을 관할구역으로 공적 권한을 행사하는 공공단체 또는 기구," 즉 지역 단위의 정부를 의미한다. 우리는 지역단위의 정부를 보통 지방정부 또는 지방자치단체라고 부른다. 지방정부를 지방자치단체의 하위나 도구 개념으로 이해할 수도 있지만, 실제에 있어서는 구분에 별 의미를 두지 않고 혼용하여 쓰고 있다(김병준 2015, 10; 임승빈 2006, 40). 이러한 정의에 따르면, 통일시대 지방정부란 점진적이고 단계적인 통일과정과 통일 이후의 기간에 남한과 북한 지역을 각각 관할 구역으로 하는 여러 계층의 지역단체 또는 지역기구를 뜻한다. 즉 통일시대 지방정부는 남북한 지역정부와 그 하위 단위에서 이들 지역정부가 각각 부여하고 용인한 자치권을 포함한 제반 권리를 행사하고 법률상의 의무를 지니는 광역 및 기초 지방정부로 구성된다.

2000년 남북정상회담에서 남한이 제안한 연합제 안은 국가연합제를 의미한다. 국가연합은 주권을 보유한 구성단위인 국가들의 느슨한 결합 형태다. 이는 남북한이 국제법적으로 각각 주권을 유지한 가운데 독립국가로서 서로 다른 체제와 정부를 유지하며 통일지향적인 협력관계를 발전시켜 나가는 형태를 가리킨다. 중앙정부는 구성단위 정부를 통해서만 연합에 속하는 개인들에게 통치력을 행사한다. 국가연합의 사례로는 유럽연합(EU), 구소련 해체 이후 독립국가연합(CIS) 등이 있다. 하지만 남북연합은 국가 간의 관계가 아닌 민족 내부의 특수관계를 유지하면서 상호 간의 관계를 협의·조절하고 민족이익을 추구해 간다는 점에서 국가연합과 다르다. 또한 대외적으로 남한과 북한이 각각 주권국가의 지위를 보유한다는 점에서 연방국가와 다르다. 기능적인 측면에서 볼 때, 남북연합은 여러 국가가 하나의 생활공간의 형성을 통해 궁극적으로 정치통합을 지향해 나간다는 점에서 유럽연합과 유사한 개념이다(통일교육원 2016; 김용복 2015; 정창현 2014).

반면 북한이 제안한 '낮은 단계의 연방제 안'은 연방제를 의미한다. 연방제는 중앙정부 외에도 지방정부들이 헌법에 의해 창설되고 법에 의해 보장되는 독점적인 권한 행사를 통해 일정한 정치적 결정들을 내릴 수 있는 형태다. 북한이 주장하는 연방제 안은 남북한 지역정부가 서로 다른 정부와 제도를 유지하면서 각각 정치·군사·외교에 관한 권한을 비롯한 기능과 권한을 보유하되 상위에 '민족통일기구' 즉 낮은 단계의 연방국가를 설치하여 하나의 연방국가를 이루는 형태를 말한다. 남북연합제 안과 낮은 단계의 연방제 안의 가장 큰 차이점은 바로 이 민족통일

기구의 설치 여부에 있다. 국가연합은 연합의 유지 및 운영을 위한 기구를 갖는 것은 분명하지만, 국가연합 단계에서는 연합을 구성하는 국가들 이외에 별도의 중앙정부나 연합정부의 존재는 상정하지 않는다. 다만 연합의 운영을 뒷받침해주는 남북 정상회담 및 고위급회담 등 정부 간 협의기구나 초국가기구는 있을 수 있다(통일교육원 2016; 김용복 2015; 정창현 2014; 정성장 2012).

따라서 남한이 제안한 남북연합은 대외적으로 '두 개의 국가'인 데 비해, 북한이 제안한 낮은 단계의 연방국가는 대외적으로 '하나의 국가'라는 점이 가장 큰 차이점이다. 북한은 2007년 2차 남북정상회담에서 남북한 통일방안 간의 가장 큰 차이점이면서 낮은 단계의 연방제의 핵심 골자인 민족통일기구의 구성을 언급하지 않았다. 또한 김정은 노동당 위원장은 2016년 5월 제7차 노동당대회 총화보고에서 6·15 공동선언 2항을 그대로 인용하여 '연방제'를 설명하였다. 이러한 점들 때문에 북한이 남북연합의 필요성을 실감하고 남한이 제안한 남북연합 단계를 인정한 것으로 해석하는 견해도 있다(백학순 2016; 정창현 2014).

통일시대 지방자치의 필요성과 지방정부 성립의 필연성은 두 통일방안의 공통점에서 도출된다. 두 방안의 공통점은 남북한이 서로 다른 이념과 체제를 지향하고 유지해 왔기 때문에 급격하게 통일하는 것은 바람직하지 않다고 인정한 데 있다. 뿐만 아니라 급속한 통일의 가능성이 높지 않기 때문에 통일국가를 완성하기까지 잠정적으로 각각의 이념과 체제, 제도와 정부를 유지하자는 데 있다. 국가연합제에서 연방제로의 이행은 급속하게 진행될 수도 있지만, 유럽연합의 사례에서 알 수 있듯이, 장기간에 걸쳐 매우 점진적이고 단계적으로 진행될 수도 있다. 따라서 남북한이 '화해협력과 남북연합 혹은 낮은 단계의 연방' 단계를 거쳐 통일국가를 완성하기까지 남북한 지역에는 외교권과 군사권을 포함하여 자치권을 가진 지역정부와 그 하위 단위에 여러 계층의 지방정부가 성립할 수밖에 없다.

따라서 남한의 연합제 안이든 북한의 낮은 단계의 연방제 안이든 간에 이들 통일방안은 지방정부의 존재를 전제로 한다고 볼 수 있다. 남북한이 완전한 통일국가를 이루기 전인 화해협력과 남북연합의 과도기 단계에서 통일과정을 이끄는 남북한의 지역정부는, 우선 남한과 북한 지역을 각각 관할 구역으로 국제법적 권리와 의무의 주체가 되는 '국제인'으로서의 성격을 지닌다. 둘째, 남북한의 지역정부 및 그 하위 단위에 성립되는 여러 계층의 광역 및 기초 지방정부는 관할 지역 내의 주민과 단체 그리고 재산에 대해 강제력을 행사할 수 있는 통치기구로서의 성격을 지닌다. 셋째, 남북한 지역 내 각급 지방정부는 남북한 지역 내에서 작용하는 국내 법적 권리와 의무의 주체가 되는 법인 또는 그에 준하는 격을 지닌다.

2. 남북한 지방정부의 현황

1) 남북한 지방정부의 구역

(1) 남   한

남한에서 지방자치법이 발효되던 1949년 지방정부의 구역은 1특별시, 9도, 19시, 134군, 9행정구, 75읍, 1,448면으로 출발하였다. 이후 직할시 승격, 도농통합 등 여러 차례의 개편을 통해 2015년 12월 현재 17광역자치단체(1특별시, 6광역시, 1특별자치시, 8도, 1특별자치도), 226기초자치단체(75시, 82군, 69자치구), 3,502읍·면·동으로 변화하였다(행정자치부 2016, 4). 남한 지방정부의 구역은 지방행정제도의 변화, 인구증가 등 생활환경의 변화에 부응하는 방향으로 개편되어 왔다. 그러나 관료의 승진자리를 마련하려는 정치적 의도에 따라 혹은 인구를 주된 기준으로 삼아 일반시의 광역시화 또는 읍의 시 승격이 주로 이루어져 왔기 때문에 획일적이고 단견적이라는 평가도 동시에 존재한다.

(2) 북   한

북한의 행정구역은 해방 당시인 1945년에는 6도(평안남도, 평안북도, 함경남도, 함경북도, 황해도, 강원도), 9시, 89군, 810읍·면이었다. 이후 북한은 1946년 평양시를 특별시로 승격시켰다가 1952년 직할시로 개편하는 등 60여 차례에 걸쳐 행정구역의 개편을 단행하였다. 특히 1952년 12월에는 행정체계와 행정구역 개편을 통해 도(특

별시), 시·군(구), 읍·면, 리(동)의 4단계 행정구역 체계 중에서 면을 폐지하여 도
(직할시), 시(구역)·군, 읍·리(동·노동자구)의 3단계 행정구역체계로 개편하고 군 지
역을 재분할하였다(이승종·김대욱 2011, 277). 북한은 2008년 채택한 「조선민주주의
인민공화국 행정구역법」에서 행정구역은 도(직할시), 시(구역), 군, 리(읍, 노동자구, 동)
로 구분된다고 규정하였다. 이에 따르면, 현재 북한 지방정부의 구역은 1직할시(평
양직할시), 2특별시(나선특별시, 남포특별시), 9도(평안남도, 평안북도, 함경남도, 함경북도, 황해남
도, 황해북도, 강원도, 자강도, 양강도)로, 그리고 하부 행정 단위로 24시, 145군, 37구역,
2구, 5지구, 145읍, 3,230리, 1,135동, 267노동자구로 나눌 수 있다(<표 9–1> 참조).
　　이러한 개편 과정에서 지방정부의 구역 수는 오히려 증가하였다. 해방 후 구역
개편의 목적이 한편으로 중앙집권체제를 유지·강화하고 다른 한편으로 김일성 가

표 9–1 북한 지방정부의 구역 현황

	시·군·구·구역·지구					읍·리·동·노동자구			
	시	군	구	구역	지구	읍	리	동	노동자구
계	24	145	2	37	5	145	3,230	1,135	267
평양직할시		2		18		1	57	284	10
나선직할시					2		12	20	
남포특별시		2		5		2	49	73	5
평안남도	5	14	1		2	14	347	118	26
평안북도	3	22				22	484	88	31
함경남도	3	15	1	7	1	15	465	160	35
함경북도	3	12		7		12	253	134	44
황해남도	1	19				19	419	26	11
황해북도	3	18				19	393	78	8
강원도	2	15				15	379	61	7
자강도	3	15				15	229	68	23
양강도	1	11				11	143	25	67

출처: 통계청, 『2015 북한의 주요통계지표』

　　　　　　　　　　　　　　　제9장 통일시대의 지방정부

계를 우상화하는 데 있었기 때문이다. 또한 북한보다 남한의 구역 수가 더 많은 것을 의식하고 구역 수를 늘리기도 하였다. 2000년대 이후에는 나선시, 흥남시, 신의주특별행정구, 남포시 등의 행정구역이 개편되었는데, 이는 대외 교류협력 등 경제적 측면이 고려된 것이었다(통일연구원 2009, 53).

2) 남북한 지방정부의 계층

(1) 남   한

남한에서 지방자치제가 처음 시행되던 당시에는 지방정부의 계층은 총 3계층을 이루었다. 즉 특별시·도, 시·군·구, 읍·면·동 및 자치 1−2계층(서울은 단층, 기타지역은 광역의 경우에 도, 기초의 경우에 시·읍·면)으로 출발하였다. 이러한 구조는 1961년 지방자치에 관한 임시조치법의 제정·공포로 읍·면이 지방정부로서의 지위를 상실하고 군이 지방정부로서의 지위를 획득하게 되면서 일부 변화되었다. 이후 1988년 구의 자치가 실시되면서 특별시·직할시의 구가 지방정부로 승격되었다. 이러한 변화과정을 통해 현재에는 자치 2계층(단, 세종특별자치시와 제주특별자치도는 단층구조), 비자치 1계층의 3계층을 기본으로 하고 있다.

(2) 북   한

북한의 지방정부의 계층은 1948년 인민민주주의 헌법을 통해 도·특별시, 시·군, 면, 리를 행정 단위로 하는 4계층 구조로 시작되었다. 이후 1952년 12월 최고인민회의 정령으로 면이 폐지되고 리가 광역화되면서 시·도, 시·군·구역, 리의 3계층의 구조를 구축하였다. 그리고 1972년 12월 최고인민회의에서 채택한 사회주의헌법에서 지방주권 단위인 리가 폐지되면서 행정·생산 단위로서의 성격만이 남게 되었다(이승종·김대욱 2011, 273; 한부영·김병국 2009). 그 결과, 현재에는 지방주권 단위 2계층(도·특별시·직할시, 시·군·구역) 및 행정·생산 단위 1계층(읍·리·동·노동자구)으로 구성되어 총 3계층을 기본구조로 하고 있다. 다만 함흥·청진과 같은 일부 대도시의 경우는 하부 계층으로 구역을 두어 4계층을 이루고 있다. 즉 이 경우에는 지방주권 단위 3계층과 행정·생산 단위 1계층으로 구성되어 있다. 가장 최근에 특별시로 승격한 남포와 라선은 2계층(지방주권 단위 1계층, 행정·생산 단위 1계층)을 이루고 있다(이승종·김대욱 2011, 273).

3) 남북한 지방정부의 기관구성

(1) 남   한

남한의 지방정부는 1949년 지방자치법의 제정·공포 이래 여러 번에 걸쳐 변화하였다. 구체적으로 1949년 당시에는 지역주민에 의해 선출된 지방의회가 의결기능과 집행기능을 함께 수행하는 기관통합형으로 시작하였다. 그러다가 1952년 직접선거에 의한 지방의회 구성을 계기로 기관통합형에서 기관분리형으로 변환되었다. 이후 1961년 직접선거에 의한 기관 구성이 유보되면서 다시 기관통합형으로 환원되었다가, 1988년 개정 자치법에 의해 의결기관인 지방의회와 집행기관인 지방자치단체장으로 분리·구분되고 양 기관이 상호견제와 균형의 형태를 취하도록 하는 기관분리형이 채택되었다(이승종·김대욱 2011, 277).

(2) 북   한

북한은 지방정부 구성에 관한 사항을 2012년 4월에 개정된 북한 헌법과 2012년 4월에 수정·보충된 지방주권기관법에 규정하고 있다. 1993년에 제정된 지방주권기관법은 지방정부의 기능과 역할에 관하여 규정한 법률이다. 이 법에 따르면, 남한의 지방의회와 지방자치단체에 해당하는 지방인민회의와 지방인민위원회는 도(직할시·특별시)·시(구역)·군을 단위로 조직되고, 각 기관은 노동자·농민·지식인을 비롯한 근로인민의 대표들로 구성된다.

북한의 지방주권기관법에 따르면, 의결기관인 북한의 지방인민회의는 해당 지역 안의 인민대표기관이며 주권기관이라고 명시되어 있다. 이는 일반·평등·직접·비밀 투표로 선거한 임기 4년의 '대의원'으로 구성된다. 지방인민회의는 ① 지방의 인민경제발전과 그 실행에 대한 보고와 심의·승인, ② 지방예산과 그 집행에 대한 보고·심의·승인, ③ 해당 지역에서 국가의 법 집행을 위한 대책 수립, ④ 해당 인민위원회 위원장·부위원장·사무장·위원 선거 또는 소환, ⑤ 해당 재판소의 판사·인민참심원 선거 또는 소환, ⑥ 해당 인민위원회와 하급 인민회의, 인민위원회의 잘못된 결정·지시를 폐지할 수 있는 등의 임무와 권한을 보유하고 있다.

한편 집행기관인 지방인민위원회는 해당 지방인민회의 휴회 중의 지방주권기관으로 해당 지방주권의 행정적 집행기관에 해당한다. 지방인민위원회는 해당 인민회의에서 선출된 위원장·부위원장·사무장·위원들로 구성된다. 지방인민위원회는 ① 인민회의 소집 및 인민회의 대의원선거, ② 해당 지방인민회의·상급인민위원회 결정·지시를 비롯한 국가의 입법·행정기관의 법령·결정·지시 집행, ③ 해당 지역의 모든 행정사업 조직 집행, ④ 지방의 인민경제발전계획 작성 및 그 실행대책 수립, ⑤ 지방예산 편성 및 집행대책 수립, ⑥ 해당 지역의 사회질서 유지, 국가 및 사회협동단체의 소유와 이익 보호, 공민의 권리보장을 위한 대책 수립, ⑦ 해당 지역 사회주의법무생활 장악지도, ⑧ 국가표창, 열사증, 사회주의애국희생증 수여와 관련한 사업 진행, ⑨ 인민들이 제기한 신소와 청원 처리, ⑩ 하급 인민위원회의 잘못된 결정, 지시 폐지 및 하급 인민회의의 잘못된 결정에 대한 집행 정지, ⑪ 해당 재판소의 판사·인민참심원 보선, 차기 인민회의 승인 요청, ⑫ 인민회의 휴회기간에 제기되는 지방 인민경제발전계획과 지방예산 조절안 심의 및 승인 등과 같은 임무와 권한을 가진다. 지방인민위원회는 수행한 사업에 대하여 해당 인민회의에 대하여 책임을 지고, 상급 인민위원회와 내각, 최고인민회의 상임위원회에 복종하여야 한다.

4) 남북한 중앙정부와 지방정부의 관계

(1) 남   한

민선체제 출범 이후 중앙정부와 지방정부 간의 관계는 이전과 비교가 되지 않을 만큼 역동적인 모습을 보이고 있다. 민선체제 이전에는 지방정부는 형식상 법인격을 부여받고 있었으나, 그 독자성을 전혀 확보하지 못하고 있었다. 지방정부는 중앙정부의 지역단위 일선 종합행정기관에 불과하였다. 그러나 민선체제 출범 이후 중앙정부는 지방정부와의 기능적 관계를 지속적으로 조정해 왔다. 중앙정부는 불필요한 규제와 관여를 줄여나가는 모습을 보여주고 있다. 운영과정에 직접 개입하는 관행 대신 경영성과를 평가하여 인센티브를 제공하는 형태의 간접적인 통제 방식을 운영하기도 한다. 지방정부 또한 중앙정부나 상급 지방정부의 행정적 · 재정적 지원을 얻어내기 위해 민선체제 이전보다 더 노력하는 모습을 보여주고 있다. 지방정부와 중앙정부 모두가 보여주고 있는 변화로 자치권은 더욱 강화되면서 더 커지고 더 넓어지고 있다(김병준 2015, 586-587).

(2) 북　　한

북한의 모든 지방정부는 고도의 중앙집권적 특성에 따라 구성되어 있다. 북한 헌법은 북한의 모든 국가기관들이 민주주의중앙집권제 원칙에 의하여 조직되고 운영되어 한다고 규정하고 있다. 또한 북한 지방주권기관법은 모든 활동에서 민주주의중앙집권제 원칙을 구현하여야 한다고 명시하고 있다. 민주주의중앙집권제 원칙이란 국가권력은 궁극적으로 최고 국가주권기관에 집중되고, 상급기관의 결정은 하급기관을 구속하며, 각 기관 내부에서 소수는 다수에 복종하고, 지방은 중앙에 복종해야 한다는 것을 의미한다. 이러한 원칙에 의하여 북한의 중앙정부와 지방정부는 수직적 상하관계를 이룬다. 따라서 북한의 지방정부는 일체의 자치권을 갖지 못하고 있으며 중앙의 명령을 수행하는 하부조직에 불과하다고 볼 수 있다.

또한 북한의 정부기관은 당－국가체제에 의거하여 노동당이 결정한 정책을 입안하고 집행하며 평가하는 기능을 수행할 따름이다. 북한의 지방당은 상급 당과의 철저한 위계구조 하에서 동급의 지방정부에 대해 절대적인 지배력을 행사한다. 북한 노동당의 지방정부에 대한 통제는 통상 지방당 간부의 행정 직위에 대한 겸직을 통해 이루어진다. 그리고 지방정부의 각 부처에 상응하는 기구를 지방당 기구 내에 설치하여 지방정부를 감시하고 견제한다. 이러한 지방당 조직의 지배력 행사로 인해 지방정부는 자치권을 보유하는 공적 의사결정기구로서의 역할을 하지 못하고, 단순히 노동당이 결정하고 중앙정부가 추인한 정책을 수행하는 형식적인 기관에 머물고 있다고 판단할 수 있다.

5) 남북한 광역지방정부와 기초지방정부의 관계

(1) 남   한

남한에서 지방정부는 헌법에 의하여 보장된 자치권을 바탕으로 한 독립된 법인격을 갖춘 법인이므로 원칙적으로 광역지방정부와 기초지방정부는 대등한 관계다. 그러나 상호간에 수직적 또는 비대등 관계가 성립하는 경우도 있다(이승종·김대욱 2011, 280; 소진광 외 2008). 지방정부의 사무는 자치사무나 중앙정부가 지방정부 그 자체에 위임하는 단체위임사무에 한정되지 않는다. 지방정부는 중앙정부가 지방정부의 집행기관장에게 위임하는 상당량의 기관위임사무를 처리한다. 이러한 사무는 당연히 지방정부가 자치권을 폭넓게 행사할 수 있는 지방적 이해관계가 큰 자치사무가 아니다. 또한 사무 사이의 구분이 쉽지 않다. 단체위임사무와 기관위임사무의 구분뿐만 아니라 자치사무와 위임사무의 구분도 불명확하다(김병준 2015, 389-395). 그렇기 때문에 지방정부 종류별 사무배분에 있어 광역지방정부와 기초지방정부 간의 수직적 관계가 형성되고 있다. 그리고 국가위임사무의 처리에 있어 광역지방정부는 기초지방정부를 지도·감독하며, 자치사무에 대한 감사, 위법·부당한 명령·처분의 시정, 지방의회 의결의 재의와 제소 등의 권한을 가지고 있다(이승종·김대욱 2011, 282).

(2) 북   한

북한의 광역지방정부와 기초지방정부와의 관계는 상급 지방인민회의와 지방인민위원회가 하급 지방인민회의와 지방인민위원회를 감시하고 통제하는 구조로 이루어져 있다. 북한의 지방주권기관법은 지방인민회의의 임무와 권한 중 하나로 "해당 인민위원회와 하급 인민회의, 인민위원회의 그릇된 결정, 지시를 폐지한다"고 규정하고 있다. 그리고 지방인민위원회의 임무와 권한으로 하급 인민위원회 사업을 '지도'하고 "하급인민위원회의 그릇된 결정, 지시를 폐지하며 하급인민회의의 그릇된 결정의 집행을 정지시킨다"고 명시하고 있다. 또한 지방인민위원회는 "자기 사업에 대하여 해당 지방인민회의 앞에 책임지며 상급 인민인민위원회와 내각에 복종한다"고 규정하고 있다.

6) 남북한 지방정부와 정당의 관계

(1) 남   한

남한에서 중앙정당은 가장 중요한 정치행위자다. 하지만 지방 차원에서의 영향력은 행정명령체계에 비해서는 약한 수준이다. 그러나 각 정당은 정당 소속 의원들을 통해서 지방행정에 의미 있는 영향력을 행사하고 있다. 즉 남한의 각 정당은 광역 및 기초 지방자치단체장과 지방의원에 대한 정당공천을 시행하고 있고 해당 지역구의 국회의원이 사실상 지배력을 행사하고 있다. 그리고 지방자치단체장의 소속 정당과 지방의회 다수당은 지방정부의 정책결정에 일정한 영향력을 행사하고 있다. 이렇게 볼 때, 정당－지방정부 차원의 직접적인 수직적 지배구조는 존재하지 않아도 정당에 의한 간접적·부분적인 지배는 이루어지고 있다고 볼 수 있다.

(2) 북   한

북한은 노동당의 영도적 지위가 확고히 보장되어 있는 체계이며, 이는 지방에서도 철저히 적용되고 있다. 북한은 당적 지도의 원칙에 기초하여 지방당이 직접 지방정부를 '지도'하고 있다. 이는 사상과 조직 사업에 그치지 않고 행정 및 경제 사업에 대한 지도로까지 이어지고 있다. 그리고 북한 지방당의 책임비서는 해당 지역에서 인사권·처벌권·통제권·평정권 등의 보유를 통해 막강한 권력을 행사하고 있다. 지방인민위원장은 인사에 대한 실질적인 권한을 가지고 있지 못하며 지방당 책임비서의 명령을 수행할 뿐이다. 지방인민회의 대의원도 지방당에서 후보를 결정하면 형식적인 찬반투표를 통해 선출하고 있다. 또한 각급 지방당 기관은 지방정부 내 부처들이 상급 당·정 기관의 명령을 수행하는 과정에서 갈등이 발생할 때 업무조정 역할을 담당하며 중앙국가기관 직속기관을 제외한 각급 기관·단체들을 감독하고 통제하고 있다. 요컨대, 북한 지방정부는 상급 지방정부에 의한 수직적 통제와 지방당에 의한 수평적 통제의 이중적 통제를 받고 있다.

7) 남북한 지방정부와 주민의 관계

(1) 남   한

남한에서는 여러 가지 주민참여제도가 시행되고 있다. 우선 직접민주주의의 트리오(trio)라고 불리는 주민투표와 주민발의 그리고 주민소환 제도가 시행되고 있다. 그리고 반상회, 공청회, 위원회, 민원 및 청원 등 '개별적' 참여제도가 시행되고 있다. 또한 주민감사청구와 주민소송, 주민참여예산제도, 주민들의 감시활동, 시위와 집단민원과 같은 집단행위 등 '집단적' 참여제도가 시행되고 있다(김병준 2015, 627-636).

지역사회 주민조직의 측면을 살펴보면, 남한 지역사회의 기본 주민조직은 반상회다. 반상회는 행정조직의 최하위 단위인 반(班)에서 이루어지는 주민총회 성격을 갖는 모임이다. 아무런 제약없이 쉽게 참여할 수 있어 가장 많이 이용되는 주민참여제도다. 역사적으로 반상회와 유사한 사회적 제도는 조선시대 때부터 존재하였으나, 정부시책의 홍보 및 주민의 여론수렴을 위해 반상회가 관 주도로 운영되기 시작한 것은 1976년부터였다. 그러나 반상회는 관 주도의 획일적 운영으로 인한 부정적 인식으로 실질적인 참여 통로로서의 제반 기능을 수행하지 못해 왔다. 또한 토의되는 안건이 생활환경에 따른 고충을 논의하는 차원에 머문다는 것과 참여기피 현상이 높다는 점이 한계로 꼽히고 있다(김병준 2015, 632; 이승종·김대욱 2011, 283).

(2) 북   한

북한의 지방의회나 지방인민위원회는 명목상으로는 지역주민의 선거에 의해 구성되고 있으나 실제적으로는 지방당의 지시를 받는 집행기관에 불과하다. 그리고 북한 헌법은 북한주민의 권리와 의무가 '하나는 전체를 위하여, 전체를 하나를 위하여'라는 집단주의 원칙에 기초해야 한다고 명시하고 있다. 따라서 지방정부는 주민의 동원이나 통제를 주요한 기능으로 하고 있으며, 이러한 상황 하에서 지역주민들이 지방정부에 참여하거나 의견을 제시하기란 사실상 불가능하다고 볼 수 있다.

지역사회 주민조직의 측면을 살펴보면, 북한 지역사회의 기본 주민조직은 인민반이다. 거주 등록된 북한주민이면 누구나 자동적으로 인민반에 소속된다. 이는 1946년 토지개혁 초기에 인민위원회의 사회적 협조 단위로서 조직되었으나, 점차 정치경제적 동원 및 통제 기구로 성격이 변모하였다. 북한은 인민반에 대해 "당과 국가의 정책을 관철하며 국가사회사업을 집행하고 생활을 알뜰히 꾸리기 위하여 일정한 수의 가구를 묶어 조직한 국가 사회생활의 기층조직의 하나"로 규정하고 있다. 따라서 북한의 인민반은 지역주민들의 자발적 참여보다는 당−국가조직의 명령을 자동적으로 수행하는 최하위 단위라고 볼 수 있다. 원래 인민반은 20−30가구로 구성되었으나 도시화 등의 영향으로 1994년 이후 20−40가구로 늘어났다. 인민반은 인민반장, 세대주반장, 위생반장, 선동원, 비밀정보원(안전소조원) 등으로 구성된다. 인민반장은 소속 주민들의 추천형식을 거쳐 시·군(구역) 인민위원회 동사무소에서 지명한다(통일연구원 2016, 133−134; 통일교육원 2013, 475−476).

3. 통일시대 지방정부의 과제

1) 통일시대 지방정부의 구역

구역이란 '특정한 목적을 위해 나누어 놓은 일정한 지리적 영역'으로서 지방정부의 자치권과 통치권이 미치는 지리적 영역을 뜻한다. 영토가 없는 국가가 없듯이 경계가 지워진 일정한 지역으로서 구역이 없는 지방정부는 존재하지 않는다. 통일시대 남북한의 지역정부는 각각 남북한 지역을 관할 구역으로 하겠지만, 그 하위단위의 지방정부는 동급 지방정부와 지리적 영역이 서로 겹쳐지지 않는 상호배타적인 지역을 관할 구역으로 하여 성립할 것이다.

2015년 말 현재, 남북한 지방정부의 구역 수를 비교해보면, 광역지방정부의 구역 수는 남한 17개, 북한 12개이고, 기초지방정부의 구역 수는 남한 226개, 북한

213개로 남한이 많다. 그러나 기초지방정부 하위 단위의 읍·리·동(노동자구) 등 일선 행정계층은 남한이 3,502개, 북한이 4,777개로 북한이 더 많다. 남한은 사회·경제적 발전과 변화에 부응한 시·군통합이라는 광역화의 기조에 따라, 또 지역의 역사성을 고려하여 구역 개편을 단행하였다. 이에 반해 북한은 국가이념의 신속한 확산을 통한 중앙집권적 체제구축이라는 목적에 따라 구역 획정을 시도하였다(이승종·김대욱 2011, 277).

남한 지방정부의 구역은 여러 가지 점에서 비판을 받고 있다(김병준 2015, 205–207). 통일시대 지방정부의 구역 획정은 이러한 점을 감안하여 이루어져야 할 것이다. 우선 남한 지방정부의 구역은 조선시대 말과 일제 초기 이후 급속히 진행되어온 사회경제적 변화를 제대로 반영하지 못하고 있다. 둘째, 재정력 격차 등 지방정부 간의 불균형이 상당히 심각한 데에도 불구하고 규모에 맞는 기능 및 사무배분이 이루어지지 못하고 적절한 재정조정제도가 구비되지 못하는 등 제대로 된 보정체계가 마련되지 못하고 있다. 셋째, 세계화·민주화·정보화 등 메가트렌드에 의해 지방정부의 역할 강화가 요구됨에도 불구하고 지방정부의 구역이 이러한 상황에 잘 적응할 수 있도록 설정되지 못하고 있다.

따라서 통일시대 지방정부의 구역 획정은 이러한 문제점을 보완한 가운데 광역시와 도의 통합을 실현하고 시·군의 자율적인 통합을 유도하여 규모의 경제 실현과 행정의 분절성 완화 등을 모색하는 방향으로 개편이 이루어지는 것이 바람직하다.

2) 통일시대 지방정부의 계층

계층이란 지방정부의 중앙정부와의 계층적 상하관계를 말하는 것으로 단층과 중층으로 구분된다. 지방자치가 제대로 이루어지는 곳이라면 지방정부가 중앙정부나 상급 지방정부의 단순한 하부기관이 아니기 때문에 중앙정부나 상급 지방정부와 대립하고 반목할 수 있고, 경우에 따라서는 심한 갈등을 빚기도 한다. 지방정부에 자치권을 부여하는 것은 이러한 대립과 갈등의 발생 가능성을 전제한다.

남북한 지방정부의 계층을 비교해 보면, 남북한은 모두 주민의 선거로 구성되는 자치(주권) 2계층과 비자치(행정적 보조) 계층으로서의 행정(생산) 1계층을 기본 지방정부의 계층구조로 채택하고 있다. 남북한에서 4계층은 예외적인 것이며, 전반적으로 유사한 계층구조를 가지고 있다. 남한의 경우에는 행정구가 설치되어 있는 인구 50만 명 이상의 도시에, 북한의 경우에는 함흥·청진과 같은 대도시에 4계층의 구조를 이루고 있다(이승종·김대욱 2011, 274).

남한 지방정부의 계층구조는 여러 가지 점에서 비판을 받고 있다(김병준 2015, 195−197). 통일시대 지방정부의 계층구조는 이러한 점을 감안하여 개편되어야 할 것이다. 우선 남한 지방정부의 계층은 계층간 기능성 독립성이 낮은 편이라서 광역지방정부와 기초지방정부 간에 불필요한 지휘·감독과 마찰·갈등, 이로 인한 행정적 낭비를 초래하고 있다. 둘째, 중앙정부가 광역지방정부를, 그리고 광역지방정부가 기초지방정부를 지휘·감독하는 중앙집권체제 아래서 마련된 관행이 사라지지 않아 계층간 불필요한 마찰과 지방자치의 기능 저하 및 왜곡의 원인이 되고 있다. 셋째, 특별시와 광역시 모두에 또 하나의 계층을 일률적으로 두고 있는 등 계층관계가 전반적으로 획일적이라서 지역사회의 정치경제적 상황이나 행정적 수요에 탄력적이지 못하다. 넷째, 이러한 이유들로 인해 계층의 수가 많다는 비판을 받는다.

따라서 남북한 지방정부의 계층이 기본적으로 3계층 체제라는 유사점을 감안하여 통일시대 지방정부의 계층은 기본 3계층을 이루는 가운데 점차적으로 계층의 수를 2계층으로 줄여나가는 방안을 모색하는 것이 필요하다. 즉 광역과 기초의 자치 2계층을 근간으로 위와 같은 남한 지방정부 계층구조에 대한 문제점을 보완해 나가는 것을 기본방향으로 설정할 수 있다.

3) 통일시대 지방정부의 기관구성

지방정부는 그 기능을 수행하기 위하여 내부기관을 구성하게 되는데, 기관통합형과 기관분리형 그리고 절충형이 그것이다. 이들 세 가지 형태는 나름대로의 장점과 단점을 가지고 있다. 지방의회가 의결기능과 집행기능을 함께 수행하는 기관통합형은 다시 지방의원들 중 일부가 내각 또는 집행위원회를 구성하여 집행권을 행사하는 내각제형과 지방의원 모두가 집행기능을 나누어 행사하는 위원장형으로 나눌 수 있다. 기관분리형은 의결기관과 집행기관이 분리되어 기능하며 상호견제와 균형을 이루는 형태다. 이는 양 기관이 가지는 상대적 지위와 힘의 정도에 따라 강(強)시장－의회형과 약(弱)시장－의회형, 그리고 강시장－의회－수석행정관형으로 나눌 수 있다.

남북한 지방정부의 기관구성을 비교해 보면, 남한의 지방정부는 지방의회와 지방자치단체장이 별도로 선출되는 기관분리형을 취하고 있다. 남한의 지방정부는 도시와 농촌, 인구규모 등과 관계없이 일률적으로 의결기관과 집행기관을 분리시키고 있다. 그리고 집행기관이 의결기관보다 상대적으로 강한 권한을 행사하는 강시장－의회형, 그것도 중앙정부의 통제가 강하게 작용하는 '중앙통제형' 강시장－의회형의 구조를 띠고 있다. 이러한 구조 아래 지방의회는 나름대로 발의권과 의결권 등 부여받은 권한을 행사하고 있다(김병준 2015, 171－172).

반면 북한은 지방인민회의 개회 시에는 지방인민회의가 집행기관인 지방인민위원회를 구성하는 의회－집행위원회형 구조를, 휴회 시에는 기관통합형의 구조를 취하고 있다. 그러나 남한 지방의회가 조례의 제정·개폐, 예산의 심의·확정, 결산 승인, 청원의 수리·처리 등에 대한 실질적인 의결기능을 갖는 데 비해, 북한의 지방의회는 실제로는 중앙정부에서 내려온 노동당의 결정을 추인하는 거수기에 불과하며 자체적인 정책수립이나 예산심의 등은 불가능하다. 북한의 지방의회는 인민경제발전계획과 예산 등에 대한 형식적인 심의·승인과 인민위원장 등에 대한 선출권을 제외하면 구체적인 권한을 가지지 못하고 있다. 회의도 1년에 한두 차례만 개최되고 그마저도 회기가 1－2일에 불과하여 실제적인 심의·의결 기능은 매우 미미하다(이승종·김대욱 2011, 278－280).

통일시대 지방정부의 기관구성은 기관통합형, 기관분리형 그리고 절충형 등의 방법을 각급 지방정부가 자율적으로 선택할 수 있는 방향으로 이루어지는 것이 바람직하다. 남한 지방정부의 기관구성은 중앙통제형 강시장－의회제로 요약되는 중앙정부와 지방정부, 그리고 집행기관과 지방의회와의 불균형적인 관계, 정당추천제에 의한 잘못된 선거제도와 선거문화 등의 문제점으로 인해 비판을 받고 있다(김병준 2014). 이러한 문제점을 보완하여 중간과정으로 우선 자치구의 구청장 선출방식으로 시정관리관(city manager) 제도를 도입해 보자는 제안이 있다(이승종·김대욱 2011, 285). 이는 남북한 지방정부 간의 차이를 해소하기 위한 것이기도 하지만, 집행기관장인 시정관리관을 임명하는 권한을 지방의회가 가지고 있다는 점에서 현행 남한 지방정부 기관구성의 문제점을 극복할 수 있는 방안이 될 수 있다. 통일시대 지방자치를 통한 민주주의의 발전을 위해서는 역사상 민주주의의 태동을 의회가 주도하였다는 사실에 주목할 필요가 있다. 공화국 성립 이후에도 정치와 권력의 중심을 행정부로 여기는 경향이 있는 남한과, 오랜 왕조체제의 역사 아래 세습체제를 유지하고 있는 북한에서는 정치권력이 국민과 지역주민에게서 나온다는 민주주의의 원리를 되새기는 일이 무엇보다 중요하다.

4) 남북한 중앙정부와 지방정부의 관계

현대 사회에서 중앙정부와 지방정부는 상대방이 없이는 존속하기 어렵다. 중앙정부는 국가 간 외교와 전략적 제휴 및 무역협정 그리고 초국가적 연합체 결성 등과 같은 과업을 수행하기 위해 필요하다. 또한 중앙정부는 국가의 경제생활을 전반적으로 관리하고 국내의 교역과 운송 그리고 커뮤니케이션 등과 같은 문제를 감독함으로써 지방정부 간 상호이익과 협력을 증진할 수 있도록 중재하는 역할을 수행해야 한다. 또한 지방정부는 국가가 지역적 사안을 다룸으로써 초래되는 '규모의 비경제성' 문제를 해결하고, 정책결정과정에서 지역주민의 의사와 필요를 반영해야 한다(김비환 2013, 255-257).

따라서 통일시대 중앙정부와 지방정부는 남북한의 통일과정에 따라, 또 민주화의 정도에 따라 변화하는 상보적인 관계가 되어야 한다. 또한 남북한 지역에서 지방자치가 활성화되고 적정한 지방분권이 이루어져야 한다. 이를 위해 지방의 자율권 신장을 위한 조치가 점진적이고 단계적으로 취해지고 보완적으로 중앙의 지방에 대한 통제의 적정화가 이루어져야 한다. 특히 북한지역에서 실질적인 지방자치가 실현되기 위해서는 노동당에 의해 지방정부의 수장이 임명되는 인사 통제, 지방정치나 정책결정과정에 개입하여 영향력을 행사하는 운영상의 통제가 해제되어 지방정부가 독자적인 지위를 누릴 수 있는 환경이 조성되어야 한다.

5) 통일시대 광역지방정부와 기초지방정부의 관계

광역지방정부와 기초지방정부의 관계는 국가에 따라 상당한 차이가 있다. 국가마다 분권화의 역사와 정도가 다르고 지방정부의 크기와 행정적 · 재정적 능력에 차이가 있기 때문이다. 한 나라 안에서도 광역지방정부와 기초지방정부가 다르고 동일한 기초지방정부라고 하더라도 크기에 따라 사무와 기능 그리고 권한의 배분구조에 차이가 있다. 특별지방정부의 정비 여부도 이러한 배분구조에 큰 영향을 미친다(김병준 2015, 395).

통일과 함께 북한지역의 광역지방정부와 기초지방정부 사이에 대등한 관계가 성립되어야 할 것이다. 양자 간에 대등한 관계가 성립되면, 다음으로 기능 분담이 적절히 이루어져야 할 것이다. 구체적으로 광역지방정부는 광역적 업무, 조정 · 지도 · 지원 기능을 수행하고, 기초지방정부는 구체적 업무, 서비스 집행 업무의 기능을 수행해야 할 것이다(이승종 · 김대욱 2011, 290). 지방정부의 사무를 단순 비교할 수는 없지만, 지방도로를 관리하는 일이나 지역사회 공공시설물의 관리, 그리고 쓰레기 수거와 지역주민의 기초적인 건강을 돌보는 문제 등은 기초지방정부 사무의 좋은 예가 될 것이다(김병준 2015, 395-396). 광역지방정부가 생산을 주도하는 사회적 투자 기능을 담당하고 기초지방정부가 다원주의적 상호작용에 의해 이루어지는 사회적 소비 기능을 담당하는 것도 일반적인 경향이다.

6) 통일시대 지방정부와 정당의 관계

대의제 민주주의는 정당과 역사를 함께 해 왔다. 대의제 민주주의에서 정당은 시민 개개인의 정치적 의사를 집약하고 대표한다. 또한 선거 이후 선출된 대표자를 통해 대의제 민주주의의 핵심 기제인 의회활동을 구조화한다. 그리고 정부를 조직하여 선거에서 만들어진 '공공선'을 실현한다. 요컨대 대의제 민주주의에서 정당은 '사회와 정부를 연결하는 매개 구조'로 기능한다(김영태 2015, 179). 이 같은 정당의 기능은 지방정부를 구성하는 지방의회와 지방자치단체장의 선출과 활동에도 그대로 작용한다.

남한에서는 1945년 건국 이래 2014년까지 크게 열 차례의 지방선거가 있었다. 이들 지방선거에서는 정당이 참여하는 경우도 있었고 배제되는 경우도 있었다. 남한의 정치권은 논란 끝에 2005년 모든 지방선거에 정당의 참여를 허용하는 쪽으로 일단 결론을 내렸다. 그러나 여전히 기초 지방의원과 지방자치단체장 선거에 대한 정당 참여 문제는 논란의 대상이 되고 있다. 이러한 논란은 지방선거가 제대로 기능하지 않으면 지방의원과 지방자치단체장을 제대로 선출할 수 없고, 이들을 제대로 선출하지 못하면 지방자치를 바르게 운영할 수 없는 데에서 비롯된다.

그간 지방은 중앙정치의 예속으로부터 벗어나지 못하는 악순환을 거듭해 왔다. 서울과 수도권을 제외한 많은 곳에서 지역의 패권정당에 의한 일당지배가 장기간 지속되어 왔다. 지역주의 정당정치로 인해 정치적 경쟁이 제대로 이루어지지 못했고 지역 내 정치적 다양성도 효과적으로 반영되지 못했다. 왜곡된 정치구조는 지방정부와 지방자치단체장에 대한 효과적인 견제와 균형의 원리가 작동하는 것을 방해하였고, 지방정부뿐만 아니라 지역의 패권정당에 대한 정치적 책임성을 묻는 것조차 가로막았다(강원택 2014, 31-32). 또한 지방정부가 중앙정치와 연계된 소수의 지방 권력엘리트 및 이해관계자에 의해 장악되어 지역사회 전체가 아니라 소수를 위해 일하는 경우도 적지 않았다. 결국 지역주의가 강한 상황에서 정당공천제도는 중앙정치의 지방정치에 대한 영향력을 강화시키는 결정적인 배경이 되었다.

따라서 통일시대 지방정부와 정당과의 관계는 이러한 문제점을 보완한 가운데 재설정되어야 한다. 이는 지방자치와 지방선거와 관련하여 정당이 얼마나 제 기능을 발휘하느냐에 달려있다. 그러나 북한지역에서 실질적인 지방정부가 성립하기 위해서는 경쟁적인 정당제도의 도입이 무엇보다 선행되어야 한다.

제 9 장 통일시대의 지방정부

7) 통일시대 지방정부와 주민의 관계

주민참여는 정책과정에 영향을 미치기 위해서 행해지는 지역주민의 행위다(김병준 2015, 613). 주민참여는 지방자치를 성숙시키고 공고화한다. 주민참여는 정치교육의 과정이다. 주민참여는 주민들이 정책과정에 영향력을 행사할 수 있다는 믿음과 주민참여를 보장하는 정부에 대한 신뢰를 형성시킨다. 또한 주민참여는 공동체의식을 배양한다. 지역주민은 참여를 통해 공동의 문제를 해결하기 위해 상대방을 이해하고, 타협과 협상을 통해 이익의 일부를 양보하는 등의 태도를 배운다. 이러한 행위는 지역주민 간의 협력을 강화시키고 공동체의 정체성을 공고화시킨다(이충희 2015, 319).

통일한국의 지방정부는 주민의 뜻과 의지에 따라 운영되어야 한다. 이를 위해서는 지방정부의 정책과정에 주민참여가 활발히 이루어져야 한다(이승종·김대욱 2011, 290). 또한 단순히 주민참여 방식을 다양화하고 기회를 증대시키는 것뿐만이 아니라 지방자치와 민주주의와의 관계에 대한 지역주민들의 의식 변화가 반드시 수반되어야 한다. 남북한 지방정부와 주민의 관계를 비교해 보면, 남한은 지역주민들이 다양한 참여제도를 통해 지방정부에 참여하는 비교적 쌍방향적인 관계인 데 비해, 북한은 지방정부가 지역주민을 동원하고 통제하는 일방적인 관계라고 평가할 수 있다.

따라서 남한의 주민참여제도로부터 통일시대 주민참여를 활성화하는 방안을 모색해 볼 필요가 있다. 주민참여 활성화 방안은 주민참여가 가져올지도 모르는 정책상 불공정성·비효율성 등의 문제를 감안한 가운데 남북한 지역주민 모두를 위해서 효율적으로 기능할 수 있도록 고려되어야 한다. 통일시대 주민참여제도로는 여러 가지 방식이 있겠지만, 앞서 소개한 남한의 직접민주주의 제도, '개별적' 및 '집합적' 참여제도 등의 도입과 확산이 필요하다. 또한 주민참여의 활성화 방안(김병준 2015, 637-638; 이승종·김대욱 2011, 290)으로는 적절한 자치권의 배분, 정보의 공개 및 전달, 참여에 따른 비용의 절감, 공익적 시민사회단체 등 매개집단의 활성화, 주민의 참여의식 고양, 시민교육의 확대, 참여에 대한 정책결정자의 인식 개선 등이 요구된다.

4. 결   론

통일시대 남북한 지역정부 및 그 하위 단위의 지방정부를 통해 지방자치를 시행하는 목적은 명확하다. 우선 통일을 하루아침에 이룰 수 없고 점진적이고 단계적으로 통일국가를 완성할 수밖에 없기 때문에 두 개의 남북한 지역정부와 이들 각급 지방정부는 통일과정에서 많은 일을 처리해야 한다. 특히 통일시대에 필연적으로 대두하게 되는 지역주민의 복지 증진과 교육·체육·문화·예술 등의 진흥을 위한 많은 고유사무를 수행해야 한다. 둘째, 통일시대에도 지역주민이 스스로 통치하는 지방자치 그 자체의 목적가치는 정당하다. 지역주민은 '다스림'의 주체이자 객체다. 권력의 속성상 민주와 자치가 없는 곳에서 지역주민을 위한다는 위민(爲民)이나 '좋은(good) 정부'는 오래갈 수 없다. 셋째, 통일과정에서 필연적으로 등장하게 될 정치적 민주화나 경제적 효율성 확대와 같은 정치경제적 이해관계를 조정하기 위해 필요하다. 점진적이고 단계적인 통일을 이루어가는 과정에서 지방자치를 둘러싼 이해관계를 조정하는 것은 필수적인 일이 될 것이다.

남한의 지방자치는 1991년 지방의회제도가 재도입되고 1995년 지방자치단체장 선거가 재실시된 이래 20여 년 이상의 역사를 갖게 되었다. 남한의 지방자치는 이 기간 동안, 여러 가지 문제점을 노정하였음에도 불구하고 점차 분권과 참여가 증가하는 방향으로 변모하여 왔다. 이러한 지방자치의 역사 속에서 지방정부와 지방정치는 남한주민의 일상적 삶 속에서 자연스럽고 당연한 것이 되었고, 한국 민주주의의 공고화 과정과 함께 많은 발전을 이루어왔다. 그럼에도 불구하고 남한의 지방자치는 여전히 여러 가지 문제를 안고 있다. 한마디로 지적한다면, 지방은 중앙에 비해 열등한 위치에 놓여 있고, 지방정부나 지방정치는 여전히 중앙에 종속되어 있다는 점을 꼽을 수 있다(강원택 2014).

현행 남북한 지방정부와 관련한 제도를 비교해 보면, 외형적 측면에서는 상당한 유사점을 갖고 있지만, 실제적 측면에서는 커다란 차이점이 존재한다. 북한의 지방정부는 고도의 중앙집권적 원칙에 의거하여 구성되고 유지되고 있다. 이 때문에 지방 차원의 자율성과 독립성은 거의 존재하지 않는다는 것이 일반적인 평가다. 더욱이 북한의 각급 지방정부는 중앙정부 및 상급 지방정부뿐만 아니라 당-국가 체제의 지도원칙에 따라 노동당의 결정과 정책의 이행 여부에 대한 통제를 받고 있다. 이러한 상황에서 주민 복지와 복리를 위한 정책은 추진되기 어렵다.

따라서 통일시대 남북한의 다양한 지방정부의 조직은 남한의 지방자치제도를 근간으로 추진하는 것을 검토할 필요가 있다. 남한의 지방자치는 중앙정부와 지방정부, 지방정부와 주민 간의 관계를 쌍방향적으로 확장하고 있으며, 전반적으로 지역주민의 복지와 복리를 최우선적인 정책목표로 내세우고 있기 때문이다. 북한지역 내 지방의 열악한 경제적·재정적 상황, 북한주민의 부족한 정치적·행정적 자치능력, 북한의 지방자치 실현을 지원할 남한의 지방자치제도의 수준 등을 고려할 때, 통일시대 북한지역에 지방자치제도의 즉각적인 도입이 어려울 수도 있다. 하지만 북한 내 각급 지방정부 수립과 그를 통한 북한 내 민주화 달성 그리고 남북한 사회통합 등을 위해 가급적 조기에 지방자치제도를 도입하고 확산하는 것이 필요하다. 과도기적으로 남한처럼 완전한 지방자치제도 실시 이전에 지방의회를 먼저 두는 방안도 모색해 볼 필요가 있다.

통일시대 북한지역 내 각급 지방정부를 수립하는 일은 대단히 어려운 작업이 될 것이다. 이는 통일과정에서 남한의 지역정부와 각급 지방정부의 도움과 지원 없이는 사실상 불가능할 것이다. 이러한 어려움을 딛고 북한지역 내 지방정부가 성공적으로 안착하기 위해서는 남북한 지방정부 간 다양한 교류협력이 필수적으로 요구된다.

❶ 통일시대, 즉 '통일과정과 통일 이후의 시기'에 여러 가지 이유로 북한지역에 지방자치제도를 즉각적으로 도입하는 것이 어렵다는 주장이 있다. 하지만 지역주민에 의한 지방정부의 구성과 그를 통한 북한내 민주화의 달성 및 남북한 사회통합 등을 위해서는 가급적 조기에 지방자치제도를 도입해야 한다는 주장도 만만치 않다. 이 문제를 어떻게 생각하는가?

❷ 남한의 공식적인 통일방안은 점진적이고 단계적인 통일을 이루어나가는 과정에서 지방정부의 존재와 지방정치의 필요성을 인정하고 있다. 남북한이 완전한 사회통합을 이루기 위해서는 상당한 시간이 필요하고, 이 과정에서 남북한의 지역정부와 하위 단위의 지방정부는 지역사회의 많은 현안들을 처리하여야 한다. 남북한의 지역정부와 하위 단위의 지방정부가 가장 중점을 두고 우선적으로 시행해야 할 현안은 무엇이라고 생각하는가?

❸ 현재 우리의 지방정부와 지방정치는 사회경제적 변화나 세계화·민주화·정보화 등 메가트렌드를 반영하지 못하고 있다는 비판이 많다. 점진적이고 단계적인 통일이든, 아니면 동서독과 같은 급속한 통일이든 간에 통일시대에 필연적으로 대두하게 될 지역사회의 문제를 해결하기 위해 우리가 준비해야 할 지방정부와 지방정치의 개편방향은 무엇이라고 생각하는가?

제 9 장 통일시대의 지방정부

참고문헌

강원택. 2014. "총론: 지방자치를 보는 새로운 시각." 강원택 편. 『한국 지방자치의 현실과 개혁 과제: 지방 없는 지방자치를 넘어서』. 서울: 사회평론 아카데미.

강원택. 2011. 『통일 이후의 한국민주주의』. 나남.

김병준. 2015. 『지방자치론』 제2수정판. 서울: 법문사.

김비환. 2013. 『이것이 민주주의다: 지금은 민주주의를 공부해야 할 시간』. 서울: 도서출판 개마고원.

김영태. 2015. "정당정치의 과거와 현재, 미래." 한국정치학회 편. 『정치학: 인간과 사회 그리고 정치』. 서울: 박영사.

김용복. 2015. "국민을 위한 국가, 한국정부의 미래." 한국정치학회 편. 『정치학: 인간과 사회 그리고 정치』. 서울: 박영사.

백학순. 2016. "조선로동당 제7차대회 평가와 전망: 북핵, 대남, 대외정책." 『2016년 제3차 세종프레스포럼』 (5월 12일).

소진광 외. 2008. 『한국 지방자치의 이해』. 서울: 박영사.

양현모. 2014. 『통일한국의 정부조직체계 구축방안』. 서울: 행정연구원.

이승종·김대욱. 2011. "남북한 지방행정체제의 통합방안." 『행정논총』 49(2).

이충희. 2015. "지방자치와 주민참여의 도전." 한국정치학회 편. 『정치학: 인간과 사회 그리고 정치』. 서울: 박영사.

정성장. 2012. "연합제와 연방제의 공통점과 차이점은 무엇인가?" 『민족21』 (7월호).

정창현. 2014. "북한의 대남정책 방향과 '낮은 단계의 연방제'." 『통일뉴스』 (3월 11일).

최진욱. 2008. 『현대북한행정론』 제2판. 서울: 명인문화사.

통계청. 2015. 『2015 북한의 주요통계지표』. 서울: 통계청.

통일부 통일교육원. 2016. 『2016 통일문제 이해』. 서울: 통일부 통일교육원.

통일부 통일교육원. 2013. 『북한 지식사전』. 서울: 통일부 통일교육원.

통일연구원. 2016. 『2016 북한인권백서』. 서울: 통일연구원.

통일연구원. 2009. 『2009 북한개요』. 서울: 통일연구원.

한부영·김병국. 2009. 『통일대비 남북한 지방행정인력 통합에 관한 연구』. 서울: 행정연구원.

10 지방정치의 역사: 해외 사례

    지방자치는 민주주의 제도의 토대가 된다. 토크빌(Alexis de Tocqueville)은 "지방자치는 민주주의의 초등학교"라고 설명하면서 기초자치단체의 중요성을 강조하였다. 서구에서 지방정치는 대체로 민주주의의 역사와 더불어 전개되었다. 민주주의는 권력분립, 분권, 견제와 균형, 참여 등을 핵심 요소로 하는데, 지방자치는 이러한 핵심 요소를 근간으로 하기 때문이다. 즉 지방정치의 강화는 권력의 독점을 분산시켜, 정치권력의 실행에 있어 다수의 견제와 균형을 확보하는 것을 의미하며, 다원적 민주주의로 발전시킬 수 있다. 민주적 정치체제 측면에서뿐만 아니라 지역주민의 직접 참여와 자치를 통한 풀뿌리 민주주의 실현 측면에서도 지방정치의 강화는 중요하다.

    본 장에서는 민주주의가 발달한 서구를 중심으로 지방정치의 역사적 전개를 살펴본다. 지방정치의 역사란 행정적 필요에 따른 분권화 과정이기도 하지만, 민주주의 개념과 사상이 원동력이 된 변화의 과정이기도 하다. 특히 국가들마다 다양한 지방정치 유형을 나타내는 데 있어 역사적 경험이 어떻게 영향을 미쳤는지를 중앙과 지방의 관계에서의 권력 변화 과정과 주민 자치를 획득하는 과정에 중점을 두어 살펴보고자 한다.

첫째, 서구 유럽을 중심으로 중세, 근대국가 형성시기, 현대 지방분권의 과정에서 지방정치의 역사를 조망한다. 둘째, 역사적 기원에 따른 국가체제를 중심으로 지방정치의 유형을 분류한다. 셋째, 민주주의 국가의 발전과정에서 실제 지방정치가 어떻게 전개되었는가를 미국, 영국, 프랑스, 독일 사례를 중심으로 살펴본다.

1. 민주주의와 지방정치의 역사

1) 근대 이전의 지방정치

서구에서 지방은 참여의 공간이자 권력집중에 저항하는 보루의 공간으로 기능하였다는 점에서 지방정치의 발전은 민주주의의 역사와 그 궤적을 함께 한다. 기원전 5세기 그리스의 도시국가(폴리스), 그 중에서도 아테네는 동질성과 연대감을 기반으로 독립적 시민들이 활동하던 공동체로서 전체 자유 시민에게 참정권을 부여하는 민주정체의 원형이라고 할 수 있다. 아테네 민주주의는 공동체 내에서 시민은 권리와 의무를 지니며, 공적인 것과 사적인 것이 결합되어 개인의 덕성이 곧 시민의 덕성이라는 점을 특징으로 한다. 아테네 시민은 법에 대해 토론하고 결정하고 집행하기 위하여, 이세고리아(isegoria) — 민회에서의 동등한 발언권 — 에 의해 보장되는 자유롭고 제한 없는 토론이라는 자율적 통치과정에 직접 참여하였다.

질서유지에 관한 법적 틀, 재정, 과세, 대외업무 등과 같은 주요 의제들이 심의와 결정을 위해 제출되면, 아테네 자치의 핵심 주권기구이며 전체 시민으로 구성된 민회에서 되도록 만장일치, 즉 합의를 통해 이러한 사안을 결정하였다. 민회는 자체 안건을 준비하고 법안을 기초하기에는 너무 큰 기구였기 때문에 공적 결정을 조직하고 제안하는 책임은 500인 평의회가 담당하였고, 평의회는 50인 위원회의 지원을 받았다. 법정 역시 민회와 비슷한 원리에 따라 조직되었다. 도시 행정 기능은 행정관들이 수행하였는데, 이 지위 역시 10인 위원이 담당하도록 함으로써 권력이 분산되었다.

고대 그리스의 자치는 이주민, 노예, 여성은 배제된 극히 제한된 시민권을 대상으로 한다는 점에서 배타성을 지녔다는 비판이 제기된다. 그러나 독재정치의 위험을 방지하고 직접선거를 보장하기 위하여, 정치체제의 책임성을 유지할 수 있는 윤번제, 추첨, 직접선거 등을 개발했다는 점에서 직접 민주주의의 근간이 되었다고 할 수 있다.

중세시대에는 로마 가톨릭 교회가 초국가적 권위를 형성하였고, 영토 내에서는 봉건 제도 하에서 영주가 권위를 행사함에 따라 민주주의에 기반을 둔 자치는 존재하지 않았다. 그러나 자치 공화정이 발달하였던 도시 공동체들에서 민주적 지방자치가 존재하기도 하였다. 11세기 말 교역과 수공업이 증가함에 따라 자본을 축적하였던 이탈리아 북부 도시 공동체들은 황제와 교황의 법적 통제권에 맞서 자신들의 재판 업무를 관할할 행정관, 즉 집정관을 마련하였다. 12세기 말 집정관 체제는 새로운 정부형태로 대체되었는데, 사법과 집행 업무에서 최고권을 행사하는 포데스타(podestà)를 장으로 하여 통치 평의회를 갖춘 정부를 구성하였다. 평의회는 피렌체, 파도바, 피사, 밀라노, 시에나 등에 존재하였다. 평의회는 도시에서 태어나거나 거주한 과세 대상 재산이 있는 남성인 시민들의 추첨을 통해 구성되었고, 이후 선발 위원회가 수립되면 심사숙고를 거친 뒤 포데스타가 결정되었다. 이 시기의 이탈리아의 도시 공동체들은 강력한 국가정부가 등장하기 이전의 역사적인 공동체를 대변하는 지방 권위체라고 볼 수 있다.

중세시대 봉건제의 성격은 이후의 중앙과 지방정부 관계의 형성에 영향을 미쳤다. 예를 들어, 프랑크 왕국(751–888년)에서는 전쟁의 수행과 광범위한 지역을 관할해야 할 필요성에 따라 봉건제가 발전하였다. 프랑크 왕국에 소속된 유럽의 중심부 지역, 즉 프랑스, 엘베강 서부의 독일, 스페인 북부 등에서는 카운티(county)들이 군사적, 행정적 조직으로 재편되고 토지귀족(count)을 중심으로 통합되었기 때문에 '카운티 수준에서 지속되어오던 통치체계'가 붕괴되었다. 그러나 봉건제 후기에는 주권의 분할을 통한 지역 단위의 지배체제 속성, 도시의 발달, 봉토 세습화 등의 요인으로 인하여, 중앙의 군주가 지방과 도시에 뿌리내린 귀족 혹은 부르주아와 대립하면서 지방분권화가 촉진되었다. 군주는 행정적 통치체제를 강화하면서 지방의 정치권력을 대변하는 성직자, 귀족, 부르주아 등으로 구성된 신분체제를 붕괴시켰고, 봉건제가 제도화된 중심부 지역에서는 중앙정부가 감독관을 파견함으로써 적어도 카운티 수준의 지방자치제를 행정적으로 통제하였다. 결국 절대주의 국가는 왕이 토지귀족과 일부 부르주아를 포섭함으로써 봉건적 지배체제의 재편과 강화를 통해 중앙집권적 관료제를 지방으로 확산시키는 과정에서 등장했다고 볼 수 있다(Anderson 1974).

2) 근대 민족국가(nation-state) 형성과 지방정치

15-18세기 대규모의 강력한 정치구조 내로 소규모 정치단위들이 흡수되면서 국가의 형태가 나타났고, 점차 근대국가로 발전하였다. 16세기 초 유럽에는 독립적인 정치 단위체가 약 500여개 존재하였지만, 전쟁을 통한 영토의 통합, 영토 전역에 집행되는 법과 질서 체제 강화 등으로 국가 주권의 개념과 중앙집권적 권력이 등장하게 되었다. 절대주의 국가는 중앙집권화된 통치권에 입각하여 정치체제의 정점에 위치하였고, 상설 관료기구와 상비군과 같은 관료제가 행정기구로 발전하였다.

중앙과 지방의 구분은 이 시기부터 본격화되었는데, 지방을 관할하는 자치정부는 근대국가의 초기 형태인 '전국적 국가'의 형성 과정에서 군주와 지방의 귀족 및 부르주아 간 대립의 결과 중앙-지방정부 관계로서 제도화되었다. 그러나 초기의 지방정부는 시민들이 참여할 수 있는 법적 공동체라기보다는 사회적 특권계층을 위한 자치체(corporation)의 성격이 강하였다.

지방정치와 민주주의의 결합은 민족국가의 형성뿐만 아니라 시민사회의 발달 과정을 통해 진전되었고, 그 패턴은 국가마다 상이하게 나타났다. 이 과정은 18세기와 19세기의 프랑스 혁명, 사회계급의 발달, 보통선거의 실시, 정당체계의 발달 등 대중의 정치참여가 제도화되고 사회구성원의 국가에 대한 정체성이 형성되면서 진행되었다. 프랑스 혁명 이후 국민주권 개념과 선거에 의해 운영되는 지방자치 개념이 유럽 전역에 확산되었다. 즉 민족국가가 형성되면서 대중의 정치참여 폭이 확대되고, 지방자치의 수준이 향상되었다. 영국, 스웨덴 등에서는 지방정부의 자치권 행사 범위가 확대되었고, 행정적으로도 중앙에 예속되지 않았다. 특히 영국에서는 의회가 중앙정부와 지방정부를 잇는 역할을 담당하는 방향으로 발전하였다.

그러나 한편으로는 민족국가가 발달하면서 지방이 국가정치에 포섭됨에 따라 지역을 중심으로 발달된 정치의 장이 쇠퇴하고 중앙정부의 지방에 대한 통제가 강화되었다.[1] 지방정부는 행정 수준과 정당 네트워크[2]를 통해 중앙정부와 일정한 관계를 맺게 되었다. 유럽 중심부 지역의 중앙과 지방의 관계 설정에는 나폴레옹의 집권이 영향을 미쳤는데, 나폴레옹은 '국가는 나라 전체의 이념을 재현'해야 한다는 프랑스 혁명 당시의 자코뱅(Jacobins) 이념을 행정의 근대화를 통해 실천하고자 하였다. 나폴레옹 지배의 영향을 받은 프랑스를 비롯한 유럽 중심부 지역에서는 중앙정부가 지방정부를 행정적으로 감독하고 통제하는 중앙 – 지방관계가 공고해지면서 중앙과 지방정치가 유착되었다.

이와 같이 근대 시기 서구의 중앙과 지방정치의 관계는 민족국가의 발전과 관련성이 높다고 할 수 있다. 사상적으로는 계몽주의, 정치·사회적으로는 프랑스혁명 등의 영향으로 지방자치가 발전하였을 뿐만 아니라 중앙에 의한 행정적 틀이 마련되었고, 점차 지방자치의 발전과 동시에 현대와 유사한 체계를 갖추게 되었다.

3) 현대의 지방정치

19세기에는 특히 유럽에서 국가의 범위와 경계가 더욱 명확해졌고, 20세기에

---

1 립셋과 로칸(Lipset and Rokkan 1969)은 중앙과 지방정치 관계의 발전을 다음과 같이 설명하였다. 첫째, 국가의 복지 기능이 팽창함에 따라 지방정부는 복지행정의 하부 경영관리자로 점차 전환되는 한편, 중앙정부와의 기능적 관계가 강화되었다. 둘째, 정당정치는 지역의 경계를 가로지르는 이념적 대립으로 대중을 정치적 동원의 장에 끌어들이는 한편, 중심부 지향의 정당체계를 구축하였기 때문에 지방의 정치적 구심력을 약화시켰다.
2 근대 이행과정에서 정당정치는 전근대의 특성과 근대의 특성을 모두 가졌다. 지방정당은 지방주의와 결합하면서도 사회계급을 동원함으로써 정치적 대표체계를 구축하는 상반된 역할을 수행하였다. 정당들은 이념동원을 통한 초지방적 네트워크의 확산으로 민족국가 형성에 기여하였다 (Berrington 1985; Agnew 1987).

걸쳐 국가가 부상하고 팽창함에 따라 중앙정부의 역할 역시 증대하였다. 서유럽과 북미에서는 대공황과 두 차례의 세계대전을 거치면서 국가경제 전체에서 차지하는 정부의 자원동원 규모가 증가하였을 뿐만 아니라 이를 통제하고 집행하는 중앙 관료들의 역할도 강화되었다. 특히 국가의 역할에 대한 기대가 증가함에 따라 대부분의 서구 국가들에서는 중앙정부가 국민의 질병, 실업, 노년 등의 복지를 책임지게 되었다. 이에 따라 1945년 이후 다수의 국가들에서는 행정적 편의의 측면에서 중앙과 지방정부 사이에 지역층을 설립하고 확대하였다. 지방정부는 복지정책 집행을 위해 재정적 지원을 받고 서비스를 제공하는 역할을 담당하거나 중앙정부의 직접 통제 하에서 공적 서비스를 제공하는 형태로 발전하였다. 지방정부는 점차 증가하는 사회복지의 행정적 수요에 효과적으로 대응할 수 있는 행정단위로 평가되었고, 지방정부의 예산도 더불어 증가하였다. 서구의 중앙집권적 국가주도 성장모델은 이 시기 신생독립국의 발전모델로도 기능하였다. 신생독립국의 정치지도자들은 중앙정부에 의한 경제 통제를 통해 안정적 발전의 토대를 구축하기도 하였다.[3]

1970 – 1980년대 들어 전 세계적으로 중앙정부에 의한 행정통제나 계획경제의 한계가 드러나기 시작하였다. 과도한 중앙정부의 역할로 인한 행정 관료의 비대화 혹은 과부하, 정부 재정적자의 증대, 공공서비스 공급의 비효율성, 자율적 지방단위 정책집행의 한계, 지역주민 정책과정 참여 제한 등의 문제점이 나타났다. 지방정부를 단순히 행정단위로 인식하는 시장 중심적 접근방식에 대한 비판이 제기되었고,[4] 1980년대 후반에 이르러 지방민주주의론 혹은 분권화(decentralization) 규범이 등장하게 되었다. 지방민주주의론에서는 중앙정부 중심의 복지국가, 복지행정의 하부 관리자로 전락한 지방정부, 시민을 단순히 복지서비스의 소비자로 간주하는 시장주의를 모두 비판하면서 중앙정부에서 지방정부로의 권한 이양을 위한 제도개혁, 지방정부에 대한 정치참여 공간의 확대를 주장하였다.[5] 서구 선진국에서 중앙

---

3 국가 역할에 대한 강조는 발전경제이론의 주류적 관점이었다고 볼 수 있다(Toye 2003).
4 중앙집권적 체제에 대한 비판은 통합되는 세계경제의 흐름 속에 국가의 시장에의 개입보다 자기 조정적 시장메커니즘을 통한 낙수효과를 경제성장의 핵심적 동력으로 간주하는 경제이론이 주류적 위치를 차지하게 된 시대 흐름과 일맥상통한다고 볼 수 있다(Chang 2003).
5 정치참여의 공간이란 합리성의 공간인 '공적영역'이 될 수도, 문화와 전통의 공간인 '공동체'가

집권적 국가주도의 성장모델에 대한 비판은 개도국의 발전경제론에도 변화를 가져왔다. 저개발국과 개도국에서는 중앙정부의 개입과 통제를 줄이는 분권화와 제도개혁을 개발원조와 연계시켰다.

이러한 흐름 속에서 1980년대 라틴아메리카 국가들의 민주화, 1990년대 동유럽 국가들의 탈공산주의 체제이행, 동아시아 국가들의 민주화와 시장경제의 발전은 분권화 흐름이 전 세계적으로 확산되는 계기가 되었다. 전 세계적으로 확산되었던 분권화는 대체로 두 단계로 이루어졌다. 첫 번째는 행정적 측면에서 중앙정부의 권한을 지방정부로 이양하는 분산(deconcentration), 이양(devolution), 위임(delegation)의 형태로 협의의 분권개혁 단계이다.

- 분산(deconcentration): 중앙정부 각 부처의 권한과 책임을 그 부처의 지방 부처로 이전하여 중앙정부의 기능이 각 지방 관료들에 의해 시행되는 것.
- 이양(devolution): 중앙정부 각 부처의 권한과 책임을 지방정부에 이전하는 것으로 중앙정부가 일부 정책결정의 자율성을 하위층에 부여하는 것을 의미함.
- 위임(delegation): 공사 등과 같은 반관(半官)의 조직에 권한을 이전하는 것.

두 번째는 중앙과 지방정부 사이의 권한과 책임의 수준을 넘어 정책과정 관료 외에 민간기업, 전문가, 시민단체, 일반 시민 등이 개입하는 새로운 거버넌스(governance) 구축을 위한 제도개혁 단계라고 할 수 있다(Cheema et al. 2007).

현대 지방정치는 중앙정부 기능의 단순한 행정적 위임, 지방정부의 중앙정부 정책 집행, 자율적인 자치 등 다양한 형태가 존재한다. 이러한 지방정치의 다양성에는 국가와 지방의 전통 및 관습뿐만 아니라 헌법, 정당의 영향력, 관료의 전문성, 사회조직 등의 차이가 작용했다고 볼 수 있다.

될 수도 있다. 이와 같이 학자들마다 지향하는 바는 차이가 있었다.

제10장 지방정치의 역사: 해외 사례

2. 지방정치의 유형: 역사적 기원에 따른 분류

1) 연방-분권 체제(Federal-decentralized systems)

연방을 구성하는 지역 정부들에게 권한을 분산시키는 연방체제는 지방정부에게 가장 광범위한 자유 재량권을 부여하는 국가들에서 주로 나타난다. 분권화가 이루어진 연방체계에서 지방정부 자치권의 정도는 국가들마다 상이하지만, 지방 독립성의 정도는 상당하다고 볼 수 있다. 연방-분권 체계 유형의 국가로는 호주, 캐나다, 독일, 스위스, 미국 등을 들 수 있으며, 연방-분권체제 국가들에서 지방정부의 활력은 국가 내에서뿐만 아니라 국가들 간에도 다양하게 나타난다.6

일반적으로 연방-분권 체제에서는 연방정부와 연방정부를 구성하는 주정부가 있고, 그 아래 주정부가 설치하는 지방자치단체가 있다. 여기서 지자체를 설치하거나 폐지하는 것은 주정부의 권한이다. 연방제에서 주와 지방정부는 헌법에 의해 지위를 보장받으며, 헌법 아래에서 동일한 권력을 지닌다는 점에서 단일국가체제의 지방정부와 차이를 보인다. 연방-분권 체제에서 연방과 지방은 각자의 영역 내에서 자율적으로 활동하며 각각 분리된 행위를 추구하거나, 층 사이의 협력 이념에 기초하여 참여 주체들이 연합된 사회를 형성하기 위하여 업무의 분할(division)이 이루어지기도 한다. 대체로 연방제 하에서 중앙정부는 다양한 지방정부에 경쟁과 기회를 제공하면서 중앙의 과중한 부담을 줄이고, 지역 시민들은 지방정부를 통해 선택의 기회를 갖게 된다.

2) 단일-분권 체제(Unitary-decentralized systems)

단일 국가에서 정부체제는 중앙정부와 중앙정부가 설치하는 지방자치단체로 구성되어 있다. 단일국가 체제에서 주권은 중앙정부에 주어져 있기 때문에 중앙정

---

6 같은 연방제 국가이면서도 미국, 독일, 벨기에의 지방자치단체 체계는 2층제이지만 오스트리아에는 1층제 지방자치단체밖에 존재하지 않는다.

부는 하위정부를 폐지시킬 수 있는 이론적 권한을 지니고 있다. 단일국가에서 지방정부로의 권한의 분산은 대체로 정책집행을 지방 권위체로 위임하거나 입법권을 비롯하여 의사결정의 자율성을 낮은 층에 부여하는 방향으로 이루어진다.

영국과 스칸디나비아 국가들은 지방에게 상당한 정도의 자치권을 부여한 단일(비연방) 정부 사례라고 할 수 있다. 중앙이 주권을 보유하였지만, 지방정부는 단일국가 조직의 부분이 아닌 하부기관(sub-branch)으로 간주된다. 중앙정부의 관리가 존재하고, 지방은 중앙정부가 권한을 부여하는 경우에만 조치를 취할 수 있지만, 지방정부들은 상당히 광범위한 책무를 지니며, 독립적인 결정을 할 수 있다. 주민자치의 개념이 정착되어 있고, 지방의회가 자치행정의 중심이 되어 의결기관인 동시에 집행기관으로 기능하기도 한다. 중앙과 지방정부가 상호의존적이더라도 구분되는 지위를 가지며 공식적으로 분리되어 있다. 즉 단일-분권 체제에서 지방정부는 권위를 가지고 활동하는 자치단위라고 볼 수 있다.

3) 나폴레옹-프레페 체제(Napoleonic-préfets systems)

프레페 체제의 특징은 국가정부(중앙정부)가 감독을 위하여 하위 지역에 국가정부의 대리인(agent)을 둔다는 점이다. 대체로 중앙과 지방정부가 공적 권위체의 단일한 영역을 형성하기 위해 결합한 형태를 지니며, 자치 지역들은 국가 전체에 적용되는 단일 행정체계의 부분을 형성한다. 국가정부는 선도적 지위를 지니며, 지방 시장을 임명하는데, 지방의 시장은 중앙에 대해 지방의 법과 질서를 유지하는 책임을 지닌다. 여기서 중앙과 지방의 권위체는 프레페의 사무처에 융합된다.

프레페 체제는 나폴레옹 시스템이라고도 불린다. 중세와 근대 시기 프랑스는 봉건 지배영역, 소도시, 교회영역 등으로 분산된 체제로부터 중앙집권적 국가를 창출하고자 하였다. 17세기 초반 감독관 지위는 후배지에 대한 왕의 관할권을 확대할 수 있는 수단이었다. 프랑스 혁명에서 감독관은 해체되었지만, 나폴레옹은 이를 프레페로 복원하였고, 여전히 프랑스에 잔재가 남아 있다. 현재까지도 다양한 유형의 프레페가 남부 유럽과 라틴 아메리카에서 존재하고 있다.

프레페란 국가의 정책이 특정지역에서 수행되는지를 감독하기 위해 중앙정부가 임명하는 관리를 의미하며, 정책적 일관성과 지방의 충성을 고무하기 위해 고안되었다. 이러한 프레페 체제는 중앙정부로부터 지시를 통해 지방정부로 이어지는 분명한 계층을 확립하여 중앙의 지배를 명확히 한다. 프레페는 부임지에서 국무총리와 장관을 대리하며 사법과 회계업무를 제외한 모든 국가사무의 지방 집행 책임자가 된다. 프레페는 관할 지역의 질서유지, 선거 책임자, 재난구조의 책임자인 동시에 자치단체에 대해서는 조언, 심판, 중재 역할을 담당한다. 또한 자치단체에 대한 조력자로서 공익사업 지원, 경제개발을 위한 투자사업 참여, 국가와 계약 수립 시 중재 역할을 담당한다. 프레페는 중앙의 지시를 전달하면서 지방의 이익을 상부에 제시하는데, 지역과 지방의회를 감시하기보다는 지방의회와 협력함으로써 중간 역할을 담당한다고 볼 수 있다.

4) 공산주의, 권위주의 체제(Communist systems)

공산국가에서 지방정치체계는 일반적으로 분권화라기보다는 권한의 탈집중화에 가깝다. 즉 지방정부 단위는 중앙정부의 대리이며, 국가의 위계적 행정체계의 구성 요소로써 기능한다. 지방 독립성의 영역은 협소하고 사소한 사안에만 해당되는 반면, 통제 장치는 광범위하고 엄격하게 적용된다. 지방 관료들은 그들의 결정이 상급 권위체의 의도에 적합해야 하고, 허가 없이 다른 목적으로 자금을 전용하는 것은 해고나 구속의 사유가 됨을 인지하고 있다. 하위 행정기관이 상급기관의 지시와 감독에 따라 움직이기 때문에 독자적인 의사결정권이 없는 계층제적 중앙집권 형태라고 볼 수 있다. 공산주의 체제에서 공산당의 강령은 세부적으로 정책을 통제하는 수단이 된다. 즉 행정체계에 대한 보완과 견제로서, 엄밀한 강령을 지닌 공산당은 정부의 핵심 직위들을 통제한다. 그러나 지방정부가 경제활동 역할을 자본주의 국가들에서보다 좀 더 광범위하게 부여받았다는 점에서는 독특성을 지닌다.

공산주의 지방정부 체계에는 냉전 시기의 소비에트 연방(소련)과 동유럽, 중국 등이 포함된다. 이 중에서 소련의 지방행정은 형식상 인민에 의해 선출된 대통령으로 구성된 지방소비에트 또는 인민위원회에 의해 통치되는 것으로 되어 있지만, 실제 운영에 있어서는 이른바 민주적 중앙집권제를 채택한 공산당의 지도하에 있으며 상급소비에트 집행위원회의 지휘·감독을 받았다.7 지방 권위체들은 상급 권위체의 지시와 감독에 따라 움직이기 때문에 독자적인 의사결정권이 없는 계층제적 중앙집권의 형태라고 볼 수 있다.

5) 탈식민지 체제(Postcolonial systems)

서구 열강의 식민지에서 벗어난 신생 독립국들은 다양한 유형의 지방정치 체제를 구축하였다. 일부 사례에서, 강력한 단일정당 정치체계의 도입은 기존의 패턴을 거의 완전히 파괴하였고, 혁명적 변화보다는 조정이 이루어진 경우, 지방정부 패턴은 극적으로 변호하지 않았다. 식민지의 유산이 어느 곳에나 존재하지만, 대부분의 새로운 리더들은 식민 과거를 완전하게 단절하고자 하였다. 식민 관료와 그에 종속된 행정관의 감독 하에 있었던 이전 지방정부 체계는 지방-중앙 정부 관계의 일반적 패턴으로 일부 남게 되었다. 식민지의 지방정부 체계 용어와 근본 구조는 습관과 편의로 인하여 지속되었다. 탈식민 국가들의 일부 지도자들은 식민 이전의 지방정치 체계로 복귀함에 있어 대안이 없었는데, 식민지의 힘이 기존의 방식을 훼손하거나 폐지하였고, 기존의 체계가 서구화되고 근대화된 생활의 조건을 다루지 못하였기 때문이었다. 여기에는 인도를 비롯한 아시아와 아프리카 국가들이 포함된다.

---

7 다수위원으로 구성되는 소비에트 또는 인민위원회는 명목상의 존재에 지나지 않고 인민위원회가 선임하는 집행위원회 또는 의장, 부의장 서기 등 소수로 구성되는 집행위원회 간부회의 지휘하에 각 부문별 행정위원회가 거의 모든 사항을 집행하였다.

제10장 지방정치의 역사: 해외 사례

3. 국가 사례

1) 미   국

미국 지방정치는 주의 창조물(Creatures of the States)이며, 주마다 다른 다양한 지방자치 유형을 그 특징으로 한다. 유럽과 같이 절대주의 왕권에 의해 국가가 통일된 역사가 없기 때문에 뉴잉글랜드 지방의 타운 건설로부터 시작되어 주(州)를 이루고, 주들이 모여 연방을 형성하였다. 이러한 역사적 조건과 광대한 영토라는 지리적 조건으로 인하여 주민자립, 협력이라는 자치의 전통이 미국 지방정치의 근간을 형성하였다.[8] 미국 지방정치는 서로 다른 역사적 배경 하에 주마다, 지방마다 상이한 방향으로 발전하면서, 다양한 자치정부 유형으로 나타나게 되었다. 따라서 미국 지방정치의 역사는 '연방-주정부 관계'와 '주정부-지방정부 관계' 측면에서 살펴볼 필요가 있다.

(1) 연방정부와 주정부 측면에서의 역사

연방정부와 주정부 관계의 측면에서의 역사는 주정부에 대한 연방정부의 역할을 중심으로 할 때 이중적 연방주의(1787-1933), 협력적 연방주의(1933-1980), 신연방주의(1980-1990), 위압적 연방주의(1990-현재)의 시기로 구분할 수 있다. 17세기 버지니아에 영국 식민지가 최초로 형성되면서 미국의 역사가 시작되었고, 19세기 초반까지 13개 주의 식민지[9]가 형성되었다. 식민지 시대 지방자치는 영국 제도를

---

8 토크빌(Alexis de Tocqueville)은 이러한 지방자치의 본질에 대하여 다음과 같이 설명하였다. "자유를 가진 국민의 권력이 존재하는 곳이 바로 기초자치정부이다. 마치 초등학교에서 학문을 할 수 있는 자유를 느끼는 것과 마찬가지로 기초자치정부야말로 국민의 자유를 느낄 수 있는 곳이며, 국민의 손에 자유가 맡겨져 있는 곳이기도 하며, 평화롭게 이러한 국민의 자유를 사용할 수 있도록 느끼게 해주는 곳이기도 하고, 국민들로 하여금 그러한 자유를 사용할 수 있도록 습관을 갖도록 하는 곳이기도 하다. 기초자치정부가 없이도 국민들은 자유를 보장해 주는 정부를 가질 수 있겠지만, 국민들에게는 자유의 정신이란 있을 수 없게 된다."

9 13개 주는 버지니아, 매사추세츠, 메릴랜드, 로드아일랜드, 코네티컷, 뉴햄프셔, 노스캐롤라이나, 사우스캐롤라이나, 뉴욕, 뉴저지, 펜실베이니아, 델라웨어, 조지아가 포함된다.

모방하는 형태였고, 시의 자치는 자율성과 독립성을 지니지 못하였다. 식민지마다 제도의 차이가 있었지만 대체로 도시에서는 식민지 총독이 내리는 헌장에 의해 자치기관을 설치하는 것이 관례였다. 로드아일랜드와 코네티컷과 같은 일부 주들은 식민지 초기부터 그들의 식민지 헌장을 사실상 주 헌법으로 활용하였다.

1776년 독립 이후 매사추세츠 주를 제외한 12개 주들은 주 헌법을 제정하였다. 최초의 주 헌법에서는 주지사와 행정부에 대한 두려움이 반영되면서 입법부 우위구조를 확립하였고, 주지사에 비해 상대적으로 강력한 권한이 주 의회에 부여되었다. 여기에는 삼권분립, 견제와 균형 원칙이 지배적 원리로 채택되었고, 선거권과 피선거권이 확정되었다. 독립 이후 1781년 국가를 형성함에 있어 미국은 국가연합(confederation)에 준하는 형태로 주권이 각 구성단위인 주에 소재하고 중앙정부는 주정부 간 느슨한 형태의 협의체로 연결되었다.

1787년 필라델피아 헌법회의에서 연방헌법이 제정됨에 따라 연방정부와 주정부의 권한이 구체적으로 명시되었다. 미국 헌법에서는 연방주의를 근간으로 연방과 주정부의 권한을 연방정부의 독자 권한, 연방과 주정부의 공동 권한, 주정부의 보존 권한으로 구분하였다.

남북전쟁이 발발하였을 때 노예제, 경제적 이해관계가 전쟁의 주된 원인이었지만, 주의 자치에 대한 견해 차이 역시 남북 충돌의 원인 중 하나였다. 북부는 미합중국이 국민의 창조물이기 때문에 분열될 수 없고, 각 주는 연방법을 준수해야 한다는 입장인 반면, 남부는 미합중국이 각 주 간 협약일 뿐이며 각 주가 법에 동의하지 않을 경우 탈퇴할 권리가 있다는 입장을 나타냈다. 남북전쟁에서 북부가 승리함에 따라 연방제는 유지될 수 있었고, 연방정부의 역할도 점차 강화되었다.

제1차, 제2차 세계대전을 거치면서 주정부에 대한 연방정부의 권한이 강화되었다. 특히 대공황을 겪으면서 행정 수요가 증가하였고, 행정 책임의 명확화와 행정집행의 효율화 필요성이 강조되었다. 그러나 1960년대에 이르러 연방정부의 권한 강화는 행정의 효율성을 제고시켰고, '거대한 정부'의 폐해가 드러났다. 1970년대 연방정부는 오일쇼크와 인플레이션으로 인하여 재정적자에 직면하였고, 개혁을 시도하였다. 1980년대 레이건 행정부는 신보수주의 정책의 일환으로 신연방주의인

'레이거노믹스'를 내세우면서 신지방분권 정책을 실시하였다. 레이건 행정부는 주정부의 권한을 강화하면서 중앙정부의 지출을 감소시켰고 지방정부를 능률적으로 관리하는데 중점을 두었다.

(2) 주정부와 지방정부 측면에서의 역사

미국에서 13개 주가 형성된 시기부터 지방정부는 연방이나 주 정부에 비해 시민들의 일상생활에 밀접하게 관련되어 있었다. 특히 식민지 시기부터 뉴잉글랜드 지방에서는 지방 공동업무를 처리하기 위한 자치기관을 설치하지 않고 주민 전원의 총회에서 업무를 처리하는 자치정부를 실현하였다. 뉴잉글랜드 지방의 타운십(township)은 17세기 미국으로 온 유럽인들이 고안한 최초의 공식적 지방정부 구조이며, 직접 민주주의의 원형인 타운미팅의 실천으로 인하여 다른 지역에까지 영향을 미쳤다.

식민지 시대를 거치면서 미국 지방정치에 있어 두 가지 큰 흐름이 발생하였다. 우선 뉴잉글랜드 지방의 지방정치 방식은 타운을 중심으로 하였다. 이 지역은 주민들이 동질적이고 밀집하여 거주하면서 종교공동체로 조직화된 것이 많았기 때문에 소규모 마을공동체를 중심으로 타운이 설치되어 지방정부의 역할을 하게 되었다. 뉴욕을 시작으로 펜실베이니아, 뉴저지 등으로 타운과 타운십이 전파되었다. 두 번째 지방정치 방식은 지방정부 서비스의 주요 공급자로서 카운티가 중심이 된 것이다. 메릴랜드 이남에서 시작되었고, 버지니아, 캐롤라이나, 조지아 등 남부지역으로 확대되었다. 이 지역은 인구가 산재되었고, 플랜테이션의 대규모 농장이 경제의 중심이라는 공통점을 지니고 있었기 때문에, 식민지 정부의 하위 단위로서 광활한 영역을 관할할 수 있는 카운티 정부가 적합하였다. 카운티는 주 정부에 의해 창설되었기 때문에 중앙집권적 특성을 지니고 있었다. 이와 같은 두 가지 대조적인 조류는 인구이동과 함께 서부로 확산되었다.

1776년 독립 이후 식민지 총독이 부여하던 헌장은 주 의회의 입법절차에 의해 결정되었고, 지방단체의 창설이나 폐지 역시 주 의회 입법에 따라 좌우되게 되었다. 이 시기 미국의 지방단체 대부분은 영국 지방자치의 모방에서 벗어나 권력분립

제도를 모델로 하여 집행기관과 의결기관을 분리시키고, 의결기관은 상원과 하원을 두는 2원제를 선택하였다. 대부분의 지방에서 단체의 장 이외 공직자들은 선거를 통해 선출되었지만, 임명에 의한 공직은 선거에서 승리하는 정당의 인사, 즉 엽관제10에 기반을 두었다.

특히 19세기 중반 이후 도시가 발달하면서 다수의 공공사업이 실시되었고, 이 사업을 둘러싼 시정부의 부정부패 사건이 빈번하게 발생하였다. 이에 따라 19세기와 20세기 초반에 걸쳐 각 도시에서는 지방자치체의 공정성을 높이기 위한 시민의 조직적 개혁운동이 일어났고, 다양한 개혁조치가 취해졌다. 공직자 선거에서 정당 등록, 후보자 지명, 투표방식 및 관리가 개선되었고, 지방단체의 의결기관을 양원제에서 단원제로 개편하는 동시에 집행기관을 독립시켜 집행기관의 장이 행정을 총괄하도록 변화시키기도 하였다.

일반적으로 지방단체는 주 입법부의 통제를 받았는데, 주와 지방정부의 관계는 딜런의 법칙(Dillon's Rule)과 지방자치헌장제도(Home Rule Charter)를 통해 변화하였다. 딜런의 법칙에서는 주-지방정부 관계를 단일국가 체제로 인식하고 지방정부를 주의 창조물로 간주하였지만, 지방자치헌장제도에서는 지방정부 자치권의 헌법적 보장을 중시하였다.11

연방헌법에는 카운티, 빌리지, 타운 등의 지방정부에 대해 어떠한 규정도 두지 않는데, 주정부의 지방정부에 대한 제약은 1870년대 '딜런의 법칙'을 통해 구체화되었다. 아이오아주 대법관이었던 존 딜런(John F. Dillon)은 1868년 주 대법원 판결에서 다음과 같이 언급하였다.

---

10 당시에는 공직에 인사를 임명하는 경우, 시민에 대한 봉사, 성실성보다는 선거운동에 대한 보답으로 공직을 수여하였다. 그러다보니 단체의 장의 소속 정당이 바뀔 때마다 대부분의 공직자들이 교체되었는데, 잭슨 대통령은 "한 사람이 공직에 오래 근무하게 되면 부패하거나 국민들과 멀어진다"는 말로 이러한 관행을 합리화하였다고 한다.

11 주정부가 지방정부에 부여한 권한을 해석하는 두 가지 기본 원칙이 딜런의 법칙과 지방자치헌장제도이다. 전자가 주 의회가 명백하게 부여하지 않은 권한은 지방정부가 그것을 보유할 수 없다고 엄격하게 해석하는 것에 비해, 후자는 지방정부의 권한이 아니라고 명백하게 부정되지 않으면 지방정부가 그 권한을 보유한다고 해석하는 것을 의미한다.

'도시자치정부가 다음 권한만을 보유하고 행사할 수 있다는 것은 일반적이고 명백한 법적 명제이다. 첫째, 명시적으로 부여된 권한, 둘째, 명시적 권한이 명백하게 암시하는 권한, 셋째, 지방정부의 명시적 목표를 달성하는 데 필수적 권한이다. 법원은 정당하고 합리적 의심이 있으면 지방정부의 권한을 부인하는 쪽으로 판결한다.'

즉 딜런의 법칙에 의하면 지방정부에 대한 권한과 책임의 부여는 전적으로 주 의회의 재량에 속한다고 할 수 있다. 지방정부는 법률에 의거하지 않고는 어떠한 행위도 할 수 없고, 어떠한 계약도 체결할 수 없으며, 어떠한 의무도 질 수 없다.

이러한 딜런의 규칙과는 반대로 지방자치를 주장하는 측에서는 주 의원들에게 지방자치를 인정해줄 것을 청원하였다. 19세기에 시작된 헌장(charter)운동은 지방정부의 자유와 주 정부의 간섭으로부터 자유로워지는 것을 목적으로 하였다. 이러한 지방자치규칙은 주와 지방정부의 관계가 연방제라는 점에 논거를 두고 있다. 식민지 시대부터 지방자치가 주민 고유의 권리라는 인식이 널리 퍼져 있었고, 이러한 인식을 토대로 카운티나 타운의 연합을 통해 몇몇 주가 창설되었다는 것이다. 예를 들어, 델라웨어 주는 세 개의 카운티들이 연합하여 창설되었고, 로드아일랜드와 코네티컷은 타운 연합을 통해 발전하였다. 19세기 중반까지 지방자치 옹호자들은 지방의 자유를 수호하려는 노력을 역사적 사례와 전통에 의존하였지만, 이후 뉴욕과 펜실베이니아에서 주 의회가 헌장의 제정을 통해 공공법인으로서 도시자치정부에 광범위한 자치권을 부여하게 되자 지방정부의 자치권은 제도화되기 시작하였다. 그렇지만 지방정부의 헌장을 통해 부여되는 명목상의 자치권은 주 정부가 헌장을 개정하고 대체하는 등 지방정부에 간섭하는 경우 훼손될 가능성이 있었다. 이는 지방정부 헌장의 창안과 채택을 보장하는 '지방자치헌장제도'가 도입됨으로써 어느 정도 해결되었고, 자치권의 보장이 강화되기 시작하였다. 지방정부의 권한을 헌법으로 보장하려는 자치권 보장운동은 점차 확대되었다. 1858년 아이오와 주가 법률로써 도시들을 대상으로 자치헌장제도를 최초로 도입한 이후, 1875년 미주리 주가 자치권의 헌법적 보장, 즉 주 헌법으로 자치권을 부여하였으며, 1879년 캘리포니아, 1889년 워싱턴, 1896년 미네소타, 1902년 콜로라도와 버지니아, 1906년 오리건, 1907년 오클라호마, 1908년 미시건, 1912년 애리조나, 오하이오, 네브래스카, 텍사스 등으로 확대되었다.

미국에서 지방정부의 역할은 20세기 초반 산업사회의 발전과 더불어 확장되었는데, 보호, 규제, 복지, 경제 활성화, 문화 등의 분야에서 권한을 확대시켰다. 그러나 주 의회는 전통적으로 농촌 출신 의원이 다수를 차지하였고, 특히 도시자치체에서 다수 정당과 주 의회 다수 정당이 다른 경우가 많았기 때문에 도시 자치권한에는 제약이 존재하였고, 주 의회의 통제 역시 지속되었다. 게다가 제2차 세계대전이후 도시 인구의 교외 이동, 교외의 시가지화 진행, 도시환경 악화, 대도시 슬럼화 등 행정의 필요가 증대함에 따라 도시자치체는 재정적으로 주의 원조에 의존하게 되었고, 지방정부에 대한 연방정부의 정책과 재정보조의 비중까지 높아지면서 중앙통제 경향이 강화되었다고 볼 수 있다.

2) 영   국

영국은 잉글랜드, 스코틀랜드, 웨일즈, 북아일랜드의 지역으로 구성되어 있고, 각각의 언어와 문화적 특성을 지니고 있다. 영국, 특히 잉글랜드는 중앙정부의 행정적 통제로부터 비교적 자유로운 자율적 지방자치제도를 일찍부터 정착시켰다. 지방정치의 관점에서 볼 때, 영국의 지방자치는 헌법과 정치의 일부를 구성하고 있다. 영국의 중앙정부는 법의 제정과 일반적인 지배문제를 다루고, 지방정부에 행정적 집행권한을 위임한 2원적 정치체제(dual polity)로 구성된다.

영국에서는 의회 주권의 헌법적 위치와 역할이 중요한데, 의회의 다수결 원칙에 따라 지방정부의 권한이 정해진다는 특징을 지닌다. 특히 의회 구성과 관련하여 지역 주민의 이해관계를 정치화시킬 수 있는 조직기반인 정당이 중앙과 지방관계의 중추적 연결고리 역할을 담당하였다. 이러한 배경 하에서 영국 지방자치는 의회의 다수결원칙에 따라 지방정부의 존재가 결정되는 운명이지만, 현재까지 권한을 완전하게 상실한 경우는 없다. 대체로 지방정부는 자율성에 기반한 행정 권한을 지니고 있지만, 현대에 들어 중앙정부의 통제가 강화되는 양상을 보이고 있다.

(1) 의회 중심의 지방자치의 성립

영국은 전통적으로 지역주민 스스로 자치 기구를 만들어 자발적으로 지역문제를 다루어 왔는데, 원시 튜턴족(Teutones)의 관습을 채택한 것으로 볼 수 있다. 이러한 지방자치의 역사는 6−11세기 중엽의 앵글로색슨 시대의 패리시(Parish) 의회까지 거슬러 올라간다. 중세시대 영국의 지방정부는 왕의 명령을 시행하거나 의회의 법과 관련된 일을 수행하였다. 1066년 노르만공국의 침입으로 인하여 봉건제가 도입되자 왕은 사법체계를 지방으로 확장시키고자 하였는데,[12] 특히 윌리엄 1세는 영국을 중앙집중화되고 통합된 국가로 발전시키고자 하였다. 이 시기의 노르만 왕조(1066−1154)는 지방 주민과 타협하면서 중앙정부를 통해 통치하였지만, 대륙 국가들과 같이 왕의 관료가 지방단체를 통치하지는 않았다. 대신 카운티에 중앙정부가 임명하는 주장관인 셰리프(sheriff)를 파견하여 그를 통해 지방의 제후를 총괄하였다. 셰리프는 카운티에서 재정·군사·사법 등 행정에 있어 권한을 누렸고, 이후 사법권한이 왕의 재판소로 이양되기는 하였지만, 지속적으로 권한은 증대되었다.

13세기 중엽부터 왕은 카운티의 대표를 중앙에 불러 과징금을 징수하는 제도를 만들었는데, 이것이 의회의 기원이라고 할 수 있다. 셰리프는 카운티의 유력자인 기사를 카운티 대표로 임명하여 의회로 보냈다. 즉 셰리프는 정치적, 행정적으로 중앙정부와 지방단체 사이의 교량역할을 하였다.

그러나 14세기에 이르러 국왕이 임명하던 셰리프를 카운티 주민들이 선출하게 되었고 셰리프에게는 재판의 권한이 주어지게 되었는데, 이것이 치안판사(治安判事)이다. 치안판사는 대부분 카운티를 대표하는 의원이거나 토지귀족 혹은 그에 준하는 계급이었다. 봉건제의 붕괴 이후 치안판사가 중앙의 통합기능을 수행했지만, 지방기구에서 의회 의원으로 선출되는 지방 유력자를 임명하여 국가 통합과 지방자치를 유기적으로 연결지었기 때문에 대륙 국가들과 같은 중앙정부의 관료통제는

---

12 1066년 노르만 정복 이후 카운티라는 구역이 설정되었다고 한다.

존재하지 않았다.

절대주의 국가 형성과정에서 튜더왕조(1485-1602)와 잉글랜드, 스코틀랜드 통합왕가인 스튜어트 왕조(1603-1688)는 지방정부를 행정적으로 장악하는데 실패하였고, 왕은 지방정부 대신 의회를 통제하고자 하였다. 더욱이 소규모 토지를 소유하고 있는 토지귀족인 젠트리(gentry) 계급이 지방정부에 적극 참여함으로써 지방은 왕권에 대항하는 귀족 권력의 중심으로 기반을 공고히 할 수 있었다. 젠트리 계급은 국가에 예속되는 대신 지방정부를 중심으로 정치권력 기반을 구축하면서 의회 하원에 참여하여 하원을 장악하였다. 유럽 대륙 국가들에서는 신분제가 계급을 기반으로 분열되었지만, 영국에서는 의회가 신분제의 분열을 제한하고 단일화하는 기능을 담당하였다. 결국 영국에서는 왕이 지방을 통제하기 위한 행정 네트워크를 구축하지 못하였고, 지방에 권력 기반을 둔 귀족을 중심으로 구성된 하원의 협력을 얻어 통치하는 방식으로 근대국가가 형성되었다고 볼 수 있다.

(2) 근대 지방자치의 제도적 기반의 확립

18세기 영국의 중앙정부는 외교에 주된 관심을 기울였고, 왕과 의회는 국내문제에 있어 지방정부에 많은 재량권을 부여하였다. 그러나 산업화의 진전, 상업 발달, 인구증가, 전원적 공동체의 도시화 등은 경제와 사회구조를 변화시켰고, 이는 종래의 사회구조를 해체시키면서 지방조직의 기반을 흔들었다. 이에 따라 국가는 사회정책 업무를 수행해야 했고, 지방의 공적 기능을 담당할 기구의 필요성이 대두되었다.[13]

1832년 총선을 통해 시민계급이 의회로 진출하게 됨에 따라 의회개혁이 이루어졌고, 이후 다수의 지방자치 관련 법이 개정 혹은 제정되었다. 1835년 도시자치단체법(Municipal Corporation Act) 제정은 지방자치의 법적, 제도적 기반을 확립하였다는 점에서 의미가 있다. 이 법에서는 지자체를 특권층을 위한 자치단체가 아닌 '공동체의 법적 구현'으로 정의하였다. 이 법은 도시의 기능 및 대표의 권한범위를

---

13 17세기 초반 엘리자베스 1세가 구빈법(poor law)을 제정했을 당시에는 도시들에서 사회보장정책을 책임졌다고 한다.

체계적으로 정리하였고, 선거권을 지방세를 납부하는 모든 남성주민으로 확대시켰을 뿐만 아니라 도시들에게 자체 지출을 위한 세금 징수 권한을 부여하였다는 점에서 지방자치 정부를 가능하게 하였다. 또한 지방의 행정권한이 치안판사에게서 시민계급으로 이동되었고 동시에 지방단체는 의회가 제정하는 일반법의 규제를 받게 됨으로써 근대적 의회제도에 기반한 지방자치로 전환되었다.

1888년 지방자치법(Local Government Act of 1888)을 통해 농촌 주정부 구성에서 의회선거와 동등한 선거제도를 적용하게 되었을 뿐만 아니라 포괄적으로 지방의회 체계가 정비되었다. 런던을 제외한 카운티와 특권자치도시(County municipal bor-ough)가 구분되었고, 카운티는 도시구와 농촌구로 구분되었으며, 카운티 의회(county council)와 보로 의회(borough council)가 구성되었고, 치안판사의 행정권한도 카운티 의회로 이전되었다. 카운티가 왕이 임명한 법관에 의한 통치에서 벗어나 자체 업무처리를 위한 대표의회를 선출하여 구성할 수 있게 되었다는 점에서 이 법은 영국 지방자치를 존립 발전시켰다고 볼 수 있다.

그러나 중앙정부는 지방자치를 확대하면서도 한편으로는 지방을 통제하는 조치도 취하였다. 중앙정부는 빈민구제, 전염병조사, 보건, 위생서비스 등의 사회복지를 실사하는 과정에서 위원회를 설치하고 지방에 감독관을 파견하는 등 지방에 대한 행정적 통제를 강화하고자 하였다. 그러나 지방의 보수세력과 지방정부는 이에 반발하여 각종 위원회를 중앙정부에 흡수시키는 동시에 행정부의 기능을 세분화하고 전문화하는 조치를 의회가 취하도록 유도함으로써 자치의 권한을 고수하였다.

1894년에는 지역단체와 도시 간 인위적으로 설립된 분권화된 디스트릭트(District)가 완성되었고, 지역의회(district council)도 설립되었다. 농촌 지역 1,000개 이상의 타운과 패리시가 존속되었지만 새로 구성된 디스트릭트 내에서는 권한을 상실한 지역도 있었다.

19세기 개혁의 결과, 중앙과 지방 간 이원적 체계가 마련되었고, 선출된 의회는 지역의 실제 추진체로 발전되었으며, 선거권 확대로 지방자치 모델이 정착되어 갔다. 또한 광역-기초지역 의회의 법 제정을 통해 업무의 위임이 이루어졌고, 권한범위 역시 확대되었으며, 세금 징수 권한을 통한 자체적 업무 수행이 가능하게 되었다.

(3) 현대 영국의 지방정치

20세기 영국에서는 행정기능이 확대되고, 지방단체의 재원부족이 발생하여 국고보조금 지급이 증대함에 따라 지방단체에 대한 중앙정부의 통제가 증가하게 되었지만, 지방단체는 이에 반발하였고 결국 분권은 유지되었다. 이에 따라 지방제도 개혁은 지방단체 체계는 그대로 두고 행정목적을 처리하는 특별 기관이나 중앙정부 출장기관을 설치하는 방향으로 진행되었다.

1929년 지방정부법 역시 지방자치를 중시하는 기존의 체제를 강화시켰고, 기능적인 비효율성만을 제거하고자 하였다. 이후 영국에서는 지방을 감독하는 내무부가 존재하지 않게 되었고, 중앙정부가 임명하는 주지사 체제도 도입되지 않았다. 대신 의회가 중앙─지방정부 간 관계에서 완충작용을 함으로써 중앙정치와 지방정치가 분리되는 '의회주권제'가 자리잡게 되었다(Asford 1982; Lagroye and Wright 1979). 1929년까지 교육과 구빈행정도 일반 지방단체에 이양되었다.

제2차 세계대전 이후에는 중앙정부의 권한이 강해지는 경향이 나타났다. 영국 노동당 정부는 국유화, 사회보장정책 추진을 위하여 지방단체 권한을 상위지자체에 이양시키고, 상위지자체의 권한을 중앙 각 부처에 이양시켜 이를 각 부처의 지방 행정기관을 통해 처리하고자 하였다.

1965년 지방정부 간 책임 소재의 변화가 있었는데, 최광역자치체라고 할 수 있는 대 런던 자치체(the Greater London Council: GLC)가 창설되었다. 이는 기존 런던 카운티 의회에 포함되어 있던 32개의 런던 보로와 런던 시를 포괄하는 것이었다. 1972년 지방자치법의 전면 개정이 이루어지면서 런던시 이외 지방정부 체제가 개편되었는데, 잉글랜드, 웨일스, 스코틀랜드의 지방정부 숫자가 1,500개에서 522개로 축소 조정되었고, 일부 지방정부 간 경계와 당국의 기능이 재조정되었다. 1974년에는 대 런던 자치체를 제외한 잉글랜드 나머지 지역과 웨일스 지방정부가 재편되었고, 1975년에는 스코틀랜드에서 이와 유사한 개편이 이루어졌다. 또한 2단계 모델체제로 행정구조가 재조정됨에 따라 경찰, 소방, 교통계획, 일부 교육 및 사회

제10장 지방정치의 역사: 해외 사례

복지서비스 등이 상위 기관으로 이전되었고, 주택, 환경 등만 하위 기구에 남게 되었다.

1970년대 말 대처(Margaret Thatcher)의 보수당 정부가 들어서면서 능률성, 시장경제 원리를 근간으로 한 지방정부 개혁이 이루어졌다. 대처 정부의 기본 방향은 신자유주의 노선에 따른 최소국가, 작은 정부이며, 근본적으로 지방 분권화된 지방정부체제를 구축하고자 하였다. 그러나 대처 정부 집권 말기의 지방정책은 자치의 권한을 약화시키는 방향으로 진행되었다. 우선 지방자치 업무가 축소되었고, 선출공무원이 정치적·재정적 감독 하에 놓이게 되었으며, 지자체의 자율적 재정조달이 제한되게 되었다. 1985－1986년 기간 지역구조의 재편이 이루어졌는데, 대처 정부는 잉글랜드의 대 런던 자치체와 6개의 대도시 카운티(metropolitan county)를 해체하는 법률을 통과시켰다. 노동당은 이에 반대하였지만, 보수당 정부는 광역자치단체가 낭비적이고 불필요하다는 점에서 법안을 지지하였다. 이에 따라 폐지된 의회 기능은 런던 보로(London borough)와 주요 도시 디스트릭트 의회 및 다른 공공기관으로 이관되었다.[14]

1997년 블레어(Tony Blair) 노동당 정부는 강력한 분권화 정책을 추진하였다. 1997년 9월 11일과 18일에는 스코틀랜드와 웨일스에서 주민투표를 통해 독립의회가 구성되었고, 독자적 조세와 세율 조정권을 행사하는 분권국가안이 통과되었다. 1998년 5월 런던 주민투표를 통해 폐지되었던 대 런던 자치체를 부활시키는 안이 통과되었고, 광역 런던시 행정을 총괄하는 광역 런던청(Greater London Authority: GLA)이 설립되었다.

현대에 이르러 다른 유럽 국가 정부들이 지방분권화 방향으로 나아갔지만, 영국은 반대로 중앙 권한이 강해지는 양상을 보였다. 지방의 권한과 자율성은 의회 결정과 중앙정부 통제로 인하여 예전보다는 제한되었고, 재정적 자율성이 축소되면서 중앙정부에 대한 재정적 의존성이 증가하였다. 중앙정부에 상응하는 부처, 예

---

14 런던 지역은 32개의 런던 보로와 1개의 런던 시로, 대도시지역은 34개 대도시 구역으로, 대도시 외 지역은 38개의 비 대도시 카운티(non－metropolitan county)와 그 이하 278개의 디스트릭트로 재편되었다. 이로써 런던 등 대도시의 계층은 단층제로 축소되었다.

를 들어 보건국(National Health Service)이나 사회보험국(Social Benefit Agency) 등이 지방정부 정책결정에 관여하고, 허가, 간섭, 감독 권한을 지니고 있으며, 이에 대해 지방정부는 지방정부가 교육, 도로, 주택, 박물관, 도서관, 쓰레기 수거 등 사회복지 서비스 제공의 실질적 집행을 담당하고 있다.

3) 프 랑 스

프랑스는 전통적으로 중앙집권적 정치체계에서 중앙정부가 주요한 역할을 하는 국가로서 지방분권보다는 국가의 통일성을 유지하는 데 중점을 두었다. 프랑스의 지방자치는 국가주권의 단일성과 불가분성의 원칙에 기초하여 성립되었는데, 수직적 피라미드식 구조에서 중앙이 하위 단위에까지 영향을 미치는 분산행정체계였다. 역사적으로 지방정치구조는 거의 변화하지 않았고, 중앙정부는 중앙의 통제와 지방의 독립성을 조화시키는데 중점을 두었다.

(1) 구체제(Ancien Régime)의 지방정치

구체제에서 지방분권의 역사는 중세 봉건귀족과 절대군주제 내에서의 지방의회 권한에 좌우되는 지방권한(le droit local)의 형성에서부터 시작되었다. 11세기 프랑스 중세 도시들은 국왕 또는 영주로부터 특권(charter)을 부여받음으로써 자유도시의 지위를 확보하고 자치권을 행사하였고, 농촌 지역은 교구라는 지방 단위를 중심으로 주교 등의 성직자 중심으로 운영되었다. 봉건시대 유럽의 다른 국가들과 마찬가지로 개개의 프랑스 도시들은 봉건 영주에 대항함으로써 특권을 누릴 수 있었는데, 국왕은 도시의 자치권을 지원함으로써 봉건 영주를 견제하고자 하였고, 도시는 도시대로 왕권의 힘을 기반으로 자유도시의 지위를 공고히 하고자 하였다.

그러나 13-14세기 지방기구의 재정관리 비효율성이 중대함에 따라 중앙의 지방에 대한 통제가 강화되었다. 권한이 강화된 중앙의 왕은 도시에 대한 통제를 강화하고자 하였고, 도시는 점차 균일화되기 시작하였다. 왕은 관리를 지방으로 파견하여 자치 상황을 감시하였고, 이들의 승인 없이는 도시의 행정이 집행되지 않게 되면서 도시들에 대한 왕의 통제는 점차 강화되었다. 17-18세기까지 중앙정부는 국가기구를 공고히 하면서 중앙집권화를 추진하였는데, 특히 루이 14세는 봉건영주와 귀족세력을 약화시키고자 중앙집권적 군주제를 확립하였고, 이에 따라 지방은 왕의 사신이라고 할 수 있는 지방수령(les intendants)이 지방 행정을 관장하게 되었다.

(2) 프랑스 혁명과 근대적 지방제도의 등장

1789년 7월 프랑스 혁명 이후 구체제의 제도와 특권이 폐지되었고, 권력은 국가에 집중되었다. 그러나 국가의 일반적 이익 영역과는 별도로 지방 이익 영역이 인정되면서, 최초의 근대적 지방제도가 설립되었다. 프랑스 혁명 기본사상에 입각한 자유화와 지방분권화의 진전으로 도시 자치권이 회복되었고, 다양한 행정구획이 통일되면서 지방행정조직의 3계층 제도가 도입되었다. 지역수준에서 프로방스(province)가 폐지되고 83개의 데파르트망(départments)과 그 이하 아론디스망(arrondissements)으로 세분화되었고, 이는 다시 캉통(cantons) 혹은 코뮌(communes)으로 나뉘어졌다. 3계층 수준에서 모두 지역 주민의 보통선거를 통해 지방의회가 구성되었고, 집행기관 장과 구성원이 의회에서 선출되었다. 특히 코뮌은 자치권을 행사하는 자치체로서 새롭게 설치되었는데, 혁명 전 도시의 특권이었던 자치권이 이후 모든 코뮌에서 인정되었다. 코뮌은 지방정부의 고유 권한뿐만 아니라 국가에서 위임된 권한 모두를 수행하면서 이중 기능을 하게 되었다.[15]

그러나 새로운 지방제도는 제대로 운영되지 않았고, 분권 개혁 시도 역시 지속되지 못하였는데, 1792년 국민공회(Convention nationale)가 들어서면서 중앙집중이 강화되었기 때문이었다. 지방의 지지를 얻었던 온건파인 지롱당(Girondin)과 도시 하층민의 지지를 얻었던 급진파인 자코뱅(Jacobin)의 대결에서 자코뱅이 승리하였고, 자코뱅은 합리성과 단일성에 기반을 두어 프랑스의 행정구역을 정리하고자 하

---

15 코뮌은 자치체이지만 동시에 국가 행정의 최말단구획이었다. 코뮌이 설치되었을 때 코뮌의 집행기관은 상위단체의 감독을 받고, 상위단체의 집행기관은 국가의 감독에 복종하며 행정을 집행하였다.

였다. 여기서 일원적 모델에 따른 집권행정의 요구에 부합하기 위하여 단일국가의 원칙이 적용되었고 행정구역의 재편성이 이루어졌다. 1795년 총재정부(Directoire)는 데파르트망에 5명으로 구성된 의결기관이자 집행기관을 설치하였는데, 중앙정부는 그 구성원에 대해서 파면권과 직무정지권을 행사할 수 있도록 하였다. 총재정부는 중간자치단체인 아롱디스망의 자치권을 폐지시켰을 뿐만 아니라 코뮌에 대해서도 중앙정부의 감독권을 강화하였다.

(3) 나폴레옹 프레페(préfets) 체제의 형성과 쇠퇴

1799년 쿠데타로 정권을 잡고 제1통령이 된 나폴레옹은 강력한 중앙집권체제를 구축하고자 하였다. 1800년에는 기존의 지방조직을 근본적으로 개혁하여 지방정부를 중앙의 통제 하에 두는 법을 제정하였다. 데파르트망 단위 행정구역은 그대로 유지되었지만, 지방자치는 폐지되었다. 나폴레옹 정부는 간접선거에 의한 지사, 군수, 시장, 지방의회의원들의 선출을 폐지하고, 관선제를 채택하였다. 즉 정부는 중앙통제를 위하여 데파르트망에는 프레페를, 코뮌에는 메르(maire)를 관직에 임명하였다. 특히 프레페는 지방에서 중앙의 권한을 대표하는 유일한 기구가 되어 직접 중앙의 명령을 받는 지방장관으로서 데파르트망 전역을 지배하는 권한을 누리게되었다. 즉 프레페는 중앙정부의 관료이며, 중앙정부의 정책을 집행하는 것이 임무였다.

나폴레옹의 중앙집권적 국가체제 모델은 봉건적이고 신분적 특징을 지닌 국가와 행정을 현대화하는 데 그 특징이 있다. 특히 나폴레옹의 지방제도는 군대의 지휘명령 체제와 유사하다고 볼 수 있다. 대체로 프랑스 혁명 이후 1830년까지의 시기는 지자체에 상대적 자율성을 부여하려는 의도와 법의 집행 및 통제를 도모하는 단일형태의 행정체계를 만들어내려는 의도 사이에서 균형을 모색하고자 했던 시기였다.

나폴레옹의 강력한 중앙집권체제는 이후 시민 자유주의의 발전과 더불어 점차 소멸되어 갔다. 1830년 7월 혁명 이후 지방분권화 시도가 다시 등장하였는데, 1831년 코뮌 의회의 의원 선거, 1833년 데파르트망 의회 의원 선거가 공선제로 변경되었고, 코뮌의 장인 메르는 중앙정부가 임명하였지만 인선 대상은 한정되었다. 1848년 2월 혁명 이후 지방의회 의원 선거에서 성인 남성에 의한 보통선거제도가 확립되었고, 메르와 대리인은 코뮌 의회가 의원들 가운데에서 임명하게 되었다. 1882년 선거를 통해 코뮌의 장과 시장이 선출되었고, 1884년 코뮌의 재정 자율성을 비롯하여 자치가 제도화됨에 따라 지자체의 권한이 확대되었다.[16]

프랑스에서 분권화가 확대되었지만 여전히 중앙정부가 하위단위에까지 영향과 감독을 행사하였고, 이후에도 프랑스 지방자치는 중앙의 통제와 관리에 놓여 있는 집권적 자치의 양상을 나타냈다. 19세기 말의 지방자치법은 선거에 의해 구성되는 지방의회의 역할을 강화시켰지만, 한편으로는 중앙정부가 임명한 프레페를 파견하여 주정부위원회와 기초자치체를 행정적으로 선도하고 감독하는 시스템이 구축되었다. 근대국가 발전과정에서의 혁명, 두 차례의 제정 실시, 제3공화국[17] 등의 정치적 혼란을 거치면서 중앙정부가 임명하는 관료집단(prefectoral corps)이 중앙과 지방 이익을 연계하는 네트워크의 결절점이 되었고, 중앙과 지방정치가 유착되었을 뿐만 아니라 양자 사이의 후견주의(clientelism) 관계가 형성되었다.

(4) 현대 프랑스의 지방정치

1940년대부터 1980년대 초반까지 프랑스의 지방정치는 불확실성과 분권화의 지체로 특징지어진다. 이 시기에는 지자체의 입헌적 용인, 코뮌 간 결합, 지역주의 발전 등이 나타났다. 그러나 프랑스 지방자치는 정치적 변동에 따라 발전과 후퇴를 반복하였지만, 기본적 성격에 있어 큰 변화는 나타나지 않았다.

제2차 세계대전 중 비시(Vichy) 정권 하에서 지방자치는 후퇴하였지만, 전쟁 이

---

16 1884년 코뮌의 지방행정기관 권한이 확대되어 최초로 법적으로 일반적 권한이 도입되었고, 재정적 자율성이 인정됨으로써 코뮌의 대표기관은 자신들의 일을 독자적으로 해결할 수 있게 되었다. 프랑스의 제3공화국 출현 이후 코뮌 권리가 갱신됨에 따라 자유 민주주의 전통이 다져졌다고 볼 수 있다. 그러나 1940년부터 1944년 비시(Vichy) 정권 하에서는 지방분권이 일시 중단되기도 하였다.

17 1871년 보불전쟁(프로이센-프랑스) 이후부터 1940년 제2차 세계대전 시기 독일군에게 점령당하고 해방될 때까지의 프랑스 정부이다.

후 다시 회복되었다. 전쟁 이후 1946년 헌법안에는 지방자치단체에 대한 내용이 포함되었는데, "공화국은 하나이며 나누어질 수 없다"는 사실이 확인되었고, 지자체의 자유행정의 원칙18이 표명되었다. 또한 시장 혹은 의장에 의한 지방의회 결정의 집행원칙19도 제시되었다.

1960년대부터 지자체 제도의 변화가 이루어지기 시작하였다. 1960년대 프랑스 정부는 국내 개발과 지역 간 격차 시정을 위하여 지방제도를 개편하였는데, 데파르트망의 권한을 보강하기 위하여 2개에서 8개에 이르는 데파르트망을 한 단위로 하는 레지옹(région) 행정구역을 설치하였다. 레지옹에서는 중심이 되는 데파르트망의 프레페가 장이 되었고, 레지옹 단위에서 경제개발 추진이 가능하게 되었다. 1967년에는 동일 도시권에 속하는 코뮌의 협력기관을 제도화하여 도시권의 개발을 추진하기도 하였다. 1970년 초에는 상위 자치체의 상호 협조의 필요성과 요청에 따라 지역 통합이 이루어지면서 1,900여 개의 코뮌이 약 800여 개로 통합되었고, 1978년에는 지자체에 대한 국가 감독의 축소, 중앙과 지방 간 사무의 재분배, 주민 참여 확대 등의 분권화 정책이 마련되었다.

1982년 미테랑 정부는 헌법 개정과 더불어 지방자치제도 개혁을 위한 분권화 정책을 실시하였다. '코뮌·데파르트망·레지옹의 권리 및 자유의 법'이 제정되면서 전통적 중앙집권적 체제에서 지방분권적 체제로 제도적 변화가 이루어졌다. 미테랑 정부는 국가 행정기구로서 독립성을 지니지 않았던 레지옹을 지방자치단체로 승격시키면서 레지옹-데파르트망-코뮌의 3계층으로 자치계층을 구성하였다. 또한 국가에서 임명하던 프레페 제도를 폐지하고, 주민 직접선거에서 선출된 지방의회 의장(président)이 레지옹과 데파르트망의 장을 담당하도록 하였다. 국가사무를 처리하기 위한 국가 임명의 지방 장관을 레지옹과 데파르트망에 두도록 하였지만, 그 권한은 제한되었다. 이외에도 중앙의 지자체에 대한 후견주의를 원칙적으로 폐지하였고, 지방세제와 보조금제도를 개편하면서 사전통제에서 사후통제로 전환시켰다.

---

18 원문은 'le principe de la libre administration des collectivités locals'이다.
19 원문은 'le principe de l'exécution des décisions des conseils locaux par le maire ou un président'이다.

제10장 지방정치의 역사: 해외 사례

1982년 이후 프레페는 지자체의 행정에 대해 지휘권과 사전통제권, 적절성 감사를 행사할 수 없게 되었고, 단지 이 행위가 적법한가를 사후에 심사하는 역할을 수행하게 되면서 권한이 축소되었다.[20] 그러나 지자체가 프레페에게 의회 의결사항, 규정, 시장 결정사항, 계약관계 행정행위 등을 통보할 의무는 여전히 유지되었다. 1983년에는 중앙행정권한의 지방이양법이 제정되어 중앙과 지자체, 지자체 간 명확한 행정배분이 이루어졌는데, 상위 지자체의 하위 지자체에 대한 행정적, 재정적 감독권을 금지하는 동시에 오직 중앙정부만이 코뮌, 데파르망, 레지옹에게 의무를 부과하도록 규정되었다. 즉 코뮌 등은 경제, 사회, 보건, 행정 및 개발에 대한 책임, 환경의 개선, 주택에 대한 책임을 중앙정부로부터 위임받게 되었다. 또한 교통, 공공교육, 사회복지 및 보건에 관한 법에 따라 내륙수로, 교통계획, 공공교육시설 건축 및 유지, 환경 및 문화업무가 코뮌, 데파르트망, 레지옹 소관으로 이전되었다. 1988년에도 지방분권화 개선에 관한 법률이 제정되어 분권화 경향은 더욱 촉진되었다.

현대 프랑스의 신지방분권화로 인하여 지방의회의 위상이 강화되었고, 국가의 지자체에 대한 통제 양상이 변화되었으며, 지방정부의 자율적인 권한 행사가 가능하게 되었다. 즉 행정적 의미의 지방자치와 더불어 정치적 의미의 자치가 활성화된 것이다. 국가의 의사가 직접적, 수직적으로 침투하는 비대화된 행정영역이 축소되면서, 그 동안 상대적으로 소외되었던 주민참여 역할이 강화되었다고 볼 수 있다.

4) 독   일

독일의 지방정치는 연방 각 주들의 특성에 따라 다양하고 복잡하지만, 전체적으로 프랑스와 유사하게 중앙집권적 전통이 강하다. 그러나 프랑스의 중앙집권이 혁명 이후 봉건적 특권의 부활을 방지할 필요에서 비롯된 데 반하여, 독일의 중앙

---

20 사후적법성 심사는 세 가지 원칙에 입각하여 이루어진다. 첫째, 자치단체의 행정사안은 일반에게 공고하고 프레페에게 통보하는 즉시 효력을 발휘한다. 둘째, 프레페는 이 행정행위가 적절한가를 심사할 수 없으며, 행위 자체에 위법성이 없는가에 대해서만 사후에 심사할 수 있다. 셋째, 위법 사안에 대해서는 행정재판소에 제소할 수 있지만 프레페가 직접 행정행위를 취하할 수는 없다.

집권은 시민계급의 성장이 늦었고, 봉건적 특권을 배제하지 못한 채 오히려 그 특권과 연계된 형태로 중앙 통제적인 지방제도가 형성되었다는 점에서 차이를 지닌다. 그러다보니 프랑스의 국가행정 통합모델과는 다르게 독일의 지방자치단체는 지방의 고유사무와 국가의 위임사무를 동시에 수행하는 방향으로 발전하였다. 즉 국가와 지자체의 공공업무 수행에 대한 할당은 전통적인 이중적 기능에 의해 특징지어진다고 볼 수 있다.

(1) 중세 자유도시의 발전과 쇠퇴

독일 지방자치의 기원은 12세기 도시 영주체제의 조직형태나 주교가 주재하는 도시나 이에 대립되는 시민들의 자치도시가 행정권을 확보하는데 이용했던 자치행정을 위한 시민의 모임인 연합총회에서 찾아 볼 수 있다. 즉 도시의 권한(Stadtburgerrecht)이 인정된 독일 자유도시들은 국가로부터 자치권을 부여받았고, 도시 주민들은 봉건제도의 속박으로부터 벗어날 수 있었다.[21]

그러나 점차 도시 귀족이 권한을 독점하게 되면서 도시의 자치활동은 침체하게 되었다. 또한 독일 특유의 영방분립(領邦分立)의 상태였지만, 경찰국가적 성격이 강한 절대왕권이 강해짐에 따라 자유도시는 중앙의 압력을 받게 되었고, 자치기관은 국가 하급관청에 가까운 지위로 변화하였으며, 자치는 점차 사라지게 되었다.

17세기부터 18세기까지 절대군주는 그 동안 도시들이 보유하던 자치권을 박탈하였다. 이 시기 시장과 도시구조에 관한 법규와 지방법규가 제정되었고, 1794년 프로이센 지방법이 통과됨으로써 도시와 지자체에 대한 통합이 이루어졌다. 이 시기 개혁 지향적인 관료들은 프랑스의 나폴레옹식 행정모델을 적용하면서 현대적 국가기관을 확대시키고자 하였지만, 농촌지역의 귀족과 지주들의 저항에 부딪히기도 하였다.

(2) 슈타인의 개혁과 지방정치제도의 수립

독일에서 지방자치의 발상이 구체화되기 시작한 시기는 19세기 초이다. 1807

---

21 중세 독일에서는 "도시의 공기는 당신을 자유롭게 만든다"라는 격언이 유행하였다고 한다.

년 프랑스 나폴레옹과의 전쟁에서 패배한 이후 프로이센 국가 경제의 재정적 부담이 가중되었다. 국가재건을 위한 수단으로 행정개혁의 필요성이 대두되었고, 강력한 관료통제에 의한 집권체제를 완화하면서 시민의 자유로운 정치참여를 제도화할 필요가 있다는 인식이 나타났다. 이러한 인식에 근거하여 프로이센의 수상이었던 슈타인(Freiherr von Stein)은 1808년 근대적인 지방자치제도를 고안하였다.

그는 분권화를 목적으로 하는 도시자치법(Stadteordnung)을 통해 국가의 지자체에 대한 감독권을 제한하면서 시정제도의 근본적인 개혁을 단행하였다. 우선 중앙정부로부터 지방정부의 정치적 자유와 재정적 독립을 주장하였고, 필요한 지방재원을 독자적으로 조달할 수 있도록 재정조달의 탄력성을 강조하였다. 또한 도시귀족의 일방적인 지배를 부정하면서, 도시에서 일정 이상의 재산을 지닌 모든 남성에게 선거권을 부여하였다. 시민의 대표회의에 의해 선출된 시정부(Magisterat)가 집행기관으로 기능하도록 하였고, 도시의 대표기관이 전체 게마인데(Gemeinde)에 대한 권한을 갖도록 함으로써 도시에 대한 국가의 통제를 완화하고자 하였다.

그러나 이러한 슈타인의 개혁은 반대에 부딪혀 부분적인 성과만을 거두었다. 특히 농촌에는 개혁의 영향이 미치지 못하였는데, 농촌의 특권세력이 잔존하면서 이들을 매개체로 한 관료주의적 집권체제를 유지하려는 경향이 강해졌기 때문이다. 또한 슈타인 개혁의 목적은 관료주의적 군주 국가를 부정하는 것이 아닌 오히려 보전을 목적으로 위로부터 단행된 개혁이었다는 점에서 근본적인 한계가 존재하였다. 특히 1831년 시정제도 수정에 따라 도시의 자치권이 축소되는 등 1831년부터 1853년까지 다수의 행정개혁을 통해 중앙정부의 지방정부의 통제가 다시 강화되었다.

그 사이 1848년 독일 혁명이 발생하였는데, 시민혁명과 병행해서 통일을 이루고자 하는 운동은 실패를 하였다. 독일에서 성장하지 못하였던 산업 시민계급은 노동자 등 혁명세력에 대한 공포 때문에 봉건세력과 타협하였고, 통일국가를 건설하는 데도 실패하였다. 1848년 프랑크푸르트에서 국민회의가 개최되었고, 1849년 제국헌법이 제정되면서 지방정치제도가 정비되었다. 베를린을 중심으로 한 프로이센에도 헌법이 제정되어 선거를 통해 지자체 대표가 선출되었고, 고유사무처리권, 국가의 지자체에 대한 감독권 제한, 지자체의 의사 및 예산 공개 등 지방의 자율성이 보장되었다. 그러나 한편으로 지자체 의결에 대한 시정부 동의가 필요하게 되면서 지자체의 의결권한이 축소되기도 하였다.

1850년 프로이센 지방단체법은 도시와 농촌 지자체 사이의 법적 차별을 폐지시켰고, 프로이센 게마인데는 모두 지자체로서 동등한 대우를 받게 되었다. 그러나 차별 폐지에 대한 반대의 목소리가 커지면서, 1853년에는 도시와 농촌이 별도로 취급되었고, 지방 특색에 적용하는 제도의 출현을 가능케 하는 개혁이 실시되었다. 이러한 과정을 거쳐 프로이센의 지방제도는 상급지방단체인 프로빈츠(Provinz), 하급지방단체인 게마인데,22 양자의 중간인 크라이스(Kreis)의 3단계로 구분되었다.

1872년 프로이센 크라이스 규정(Preußische Kreisordnung)에서는 지방의회인 란트라트(Landrat) 주도 하에 란트크라이스(Landkreis)의 기능이 규정되었다. 란트크라이스는 상위 행정자치기관의 주도자가 되었고, 자치단체의 2계층적 구조를 구성하게 되었다. 또한 란트라트는 국가의 감독 하에 정부에 의해 임명됨에 따라 국가기관으로서 국가의 사무를 위임받게 되었다.

이러한 지방자치제도의 발전과 더불어 19세기 중반부터의 산업혁명의 진전은 독일 지방정치에 급격한 변화를 초래하였다. 도시에서 단기간 인구가 급증함에 따라 지자체는 이주민들을 위한 주택 공급을 확대하고, 도로망 및 교통망을 확충하였을 뿐만 아니라 공장과 쓰레기 및 하수처리시설 등을 건립하기 위한 토지이용계획을 수립하였으며, 산업기반시설과 학교 등을 건설하기 위한 비용을 부담하게 되었다. 점차 독일의 지방정치는 지자체의 책임과 비용이 확대됨에 따라 상근직 공무원을 채용하는 등 보다 효율적 행정체제를 구축하는 방향으로 발전하였다.

(3) 현대 독일의 지방정치

제1차 세계대전에서 패배한 이후 성립된 바이마르 공화국(Weimar Republic)에서는 보통선거가 실현되었고, 여성에게 참정권이 부여되었으며, 선거절차개정 등이

---

22 게마인데는 도시의 슈타트(Stadt) 게마인데와 농촌부의 란트(Land) 게마인데로 구분되어 법률상 각각 다른 취급을 받게 되었다.

추진되면서 의회 민주주의 정치체제로 전환되었고, 지방제도에도 민주적 요소가 대폭 도입되었다. 1919년 바이마르 헌법이 제정되면서, 의회선거뿐만 아니라 지자체에 대해서도 최초의 보통선거가 실시되었다. 이전까지는 일정 이상의 소득에 따른 3계급제의 선거권이 적용되었지만, 이 때부터 지방자치대표기구 구성에서 보통선거권이 적용되었다. 또한 비례대표제가 도입됨에 따라 지방토호의 전제정치 체제로부터 정당정치에 의한 지방자치의 변화가 발생하였고, 정당의 행정 전문인력 필요에 따라 직업공무원제도도 발전하였다.

바이마르 헌법에서 최초로 지방자치단체는 헌법적 규정에 의거한 보장을 받게 되었는데, 제127조의 게마인데와 게마인데연합(Gemindeverbände)에 관한 법률의 범위 내에서 지방의 자치행정 권리가 보장되었고, 자치에 대한 침해에 대해 연방과 주 헌법재판소에 소송이 가능하게 되었다.[23]

그러나 1933년 나치(Nazi)가 집권하면서 지자체의 자율성은 약화되고 중앙통제가 다시 강화되었다. 1935년 독일통합지방자치법(Gemeindeordnung)이 국가사회주의자들이 주창한 '지도자(Fuhrer) 원리'[24]와 연계하여 제정되면서, 지역특수성은 고려되지 않았고 전국 지자체에 획일적으로 적용되었다. 나치정권이 중앙집권적 통치체제를 선택함으로써 지방자치는 더 이상 존재할 수 없었으며, 지방의회는 해산되고 중앙정부로부터 강력한 지휘·감독을 받게 되었다.

세계대전 당시 독일의 지자체는 단지 공공행정기관으로서의 기능만을 수행하고 있었지만, 이후 전쟁으로 인한 문제들, 예를 들어 폭탄 투하 도시들의 폐허화, 주택과 양식의 부족, 전쟁포로 귀환, 동부지역으로부터의 난민 유입 등에 직면하게 되었다. 1945년 제2차 세계대전에서 독일이 패배한 이후 미국, 영국, 프랑스, 소련에 의해 분할 통치를 받게 되었고, 각 점령국가의 제도가 점령 지역의 지방제도에 영향을 미쳤다. 미국, 영국, 프랑스로 구성된 서방측 점령국들은 정치구조의 분권

---

23 이러한 자치단체의 자치 권한에 대한 법적 규정은 1949년 기본법과 이후 각 주의 헌법에도 계속 이어졌다.

24 나치의 정치 체제의 통일적인 조직 원리라고 볼 수 있다. 다수결의 원칙을 바탕으로 하는 의회 정치를 부정하고 최고의 두뇌를 가진 한 사람의 지도자가 어떤 것을 결정하면 국민 대중은 이에 따라야 한다는 것으로, 히틀러의 파시즘 독재를 정당화한 논리이다.

화와 지방자치에 대해 긍정적인 입장이었으나, 소련의 통제를 받던 동독은 중앙집권적 정부형태를 취하게 되었다.[25] 결국 서독과 동독은 상이한 지방제도의 형태를 갖추게 되었다.

서독은 10개의 란트를 중심으로 란트 이하 란트 크라이스, 란트 크라이스 이하 게마인데로 구성되었다. 게마인데는 주민의 직접선거로 선출되는 의회와 주민의 직접선거 또는 의회를 통해 선출되는 장에 의해 운영되었다. 란트 크라이스에서는 직접 공선에 의한 의회가 최고 기관이며 의회가 의원 가운데서 선출하는 위원으로 구성되는 참사회와 직접 공선 또는 의회에 의해 선출되는 행정관리자가 행정을 담당하였다.

이에 반해 동독은 1952년 란트 제도를 폐지하여 14개 주와 동베를린으로 재편성하여 주 아래 군, 그 아래 시·읍·면을 두는 3단계 제도를 채택하였다. 각 단계 지방단체는 직접 공선에 의한 의회와 의회가 임명하는 위원으로 구성된 지방평의회에 의해 운영되었고, 민주집중제에 의해 각 단계의 기관은 상위 기관에 종속하였다.

제2차 세계대전 이후 독일, 특히 서독의 연방정부는 지방정부에 권한과 책임을 위임하고 행정 효율성을 극대화하는 방향으로 지방자치제도를 개정하였다. 각 주들이 지방자치제도를 독자적으로 채택하게 됨에 따라 획일성이 사라지고 다양한 특색을 지니는 제도로 변모하게 되면서, 주민이 지방행정에 참여할 범위도 점차 확대되었다. 1970년대에는 지자체의 행정능력을 향상시키기 위한 지자체의 통폐합

---

25 독일 지방제도에 대한 각 점령국의 영향을 자세히 설명하면 다음과 같다. 영국은 독일 지자체 기관구성형태를 변혁시키는데 영향을 미쳤다. 노르트라인-베스트팔렌(Nordrhein-Westfalen) 주와 니더작센(Niedersachen) 주는 북독일의회형(Norddeutsche Ratsverfassung)을 채택하고 입법기관과 집행기관을 분리 운영하였다. 즉, 의회에서 선출된 시장(Burgermeister)은 의회 의장직을 겸임하고 지방자치단체를 대표하지만 명예직으로서의 기능만을 수행하게 되었고, 의회에서 선출한 사무총장(Stadtdirektor)이 집행기관에 대한 지휘·감독권을 갖게 되었다. 또한 미국의 영향으로 남독일의회형(Suddeutsche Ratsverfassung)을 채택한 바덴-뷔르템베르크(Baden-Wurttemberg) 주와 바이에른(Bayern) 주의 경우에는 의회 의원과 시장을 주민이 직접 선출하고 시장은 의회 의장직을 겸임함과 동시에 집행기관의 장으로서 매우 중추적인 역할을 담당하게 하였다. 프랑스의 영향을 받은 라인란트-팔츠(Rheinland-Palatinate) 주와 자르란트(Saarland) 주에서는 시장형(Burgermeisterverfassung)을 채택하였는데, 주민에 의해 선출된 의회 의원들이 시장을 선출하고 이 시장이 의회 의장직을 겸임함과 동시에 집행기관을 통솔하도록 하였다.

시도가 있었다. 이 과정에서 지자체의 독자성을 유지하면서도 전체 통합이나 통일성 유지를 위한 시도로써 지자체의 분권화를 위한 구역 제도에 관한 논의가 이루어졌다. 1990년 독일통일 과정에서도 연방주의와 지방자치에 입각한 지역자율성과 지자체의 분권화가 강조되었다. 구 동독 연방주에서는 시장 직선제가 실시되었고, 국민발안 등의 직접 민주주의 제도도 확대되었다.

독일 지방정치는 연방주의 발전과 더불어 독일혁명, 주변 국가들과의 전쟁, 세계대전에서의 패배 등을 영향으로 각 지역의 특성에 따라 다양하고 복잡하게 전개되었다. 현재는 연방제와 지방분권의 원리에 근간을 두어 지역마다 지방자치법이 다를 정도로 지역의 다양성이 존중되고, 자율성이 중시된다고 볼 수 있다.

4. 결 론

서구에서 지방이라는 공간은 민주주의 발전의 측면에서 정치적 덕성을 함양하는 참여의 공간이자 권력의 중앙집중화에 저항하는 전통을 견지하는 보루의 공간으로서 기능하였다. 지방정치는 정부와 주민을 연결하는 시민사회의 핵심이라는 점에서 민주주의의 지속가능성을 실현시킬 수 있다.

고대부터 지방정치는 도시 공동체를 중심으로 발생하였고, 중세 시기 왕과 봉건영주, 지방귀족 간의 관계, 그리고 중앙집권화 과정에서 관료 파견을 통해 중앙-지방 체계가 형성되기 시작하였다. 이후 근대 민족국가가 형성되고 시민혁명을 통한 민주사상이 근간이 되면서 지방정치 체계가 구축되고 구체화되었다. 현대에 이르러 중앙-지방정치의 행정적 효율성과 국가성장 측면에서 관계가 설정되었고, 점차 주민자치와 정치참여 확대에 따라 분권화 규범, 거버넌스 등이 등장하기에 이르렀다.

지방정치의 전개과정은 단일국가 혹은 연방국가로 발전했는가, 민주주의 발전의 역사적 경험이 어떠했는가에 따라 다양한 유형으로 나타났다. 절대왕권이나 혁명을 경험하지 못한 미국에서는 자치 전통에 근간을 두어 주마다 다양한 지방정치

유형으로 전개되었고, 자율적 자치제도를 일찍부터 정착시킨 영국에서는 의회를 기반으로 지방정치가 발전하였다. 국가 통일성 유지에 중점을 두었던 프랑스에서는 중앙의 통제와 지방의 독립성을 조화시키는 가운데 분산적인 지방정치가 발전하였으며, 봉건적 특권이 근대까지 유지되었던 독일에서는 민주주의 발전은 더디었지만 연방주의 전통과 더불어 다양성과 자율성을 강조하는 지방분권제도가 정착하였다. 서구 민주주의 역사의 다양한 경험은 현재의 다양한 유형과 방식의 지방정치가 발전하는 데 영향을 미쳤다. 중앙정부와 지방정부의 권한 집중 혹은 분배, 지역 주민의 참여와 자치의 제한 혹은 확대의 역사는 행정의 효율성 측면뿐만 아니라 민주주의 규범 측면에서 심도 깊게 살펴보아야 한다.

생각해 볼 문제

❶ 민주주의의 역사를 권력의 분립, 견제와 균형, 시민의 권리가 발전하는 과정으로 간주하였을 때 지방정치의 역사는 어떻게 연결될 수 있는가?

❷ 서구에서 '중앙정부와 지방정부 관계의 변화 과정'과 '주민 자치 및 참여의 확대'는 행정적 효율성과 민주적 규범 관점에서 어떻게 설명할 수 있는가?

❸ 국가들의 상이한 역사적 경험이 지방정치 유형의 차이에 어떠한 영향을 미쳤는가? 왜 다양한 지방정치 유형으로 나타났는가?

❹ 지방정치의 역사에서 영미권 국가(미국, 영국)와 유럽대륙 국가(프랑스, 영국)의 차이가 존재하는가? 역사적 배경에서의 차이는 무엇인가? 왜 상이한 방향과 경로로 나타났는가?

❺ 민주주의 발전의 관점에서 서구 지방정치의 발전과 한국 지방정치 발전의 공통점과 차이점은 무엇인가?

강용기. 2014. 『현대지방자치론 (제3판)』. 서울: 대영문화사.

안광현. 2010. 『현대 지방자치론 Ⅰ』. 파주: 한국학술정보.

안재흥. 2000. "서구 지방정치 지형의 변천." 『한국정치학회보』 33(4).

윤광재. 2003. "프랑스 지방행정을 말한다: 지방분권과 분권에 따른 기본 원칙들." 『지방행정』 6월호.

이규영. 2002. "독일 연방주의와 지방자치: 연방－지방 관계 및 지방자치개혁을 중심으로." 『유럽연구』 통권 제16호.

임채호. 2003. "미국의 지방정부 개관." 『지방행정』 2월호.

정재각. 2005. "민주정치체제에서 지방정부의 특성과 투명한 개혁에 관한 비교연구－ 영국, 프랑스, 독일을 중심으로." 『한국부패학회보』 10(2).

최진혁. 1999. "프랑스 지방행정의 역사적 헌정적 기원." 『한국사회와 행정연구』 10(1).

Agnew, John A. 1987. *Place and Politics*. Boston: Allen & Urwin.

Anderson, Perry. 1974. Lineages of the Absolutist State. London: Verso.

Ashford, Douglas E. 1982. *British Dogmatism and French Pragmatism*. London: George Allen & Urwin.

Berrington, Hugh. 1985. "Center－Periphery Conflict and British Politics." Mény & Wright eds., *Centre－Periphery Relations in Western Europe*. Boston: Allen & Unwin.

Chang, Ha－Joon. 2003. "The Market, the State, and Institutions in Economic Development." Ha－Joon Chang, ed. *Rethinking Development Economics*. London: Anthem Press.

Cheema, G. Shabbir and Dennis A. Rondinelli. 2007. *Decentralizing Governance: Emerging Concepts and Practices*. Washington, D.C.: Brookings Institution Press.

Hague, Rod and M. Harrop 저, 김계동 외 역. 2011. 『비교정부와 정치』. 서울: 명인문화사.

Held, David 저, 박찬표 역. 2010. 『민주주의의 모델들』. 서울: 후마니타스.

Lagroye, Jacques and Vincent Wright. 1979. *Local Government in Britain and France*. London: George Allen & Urwin.

Lipset, Seymour M. and Stein Rokkan. 1967. "Cleavage Structures, Party Systems and Voter Alignments: An Introduction." Lipset & Rokkan eds., *Party Systems and Voter Alignments*. New York: Free Press.

Lockard, Duane. 1983. *The Politics of State and Local Government*. New York: Macmillan Company.

Nelson, Daniel N. ed. 1980. *Local Politics in Communist Countries*. Lexington: The University Press of Kentucky.

Peterson, Steven, T.H. Rasmussen. 1994. *State and Local Politics*. McGraw–Hill, Inc.

Rondinelli, Dennis A. 2006. "Decentralization and Development." Huque and Zafarullah eds. *International Development Governance*. Boca Raton: Taylor & Francis.

Stoker, Gerry. 1996. "Introduction: Normative Theories of Local Government and Democracy." King & Stoker eds., *Rethinking Local Democracy*. Macmillan Press Ltd.

Toye, John. 2003. "Changing Perspectives in Development Economics." Ha–Joon Chang, ed. *Rethinking Development Economics*. London: Anthem Press.

CHAPTER

11 지방자치: 선진국 사례

　이 책은 우리나라 지방자치에 관한 많은 담론을 다루고 있는데, 이 장에서는 지방자치의 선진국이라고 할 수 있는 국가들의 지방자치 현실과 주요 특징을 살펴본다. 우리나라가 참고할 만한 지방자치 선진국은 미국, 영국, 프랑스, 독일, 일본을 들 수 있다. 한정된 지면 속에 5개국에 대한 포괄적인 내용을 모두 다루기는 힘들지만 간략하나마 우리나라 지방자치를 반추할 수 있을 정도로 이들의 지방자치 단면을 살펴본다.

　지방분권 혹은 지방자치는 중앙정부가 기존에 행사하던 권한과 재원을 지방정부에 넘겨 지방정부가 독립적으로 지역의 문제를 책임지고 해결하는 제도이다. 특정 국가의 민주주의가 완성되는 시점이 바로 지방자치제도가 제대로 구현되는 순간이다. 1961년 5·16군사혁명에 따라 폐지된 우리나라 지방자치는 30년만인 1991년에 기초 및 광역자치단체의회 선거를 시작으로 부활하였다. 우리나라 헌법 제8장(지방자치)에는 자치권의 범위, 지방정부의 종류와 자치기관의 구성에 관하여 명시적으로 언급하고 있다. 올해로 25년째인 현 지방자치는 반세기 전에 비하면 괄목하게 성장하였으나 인사나 재정면에서 지방자치는 아직도 많이 미흡하다.

　우리나라 지방자치를 제대로 파악하기 위해서는 타산지석으로 현재 지방자치를 훌륭하게 운영하고 있는 국가들의 면모를 살펴볼 필요가 있다. 앞 장에서는 해외 사례들의 역사적인 측면을 중시하였다면 이 장에서는 이들 국가들의 최근 및 현재 지방자치의 현황과 변화에 대해 고찰한다.

지방자치를 실시하는 국가들의 중앙정부가 대통령제이든 내각제이든 지방정부는 기본적으로 비슷하지만, 지방정부의 종류나 계층 등은 그 국가의 역사와 문화에 따라 다르다. 예컨대 독일과 일본은 우리와 비슷한 2층제, 영국은 1층제와 2층제, 프랑스는 3층제, 미국은 주마다 달라서, 1, 2, 3층제로 다양하다. 또한 영국은 세계 지방자치의 모태이며 독일은 지방자치가 가장 원숙하게 시행되는 나라이다. 중앙 집권경향이 매우 농후한 프랑스는 역사는 짧지만 지방자치 수준은 높다. 미국은 건국 당시부터 주의 권한을 국가 수준으로까지 보장하고 있으며 미국의 지방정부는 주정부의 직계 관할로 운영된다. 일본도 2차세계대전 직후의 평화헌법에서부터 지방자치를 강조하여 매우 수준 높은 지방자치제도를 구가하고 있다.

1. 미국의 지방자치

1) 연방, 주, 지방정부의 관계

(1) 연방정부와 주정부의 관계

우리나라가 중앙집권적 단방제인데 반하여 미국은 연방제를 실시하고 있다. 영국에서 권력의 압제를 물리치고 건너 온 초창기 미국인들은 강력한 국가를 형성하면서도 자유와 인권이 보장된 체제로 연방제를 구상하였다. 미국 연방제의 구성요소인 주(州)는 영국의 카운티나 프랑스의 데파르트망(도)과 같이 중앙정부에 의해서 설립된 단순한 지방자치단체가 아니다. 각 주는 해당 주민에 대하여 고유한 권리를 가진다. 13개주에서 시작하여 현재 50개 주로 구성된 미국 연방제는 각주가 국방과 외교를 제외한 거의 전권을 행사한다.[1] 연방정부는 특히 화폐발행, 도량형 제정,

---

1 미국은 주정부가 먼저 구성되고 나중에 연방정부가 만들어졌기 때문에 주정부가 연방정부의 산하

새로운 주 편입, 우체국 설립 및 전쟁선포와 같은 권한을 행사한다(<표 11-1> 참조). 반면에 주정부는 경찰권력(police power)을 행사하는데, 이는 범죄, 결혼, 교육, 교통법 등을 통칭한다. 예를 들면 미국에서 2011년까지는 대부분의 주에서 동성애가 범죄로 취급되어 동성애자들끼리 결혼하기 위해서는 동성결혼을 합법으로 인정하는 버몬트, 매사추세츠와 코네티컷, 뉴햄프셔, 아이오와 혹은 뉴욕주로 이사를 가야만 하였다. 이 주들은 동성애 결혼을 합법화하기 위하여 결혼을 남녀간 결합이 아니라 두 사람 간의 결합 혹은 시민적 결합이라는 새로운 시각으로 접근하였다. 결혼은 경찰권력에 속하는 내용으로 주정부 소관이다. 최근에 미국 전역과 전세계적으로 동성애에 대한 인식이 긍정적으로 변함에 따라 2015년 6월 미국 대법원에서 동성애를 합법화하여 모든 주에서도 이제는 합법이다. 결혼의 중요성은 단순히 두 사람의 만남에서 그치는 것이 아니라 입양, 상속, 세금, 연금 등과 두루 연동되는데 있다.

연방정부와 주정부가 상호 공동으로 보유하는 권한(concurrent power)도 있는데, 세금부과가 그것이다. 연방정부와 주정부 모두 시민들에게 세금을 부과할 수 있다. 반면에 연방정부와 주정부, 어느 측도 권한을 행사할 수 없는 분야도 있는데 예를 들면 수출품에 대한 세금 부과는 불가하다. 해외로 수출되는 물품들은 수입국에 도착하면 수입국에 관세를 부담하기 때문이다. 또한 주정부는 연방정부의 권한을 침해할 수 없으며 주정부 간 이해의 다툼은 연방정부가 주도적으로 해결하는데 이를 연방정부의 우월조항(supremacy clause)이라고 한다.

연방정부는 입법부, 사법부, 행정부의 3권분립으로 서로 견제와 균형을 유지하는데, 연방정부와 주정부 간에도 비슷한 방식의 견제와 균형을 이루는바, 이를 수직적 균형(vertical check & balances)이라고 한다. 마지막으로 주들은 주들 상호간에 자동차면허나 사법적 판결 등을 인정하며 범죄인 인도 등에 적극 협력하는데, 이를 수평적 연방주의(horizontal federalism)라고 한다.

기관이라기보다는 주정부와 연방정부의 권한이 동등하며 다른 나라들과는 달리 주정부가 일부 권한을 연방정부에 양도했다고 보아야 한다.

(2) 주정부와 지방정부의 관계

지방정부는 주정부의 헌법과 법률에 따른 피조물이다. 50개주가 그 크기와 역사에 따라 조금씩 다르지만 기본적인 구성은 비슷하다. 미국 주정부는 다양한 권한을 지방정부에 이양하여 활발한 지방자치가 이루어지고 있다.

지방정부의 임무는 건국 당시부터 광대한 국토에서 흔히 발생할 수 있는 안전사고를 방지하는 차원에서 경찰과 지역법원 기능이 핵심기능이며 이후 미국이 확대·발전하면서 쓰레기 수거, 소방, 공원, 대중교통, 병원, 공익사업, 복지 등이 추가되었다.

2) 지방정부의 유형

미국 지방정부는 주정부 직계 관할이다. 지방정부는 지방자치단체와 준공공단

표 11-1 연방정부, 주정부 및 지방정부의 기능 비교

구 분	기능분담근거	기능분담내용
연방정부	• 미국연방헌법에 의해 위임된 각종 권한 행사	• 세금부과, 전쟁선포, 부대소집, 화폐발행, 우체국설립, 주간통상규제, 연방재판소 설치, 이민자들에 대한 귀화법규 제정 등
주정부	• 미국연방헌법 수정안 제10조에 의거, 연방정부에 위임되거나, 주정부에 위임이 금지된 권한을 제외한 모든 권한 행사 • 주헌법 제정	• 선거, 재판, 공립학교, 공공서비스 등 • 경찰권(범죄, 결혼, 교육), 공공시설 설치 및 유지, 지방자치단체 통제 등
지방정부	• 주헌법 및 자치헌장에 의한 권한 행사	• 자치헌장이 있는 지방자치단체: 주 전체 관련기능인 세금징수, 공중보건향상기능, 상수도, 대중교통망 운영 등 • 자치헌장이 없는 지방자치단체: 주민의 일상생활기능 수행 및 각종 기록관리, 범죄인 기소, 도로관리, 교육 등

출처: 최용환(2014), 46 <표 1> 수정

체로 구성된다. 지방자치단체는 일정 규모 이상의 지역 주민들이 찬성투표나 청원의 방법으로 자발적으로 만든 조직이다. 즉, 지방자치단체는 주정부를 위한 조직이 아니라 주민을 위한 조직이다. 그러나 준공공단체는 지방자치단체에 비하여 조직이나 권한이 적으며 주정부의 행정편의상 조직된 주정부 산하 행정기관이다. 그리고 지방자치단체들이 주정부 관할이기는 하나, 지방자치단체의 헌법이라고 할 수 있는 자치헌장을 보유하게 되면 상당한 수준의 자율권이 보장된다.[2] 이 경우 주정부의 법률에 구속받지 않는다.

(1) 지방자치단체

가장 일반적인 지방자치단체는 city(시), town(읍), village(리) 및 borough(보로)이다. 인구면에서는 city > town/village > borough로 나누어질 수 있다. 그러나 주민투표를 통해 명칭교체가 가능하기 때문에 반드시 인구편차에 따른 일률성은 없다. 예를 들면 뉴욕시는 한국의 구에 해당되는 5개의 보로로 구성되어 있는데 보로는 구보다 규모가 훨씬 크다. 우리에게 잘 알려진 맨하탄(Manhattan)보로는 이 5개 중 하나에 속하는데 뉴욕시의 가장 상징적인 곳으로 규모는 최소이지만, 월가(Wall Street)와 브로드웨이가 있는 세계 금융과 문화의 중심지이다. 국제 외교의 중심인 UN본부가 존재하지만 북동부 쪽에는 흑인 빈민촌인 할렘도 있다. 이렇게 보로가 인구가 적은 소규모 자치단체이지만, 대규모 지방자치단체를 몇 개로 구분할 때 사용하기도 한다. 이들 다양한 기초자치단체를 통칭하는 용어가 municipality이다. 규모면에서는 미국의 약 19,000개의 시 중 1,000명 이하의 작은 규모 시가 대부분이지만, 뉴욕, 디트로이트, 로스앤젤레스, 시카고 등은 100만 명 이상의 대도시이다.

타운이나 타운십(township)은 미국 건국 초부터 설치된 가장 오래된 지방정부인

---

2 자치헌장을 보유하는 방법에는 특별법, 분류법, 선택법, 홈룰(Home Rule) 등 4가지 방법이 있다 (정재화 2011). 특별법은 가장 오래된 방법이나 최근에는 거의 적용되지 않는다. 분류법은 주정부의 인구수 등 분류방식에 따라 자치헌장을 부여하며, 선택법은 주정부가 제시한 2가지 정도의 자치헌장을 주민투표로 결정하는 방법이다. 홈룰은 자치단체가 스스로 만든 경우인데 인구 20만 이상 도시의 2/3가 채택하고 있다.

데 우리식으로는 좀 큰 동네나 마을에 해당한다. 건국 초창기 당시에 형성되었기 때문에 미국 동북부 지역인 뉴잉글랜드(코네티컷, 메인, 로드아일랜드, 버몬트, 매사추세츠, 뉴햄프셔 등 북동부 6개 주)에 많다. 이곳에는 식민지 시대 교회를 중심으로 구성된 타운미팅(town meeting)을 통해 지역문제 및 각종 법규 등에 관한 주요 결정이 이루어진다. 타운과 타운십은 혼용되어 사용되나, 규모면에서 타운십이 몇 개의 타운으로 구성된다.

(2) 준공공단체

카운티(county)는 우리나라에서는 흔히 '군'이라고 번역되어 도시보다 작은 시골 기관으로 오해하기 쉽지만 우리나라에는 없는 조직이며 미국 주소에도 등장하지 않는다. 주의 행정을 보조하는 가장 큰 기관으로 그 산하에 시, 타운, 타운십, 특별구 등이 설치된다. 알래스카와 뉴욕은 보로(borough), 루이지애나에서는 패리쉬(parish)라고 부른다. 카운티의 구성은 다양한데, 흔히 여러 개의 시가 합쳐서 하나의 카운티가 되거나, 카운티 전체가 하나의 시로 구성(independent city 독립시)되는 경우, 혹은 여러 개의 카운티가 합쳐져 하나의 시(metropolitan city 대도시)가 되기도 한다.

가장 일반적인 카운티는 주정부 산하의 수백 개의 지방정부를 주정부가 관리할 수 없는 상태에서 주 산하에 여러 개로 구분된 카운티이다. 예컨대 캘리포니아 주에는 58개의 카운티가 있는데, 그중 LA카운티가 가장 크다. 또한 LA카운티에는 LA시를 포함하여 88개의 도시와 그 외 60% 이상의 행정단위에도 들어가지 않는 소규모 단체들(unincorporated)로 구성되어 있다. 카운티는 일반행정, 검찰, 소규모 소송, 감정평가, 조세징수, 선거관리, 공공안전, 레저 및 문화 등의 서비스를 제공한다(최용환 2014).

위에서 살펴본 일반목적의 지방정부와 달리 특별목적의 지방정부에는 특별구와 교육구가 있다. 미국정부 단위 83,000개 중 29,000개 이상이 특별구에 해당한다(송시강 2007). 특별구는 특정지역에 여러 가지 서비스를 동시에 제공하거나, 반대로 여러 지역에 하나의 서비스를 제공할 때 설치된다. 따라서 특별구는 다른 지방정부와 경계가 일치하지 않고 카운티나 주정부와의 경계에 걸쳐지기도 한다. 지방정부가 굳이 특별구를 설치하는 이유는 일반 주정부가 다양한 기능을 수행하기 때문에 특정한 목적에는 비효율적일 수도 있고 민간기법을 적용하는 경우인데, 세금부담은 직접 이해당사자들에게만 부과한다. 1개 지방정부 내에 설치되는 특별구들의 서비스는 주로 소방, 주차, 앰뷸런스 등이며, 2개 이상 지방정부에 통합해서 설치되는 특별구는 상수도, 하수도, 쓰레기 처리 등을 담당한다.

미국은 통일된 교육행정이 아예 존재하지 않으며 우리나라의 '교육인적자원부'에 해당하는 '교육부(Department of Education)'도 1979년에야 설치되었다. 미국에서 교육은 주정부 책임하에 이루어지는데, 담당자는 주 교육위원회이며 교육위원회의 행정실무 최고책임자는 교육감이다. 교육구는 교육 서비스를 제공하는 특별구의 한 형태라고도 볼 수 있으나 미국의 특별구 총수보다도 그 수가 더 많으며 대부분의 지방정부에 설치되어 있다. 학교 한 개 단위의 작은 규모 지역교육위원회부터 뉴욕이나 시카고 등 대규모 교육위원회까지 그 크기가 매우 다양하다.

3) 지방정부의 법적 지위

지방자치가 원숙하게 작동하는 국가로 미국이 자주 언급되지만, 미국 헌법에는 지방정부에 대한 언급이 없다(유은정 2010). 이에 대한 해석은 여러 가지이지만, 대체로 미국이 연방주의를 채택하고 있기 때문에, 지방자치는 당연한 현상이라고 본다. 따라서 지방자치는 연방정부보다는 지방정부에 귀속된다고 보며 특히 해당 주의회의 판단에 따라 지방정부의 위상과 형태, 조직이 달라진다. 이를 딜런의 법칙(Dillon's Rule)이라고 한다. 19세기 중엽 아이오와주 판사인 존 딜런은 주정부와 지방정부의 관계에 관하여 명쾌하고 분명하게 판결하였다. 첫째, 지방자치의 관습적인 권리는 없다. 둘째, 주정부가 지방정부를 창조 혹은 폐지한다. 셋째, 지방정부는 주정부의 대리인이다. 따라서 딜런의 원칙에 따르면, 주의회가 명백하게 부여하지 않은 권한은 지방정부가 행사할 수 없다고 본다.

그러나 미국 연방 수정헌법 제10조에는 "헌법이 연방정부에 명백하게 위임하지 않았거나 주정부에 금지하지 않은 권한은 주 또는 국민에게 유보된다"고 명시하고 있기 때문에 딜런의 원칙도 다르게 해석되기도 한다. 예컨대 주정부가 지방정부의 권한이 아니라고 명백하게 명시하지 않은 경우는 지방정부의 자율에 따를 수 있다는 것이다. 이를 자치의 법칙(Home Rule)이라고 한다. 따라서 주정부의 권한이 연방헌법에 명시되어 존중되고 있으므로, 지방정부의 법적 지위는 원칙적으로 딜런의 법칙이 수용되면서 동시에 예외적으로 주가 허락하는 범위 내에서 자치의 법칙도 인정된다고 볼 수 있다. 미국 대도시 중 뉴욕시가 자치헌장을 보유하고 있으며 주정부의 간섭과 통제없이 인사와 조직 등 도시운영이 자율적이다.

2. 영국의 지방자치

1) 영국 지방자치단체

영국은 전세계 지방자치의 모태이다. 영국은 하나의 독립된 국가가 아니라 한 사람의 왕이 잉글랜드, 웨일즈, 스코틀랜드, 북아일랜드 4개 국가를 통치하는 통합왕국이다.[3] 각국은 독립된 의회와 수상제를 유지한다. 1998년에 잉글랜드는 잉글랜드와 갈등관계에 있던 스코틀랜드, 웨일즈, 북아일랜드에 대해 대대적으로 권한이양을 단행하여 각국은 자체 의회를 구성하는 등 권한이 대폭 향상되었다.

그럼에도 불구하고 영국은 본질적으로 중앙집권적이다(고세훈 1995). 영국 지방정부는 중앙에서 부여한 권한을 초월할 수 없으며, 성문헌법이 부재하기 때문에 중앙과 지방의 권한이 상충할 때는 지방정부의 자율성이 확대되기보다는 축소되는 방향으로 정책이 추진되어 왔다. 예를 들면 지방정부가 교육 서비스를 지역 학생들에게 제공하지만, 교육에 관한 다양한 법적 권한은 여전히 중앙정부에 귀속되어 있다. 교사의 훈련과 공급 등도 중앙정부와 의회가 담당한다. 지방정부 재정의 50%

---

3 우리가 일반적으로 영국이라고 말할 때는 England를 의미하며, 잉글랜드, 웨일즈, 스코틀랜드, 북아일랜드 4개국 전체를 나타낼 때는 통합왕국(United Kingdom)이라고 한다.

이상이 중앙정부에서 지출되기 때문에 지방의 중앙에 대한 의존도는 결코 낮은 편이 아니다. 그러나 2000년도의 지방정부법과 2010년의 지역주의법이 제정되면서 지방정부의 자율성과 역할이 매우 중요시 되고 있다(전국시·도의회의장협의회 2014). 특히 경제, 사회복지, 환경 분야에서는 지방정부의 자율권이 크게 신장되었다.

영국 지방자치는 1835년의 도시자치단체법에 근거한다(최진혁 2015). 이 법에 따라 모든 성인 남성에게까지 투표권이 확대되었고 지방정부도 세금징수권한을 보유하게 되었으며 왕이 임명하던 광역단위 행정부서인 카운티 장도 주민이 선출하는 카운티의회가 담당하게 되었다. 기초단체인 디스트릭트도 디스트릭트의회를 구성하여 지방자치가 더욱 활발하게 되었다.

영국 지방정부는 주지방정부와 준지방정부로 나누어진다(<표 11-2> 참조). 주지방정부는 지역 주민들에게 기본 행정서비스를 제공하는데, 카운티(county), 단일자치주(unitary authority), 보로(borough), 디스트릭트(district)가 그것이다. 카운티는 런던광역시와 잉글랜드 비도시권 지역에 인구 50-150만명 규모로 구성된다. 카운티정부는 교육, 교통, 소방, 환경 등 문제를 처리한다. 단일자치주는 권역 내 기초자치단체가 광역의 기능까지 흡수하여 통합 행정서비스를 제공한다. 보로와 디스트릭트는 기초자치단체로 카운티 내에 인구 10만 명 단위로 설치되어 있다. 그러나 준지방정부는 주지방정부와 기본적인 임무는 동일하지만, 자치입법권 등에서 제약이 있다. 또한 조례제정권과 예산심의권을 가진 의회가 설치되어 있지 않다.

표 11-2 잉글랜드(웨일즈 포함) 지방정부 유형

유 형	설 명
카운티의회(county council)	우리나라의 도급에 해당
디스트릭트의회(district council)	우리나라 구급에 해당. 보로(borough), 시의회(city council) 등이 포함됨
대도시의회(metropolitan council)	우리나라 광역시에 해당. 대도시 보로(metropolitan borough), 시의회(city council) 포함
샤이어(shire), 통합자치주	역사적으로 전통 자치조직. 시, 보로 및 카운티 의회 등 포함

출처: 전국시·도의회의장협의회(2014), 29 표 <3-1>

우리나라의 동이나 읍격인 페리쉬, 타운, 커뮤니티가 있다.

2) 단층제와 2층제

대체로 영국의 지방은 카운티(광역자치단체)와 디스트릭트(기초자치단체)의 2층제로 구성된다(신환철, 2012). 예컨대 2차대전 이후 인구가 증가하고 도시가 확장되면서 런던광역권을 관할하는 런던대의회(Greater London Council)가 1965년에 설치되었는데 런던대의회 아래에 런던시 1개와 런던구(borough) 32개가 설치되었다.[4] 이러한 2층제는 1974년 지방행정체제 개혁을 통해 전국적으로 광범위하게 확산되었다.

영국 지방정부는 기본적으로 4개 유형의 계층으로 구성되어 있다. 첫째, 2단계로 구성된 2층제인데, 런던에 런던광역시와 런던 보로의회(32개)[5]로 구성된 경우가 있다. 둘째, 대도시권 단층제로 주로 대도시 디스트릭트의회(36개)인데 일부 패리쉬가 공존하는 곳도 있다. 셋째, 비대도시 단층제인데, 통합의회(56개)와 소규모 자치단체인 패리쉬(약 10,000개)가 같이 구성되어 있다. 패리쉬는 영국 국교의 교구제도에 기원을 둔 자연발생적 자치조직이다. 영국의 농촌과 소도시에서 운영되는데 최소 35명에서 최대 70,000명 정도까지 다양한 인구로 구성되어 있다. 패리쉬의회는 4년 임기의 무보수 의원 5-20명으로 구성된다. 넷째, 비대도시권 2층제인데 카운티의회(27개)와 디스트릭트의회(201개)로 이루어져 있다.

다양한 잉글랜드 지방정부체제와 달리 나머지 3개국가들의 지방정부체제는 단층제로 다소 간소하다. 웨일즈는 중앙에 웨일즈의회와 통합자치주(22개) 및 커뮤니티(735)로 구성되어 있다. 스코틀랜드는 스코틀랜드의회, 통합 자치주(29개)와 커뮤니티(1,200개 이상)로 구성되며, 북아일랜드는 북아일랜드의회와 디스트릭트(26개) 편제이다.

---

4 2016년 5월에 개최된 영국 지방선거에서 서유럽 주요도시에서는 최초로 런던시장에 이슬람계가 당선되었다. 파키스탄 이민 2세이며 노동당 하원출신인 사디크 칸(Sadiq Khan)은 주민 직선으로 집권 보수당 후보를 누르고 56.8%의 득표율로 당선되었다.

5 별도로 런던시(City of London Corporation) 1개도 포함된다.

3) 대처정부와 캐머런정부의 지방분권정책

마가렛 대처수상이 능률을 최우선시하는 정치행정의 개혁 열기 속에, 영국 지방자치의 기본인 2층제를 런던대의회와 6개 카운티를 폐지하여 런던과 대도시는 단층제로 전환되었다.[6] 지방자치단체의 단층제로의 변화는 다른 지역으로도 확산되어 기존의 44개 자치단체(카운티 7개, 디스트릭트 37개)를 9개의 새로운 단층자치단체로 전환하였다. 이러한 단층제로의 변화는 복잡한 행정체계가 유발하는 비용과 무책임성을 지양하고 원스톱 서비스를 추구하는 행정효율성을 중시하기 때문이다. 또한 복지확대를 주장하는 노동당이 지배하는 지방자치단체를 견제하기 위한 정치적 노림수도 있었다. 대처수상은 또한 쓰레기청소, 학교급식, 공공주택 등 사업을 민영화하여 지방자치단체에 대한 중앙의 재정지원을 축소하는 등 중앙집권형 지방자치를 실현하였다.[7] 따라서 영국은 당시 이태리와 프랑스 등에서 활발했던 지방분권의 확대라는 시대 조류와는 달리, 시장원리에 따라 공공서비스의 효율성을 보다 더 강조하였다.

그러나 대처정부의 단층제가 행정편의를 목적으로 추진되었지만, 광역자치단체의 제거는 교통, 환경 등 여러 분야에 새로운 문제가 나타나, 18년 보수당 장기집권을 끝낸 노동당의 토니 블레어정부에서 런던구 상위에 런던광역자치단체(Greater London Authority)를 신설하였다.[8] 영국 지방자치는 의회가 최고 의사결정기관이며 산하의 위원회가 관련 업무의 의사결정을 하는 구조인데, GLA의 설립으로 선출직 시장과 의회로 양분되었다(김민훈 2011). 또한 블레어정부는 지방분권을 정권 차원에서 대대적으로 실시하여 스코틀랜드와 웨일즈, 북아일랜드에 자체 의회를

---

6 보수당의 마가렛 대처(Margaret Thatcher) 수상은 1979년에서 1990년까지 세 번의 총선에 승리하여 11년간 장기 집권하였다. 후임은 같은 당의 존 메이저(John Major)가 1990년에서 7년간 수상직을 역임하였다.

7 영국은 1970년대 IMF구제를 받을 정도로 경제가 열악하였는데 이를 타개하기 위한 마가렛 대처정부의 경제재건노력은 6대 광역시 해체라는 공공개혁과 함께 강력한 중앙정부를 추구하였다. 따라서 대처 수상은 지방자치를 후퇴시킨 부정적인 평가를 받고 있다.

8 노동당의 토니 블레어(Tony Blair) 수상은 1997년부터 2006년까지 3번의 총선에서 승리하여 약 10년 동안 집권하였다.

제11장 지방자치: 선진국 사례

설립하였다. 잉글랜드에는 1999년에 지역 경제개발을 신속하고 원활하게 달성하기 위해 전국적으로 지역개발공사(Regional Development Agencies)를 8개, 2007년에는 런던개발공사를 설치하였다. 구체적인 목적은 지역경제개발과 재생, 경쟁력 향상 투자 촉진, 고용촉진, 고용관련 기술을 개발하는 것이다. RDA는 또한 해당 지역의 특성에 따라 지역기업 간 네트워크를 형성하여 장기적인 지역 경제개발전략을 수립하도록 하였다.

보수적인 현 데이비드 캐머런수상은 영국이 노동당 집권(1997－2010) 기간에 여전히 중앙집권화 경향이 많았다고 평가하면서 지방분권화를 적극 추진하고 있다[9] (김성호, 2012). 예를 들면 중앙정부의 지방정부에 대한 수직관계를 고착화시킬 수 있는 중앙정부의 지방정부 평가제도를 폐지하였으며 중앙정부의 지역개발을 담당하던 지역개발청도 폐지하였다. 이에 따라 지방발전 방안은 지방정부가 주도적으로 수립하여 목표 제시 및 달성을 추구하도록 한다. 또한 법률에 반하지 않는 한 지역과 관련한 모든 업무를 지방정부가 책임지도록 법적 권한을 부여하였다. 공공재정에 관해서도 중앙정부에서 더 이상 지방정부의 세금을 결정하지 못하도록 하고 지방정부가 스스로 결정하도록 하였다. 지역 내 중요 이슈에 관해서도 주민투표가 가능하게 되었으며 기관통합형으로 시의회대표가 시장을 겸임하던 제도를 폐지하고 시장을 따로 선출하게 되었다. 결국 지방자치의 효시라고 일컫는 영국에서도 지역사회의 수요자를 중심으로 공공서비스를 가장 효율적으로 제시하는 방안이 진정한 지방분권으로 보고 이를 적극 추진하고 있다.

캐머런 정부는 또한 북아일랜드, 스코틀랜드, 웨일즈의 지방분권을 강력하게 지원하고 있다(전국시·도의회의장협의회 2014). 예컨대 북아일랜드에는 평화와 안정, 경제 번영을 촉진하며 동시에 북아일랜드의 법인세율 변경권 이양을 추진하고 있다. 스코틀랜드의회의 권한을 강화하기 위하여 특정 세금의 세율결정권 등을 부여해 달라는 스코틀랜드 분권위원회의 제안을 입법화하였다.

---

9 보수당의 데이비드 캐머런(David Cameron) 수상은 2010년 총선에서 자유민주당과 연립정부로 승리하였고, 2015년 총선에서는 보수당 단독정부를 구성하여 재임하고 있다.

4) 영국의 지방재정

영국의 지방재정은 독립성과 자율성면에서 매우 중앙집권적이다. 지방정부가 지방에서 획득하는 세율이 높을수록 자율적인데, 2014년 OECD 발표에 따르면 미국이 35.5%, 독일이 29.8%이며 낮은 수준이라는 프랑스도 13.2%인데 영국은 4.9%에 불과하다(최영출 2015). 현 정부가 지방자치 활성화를 위해 많은 노력을 했지만, 재정측면에서는 오히려 지방정부에 대한 지출을 대폭 삭감하였다. 지방정부 교부금 12억 파운드와 보조금 17억 파운드를 삭감하였으며 지방정부 담당 부처인 '커뮤니티 및 지방정부(Department for Communities & Local Government)'의 예산 약 8억 파운드를 삭감하였다.[10]

보조금 지출은 해당 부처장관의 결정으로 이루어지는데, 이를 통해 지방정부를 통제한다. 예외적으로 성과가 매우 부족한 경우는 보조금을 회수하기도 한다. 또한 영국 중앙정부는 지방정부의 예산이 일정수준을 상회하지 못하는 상한제도를 실시하고 있다. 해당 장관은 당해 연도의 예산상한 설정의 대상이 되는 지방자치단체와 다음 연도 설정 후보를 선정하는 권한이 있다. 따라서 영국은 지방정부의 재정적자 감소와 재정건전화를 위해 다양한 방식으로 지방정부에 영향력을 행사한다. 이상과 같은 중앙정부의 조치들은 영국 지방정부 중 재정자립도가 열악한 경우가 많기 때문에 불가피한 조치이기는 하지만, 지방정부들이 해당 예산 범위 내에서의 자율성과 정책목표 달성을 위한 자율성은 여전히 풍부하다는 점도 무시할 수 없기 때문에 영국 지방자치의 건전성을 일률적으로 폄하할 수는 없다.

---

10 교부금은 선거나 징병사무 등 국가의 임무를 지방정부가 대신 수행할 때 모든 지방정부에 일괄적으로 지원하는 예산이며, 보조금은 영세민 보조나 지방병원 설립과 같이 국가정책상 인정되는 사업이지만 심사 후에 지원하는 예산을 의미한다.

3. 프랑스의 지방자치

프랑스는 파리가 수도인 중앙집권국가로 우리나라와 유사한 점이 많다. 따라서 지방자치 역사도 짧다. 1982년 '시와 도 그리고 레지옹의 권리와 자유에 관한 법률'이라는 지방분권법을 제정하면서 본격적인 지방자치가 실시되었으며 2003년에는 헌법에 지방분권 조항이 첨부되었다(전학선 2015). 프랑스가 이렇게 지방자치의 역사가 일천한 것은 1789년의 대혁명 이후, 구신분질서를 타파하며 분리주의와 지방의 특권을 완전 배제하는 강력한 중앙집권체제를 유지한다는 국가지도이념이 너무나도 강력하였기 때문이다.

그러나 "프랑스는 비종교적, 민주적, 사회적 공화국이다. 프랑스는 출신, 인종, 종교에 따른 차별 없이 모든 시민이 법률 앞에서 평등함을 보장한다. 프랑스는 모든 신념을 존중한다. 프랑스의 조직은 지방분권이다"라고 하여 프랑스 헌법 제1조에 지방분권이 프랑스의 국시임을 밝히고 있다. 프랑스는 국가의 지방자치단체에 대한 지도감독권을 폐지하고 자치단체의 예산에 대한 통제권 및 행정에 관한 적법성 심사 기능만 담당한다. 지방자치단체의 구성은 크게 시·읍·면인 코뮌(commune), 우리나라의 도에 해당하는 데파르트망(département)과 광역도인 레지옹(région), 이렇게 3단계로 구성된다.

프랑스는 다른 유럽연합국들에 비하여 지방자치단체의 수가 매우 많다. 영국이 433개, 이태리가 8,222개, 또 인구가 비슷한 독일이 11,563개이지만 프랑스는 36,914개나 된다(김영식 2015). 대부분의 자치단체가 10,000명 이하의 시로 이루어져 있다.

1) 지방자치단체

(1) 시(commune)

코뮌은 프랑스 지방자치단체의 최소 행정단위로 마을공동체이며 중세 교구에

표 11-3 프랑스 코뮌의 인구 규모별 분포(2010년 1월 현재)

인구 규모	코뮌 수
500명 미만	20,364개(55.5%)
500명 이상 - 2,000명 미만	11,352개(31.0%)
2,000명 이상 - 10,000명 미만	4,036개(11.0%)
10,000명 이상 - 50,000명 미만	805개(2.2%)
50,000명 이상 - 100,000명 미만	84개(0.2%)
100,000명 이상	41개(0.1%)
합계	36,682(100%)

참조: 배준구(2011), 84 <표 2>

서 비롯되어 역사가 매우 오래되었다. 프랑스의 코뮌은 독일의 게마인데와 비슷하다. 코뮌은 라틴어 communis(함께 모인다)에 기원한다. 통상 2,000명 이상 거주하면 도시코뮌, 그 이하는 농촌코뮌이라고 한다(<표 11-3> 참조). 10명으로 구성된 초소형 농촌코뮌도 있다. 프랑스의 가장 큰 코뮌인 파리, 마르세이유, 리옹은 코뮌 산하에 각각 20개, 16개, 9개의 자치기능이 없는 구(arrondissement)가 설치되어 있다(배준구 2011). 코뮌은 지방자치단체이므로 주민직선으로 의회를 구성하며 의회에서 코뮌의 단체장을 겸직하는 의회의장을 선출한다. 코뮌은 경제개발, 학교, 안전, 문화, 교통 등 시민생활에 직접적으로 영향을 미치는 기능을 담당한다.

중앙정부 권한의 지방 이양이 본격화된 1980년대 이후 지나치게 많은 소규모 코뮌의 역량에 의문이 제기되면서 다양한 형태의 코뮌공동체, 조합 등이 생겨났다. 특히 2014년부터는 인구 1,000명 이상의 코뮌들이 연합하여 코뮌연합체의원 직접선거가 처음으로 실시되었다(이수진 외 2014). 특정한 1개 혹은 그 이상의 프로젝트를 공동으로 수행하기 위한 시도이다. 사실 코뮌연합체에 대한 구상은 100여 년 전까지 거슬러 올라가는데, 1950년대에 최초로 도입되었다. 이런 현상은 도시에서 농촌으로의 귀농, 농촌에서 도시로의 인구변화가 심화되면서 자발적이고 창의적인 프로젝트 필요성에 의해 구체화되었다. 예컨대 코뮌연합체들이 합심하여 파리를 수도권으로 확장하고자 하는 그랑 파리(Grand Paris) 프로젝트가 추진되고 있다.

(2) 데파르트망(département)

데파르트망은 1789년 프랑스 혁명 당시에 설치되었다. 데파르트망의 장은 혁명 전까지 임명직인 도지사였으나 혁명 후 주민이 직접 선출한 도의회 의장이 책임자이다. 코뮌 위의 중간지자체인 데파르트망은 본토에 96개가 있다.[11] 도로, 전기, 교육, 노동, 사회보장, 보건, 우편, 전신 등 주요 정책을 담당한다. 모든 데파르트망은 알파벳 순서에 따라 2자리 숫자가 부여되는데, 우편번호, 차량번호, 사회보장 등에 적용된다. 예를 들면, 파리데파르트망은 75번이다.

(3) 레지옹(région)

22개의 레지옹은 프랑스 지방자치단체의 최상위 단위로 광역도이다. 레지옹은 코뮌이나 데파르트망들의 정책통제, 정책 조율 및 국가정책의 통일성 추진을 주 임무로 한다. 레지옹의 책임자인 광역도지사는 중앙정부에서 임명하며, 레지옹의회선거를 통해 레지옹의회가 구성된다(김영식 2015). 레지옹은 1982년 지방분권 개혁시기에 법적 지위가 생겼으며 1986년에 처음으로 레지옹의회가 설치되었다.

유럽이 하나의 국가로 연합하면서 프랑스 지방자치단체의 가장 최상위 단위인 레지옹의 역할과 권한도 증대되었다. 지금도 레지옹에 대한 개혁이 진행 중이다. '일드 프랑스(Île de France) 레지옹'은 파리코뮌 주변 약 100km 내외 8개의 데파르트망으로 구성된 인구 1천만이 넘는 프랑스 대도시권이다. Île은 영어의 island로 섬을 의미하여 세느강 등 4개의 강과 아름다운 숲이 우거진 곳이다. 국왕의 별장과 예술가들의 마을이 많다.

2) 프랑스 지방분권 개혁

프랑스 지방분권의 최근 역사는 크게 3차로 구분할 수 있다(김영식 2015; 전학선

---

11 프랑스는 본토 외에 해외에도 해외 데파르트망이 있는데, 남아프리카에 프랑스령 기아나, 북아메리카에 과들루프와 마르티니크 그리고 아프리카에 마요트와 레위니옹, 5개이다.

2015). 매 10년 주기로 새로운 방식으로 발전하고 있다. 1차는 지방자치단체의 결정에 대한 도지사 사전통제권 폐지(1982년), 2차는 국가권한의 레지옹 및 도 이양(2003년), 3차는 레지옹수 축소 및 지방선거 행태 변경(2012)으로 요약할 수 있다.

(1) 1차 지방분권개혁(1982년)

프랑스 지방분권에 관한 최근의 변화는 1982년부터 1986년까지 개정된 25개의 지방분권 법률인데, 1981년에 대통령에 당선된 프랑스와 미테랑의 역할이 지대하였다. 1982년의 지방분권 개혁법에 따르면, 중앙정부가 임명하던 데파르트망의 도지사 대신에 도의회 의장이 집행권을 행사하도록 하였다. 또한 중앙정부의 지방자치단체에 대한 사전통제권을 사후통제권으로 변경하였다. 이에 따라 그동안 수직적으로 구성된 중앙과 지방의 관계가 수평적 관계로 전환되었다.

1996년에는 지방자치단체 통합법이 제정되어 1982년 이후 만들어진 많은 법률들을 하나의 법전으로 통합하였다. 또한 2002년까지 추진된 법령에 따라 기초자치단체 간 협력방식의 단순화와 재정협력을 강화하였으며 국토균형개발을 추진하였다. 주민을 위한 행정실현을 구현하기 위해 지방행정의 민주화, 투명화, 정보공개를 실현하였으며 지방자치단체의 위상 제고를 위하여 지방의회 위상 강화, 직무수당, 연금 등을 상향조정하였다.

1차 지방분권개혁의 요체는 지방자치단체의 계층구조가 기존의 2층제에서 3층제로 확대된 점이다. 레지옹이 지방영조물법인[12]에서 지방자치단체로 승격하여 시와 도의 2단계로 구성된 프랑스 지방자치단체가 레지옹까지 합쳐 3단계로 확대되었다. 이에 따라 레지옹의 권한이 대폭 신장되었으며 주민직선의회가 설치되고 의장은 의회에서 간선으로 선출되었으며 레지옹 집행부의 장의 임무를 겸임하였다.

---

12 특정 목적을 실현하기 위하여 국가나 지방자치단체와 분리시켜 독립채산제로 운영되는 공공단체인데, 프랑스에서는 대학이나 박물관이 그 예이며 우리나라에서는 한국도로공사와 한국방송공사가 이에 속한다.

(2) 2차 지방분권개혁(2003년)

각종 법령을 제·개정한 1차 지방분권개혁으로 프랑스의 지방자치는 크게 발전하였으나, 2차 지방분권개혁의 핵심은 보다 근본적으로 헌법을 지방분권에 적절하게 개정한 점이다. 프랑스 헌법개정의 가장 큰 특징은 국가형태에는 아무런 변화가 없으나 중앙의 권한을 지방으로 대폭 이양한 점이다. 개정헌법 제1조에 프랑스 국가조직은 지방분권화해야 한다고 천명하였으며, "지방자치단체는 지방 차원에서 행사할 수 있는 권한 전반에 관한 결정권을 행사한다"(제72조 제2항)고 명시하여 중앙의 권한을 지방에 대폭 이양해야 한다는 점을 강조하였다. 또한 "모든 지방자치단체는 자신의 권한 행사과정에서 다른 지방자치단체에 대한 후견을 하지 못한다"(제72조 제5항)고 하여 지방자치단체의 독립성과 위계를 분명히 하였다.

개정헌법은 또한 기존에 실시되던 자문형 주민투표제를 의사결정형 주민투표제로 전환하여 시, 도 및 레지옹 차원에서 주요 사안에 대해 주민투표로 결정할 수 있게 하였다. 우리나라 지방자치의 가장 큰 문제점으로 지방재정이 중앙에 크게 의존한다는 점인데, 프랑스는 개정헌법에서 재정자치를 구현하기 위해 지방자치단체가 과세표준과 세율을 정하게 하며 중앙의 재정권한을 지방으로 대폭 양도하였다. 이에 따라 지방자치단체가 지역주민의 특성에 맞는 정치와 행정이 가능하게 되었다.

(3) 3차 지방분권개혁(2012년)

2012년에 당선된 프랑스와 올랑드대통령은 지방자치를 기존의 담당부서인 내무부에서 독립하여 '국가개혁지방분권공무원부'를 신설하였으며 헌법개정과 함께 지방자치의 완결을 추구하고 있다.13 다른 유럽 국가들에 비하여 지나치게 세분화된 프랑스 지방자치단체들의 재정 부담을 완화하기 위하여 자치단체들 간 통합을 추진하였다. 즉 핵심은 통합으로, 지방정부가 너무 작은 단위로 분리되면 독립성은 유지할 수 있지만, 효율성이 떨어질 수 있기 때문이다. 우리나라도 경남의 마산,

---

13 사회당의 프랑스와 올랑드(Francois Hollande)는 2012년 5월에 5년 임기의 프랑스 대통령에 당선되었다.

창원, 진해를 합쳐 창원(2010)으로, 충북의 청원과 청주를 청주(2014)로 통합하였는데, 프랑스도 레지옹의 수를 22개에서 13개로 축소하였으며 현재 도를 폐지하자는 주장까지 제기되고 있다.

프랑스 지방자치의 가장 고질적인 문제로 지나치게 세분화된 코뮌인데, 이를 해소하기 위해 코뮌간 도시공동체가 설립되고 있다. 올랑드정부는 이에 추가하여 도시집중이 가속화하는 현상에 발맞추어 사무처리의 효율성을 향상시키고 다른 EU도시보다 나은 경쟁력 제고를 위해 코뮌간 새로운 협력체인 영조물법인으로 메트로뽈(metropol)을 구상하였다. 이는 올랑드정부의 지방행정의 현대화와 개혁의 핵심적인 내용이다. 메트로뽈은 보다 자율적인 재정자율권을 보유하며 경제, 사회, 문화 등 포괄적인 정책개발이 가능하다. 또한 데파르트망의 권한에 속하던 도로관리, 통학버스, 상하수도 등에 대한 관리업무도 수행하게 되었다. 결국 현 프랑스 정부의 지방자치 핵심은 코뮌의 경쟁력 강화 및 지방행정체제의 광역화로 귀결된다.

4. 독일의 지방자치

1) 독일 지방자치의 기본 현황

독일은 우리나라 남북한의 면적과 인구수가 비슷하며 도시제국의 오랜 역사로 지역주의도 강한 국가이다. 그러나 우리가 전통적으로 강력한 중앙집권적인 국가라면 독일은 강력한 분권주의 국가이다. 독일에는 중앙이나 집권이라는 개념이 없다. 중앙은 지리적인 중심에 불과할 뿐 지역의 역사와 문화의 다양성이 존중되는 사회가 바로 독일이다. 따라서 지방자치가 가장 이상적으로 실현되고 있는 나라가 독일이다. 독일은 이미 200년 이상 지방자치의 역사를 가지고 있으며 2차대전 패전 이후에는 국가의 목표를 전 국민이 골고루 잘사는 민주주의 건설을 목표로 삼으면서 지방자치가 보다 발전하게 되었다. 따라서 독일은 철저하게 지역에 기반을 둔 풀뿌리 민주주의를 정착시켰으며 중앙당보다는 지역정당을 중심으로 정치가 발전하였다(김택환 2014).

독일은 통일이전인 1990년까지 구서독에 11개, 구동독에 5개 주가 존재하다가 통일 이후 16개의 주로 구성된 연방국가이다. 16개의 연방주는 단순한 지역이 아니라 고유한 국가수준의 권력을 보유한다. 독일 연방하원의원 656석에 대한 공천은 중앙당이 아니라 철저하게 지방당에서 상향식으로 결정된다.[14] 정치인의 성장과정도 반드시 지역정당에서 훈련을 쌓아 지역민들로부터 엄정한 검증을 거쳐야 연방으로의 진출이 가능하다. 연방 공무원도 각주에서 적절한 비율에 따라 선정됨을 헌법에 명시하고 있는데 그 기본 목적은 헌법에 명시된 바와 같이 독일전역의 생활수준이 비슷해야 된다는 헌법의 요구조건에 충실하기 위함이다.

독일 연방의 권력구조는 연방하원과 연방상원으로 구성되며 상원이 중앙과 지방의 가교역할을 한다(이규영 2002). 상원은 미국과 달리 주민 직접 선출이 아니라 16개주의 각 주에서 파견한 주의 각료나 공무원 등 정부 대표들로 구성된다. 따라서 정당의 이해보다는 주의 이해관계를 우선하게 된다.

2) 지방자치단체

<그림 11-1>에 나타난 바와 같이, 16개의 연방국가로 구성된 독일에는 지방자치단체로 크라이스 323개, 독립시 117개, 게마인데 13,857개가 있다(이규형, 2002). 독일헌법 제28조 제1항과 제2항에서 지방자치제도를 보장하고 있으며 의원내각제를 기반으로 연방(Bund)-주(Land)-지방자치단체(Gemeinde)의 3단계로 구성된다. 지방자치의 기본단위는 주와 게마인데로 구성되며 지역의 사무는 게마인데나 게마인데 연합인 군(Kreis)의 권한으로 운영된다. 따라서 독일 지방자치의 가장 기본 조직이 게마인데로 14개 주의 기본 조직이다. 그러나 베를린과 함부르크는 하나의 도시가 주를 형성하기 때문에 게마인데가 없다.

독일 게마인데당 인구는 평균 약 6,800명으로 자치권을 향유하는 기초자치단

---

14 현 독일수상은 기민당의 앙게라 메르켈(Angela Merkel)로 2005년 이후 4선 수상을 연임하고 있다.

체이다. 그 규모는 일률적이지 않고 매우 다양하다. 예를 들면, 서부 독일에 위치하며 가장 부유하고 인구가 많은 노르트라인-베스트팔렌 주는 1,900만 인구이나 게마인데 수가 400개 정도로 게마인데당 평균 45,000명의 인구로 구성되어 상대적으로 인구 규모가 크다. 그러나 전설의 '로렐라이언덕', '쿠텐 베르크박물관'으로 유명한 인구 400만 명의 라인란트-팔츠 주는 게마인데의 수가 2,306개로, 평균인구 1,700명으로 규모가 작다.

게마인데가 4-8만 이상일 때 시(stadt)가 된다. 게마인데는 주정부의 위임사무를 포함하여 교육, 교통, 운수, 소방 등 주민과 직접적으로 관련된 광범위한 행정서비스를 제공하며 도로, 공원 등 각종 시설을 건설, 유지 및 관리한다. 크라이스는 게마인데의 연합체이면서 게마인데에 대한 보완적 성격으로 주와 게마인데를 연결하는 중간자적 연합단체이다. 크라이스와 게마인데는 상하개념이라기보다는 게마인데가 처리할 수 없는 특정 업무를 대행한다.

독일 지방자치제도의 위계상에는 나와 있지 않지만 중요한 조직이 독립시와 관구이다. 독립시는 게마인데보다는 규모가 커서 인구 약 20만명 정도로 구성되며

그림 11-1 독일의 지방자치구조

출처: 이규영(2002), 11 <표 3>

뮌헨이나 프랑크푸르트가 이에 속한다. 독립시는 주정부의 지원과 감독을 받지만, 크라이스의 감독은 없기 때문에 매우 독립적이다. 관구는 지방자치단체가 아니다. 독일 주정부는 행정효율화를 위해 주정부를 3-7개로 분할하여 이를 관구라고 하며 중심 지역에는 관구청을 설치한다. 예컨대 노르트라인-베스트팔렌주는 5개 관구로 구성되어 게마인데와 크라이스를 지원한다.

3) 지방자치단체와 의회

이들 지방자치단체는 의회와 단체장의 관계측면에서 크게 4개의 형태로 분류가 가능하다. 첫째, 2차세계대전 당시 미국이 점령한 독일 남부지역에서 흔히 나타나는 유형이다. 주민들은 의회와 자치단체장을 각각 선출하며 단체장은 의회의 의장을 겸하게 된다. 의회는 집행부에 대한 상호 견제와 균형을 이룬다. 통일 이후 구동독 지역에서도 많이 채택하고 있다. 둘째, 2차대전 당시 영국이 점령한 북독일 지역에 많이 나타나는 유형인 의원내각제 유형이다. 주민들이 의원을 선출하며 지방의회가 다시 자치단체장을 선출하는 형태이다. 이 유형은 지방의회가 막강한 영향력을 발휘하며 상대적으로 시장의 권한은 미약하다. 셋째, 헤센과 쉴베스비히-홉스타인주에서 시행하고 있는 이사회형이다. 주민들이 의회를 선출하며 의회는 다시 이사회와 의장을 선출하고 이사회의장이 시장의 권한을 가진다. 가장 큰 특징은 지방의회와 집행부가 엄격하게 분리된 점이다. 마지막으로 시장형인데, 라인란트-팔츠와 자르란트주에서 채택하고 있다. 주민의 직접선거로 지방의원과 시장을 각각 선출한다. 시장의 행정에 대한 영향력이 막강하다.

지방의 활동은 완전 자율이 보장된다. 다만 지방에 영향을 미칠 수 있거나 기존의 연방법과 다른 연방법을 입법할 때는 연방상원의 동의를 획득해야 하기 때문에 연방과 지방의 상호협력이 필요하다(최봉석 2016). 주민은 연방의 국민이면서 동시에 주의 주민이라는 이중적 성격을 가진다. 주는 독립적이기는 하지만 연방사무를 대행하며 연방정부의 전반적인 감독을 받는다. 독일의 지방자치제는 19세기 공국들의 통합과정, 2차대전 이후 국가분할 및 미·영·불·소의 점령, 1990년의 동·

서독 통일을 겪으면서 수많은 통폐합을 통한 변화를 거듭해오고 있다. 최근에도 2006년부터 2014년까지 기본개혁법을 통해 지방분권을 보다 더 강화하고 있다. 연방과 지방이 경합하는 경우 지방의 입법권을 대폭 강화하며 연방과 지방의 공동사무에 관하여는 연방과 지방의 대등한 관계로 규정하고 있다.

따라서 독일의 국가구조는 기본적으로 연방정부와 주정부의 2단계로 구성된다. 지방자치단체는 주정부에 소속되어 있으나 헌법이 매우 폭넓은 자치권을 인정하고 있다. 독일 연방주의는 다른 나라와 다른 세 가지 주요 특징을 가진다(이규영 2002). 첫째, 강력한 단일민족 간 단일체계적 연방주의 성격을 가진다. 독일은 지역적으로 역사적으로 문화적으로 매우 이질적인 제후국가들로 구성되어 오랫동안 단일국가를 형성하지 못하였다. 게르만 민족이라는 공통점을 기반으로 하나의 국가를 형성하면서 연방주의를 채택하여 단일체계적 연방주의라는 독특한 성격을 지닌다. 둘째, 독일은 다른 연방주의처럼, 외적 단일성과 내적 다양성이라는 연방주의 국가이다. 그러나 독일은 연방정부는 입법권한을, 지방정부는 법률집행과 행정권한을 보유한다. 따라서 지방정부는 다른 지방정부나 연방정부의 간섭없이 독자적인 통치권한을 갖는다. 셋째, 그럼에도 불구하고 독일 연방주의는 지방 간, 연방과 지방 간 협력적 연방주의이다. 연방과 지방 간에 업무구분과 재정지원이 상호 긴밀한 협조하에 이루어진다. 연방은 외교, 군사, 경찰, 통화 부문을 담당하며, 교육 등 기타 일반 행정은 지방의 고유 영역이다. 독일헌법은 주정부의 행정을 연방정부의 하위 개념이 아니라, 국가행정의 일차적 주체라고 명시하고 있다. 이에 따라 지방자치단체의 자치권도 매우 명시적으로 규정되어 있다. 예를 들면, 지방정부는 지방공무원의 독자적 임명권, 지역적 특성에 따라 내부조직을 구성 및 발전 계획을 수립할 수 있는 권한 그리고 각종 세금 징수권 등을 가진다.

독일에서 연방과 주정부가 사무를 공동 수행할 때는 독일 기본법에 공동사무와 행정협력이라는 원칙에 따라 재정조달도 공동 방식으로 추진한다(최봉석 2016). 따라서 예산이 수반되는 공동사무에는 당연히 해당 지방정부에 대한 연방의 재정지원이 이루어진다. 물론 재정협력의 대상이 되는 분야는 지역경제구조의 개선, 농업구조와 연안보호의 개선으로 한정하고 있기는 하지만 광의적인 의미를 내포하고 있기 때문에 연방의 재정협력에 의해 지방의 원활한 업무 수행이 가능하다. 동시에 지방정부의 방만한 예산운영을 방지하기 위하여 연방정부는 예산감시 시스템을 운영한다. 특히 2010년부터는 독일 연방정부와 주정부 간에는 안정화위원회와 채무방지프로그램을 도입하였다. 적극적인 예산집행과 동시에 책임감 있는 관리를 요구한다는 것이다.

5. 일본의 지방자치

1) 일본지방자치 현황

일본은 2차대전 직후인 1946년에 제정된 일본헌법 제8장 제92－95조까지 4개 조에서 지방자치를 천명하여 일본 지방자치의 역사는 아시아권에서 상당히 오래되고 독립적이다. 2016년 1월 오사카시는 일본 지방자치단체로는 처음으로 한국인을 비방하는 혐한시위를 억제하는 조례를 통과하였다. 오사카시는 오사카부(府)의 부 청소재지이며 오사카시는 260만명, 오사카부 전체 인구는 1,000만명이 넘는다. 오사카시의 이번 결정은 반한감정이 아직도 많은 일본에서 매우 이례적인 현상으로 일본 지방자치정부의 독립성을 보여 주는 좋은 예가 된다.15

일본은 우리의 광역자치단체에 속하는 도·도·부·현, 즉 1도(都, 도쿄도), 1도 (道, 홋카이도), 2부(府, 오사카부와 교토부), 43현(県)으로 총 47개의 도·도·부·현이 있다. 역사성, 교통, 문화 등을 기준으로 홋카이도, 토호쿠, 간토, 주부, 긴키, 주고쿠, 시코쿠, 규슈 등 8개 지방으로 구분한다. 일본의 기초자치단체는 시(市)·정(町)·

---

15 연이어 4월에는 일본의 대표적 혐한단체인 '재일특권을 용납하지 않는 모임'이 교직원단체가 조총련계열 학교에 자금을 지원했다는 이유로 '조선의 개', '매국노' 등의 욕설을 하면서 도쿠시마현의 노조사무실에 난입하였다. 이에 대해 일본법원은 4,500만원의 배상금과 이들의 행동을 인종차별 행위로 판결하였다. 법원의 판결이 법원의 독자적인 결정인지 직전의 오사카시의 결정에 따른 영향력 때문인지는 분명하지 않으나, 최소한 간접적인 효과는 있다고 본다. 이런 일련의 사건들 중 특히 오사카시의 결정은 일본 지방자치의 수준을 극명하게 보여주는 예이다.

촌(村)으로 구성되는데, 정은 촌에 비해 상공업과 같은 도시적인 업무가 많으며 인구 1만 명이 넘으면 정, 인구 5만 명이 넘으면 시가 된다.

일본의 지방자치단체는 외교와 국가안전보장을 제외한 거의 모든 내정업무를 관장한다. 도·도·부·현은 시정촌의 경계를 초과하는 광역 사무를 담당하며 지방 종합계획, 산업기반 추진 등의 임무를 수행한다(김호섭 1995). 그 외에도 교육, 경찰, 사회복지, 각종 영업허가, 국가와 시·정·촌 간 연락 등의 역할을 담당한다. 시·정·촌은 시민과 가장 지근거리에서 상하수도, 청소, 생활보호, 아동복지, 학교, 호적 등의 주민생활을 담당한다. 90년대 말에 3,229개나 되는 시·정·촌 간에 합병이 이루어져 2012년에는 1,719개로 반으로 축소되었다.

2) 지방공공단체 구조

일본의 중앙정부는 내각제로 의회가 단체장(수상)도 겸하지만, 지방의 자치단체는 일종의 대통령제처럼 의회와 단체장으로 구분되어 있다. 의회는 모든 지방자치단체에 설치되어 있다. <그림 11-2>에 제시된 바와 같이, 기본적으로 의원은 조례를 제정하는 입법권을 가지며, 단체장과 집행기관에 대해 견제와 감시하는 기능을 한다. 의회는 또한 자치단체와 주민들 간의 연결 통로로서 재정에 관한 권한과 의회 조직운영 등을 수행한다.

도·도·부·현의 지사와 시·정·촌장으로 구성된 지방공공단체장은 해당 지방공공단체의 사무를 관장하며 동시에 국가사무를 위임받아 수행하는 두 가지 임무를 수행한다. 기본적으로 도·도·부·현지사와 시·정·촌장의 임무는 비슷하지만, 지사가 시·정·촌장을 지휘 감독하는 기능을 한다. 아울러 지방정부는 단체장의 권한이 지나치게 비대해질 수 있기 때문에 이를 방지하기 위해 단체장으로부터 독립된 합의체 형식의 행정위원회도 구성한다. 예를 들면 교육위원회와 공안위원회 등은 해당 분야의 행정을 책임진다.

일본 지방자치의 역사가 오래되고 수준이 높지만, 중앙정부와 지방정부간 관계는 항상 긴밀하며 중앙정부는 지방정부에 다양한 방법으로 관여하고 있다(김호섭

그림 11-2 의회의 권한

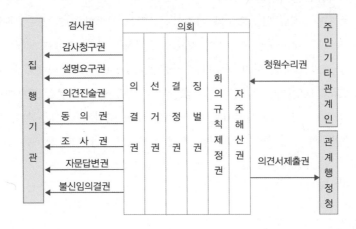

출처: 김호섭(1995), 147 <그림 3>

1995). 입법기관과 사법기관에 의한 관여가 대표적인데 법률제정과 판결로 나타난 다. 그리고 행정기관에 의한 관여도 매우 일반적인데 권력적 관여와 비권력적 관여로 구분된다. 권력적 관여는 지방자치단체에 대한 재정이나 행정에 대한 감사, 감독, 허가 등의 형태를 띤다. 비권력직 관여는 자료제출, 기술적 조언, 시정이나 개선조치 및 자치단제 간 분쟁조정 등이 그 예이다. 행정기관에 의한 관여의 정도가 때로는 지나쳐 비난의 소지가 되기도 한다. 아직도 크게 보면 인허가권의 80%를 중앙정부가 장악하고 중앙정부의 보조금도 중앙정부의 지시에 따르도록 규정된 측면이 많다는 지적이 있다.

3) 지방분권 개혁

이런 문제를 해결하기 위해 1995년에 지방분권추진법을 시행하여 최근에는 지방분권을 본격적으로 시행하고 있다(최우용 2015). 지방분권개혁은 3차에 걸쳐 단행

지방정치의 이해 1

되었는데, 1차(1995-99), 3위1체(2001-04) 및 2차(2006-14)로 크게 구분된다. 1차
는 지방분권추진법이 제정된 1995년에서 지방분권일괄법이 제정된 1999년까지이
며, 3위1체개혁은 2001년 지방분권개혁회의가 발족한 시점부터 2004년 해산시점
까지를 통칭한다. 2차는 2006년 지방 6단체의 지방분권에 관한 의견서 제출에서
일괄법이 성립되는 2014년까지로 구분된다.

첫째, 1차지방개혁을 통해 기관위임사무를 폐지하며 동시에 중앙의 포괄적 지
휘감독권도 폐지하며 중앙권한이 지방으로 대폭 이양되었다. 또한 필치(必置)규제
를 대폭 개선하였다. 필치규제는 국가에 의한 인원, 시설, 자격보유자 등의 규제가
지방의 사무처리에 미치는 간섭이나 영향력을 의미한다. 예를 들면 과거에는 국고
보조를 받는 공립도서관장의 직위에는 사서자격이 필수적으로 요구되었지만, 조직
이 전문화되고 현대화되면서 종합적인 행정능력도 동시에 요구되고 있다. 이런 현
실을 반영하여 이제는 도서관장의 직위에 사서자격이 폐지되었다. 또한 지방자치
단체의 자주성 향상을 위해 통합적 매뉴얼화로 국고보조금과 부담금을 합리화하고
지방세 재원을 보다 충실하게 하였다.

둘째, 3위1체개혁은 국고보조금/부담금 개혁, 중앙정부로부터의 세원이양 및
지방교부세의 개혁이라는 지방자치발전에 긴요한 세 가지 요인을 통합적으로 실시
하겠다는 것이다. 요체는 중앙의 지방에 대한 관여의 여지가 동반되는 국고보조금/
부담금을 축소하고 지방이 자체적으로 확보할 수 있는 지방세 수입의 확대를 의미
한다. 즉 중앙정부는 작은 정부를 실현하도록 하여 국가와 지방의 재정을 동시에
건전화하겠다는 것이다.

셋째, 1차개혁과 3위1체개혁을 통해 일본의 지방자치가 상당한 수준까지 발전
하였지만, 중앙정부는 여전히 각종 법령으로 지방정부에 대한 간섭과 통제가 많다.
이를 해소하기 위해 지방분권개혁추진위원회는 지방에 대한 단순한 규제완화 차원
을 넘어 지방자치단체 단독으로 사무처리가 가능하도록 조직과 절차 등을 법적으
로 입안할 수 있는 권한까지도 부여하는 것이다. 중앙정부에서 도·도·부·현으로
사무를 대폭이양하며 도·도·부·현에서는 시·정·촌으로 100여개의 사무를 이양
하였다. 지방자치단체의 자율성 향상을 위해 의원정수에 대한 법정 제한을 철폐하

고 의결의 내용과 범위에 대해서도 대폭 개정하였다.

결국 최근 일본 지방정부개혁의 요체는 심각한 고령화에 따른 인구감소와 행정서비스 질 저하 및 행정 고비용 발생과 재정악화 등을 해결하기 위함이다. 이를 위해 중앙과 지방의 정치행정규모를 간소화하고 자치단체 간 합병을 단행하며 주민과 가장 가까운 시·정·촌의 행정업무 능력을 향상시키도록 하였다.

4) 일본 지방공공단체 조직관리제도

일본의 지방분권개혁의 결과는 매우 고무적인데 지방자치단체의 정책기획 능력의 향상, 주민과의 의사소통 향상 및 기업경영기법을 도입하여 서비스정신을 고양하였다(하동현 외 2011). 지방자치단체의 조직관리 측면에서 첫째, 중앙과 지방 간의 관계는 수평적이고 대등한 관계로 변모하였다. 조직편성, 인건비 책정, 정원관리 등 측면에서 중앙정부의 일률적인 명령보다는 자치단체의 자율적인 의사에 따라 업무를 수행하고 있다. 물론 아직도 교육이나 경찰 등에서 중앙정부의 주도권은 큰 변화 없다. 둘째, 지방자치단체들 간에는 건전한 수평적 경쟁관계가 이루어지고 있다. 지방자치단체들이 기업이나 해외의 선진관리기법을 학습하여 서로 지역에 맞는 개혁방안을 만들어내고 있으며 상호 경쟁하면서 모방하기도 한다. 또한 총무성도 관련 사례집을 수집하여 경쟁분위기를 조성하고 있다. 셋째, 보다 많은 행정서비스를 주민들에게 정확하게 전달하기 위하여 정보공개를 강화하고 있다. 정보의 양과 질을 강화하여 모든 주민의 행정 접근이 용이하게 하고 있다.

5) 일본 지방자치의 문제점

일본 지방자치의 수준이 아시아 최고수준이기는 하지만, 인구 고령화와 감소의 문제로 지방자치에 심각한 문제가 발생하고 있다. 고령화는 전체 인구에서 65세 이상의 인구가 차지하는 비율을 의미한다. 이 때 고령화가 7%를 넘으면 고령화사회, 14%를 넘으면 고령사회라고 한다. 일본의 고령화는 2016년에 이미 23%로 초

고령사회이다(김찬동 2016). 중대도시의 인구 감소는 미약한 수준이지만, 시·정·촌의 고령화현상은 매우 심각하다. 전체적으로 2010년에 1억 2,800만 인구가 2050년에는 9,700만 명이 된다고 예상되고 있다. 현실적으로 전체 1,700개 시·정·촌 중에서 약 800개의 시·정·촌 마을이 없어지고 인구가 급감하고 있다. 시골지역인 일본의 현(県) 지자체의 80%가 소멸할 수도 있다는 견해도 있다. 고령(화)사회는 의료비, 복지비, 연금의 대폭적인 증가와 같은 문제도 심각하지만, 지방자치제도 자체에 악영향을 미친다. 행정서비스의 질 저하, 행정 고비용 및 재정악화 현상이 발생하고 있는 것이다. 신조 아베정부에서는 '저출산대책특명담당장관직'을 신설할 정도로 인구문제에 대책을 마련하기 위해 몰두하고 있지만, 고령화 문제를 해결하기가 쉽지 않다.[16]

6. 결   론

이상에서 미국, 영국, 프랑스, 독일, 일본의 지방자치를 개략적으로 살펴보았다. 미국 연방제의 기본요소인 주는 영국의 카운티나 프랑스의 데파르트망보다 훨씬 독자적이며 각 주가 국방과 외교를 제외한 거의 전권을 행사한다. 미국 주정부는 다시 지방정부에 다양한 권한을 이양하여 지방자치가 왕성하게 이루어지고 있다. 미국 지방정부는 주정부 직계 관할로 일정 규모 이상의 지역 주민들이 찬성투표나 청원의 방법으로 자발적으로 만든 지방자치단체와 주정부의 행정편의상 조직된 주정부의 행정기관인 준공공단체로 구성된다. 미국 지방자치는 주의회의 판단에 따라 지방정부의 위상이 달라지는 딜런의 법칙이 일반적이며, 예외적으로 자치의 법칙이라는 지방정부의 자율에 따르기도 한다.

영국은 본질적으로 중앙집권적이지만 1835년의 도시자치단체법에 근거하여 지방자치를 본격적으로 시작한 지방자치의 시범 케이스이다. 최근에 영국은 영국과

---

16 아베 신조는 자민당 총재로 2006년부터 약 1년간 총리를 지냈으며, 2012년부터 현재까지 재집권하고 있다.

갈등관계에 있던 스코틀랜드, 웨일즈, 북아일랜드에 대해서도 권한을 대폭 이양하여 각국은 자체 의회를 구성하는 등 권한이 크게 향상되었다. 대처수상의 능률 최우선 정책에 따라 영국 지방지방자치의 기본인 2층제를 단층제로 전환하기도 하였으나 최근에는 다시 2층제로 복귀하기도 하였다. 특히 현 캐머런수상은 지방분권화를 가속화하여 지방정부가 보다 많은 권한을 행사하게 되었다. 그러나 보조금 지출이나 지방정부 예산에 대한 상한제도를 실시하는 등 중앙정부의 지방에 대한 견제장치는 아직도 견고하다.

프랑스는 헌법 제1조에 지방분권을 천명할 정도로 지방분권이 활발하다. 프랑스는 국가의 지방자치단체에 대한 지도감독권을 폐지하고 자치단체 예산에 대한 통제권 및 행정에 관한 적법성 심사 기능만 담당하고 있다. 지방자치단체는 크게 코뮌, 데파르트망과 레지옹의 3단계로 구성되어 있다. 최근 프랑스의 지방자치 개혁은 도지사의 지방자치단체에 대한 사전통제권 폐지(1차), 국가권한의 레지옹 및 도 이양(2차), 레지옹 수 축소 및 지방선거 행태 변경(3차) 등으로 진행되고 있다. 지나치게 세분화된 코뮌이 프랑스 지방자치의 가장 난제인데, 코뮌 간 도시공동체 설립과 보다 자율성이 확보된 메트로뽈로 해결하고 있다.

독일에는 지리적인 중앙은 있어도 권력측면에서 중앙이라는 개념은 없을 정도로 지방자치가 가장 완벽하게 실현되고 있다. 독일헌법은 주정부의 행정을 연방정부의 하위 부속개념이 아니라, 국가행정 그 자체로 본다. 독일은 의원내각제를 기반으로 연방－주－지방자치단체의 3단계로 구성되며 지방자치단체로 크라이스, 독립시, 게마인데 등이 있다.

일본은 1946년에 제정된 일본평화헌법에 따라 47개의 도·도·부·현으로 구성된 지방자치강국이다. 일본은 최근 3차에 걸쳐 지방분권개혁을 단행하여 지방분권을 본격적으로 추진하고 있다. 그럼에도 불구하고 심각한 고령화에 따른 인구감소로 행정서비스 질 저하 및 행정 고비용 발생 등이 일본 지방자치의 난제로 부상하고 있다.

❶ 일본과 같이 인구의 급격한 감소로 지방정부의 서비스 수준 하락은 물론이고 지방
자치단체가 와해되는 현상을 어떻게 극복할 수 있나?

❷ 영국처럼 중앙정부가 지방정부의 예산에 심각한 제재를 가하면 건전한 지방자치라
고 할 수 있나?

❸ 프랑스 지방자치의 난제로 코뮌이 지나치게 많이 분리되어 있는 점인데, 최근에 코
뮌간 도시공동체 설립이나 메트로뽈 설립으로 해결하고 있다. 한국의 지나치게 많
은 구의회와 시의회 간 통합에 적용하면 어떤가?

❹ 영국의 현 정부에서는 중앙정부의 지방정부에 대한 수직관계를 고착화할 수 있
는 지방정부에 대한 평가제도를 폐지하였다. 이런 제도의 한국에 대한 적용은 가능
한가?

고세훈. 1995. "선진외국의 지방자치사례①: 영국." 『황해문화』 3(1): 100 – 116.

김민훈. 2011. "영국의 지방분권과 지방재정제도 개혁 동향." 『법학연구』 52(2): 375 – 404.

김영식. 2015. "프랑스 지방자치 개혁의 특징과 시사점." 『한국지방정부학회 학술대회자료집』 149 – 161.

김성호. 2012. "해외 리포트: 영국 중앙정부의 지방분권정책 추진방향." 『지방행정』 61(703): 30 – 33.

김택환. 2014. "독일, 어떻게 지방자치의 모범이 됐나." 『이코노미21』 8월 27일. http://www.economy21.co.kr/news/articleView.html?idxno = 1004416(2016. 5. 7 검색)

김찬동. 2016. "기획특집(특집 5); 고령화 시대와 일본의 지방자치." 『지방행정』 748: 36 – 39.

김호섭. 1995. "선진외국의 지방자치사례④: 일본." 『황해문화』 3(1): 142 – 152.

배준구. 2011. "프랑스의 코뮌간 협력과 특징." 『프랑스문화연구』 23: 73 – 109.

유은정. 2010. "미국의 연방주의와 지방자치제도: 우리나라 지방자치 및 지방분권이행 과정에의 시사점." 『공법학연구』 11(3): 235 – 274.

이규영. 2002. "독일연방주의와 지방자치: 연방 – 지방 관계 및 지방자치개혁을 중심으로." 『유럽연구』 16권(0): 1 – 28.

이수진·홍의석·윤주선·최성진. 2014. "프랑스_새로운 행정자치 단위 코뮌연합체, 첫 직접선거 시행 외." 『국토』 387: 108 – 117.

송시강. 2007. "미국의 지방자치제도 개관." 『행정법연구』 19: 47 – 97.

신환철. 2012. "해외 리포트: 영국 지방자치의 변천과 개혁." 『지방행정』 61권(700호): 30 – 33.

LOCAL POLITICS

전국시·도의회의장협의회. 2014. "주요 선진국 지방자치제도 및 지방의회 운영제도 사례 수집: 영국." 『전국시·도의회의장협의회 연구용역 최종보고서』.

전학선. 2015. "프랑스 지방분권개혁의 최근 동향과 한국에의 시사점." 『공법학연구』 16(3): 3-32.

정재화. 2011. 『지방자치행정론』. 청록출판사.

최봉석. 2016. "독일 연방주의개혁과 지방분권의 강화: 2006년-2014년 독일 기본법(GG)개혁을 통한 지방분권의 강화." 『공법학연구』 17(1): 69-101.

최용환. 2014. "[해외리포트] 미국 지방자치단체의 구조와 지방분권." 『충북 Issue & Trend』 15(3): 44-57.

최우용. 2015. "일본 지방분권개혁의 주요 내용과 최근 동향." 『공법학연구』 16(3): 171-205.

최진혁. 2015. "21세기 지방자치의 현대적 경향: 영국과 프랑스의 지방자치의 진화." 『한국지방자치학회보』 27(3): 1-29.

최영출. 2015. "영국의 중앙-지방 재정관계." 『지방행정』 741: 22-25. 일본 지방자치단체의 조직관리제도 분석 및 시사점.

하동현·주재복·최흥석. 2011. "일본 지방자치단체의 조직관리제도 분석 및 시사점." 『지방행정연구』 25(1): 277-313.

한형서. 2010. "특집: 성숙한 지방자치를 위한 자치모델 다양화; 외국사례: 독일지방정부." 『지방행정』 59(677): 22-25.

LOCAL POLITICS

12 지방정치에서의 갈등관리 이해
: 공공갈등관리정책을 중심으로

현대 정보화 시대를 바라보는 도미니크 볼통은 "현대 사회를 통신 기술이 발달한 세상에서, 가장 외진 곳에 사는 사람들도 멀리 떨어진 정보와 문화를 손쉽게 접할 수 있게 되었다는 점에서 초연결사회"라고 한다. 우리가 정치 현장이라고 부르는 지역에서 활동하는 다수의 행위자는 자신의 삶과 완전히 동떨어져 있다고 생각했던 먼 곳으로부터 무수하게 많은 사건들의 영향을 받는다고 할 수 있다. 결국 정치력은 다수의 사회 기제들과의 관계에서 전통적으로 이해되는 집중된 힘의 실력보다 분권적 협력을 통해 지배력의 상당부분을 동원하는 것에서 결정된다. 그리고 정보화 시대에서의 급속한 기반기술의 변화는 사회적 의견수렴보다 자본우위를 필두로 정책결정이 이루어지는 상황이 많아지고 공동체의 사회적 윤리까지 의문시되는 양상도 보인다. 이러한 상황에서 사회의 전면적 갈등은 정치력의 실종을 상기시키고, 사회적 윤리(지침)의 재구성이라는 과제들을 남겨 놓는다. 현실적인 문제로 인식되는 갈등적 사안들은 다분히 학제연구를 유인시키는 것으로 점점 융복합적 시각이 요구되며, 표면화된 갈등은 복잡화된 지역 혹은 현장의 문제를 관리하거나 관여하는 방식을 중요하게 한다. 이제 제도 이외에도 개인의 감정에 더 이상 외재성이란 없다는 것이다. 이번 장에서는 상기의 배경을 이해하고, 갈등에 대한 관점을 다루고자 한다. 최근 갈등관리로 추진되고 있는 정책의 방향 및 내포된 의미는 무엇이 있는지, 절차적 구성과 실행에서의 의미를 살펴본다.

1. 갈등의 이론적 이해

1) 갈등의 정의와 이해

사회가 형성된 곳에는 언제든지 갈등이 상존하기에 갈등적 사안에 어떻게 관련되어 있는지에 따라 그리고 사회적 특수성에 따라 개념적 정의가 매우 다양하다. 웹스터 사전에서는 갈등을 '서로 다른 사상이나 이해관계, 혹은 서로 다른 사람에 대한 적대적인 상태나 행동'이라고 한다. 갈등(conflict)의 개념정의를 학문적 특성에 따라 살펴보면, 우선 정치학적 관점에서의 갈등은 거시적 수준의 분석개념으로 활용되어 왔다. 사회 구성원 개인의 내적인 심리적 상태에 맞추어 갈등을 논하기보다는 정치체제라고 하는 거시적 차원에서 갈등의 개념을 다루고 있다. 예를 들면, 맑스(K. Marx)는 갈등을 계급투쟁으로 정의하여, 경제적 수준의 대립이 정치적 관계로 전환되는 과정에 주목하였다. 베버(Weber) 역시 갈등을 사회적 경쟁으로 정의하며 문제해결은 전문역량을 가진 관료와 관료주의에 의해 행사되는 제도화된 권력에 의존한다고 보았다. 사회학적 관점에서는 개인, 집단, 제도 등을 중심으로 전개되는 제반 사회관계를 분석하는 과정에서 집단 간 이해관계에 초점을 맞추어 갈등을 설명한다. 특히, 갈등을 불가피한 사회적 상황 또는 과정으로 파악하면서 사회화의 한 과정으로 인식한다. 예를 들어 짐멜(Simmel)은 갈등을 폭넓게 '원심적이고 조화롭지 못한 상태'로 해석하면서 갈등을 통해 새로운 사회통합을 형성할 수 있다고 보았다. 보울딩(Boulding)은 갈등을 '양립 불가능한 선택 또는 결정의 결과'라고 정의하였다. 심리학에서는 사회심리학을 제외한 대부분의 연구영역에서 개인적 갈등을 연구대상으로 하고 있다. 심리학에서의 갈등은 '한 개인이 동일한 시점에서 둘 혹은, 그 이상의 상호 배타적 행위를 하도록 동기부여되는 상황'으로 정의한다(이성록 2007, 25). 마지막으로 법학 혹은 법률적 개념으로 헌법이나 법률에 의해 갈등의 개념을 정의하는 것을 찾아보기는 어렵지만, 하위 법령이나, 일부 지방자치단체의 조례에서 갈등을 정의하고 있다. '공공기관의 갈등 예방과 해결에 관한 규정' 제2조 제1호에 의하면 갈등이라 함은 공공정책(법령의 제정·개정, 각종 사업계획의 수립·추진을 포함한다)을 수립하거나 추진하는 과정에서 발생하는 이해관계의 충돌로 정의한다.

상기와 같은 개념들을 종합적으로 이해하면, 갈등이란 당사자들의 인식차이로 인해 가치나 이해에 대한 상호간의 심리적, 물리적으로 대립하는 상태이다. 따라서 갈등이 성립하기 위해서는 우선 갈등의 주체가 명확해야 하며 갈등이 발생할 수밖에 없는 배경과 상호의존적인 사회적 상호작용이 역동성을 가져야 한다. 갈등의 유동적 방향성을 고려하면, 개인과 사회의 기능과 역기능적 차원에서 양방향을 동시에 지닌다고 볼 수 있으며, 갈등자체가 개인이나 집단에게 현재의 정체적 국면을 벗어나 변화를 추구하는 동력으로써의 역할을 한다.

2) 갈등의 유형과 쟁점

갈등의 유형은 다양하게 기술되지만, 주로 갈등의 원천, 주체, 표출방식에 따라 다음과 같이 구분할 수 있다(이성록 2007, 115-146). 우선 갈등의 원천을 고려하면, 갈등유형을 목표, 정서, 역할, 인지, 의사소통, 태도와 관련한 갈등으로 분류할 수 있다. 우선 목표갈등은 당사자 자신들이 목표로 설정하고자 하는 것에 대하여 구성원들의 의견이 상충하거나, 어떤 목표가 긍정적 및 부정적인 양면성을 가지고 있으나 서로 상충되는 복수목표로 인한 갈등이다. 정서적 갈등은 개인의 가치관이 상충될 때 일어나는 미시적인 갈등의 경로를 말한다. 역할갈등은 관계 혹은 역할의 모호성, 다중성, 무능력, 역할경쟁성에 의해 나타난다. 인지갈등은 직면한 문제에 대한 인식이나, 해결 방법 또는 수단 등에 대하여 의견차이가 있을 때 발생하는 갈등이다. 의사소통갈등은 갈등의 사안에 대하여 개방된 대화가 단절될 경우 발생하는 것으로 기본적으로는 상호 신뢰와 관련이 된다. 태도갈등은 이해당사자들이 표출하는 주장이나 행동에 대하여 서로가 인정하지 않음으로써 일어나는 갈등이다.

제12장 지방정치에서의 갈등관리 이해: 공공갈등관리정책을 중심으로

두 번째로, 주체에 따른 유형이다. 개인갈등은 개인 내 갈등과 개인 간 갈등으로 대별된다. 개인 내 갈등은 심리적 또는 내면적 갈등이라고도 하는데, 개인이 양립될 수 없는 어느 한쪽을 선택해야 하는 경우에 대두되는 갈등을 말한다. 조직에서 개인 내 갈등은 개인관계는 물론 집단 및 조직과의 관계에서 발생하는 갈등도 포함되며 양립되지 않는 목표들 가운데 하나를 선택해야 하거나 기여와 유인의 불일치에 대한 문제, 선호직무와 실제직무 불일치의 문제 등 대부분 개인의 욕구와 관련된 경우가 많다. 집단갈등도 집단 내 갈등과 집단 간 갈등으로 구분된다. 집단 내 갈등은 다시 관계갈등과 과업갈등으로 나눌 수 있다. 관계갈등은 대인관계에 있어서 감정적 요소로 인한 갈등으로 집단 일원 중, 개인 간 불화합성이 있을 때 존재한다. 과업갈등은 과업수행에 있어서 인지적 불일치로 인하여 발생한 갈등으로 관점의 차이를 포함하여 아이디어, 수행방법, 과업내용 등에 관하여 집단 구성원들 간에 불일치가 존재할 경우 발생한다.

세 번째로, 행태에 따른 유형이다. 행태에 따른 갈등의 유형은 보통 수직적 혹은 수평적 갈등을 말한다. 수직적 갈등은 조직 내의 권한 계층에 있어서 상하 지위 간에 발생하는 갈등이다. 수직적 갈등은 조직에서 각기 다른 위계적 지위를 가진 사람들 사이에서 일어난다. 수평적 갈등은 한 조직계층의 동일 위계의 부문 간에 발생하는 갈등으로 운영목표의 비양립성, 차별화, 상호의존성, 권력 배분의 상태, 자원의 제약, 보상체계 등과 같은 갈등원천들이 개인적 특성과 결합하여 야기된다.

2. 정부 간 갈등의 요소와 관리

1) 공공갈등관리의 법제 현황과 함의

(1) 헌   법

공공갈등을 관리하고 극복해야 하는 이유는 사회통합에 있으며, 사회통합은 기본권의 보장과 더불어 헌법이 추구하는 기본적 가치이다. 대한민국의 사회통합을 위한 최고의 장치는 바로 대한민국헌법이다. 헌법에는 공공갈등을 극복하고 사회를 통합시킬 최고의 기본원칙들이 포함되어 있다. 국민주권주의, 권력분립주의, 기본권보장주의, 사회국가주의(복지국가주의), 국제평화주의, 사회적 시장경제주의, 법치주의 등의 대한민국헌법 기본원리들이 사회통합을 통한 갈등해소의 전제 조건이 되는 것이며, 기본권의 한계나 제한원리 내지는 기본권충돌의 해결이론인 보충성의 원리, 비례의 원칙 등도 역시 공적 갈등을 해결하기 위한 기본 원리로 작용할 수 있을 것이다.

(2) 공공갈등 예방과 해결에 관한 법률 현황

공공갈등에 관한 법률적 경과를 살펴보면, 2003년부터 정부차원에서 공공갈등 관리에 대한 논의와 준비를 시작하였고, 2005년 6월 공공기관의 갈등관리에 관한 법률(안)이 국회에 제출되었다. 하지만 당시 국민적 공감대 형성 부재와 국회 설득 부족으로 법제화에 좌절하였으며, 대안적 방안으로 2007년 5월 '공공기관의 갈등 예방 및 해결에 관한 규정(대통령령)'이 제정되었다. 2010년 국회 등을 중심으로 법률화 작업을 시작하였으나, 동 법(안)은 국회의 공청회 과정에서 시민사회의 성숙도, 예산부족 및 공중참여와 관련된 행정절차법의 중첩 등을 이유로 부정적인 견해가 다수를 차지함으로써 폐기되었다. 논의의 대상이 되었던 법률(안)은 "공공기관의 갈등예방과 해결능력을 향상시키고, 공공기관과 국민 상호간에 대화와 타협 그리고 신뢰회복을 위한 통합의 틀을 구축하고 참여와 협력을 바탕으로 갈등을 원만하게 예방·해결함으로써 사회통합에 이바지"할 것을 목적으로 하였다. 또한 갈등 영향분석의 실시, 갈등관리심의위원회 설치, 참여적 의사결정방법의 활용, 민간부분의 인적·사회적 기반구축을 위한 갈등관리지원센터의 설립, 갈등조정위원회의의 설치 등의 내용을 담고 있었다. 특히, 공공정책의 수립 및 추진에 있어서 미래세대에게 발생하는 비용·편익은 물론, 경제적으로 계량화하기 어려운 가치도 고려하도록 하는 등 '지속가능한 발전'을 규정하고 있었다.

(3) 행정입법(공공기관의 갈등 예방과 해결에 관한 규정)

공공기관의 갈등 예방과 해결에 관한 규정(이하 '갈등관리규정'이라 함)은 갈등관리를 위한 우리나라 최초의 규정으로 2007년 2월 대통령령으로 제정된 것이다. 갈등관리규정은 총 5개장 25개조로 구성되어 있다. 제1장은 총칙으로 목적, 적용대상, 중앙행정기관의 책무 등을, 제2장은 갈등 예방 및 해결의 원칙으로 자율해결과 신뢰확보, 참여와 절차적 정의, 이익의 비교형량 등 5가지 원칙을, 제3장은 갈등의 예방으로 갈등영향분석, 갈등관리심의위원회 등을, 제4장은 갈등조정협의회로 협의회의 구성, 기본규칙 등을, 제5장은 보칙으로 갈등관리연구기관의 지정, 갈등관리매뉴얼 작성 및 활용 등을 규정하고 있다. 갈등관리의 적용대상 및 원칙을 살펴보면, 갈등관리규정에서 갈등은 공공정책을 수립하거나 추진하는 과정에서 발생하는 이해관계의 충돌로 정의된다. 공공정책은 다양한 계층의 공공기관에서 수립·추진하는데 갈등관리규정은 중앙행정기관의 갈등 예방과 해결을 목적으로 제정되었으며, 지방자치단체 및 그 밖의 공공기관은 필요할 경우 동일한 취지로 갈등관리제도를 운영하도록 규정하였다. 갈등관리규정에서는 갈등 예방 및 해결을 위한 원칙으로 자율해결과 신뢰확보, 참여와 절차적 정의, 이익의 비교·형량, 정보공개 및 공유, 지속가능한 발전의 고려 등 5가지를 각각 조(條)로 규정한다. 원칙은 대화와 타협, 신뢰 확보, 참여보장, 지속가능 발전 등이며, 강제적인 갈등관리보다 자율적·사전예방적 갈등관리에 초점을 맞추고 있다. 또한 규정에서는 갈등 예방 및 해결을 위한 책무로서 갈등 예방 및 해결을 위한 종합시책의 수립·추진, 법령 정비, 다양한 수단 발굴, 교육훈련 실시 등을 권고한다.

갈등의 사전 예방적 차원에서 갈등관리규정은 갈등영향분석실시와 갈등관리심의위원회 설치를 규정하였다. 갈등영향분석은 중앙행정기관의 장이 공공정책을 수립·시행·변경함에 있어서 국민생활에 중대하고 광범위한 영향을 주거나 이해 상충으로 과도한 사회적 비용이 발생할 우려가 있다고 판단하는 경우 실시할 수 있다. 중앙행정기관의 장은 갈등영향분석서를 작성하여 갈등관리심의위원회에 심의를 요청해야 하는데 갈등영향분석서에는 이해관계인의 확인 및 의견조사 내용, 갈등유발요인 및 예상되는 주요쟁점, 갈등의 예방·해결을 위한 구체적인 계획 등을 포함하여야 한다. 사전환경성검토 또는 환경영향평가를 실시하면서 갈등영향분석 기법을 활용한 경우에는 갈등영향분석을 실시한 것으로 본다. 해당 규정에서는 갈등관리를 수행할 기구로 갈등관리심의위원회를 각 중앙행정기관에 설치하도록 하였다. 당 위원회는 규정 제4조에서 정한 갈등 예방 및 해결을 위한 책무, 갈등영향 분석, 민간활동의 지원 등에 관한 사항을 심의하여야 한다. 또한 중앙행정기관의 장은 갈등영향분석에 대한 심의 결과 이해관계자, 일반시민 또는 전문가의 참여가 중요하다고 판단되는 경우 이들이 참여하는 의사결정방법을 활용하도록 했다.

갈등의 해결적 차원에서 공공정책으로 인해 발생한 갈등을 해결하기 위하여 필요할 경우 각 사안별로 갈등조정협의회를 구성하여 운영하도록 규정하였다. 협의회는 사안과 직접 관련이 없는 자 중 당사자 간의 합의에 의하여 선정된 의장 1인, 관계 중앙행정기관 및 이해관계인으로 구성한다. 협의회의 구체적인 구성과 운영은 당사자가 정하는 기본규칙에 따르는데 협의회의 목적, 당사자 범위, 협의회 절차, 협의결과문의 작성 등이 포함되어야 한다. 또한 국무총리실의 갈등관리정책 협의회를 공공갈등 예방과 해결을 위한 법령정비 등 제도개선에 관한 사항, 공공갈등과 관련된 교육·홍보에 관한 사항 등을 심의·조정할 수 있게 하였다. 갈등관리 규정에서는 갈등관리에 필요한 전반적인 사항을 조사·연구하여 공공기관의 갈등관리를 체계적으로 지원할 수 있는 연구기관 또는 단체를 갈등관리 연구기관으로 지정할 수 있도록 하여 정책적 갈등사안에 공동으로 대응하기 위한 틀도 마련하고 있다.

(4) 국내의 주요 갈등조정기구

ㅇ행정협의조정위원회: 행정협의조정위원회는 지방자치법 제168조 제1항에 근거를 두고 있으며, 중앙행정기관과 지방자치단체의 장이 사무를 처리할 때 의견을 달리하는 경우 이를 신속하고 효율적으로 협의·조정하기 위하여 설치된 대한민국 국무총리실 소속의 정부위원회이다. 위원회에서 협의·조정한 결정사항에 대해 관계 중앙행정기관의 장과 당해 지방자치단체장은 이행의무가 있지만 강제적 구속

력은 없으며, 당사자의 서면신청으로 조정절차가 시작되고, 직권상정을 규정하고
있지 않다.

ㅇ 지방자치단체중앙분쟁조정위원회: 지방자치단체중앙분쟁조정위원회는 지방
자치법 제149조에 근거를 두고 있으며, 지방자치단체 상호간이나 지방자치단체의
장 상호간 사무를 처리할 때 의견이 달라 다툼이 있는 경우에 조정기능을 수행하
고, 광역자치단체기관과 기초자치단체 간의 갈등조정을 주요기능으로 하고 있다.
지방자치단체중앙분쟁조정위원회는 ① 시·도 간 또는 그 장 간의 분쟁, ② 시·도
를 달리하는 시·군 및 자치구 간 또는 그 장 간의 분쟁, ③ 시·도와 시·군 및 자
치구 간 또는 그 장 간의 분쟁, ④ 시·도와 지방자치단체조합 간 또는 그 장 간의
분쟁, ⑤ 시·도를 달리하는 시·군 및 자치구와 지방자치단체조합 간 또는 그 장
간의 분쟁, ⑥ 시·도를 달리하는 지방자치단체조합 간 또는 그 장 간의 분쟁을 심
의·의결한다.

ㅇ 중앙환경분쟁조정위원회: 환경분쟁조정법 제4조(환경분쟁조정위원회의 설치)의
규정에 따라 환경부에 중앙환경분쟁조정위원회가 설치되어 환경분쟁을 신속·공정
하고 효율적으로 해결하여 환경을 보전하고 국민의 건강 및 재산상의 피해를 구제
하는 것을 그 임무로 하고 있다. 중앙환경분쟁조정위원회는 ① 1억원 초과의 환경
피해로 인한 분쟁의 재정(裁定), ② 국가 또는 지방자치단체를 당사자로 하는 분쟁
의 조정(調整), ③ 2 이상의 시·도 관할구역에 걸치는 분쟁의 조정, ④ 지방환경분
쟁위원회가 스스로 조정하기 곤란하다고 결정하여 이송한 분쟁, ⑤ 환경오염으로
인한 사람의 생명·신체에 대한 중대한 피해, 환경시설의 설치 또는 관리와 관련된
다툼 등 사회적으로 파급효과가 클 것으로 우려되는 분쟁에 대한 직권조정(職權調
停) 등을 그 기능으로 하고 있다.

ㅇ 지방환경분쟁조정위원회: 환경분쟁조정법 제4조(환경분쟁조정위원회의 설치)에
는 중앙환경분쟁조정위원회뿐만 아니라 특별시·광역시·도 또는 특별자치도에 지
방환경분쟁조정위원회를 설치하도록 하는 근거를 두고 있다. 지방환경분쟁조정위
원회는 ① 1억원 이하의 환경피해로 인한 분쟁의 재정(裁定), ② 관할구역 안에서
발생한 환경피해 분쟁 중 중앙환경분쟁조정위원회의 기능을 제외한 분쟁 등의 조

정을 그 기능으로 하고 있다. 지방조정위원회는 위원장 1명을 포함한 15명 이내의 위원으로 구성하며, 그 중 상임위원은 1명을 둘 수 있고, 위원회 위원의 임기는 2년으로 연임할 수 있다.

2) 갈등관리와 프로세스

(1) 갈등관리의 정의

갈등관리는 조직의 존립을 위해 필요한 핵심적인 과정이다. 갈등을 관리한다는 의미는 해결 및 완전한 소멸을 의미하지 않으며, 조직의 환경에 따라 해소, 완화 혹은 목적에 정합하다면 용인하거나 허용하는 것을 말하기도 한다. 그리고 중심 갈등으로 얻을 수 있는 이익의 크기까지 고려한다는 점에서 갈등을 조성하는 것까지 갈등관리에 넣을 수 있다.

갈등관리 구성요소와 관리방식(하혜영 2011)은 지원체계, 리더의 관심, 갈등관리 담당관의 관심, 그리고 갈등의 사회적 방식이 언급된다. 지원체계는 인력, 예산, 조직, 제도의 구성여부이다. 리더의 관심은 조직 구성원에게 영향력을 발휘하는 것으로, 갈등관리의 목표에 근접하게 이끌 수 있게 한다. 현재 한국의 지방정치에서 다양한 영역에서 폭발하고 있는 갈등적 문제를 해결하기 위하여 가장 중요하게 언급되는 요소이기도 하다. 갈등관리 담당자의 갈등관리에 대한 관심은 갈등이 현장에서 발생하는 만큼 소관 업무에서 발휘되는 책임감 있는 태도로 효과적인 갈등관리에 중요한 요소가 된다.

(2) 갈등관리방식

갈등관리에 대한 유형은 다음의 4가지 방식인 전통적 접근방식, 대체적 접근방식, 경제적 접근방식, 민주적 접근방식으로 크게 구분할 수 있다(유해운 외, 1997).

① 전통적 접근방식

갈등에 대한 전통적 관리방식은 흔히 사법적 판결을 통한 해결방식과 독자적

그림 12-1　갈등관리의 유형

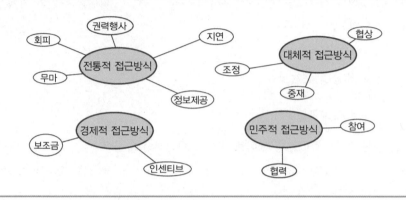

관리방식(self-management strategy)으로 나누어진다. 사법적 판결은 법·제도상 규정된 갈등해결절차에 갈등관리를 맡기는 것으로, 주로 갈등발생 사후적 해결 차원에서 이루어지는 경우이다. 그리고 독자적 관리방식은 우월한 권력을 소유하고 있는 일방의 갈등당사자가 주도적으로 갈등을 해결하는 방식이다. 독자적 관리전략에는 일방적 권력행사, 일방적 정보제공, 지연, 회피, 무마 등이 있다. 일방적 권력행사(unilateral power play)란 상대방의 의견을 수용하지 않고 일방적으로 결정한 사항을 공표하는 것을 말한다. 일방적 정보제공이란 갈등상대방에게 일방적으로 정보를 제공하여 자신의 의지를 주지시키는 것을 말한다. 대체로 갈등을 해결하는 방법으로서의 일방적 정보제공은 설명회, 공고, 게시판 등 통보의 형식으로 이루어진다. 지연(postpone)이란 갈등문제의 해결을 위한 조치를 미루어 갈등이 완화되기를 기다리는 것을 말한다. 회피(avoidance)란 갈등문제를 인식하지 않으려는 주체의 의도성에서부터 시작하며, 해당 상황으로부터 자신을 격리시킴으로써 쟁점이 되는 문제에 대하여 상대방의 관심사를 완화시키고자 하는 것이다. 무마(smoothing)란 갈등상대방의 감정을 누그러뜨리기 위하여 의견을 받아들이겠다는 의사표시를 하고 유인책을 제공함으로써, 갈등문제 자체를 희석시키고자 하는 것이다.

② 대체적 접근방식

대체적 갈등관리방식은 초기에 사법적인 소송을 대체하기 위한 방안으로 제시되었다. 갈등 당사자 간 문제를 자체적으로 해결함으로써 쌍방 혹은 사회적으로 발생하는 외부비용의 최소화에 목적을 두고 있으며, 협상(negotiation), 조정(mediation), 중재(arbitration) 등이 해당된다. 협상은 서로 다른 의견과 입장을 지닌 당사자들이 제3자의 개입 없이 대화함으로써 갈등을 해결하는 방식이며, 조정은 공식적인 의사결정력이 없거나 제한적으로 가진 제3자가 협상에 개입 혹은 갈등에 개입하는 것으로서 갈등이슈에 대해 상호 수용할 만한 해결책에 이르도록 돕는 것을 의미한다(Moore 2003, 15). 그리고 중재는 당사자들이 자신의 분쟁을 제3자인 중재인에게 의뢰하여 구속력 있는 결정을 내리는 해결방식이다(이달곤 2005, 24).

③ 경제적 접근방식

공공갈등 해결방식 중에는 시장경제원리를 활용하는 경제적 접근방식이 존재한다. 경제적 유인으로는 일방의 요구를 들어주는 조건으로 지원되는 각종 보조금이나 재정인센티브는 물론이고, 국책사업 과정에서의 입지갈등의 경우에도 자주 활용되고 있다.

④ 민주적 접근방식

갈등관리에 있어 민주적 접근법은 국가주의적, 그리고 시장주의적 해법에 대한 대안으로서 시민사회의 영역에서 나타나는 협력과 참여의 가치를 중심으로 갈등을 자율적으로 해결해 나가려는 방식이다. 이는 협력적 문제해결전략으로서, 갈등의 역기능을 완화하고 사회적 비용을 경감시키는 효과를 가질 뿐만 아니라, 갈등 당사자들로 하여금 스스로 갈등의 원인과 해결책 모색에 나서게 함으로써 민주주의를 실천하고 훈련하는 해법이라 할 수 있다(정건화 2007, 28). 민주적 접근전략은 크게는 정부 간 갈등과 같은 수평적 갈등구조에서는 협력 거버넌스 모델이 그리고 정부와 주민 간 정책갈등 상황에서는 주민참여적 의사결정모델의 활용이 효과적이다.

(3) 갈등관리프로세스

갈등이 발생하거나 그러한 징후가 있을 때, 갈등의 결과적 차원은 조직이나 사회의 구성원들이 어떠한 갈등관리 방안을 채택하는가에 따라 상이하다. 갈등의 해결방식의 선택에서 중요한 것은 첫째, 갈등관리에 사용된 시간과 비용 등 거래비용이 적어야 한다. 둘째, 갈등관리 방식의 결과에 대해 당사자가 느끼는 만족도가 높아야 한다. 셋째, 절차의 공정성에 대한 당사자의 만족도 역시 높아야 한다. 넷째, 갈등해소 이후 당사자 간의 관계가 복원되고 신뢰가 구축될 수 있어야 한다. 다섯째, 갈등관리 방식에 의한 결과가 지속적인 것이 될 수 있어야 한다. 아래의 <그림 12-2>는 일반적인 갈등관리시스템의 구성요소를 도식화한 것이다. 상위의 사회, 경제적, 문화적 배경은 하나의 환경에 해당하며, 조직-사회-국가는 갈등을 해결하는 과정의 경로가 규정되는 조건들을 말한다.

<그림 12-2>의 가용절차(available procedures)는 갈등당사자가 갈등이 발생했을 때 법이나 제도, 관습 등에 의해 상용이 가능하도록 규정된 절차 등이다. 협상 등 이해관계에 기반을 둔 갈등해결 방식을 우선 채택하도록 가용절차가 존재할

그림 12-2 일반적인 갈등관리 시스템의 구성요소

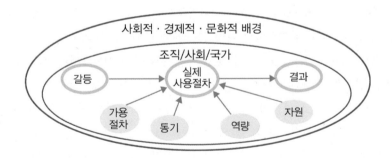

출처: William L. Ury, Jeanne M. Brett and Stephen B. Goldberg, *Getting Disputes Resolved: Designing Systems to Cut the Costs of Conflict*, Jossey-Bass Management Series, 1988

경우 좋은 결과가 나타날 가능성이 더욱 커진다. 동기(motivation)는 시스템 안에 가용절차가 존재해도 당사자들이 이를 사용하고자 하는 동기를 가지고 있지 않다면 결국 그러한 절차들은 무시될 것이기 때문에 상호 파괴적 행위가 실제하기 전에 시스템내 활용여지의 가용절차를 사용할 동기를 구축해야 한다. 역량(skill)은 시스템 안의 갈등해소 제도의 응용과 관련된 것으로 절차의 운영에 대한 지식과 사용의 숙련과 연결된다. 마지막으로 자원(resources)은 갈등의 관리 및 해소를 위해 동원할 수 있는 유무형의 자원의 존재를 말한다. 가용절차, 동기, 역량, 자원 등이 실제 사용절차에서 무엇을, 어떻게 실현하는가는 갈등구조 파악을 위한 정책과정에서 파악할 수 있다.

현재 갈등관리의 프로세스는 정책입안과정에서부터 시작한다. 즉 공공기관의 장이 갈등관리심의위원회를 통해 갈등영향분석이 필요한지 여부를 판단하고, 필요하다고 결론을 내리면 갈등영향분석은 공무원 혹은 중립자적인 제3자에 의해 실시한다는 것이다. 공공정책에서의 갈등관리는 많은 의미를 가지지만 지방정치에서 중요한 의미를 꼽자면, 지방 혹은 기관장의 리더십에 대한 정치적 활동의 연장일 수 있고, 다른 한편으로는 민간부분의 공적영역에 대한 감시와 견제의 확대로도 이해할 수 있다. 전술한 이중적 의미는 갈등영향분석 결과를 갈등관리심의위원회에서 심의해 만일 갈등을 예방하거나 해소하는 절차가 필요하다고 판단될 경우 참여적 의사결정 방법을 활용하거나 갈등조정회의를 통해 합의형성절차를 진행하는 상황에서 더욱 구체화된다. 합의형성절차를 통해 합의안이 도출되고 공공기관의 장이 이를 수용할 경우 입안된 공공정책은 수정 및 보완과정을 거쳐 정책으로 결정된다. 공공정책의 기획 및 구상단계에서부터의 합의 존중은 정책실패의 최소화를 위한 방책이지만 정치적 의미에서는 이러한 형식적 차원을 넘어선 실질적 이해가 필요하다. 즉 행정적 차원에서 준비된 갈등관리의 정책화는 정치를 제도화로 고정시킴으로써, 비관습적으로 제도에 침투되어오던 지역민의가 소외되는 문제가 발생할 수 있다. 최근에는 갈등해결 프로세스에서 참여적 의사결정방법이 주요하게 언급되고 있다. 이는 대중지성의 새로운 이해와 사회의 공진화를 전제로 하고 있으며, 국가실패 및 시장실패를 경험한 자본주의 진화의 과정에서 시민사회의 참여 및 대안적 성격의 개념이 확장되면서 형성된 것이다.

3. 공공갈등에서 고려되는 지방정치의 함의

1) 지역갈등의 이해와 특성

지역갈등은 공공갈등의 한 유형이다. 공공갈등이란 정부의 정책수립 및 집행 등 정책 전 과정에서 발생하는 것으로 여기에서의 갈등은 '공공정책을 수립하거나 추진하는 과정에서 발생하는 이해관계의 충돌'이다. 공공갈등은 다음 3가지 요소가 포함(박홍엽 2011, 109)되는바, 첫째, 정부기관 또는 공공기관이 하나의 이해관계자로 서, 둘째, 다수의 주민이 또 다른 주요 이해관계자로서 관련된다. 특정 지역의 주 민일 수도 있고, 일반 시민일 수도 있는데 논란이 되는 갈등쟁점에 대해 정부기관 과 다른 입장 및 이해관계를 가지고 있는 경우가 대부분이다. 셋째, 특정 정책이나 사업에 관계된다. 정부가 추진하고자 하는 방향이나 내용, 추진방식에 대해 주요 이해관계자 간에 이견이 노정되거나 때로는 정책이나 사업자체에 대한 반대로 표 출되는 경우도 있다. 즉, 공공갈등은 정부기관이나 공공기관이 하나의 주체로 참여 하는 정책이나 사업에 대하여 여타의 공공기관이나 다수의 주민 또는 시민단체들 이 상이한 이해관계를 가지고 있는 경우 발생하는 집단갈등이다. 그리고 공공갈등 의 하부유형으로서 지역갈등은 그 규모가 지역이라는 한정된 범위 내에서 발생되 는 공간적 집단갈등이다.

(1) 지역갈등의 유형

① 공공갈등

한 국가 내의 갈등은 해당 사회의 경제발전 수준과 정치체제 및 법, 제도 형태 등에 의해 그 유형과 표출의 양상 혹은 강도에 영향을 받는다. 그런 점에서 사회갈 등의 주된 형태는 역사적 성격을 띤다고 할 수 있는데, 현대와 가까워질수록 공공

표 12-1 한국사회 갈등구조의 변화

시 기	1980년대 중반 이전	1980년대 중반 – 1990년대	21세기 –
갈등의 표출	갈등잠복, 갈등억압	갈등의 폭발적 표출	갈등의 일상화, 현재화
갈등의 영역	국가 – 정치영역	시장 – 경제영역	사회 – 시민사회 영역
갈등의 형태	정치갈등, 이념갈등	경제갈등, 분배갈등	복합갈등, 다원적 갈등
갈등의 결과	정치체제의 민주화	경제적 민주화와 분배구조 개선	시스템효율성 저하, 신뢰의 부재에 따른 거래비용 증가, 효율성 저하

출처: 정건화(2007), 31

갈등의 비중이 커지는 추세이다. 실제 사회갈등의 역사를 볼 때, 근대사회에서는 민주주의와 인권, 경제적 생존권 등 기본권적 문제를 둘러싼 갈등이 주된 형태였으나 이후로는 사회적 자원이나 기금의 배분, 표준의 설정, 특정한 공공시설의 입지 선정 등과 같은 상대가치나 이해관계자 또는 이해집단 간의 이익배분과 비용 부담을 둘러싼 제도, 정책갈등, 즉 공공갈등으로 옮겨간다(Susskind & Cruikshank 1987; 정건화 2007, 15).

이러한 공공갈등의 유형은 갈등유발 원인에 따라 다양한 분류가 가능하지만, 우리가 목격하고 있는 갈등유형은 크게 지역갈등, 노사갈등, 계층갈등, 세대갈등으로 나누어질 수 있다. 각 갈등유형은 사회의 발전양상에 따라 그 발생정도와 갈등 수위가 다른 양상을 보여 왔다. 과거에는 이념적이고 가치적인 갈등이나 국가적 차원의 갈등이 대부분이었으나, 현대사회에서는 이념적이고 가치적인 갈등보다는 갈등당사자의 이해관계를 중심으로 한 갈등이 증가하고 있으며, 국가적 차원보다는 지역적 차원에서의 갈등구조로 전환되고 있다(주재복·한부영 2006, 8).

② 지역갈등의 쟁점과 관계

지역갈등을 갈등쟁점에 따른 유형으로 구분하면, 이해갈등과 가치갈등으로 나눌 수 있는데, 이해갈등은 사회경제적 이익을 지키거나 추구하기 위해 대립하는 이익갈등과, 이해당사자 간 권한과 책임귀속의 여부나 적합성에 관련된 분쟁인 권한

제12장 지방정치에서의 갈등관리 이해: 공공갈등관리정책을 중심으로

표 12-2 지역갈등의 유형

쟁점＼관계	수직적 갈등	수평적 갈등
이해갈등	지방정부－주민	지방정부－지방정부 주민－주민
가치갈등	지방정부－지역 NGO	지역 NGO－지역 NGO

갈등으로 구분되어진다. 그러나 지역갈등은 공공갈등이 지역적 규모에서 집중적으로 나타나기 때문에 이해갈등과 가치갈등이 복합적으로 얽혀 있는 경우가 많고, 단순한 갈등유형으로 정의하기도 어렵다. 하지만 지역이 경험공간이라는 점에서 갈등유형도 그 갈등대상자에 따른 구분이 가능하다. 즉 지역갈등을 그 갈등당사자에 따른 유형으로, 지방정부－지방정부 갈등, 지방정부－주민 간 갈등, 주민－주민 간 갈등으로 또한 지역 NGO 갈등으로 구분할 수 있다.

우선, 수평적 갈등의 양상을 보이고 있는 지방정부 간 갈등은 '양자 간에 권한, 이해관계 등이 서로 얽혀 국가 전체적인 이익이나 다수의 공동이익보다는 각자의 권한과 이익에 집착하는 과정에서 나타나는 상호대립의 과정으로 서로가 각각 상이한 목표를 가지고 있고, 그것이 상대방에 의해 제약을 받거나 방해를 받는 경우 발생하기 때문에 갈등당사자 간 의견불일치 혹은 대립 등으로 인해 사업이나 정책이 지연되고 원활하게 달성되지 못하는 상태'라고 할 수 있다(조승현 2003, 187). 기본적으로 지방정부 간 관계는 상호 독립적이면서도 의존적인 관계이기 때문에 갈등은 불가피하다. 즉 지방자치제 실시 이후 각 지방정부들은 각 지역의 특성과 지역발전을 위한 다양한 정책들을 독자적·경쟁적으로 실시하고 있으며, 이러한 정책들 중 상당수는 주변 지방정부와 상호이해관계가 상충되는 경우가 많아짐에 따라 갈등이 발생한다(허철행 외 2012, 436). 수평적 갈등의 또 다른 형태인 주민－주민 간 갈등은 그들의 생활공간이 근접해 있기 때문에 발생되는 이해갈등의 한 측면이다. 주민 간 갈등은 그것이 해결된 이후에도 상대방에 대한 신뢰가 회복되기 어려워 지역사회의 사회적 자본 형성에도 부정적인 영향을 미치기 때문에 갈등관리가 더욱 절실히 요구되고 있는 갈등유형이다.

　　다음으로 수직적 지역갈등의 유형이라 할 수 있는 정부－주민 간 갈등은 정부의 정책추진과정에서 벌어지는 지역민들의 불만이 그 원인으로서, 이러한 갈등의 발생 시 정부는 정책집행과정에서 상당한 어려움을 겪게 되고, 주민들을 설득하는 데에 상당한 비용과 시간이 필요하게 된다. 또한 정부－지역 NGO 간 갈등도 이러한 수직적 갈등의 성격을 갖는데, 주민과의 갈등이 주민들의 이해관계에 관련된 측면이 강하다면, 지역 NGO와의 갈등은 지역 시민사회단체들의 정부정책에 대한 가치적 평가에 따라 그 문제점을 제기하는 경우가 많기 때문에 가치갈등의 성향을 보이고, 그렇기 때문에 정책의 정당성의 측면에서 타격을 받게 되는 경우가 많다. 지역갈등의 당사자로서 지역 NGO를 바라볼 때 또 하나 주목해야 할 갈등유형은 지역 NGO들 간의 수평적 갈등관계이다. 민주화와 더불어 시민사회의 성장은 지역에서도 다양한 가치를 대변하는 지역 NGO를 발전시켰다. 지역 NGO들은 자유로운 시민사회의 영역에서 활동하지만, 때로는 그들의 가치와 요구가 정부의 정책과 관련이 있는 경우에는 적극적으로 개입하여 정책과정에의 참여를 도모한다. 이 과정에서 상이한 가치와 이해를 가지고 있는 지역 NGO들끼리의 대립이 있을 수 있으며, 특히 지역개발에 관심을 가진 지역근린조직들과 지구적 가치를 가지고 지역공간에서 활동하는 환경 NGO의 경우에 이러한 갈등적 측면을 쉽게 목격할 수 있다.

(2) 지역갈등의 변화

① 정치갈등에서 이해갈등으로

　　한국사회에서 지역갈등에 대한 의미는 곧 정치적 갈등으로서 지역주의라는 정치문화적 요인으로 인해서 나타나는 구조적 갈등으로 인식되었다. 구조적 갈등이라는 것은 지역 간, 또는 지역내적인 이해관계에 의해 작동되는 갈등이 아니라, 지역외부, 즉 국가적 공간에서 작동되는 정치적 구조가 지역 안으로 영향을 미침으로써 유발된 갈등으로 이해하는 것이다. 그동안 한국사회에서 지역갈등이라 함은 곧 지역감정이라는 심리적 상태로 이해되었다. 특히 영호남 갈등은 한국사회의 구조적 모순이 가장 깊이 각인되어 있는 지역갈등의 유형으로서, '지배부문을 장악한 채, 기존체제를 유지하고자 하는 세력(영남)과 배제되어 체제변혁을 요구하는 세력(호남) 간의 구조화된 대립'(조명래 1996, 28)으로 이해되었다. 이러한 정치적 성격의 지역갈등의 성격이 변화되기 시작한 것은 우리 사회의 민주화와 분권화 이후 나타난 지역에 대한 인식과 주체의 변화로부터 나타난다. 물론 지역갈등의 정치적 측면이 해소된 것은 아니지만, 민주화 이후 시민사회의 성장과 합리적 정치과정이 나타남으로써 지역갈등의 정치적 측면은 다소 완화되는 경향을 보인다. 반면 오히려 증폭되어지는 갈등의 양상은 이해 갈등적 측면에서 나타났다.

② 민주화와 수직적 갈등

한국사회의 민주화와 분권화는 지역갈등의 새로운 양상을 표출하였다. 우선, 민주화로 인한 비판적 시민사회의 성장과 풀뿌리 지역운동의 활성화로 지역의 정책과정에 대한 시민사회의 적극적 참여와 비판이 이루어졌다. 그러한 과정에서 나타나는 정부정책과 관련된 불만은 그동안 행정력에 의해 억제되어온 양상에서 벗어나 이를 적극적으로 제기하고 시민적 참여를 통해 해결하고자 하는 경향이 나타났다. 그동안 정부정책에 대해 주민들은 그 결과에 대한 불만이 있었음에도 적극적으로 제기하지 못하고 수용하는 입장이었다면, 이제 그 정책결과의 직접적인 이해당사자로서 정책과정에 대한 직접적인 참여를 요구하는 입장이다. 즉 정책결정과정의 투명성을 요구하며, 주민참여적 의사결정과정을 통해 절차적 정당성을 확보하려는 것이다. 주민들의 요구는 전통적 행정 패러다임, 즉 DAD[1]식 정책결정방식에 익숙해진 정부정책 관련자들과는 갈등관계를 불러일으키기도 한다.

③ 분권화와 수평적 갈등

지방정부 간 상호경쟁성을 증대시킨 지방자치와 분권화도 지역갈등의 양상을 변화시켰다. 분권화는 정부의 프로그램과 서비스의 지방분권화를 의미하며 동시에 정부권위의 분산을 의미한다. 정부의 주요 정책결정권이 중앙정부로부터 지방자치

---

1 정책결정(decide) − 공표(announce) − 방어(defend)의 방식을 통한 정부주도의 권위적인 상의하달식 정책결정과정을 일컫는다.

단체로의 이양, 즉 권력이 중앙에서 지역과 지방으로 이동하는 것이다(주성수 2003, 21). 중앙으로부터 이양된 권한은 지역정책에 대하여 지방정부 간 상호경쟁성을 불러일으킨다. 각 지방정부는 서로 자기지역에 유리한 정책이나 자원, 시설을 유치 및 확보하려는 현상이 증가하고 있고, 그 결과 지방정부 간 갈등이 늘어난다. 분권화는 지역관계의 기본 축을 중앙－지방의 수직적인 축으로부터 이익집단화된 지방자치단체들 간의 수평적인 축으로 옮겨놓았다(조명래 1996, 30). 한국사회에서 나타난 민주화와 분권화라는 변화의 두 축은 지역갈등의 양상에서도 주민참여의 욕구에 따른 지방정부와 주민 간의 수직적 갈등으로, 그리고 지역정책에 대한 상호경쟁적 이해관계에 따른 지방정부 간 수평적 갈등이라는 두 축으로 나타나고 있다. 오늘날 지역갈등의 경향은 지역주의에 근거한 정치적 갈등으로부터 삶의 공간인 지역을 둘러싼 이해의 갈등으로 중심축이 이동하는 상황이다.

(3) 지역갈등의 주요한 특성과 의미

① 장소의 정치

모든 사회적 갈등은 일정한 공간적 장소에서 발생하며, 특정한 영역에서의 일정한 무대를 갖고 있다. 이러한 갈등의 규모(scale)에 대한 인식에서부터 출발한다면, 지역은 삶의 근거가 되는 거주의 장소이자, 그들의 이웃들과 대면하는 공동체이고, 그들 삶의 미래에 대해 준비하는 설계의 공간이다. 지역에서 요구되는 참여의 성격은 국가규모에서 나타나는 참여에 대한 욕구와는 성격이 다르다. 즉 중앙정치에서의 참여는 주로 이념적이고 도덕적인 쟁점들에 대한 의견표출적 성격을 지니고 있다면, 지역정치에서의 참여는 일상생활과 관련된 보다 실제적인 쟁점들에 대한 개인적 관심을 반영하는 활동으로 설명할 수 있다. 즉 주민들은 국민으로 호명될 경우 가치관과 신념에 의해 정치에 개입하지만, 지방정치의 영역에서는 갈등 사안에 대한 문제해결을 위해 불만을 공개하고 해결을 요청하면서 행위한다. 이러한 의미에서 지역이라는 장소는 주민들이 주체로서 호명되어지는 장(場)이고, 주민들의 일상적인 경험구조를 제약하고 가능하게 하는 인과력이 구체적으로 작용하는 영역이다. 결국 장소의 정치는 생활세계를 둘러싼 이해의 응집을 가리킨다(박영민

1995, 178). 지역갈등이 일어나는 현장에 주목하는 것은 갈등발생의 여지를 안고 있는 무대로서 지역이라는 맥락성에 관심을 두는 것이다. 이러한 과정에서 내재한 갈등의 가능성을 파악하여 갈등의 물리적 확산을 예방하는데 유리할 뿐만 아니라, 이미 확산된 갈등도 그 해결의 실마리를 찾을 수 있다는 점에서 매우 중요하다.

② 생활세계의 불확실성

지방자치제도의 실시 이후 지역갈등의 지배적인 유형은 지방내부의 미시적인 쟁점과 관련된 것이 주가 되었다. 이 측면에서 지역갈등은 '정부의 각종 사업이 구체적인 장소를 살아가는 주민들의 생활세계를 위협하는 충격으로 작용하는 것에 대한 반응'(조명래 1996, 32-36)으로써 이해할 수 있다. 생활세계는 우리들이 경험하고 있는 친숙한 세계로, 그 속에서 우리는 자명한 존재성, 안정감, 신뢰감 그리고 규칙성을 바탕으로 일상적으로 별 문제없이 살아나간다. 그러나 이러한 생활세계는 자신의 의지와 무관하게 사회적 관계 및 외부적 힘에 의해 감시되고 통제될 수 있다. 이것은 삶의 장소에서 구체적인 경험을 통해 살아나가는 주민들에게는 그들의 미래를 스스로 계획하고 통제하려는 욕망을 억제하려 하기 때문에 저항을 불러일으키고, 이것은 바로 지역갈등의 모습으로 나타난다. 자신들의 미래에 대한 불확실성과 예측불가성에 의한 불안감을 극복하기 위하여 수동적인 정책적 수용자의 입장에서 벗어나, 정책이 형성되고 집행되는 과정에 적극적으로 참여하려 한다. 특히 삶의 질과 관련된 이해관계가 중요한 문제가 되고 있는 경우, 정부정책의 일방적 계획과 집행에 보다 적극적으로 개입을 요구할 수 있다.

③ 지역이기주의

지방자치 이후 지역갈등의 새로운 양상은 바로 지역이기주의로 대표된다. 지역이기주의란 개인적인 차원의 이기주의가 지역이란 공간범주 내로 집단화된 것을 의미한다. 이기주의가 자신의 이익을 배타적으로 지키려는 가치판단과 행태를 지칭한다면 지역이기주의는 해당지역의 이익을 맹목적으로 지키려는 집단적 행태나 이념을 지칭하는 것이다. 따라서 지역이기주의가 성립되려면 우선 두 가지 조건이 있어야 한다. 첫째는 해당지역의 이익을 배타적으로 지키기 위해 다른 지역의 이익과 경합이 되어야 한다. 둘째는 지역주민 전체의 이해득실이 공통적으로 관련되는 특정 이벤트(event)가 있어야 한다.

지역이기주의의 또 다른 형태는 공유재의 이용과 권한을 둘러싼 이해대립에서도 나타난다. 공유재는 다수의 사람들이 공유하고 공동으로 사용하는 자원으로 잠재적인 사용자를 배제하기가 불가능하거나 곤란한 '비배제성'과 한 개인의 사용량이 증가함에 따라 다른 이용자가 사용할 수 있는 양이 감소하는 '편익감소성'이라는 특성을 가진다(Ostrom, Gardner & Wlaker 1994: 최홍석 외 2004, 92). 전통적인 공유재 이론에 따르면 개인적인 합리성을 추구하는 사용자들에게 최선의 선택은 가능한 한 많은 양의 공유재를 사용함으로써 자신의 이익을 극대화하는 것이 된다. 이 과정에서 타인 또는 타집단과의 경쟁에서 더 많은 공유재의 획득을 위해 공유재 사용을 자제하지 못하고, 이는 결국 사회전체적인 측면에서 공유재의 황폐화를 가져오게 되며, 흔히 공유재의 비극(the tragedy of commons)이라고 한다(Hardin 1968). 이와 같은 님비현상과 공유재 사용문제는 지방정부 간 또는 주민들 간 갈등을 유발하는 주된 요인이 된다. 특히 지역이기주의로 인한 갈등문제는 공익과 사익의 충돌로 이해되어질 수 있다. 과거 권위주의 정부시절에는 공익을 무시한 사익의 추구가 편협한 이기주의에 불과하다는 논리를 내세워 정부의 공적 조치에 대한 양보와 수용을 강요하였다. 그러나 민주화와 분권화 이후 사적 영역의 성장에 따른 이익행사의 욕구가 많아지면서, 이제는 사익에 대한 개념이 개인들의 합리적 선택의 결과로서 평가받기도 한다. 따라서 지역이기주의 현상을 사익추구의 편협한 태도로서 바라보는 시각에서 벗어나, 갈등당사자들이 나름의 합리적 선택에 의해 주장되는 이익갈등이라는 성격을 이해하면서 갈등관리를 수행할 필요가 있다.

④ 집단행동을 통한 외연화

지역갈등은 집단행동(collective action)[2]이라는 외연화를 통해 갈등이 심화·확산

---

2 영어로 Collective Action 또는 Collective Behavior로 우리말로는 '집합행동'으로 해석되는 경우도 많지만, 이 글에서는 갈등이라는 주제와 연관시켜 공유된 불만을 가지고 있는 상대적 지역적

되는 경향을 보인다. 집단행동은 '공동 이익을 추구하기 위하여 사람들이 함께 행동하는 것'을 뜻하고, 발생은 다음 두 가지 경우로 구분하여 생각할 수 있다(임희섭 2007, 4). 우선, '잘 정의되지 않은 상황에 대처하기 위해 취해지는 일시적이고 자발적인 다수 개인들의 비제도적인 행동'으로 이해할 수 있고, 또 다른 경우는 '기존의 규범, 제도, 정책, 가치 등의 변화를 지향하는 다수 개인들의 공동행동'을 의미하기도 한다. 전자의 경우는 주로 잘 정의되지 않은 상황에 대처하기 위해서 취해지는 적응적(adjustive)인 집단행동으로서 다소 감정적이거나 비합리적인 성격을 지니는 것으로 개념화되는데 비해, 후자의 정의는 기존의 제도화된 규범을 적극적으로 변화시키려는 사람들에 의한 상대적으로 합리적이고 목적지향적이며 조직적인 성격을 지니는 것으로 개념화된다는 점에서 어느 정도의 차별성을 지닌다.

지역갈등은 지역 사람들 사이의 물리적 또는 시·공간적 공유뿐만 아니라 심리적 공감대를 형성할 수 있는 계기가 된다(이경원 2008, 333). 지역갈등에서의 집단주의는 정에 바탕을 둔 우리의 형성이 아닌, 불만의 공유를 통해 우리를 형성하는 것이다. 이러한 공통적 불만은 동일한 지역에 거주한다는 공간적 구속에 따라 형성되는 것이기 때문에 그 불만의 행사과정에서 겪는 공통 경험이 더욱 갈등의 심화를 가져오는 경향이 있다. 따라서 지역갈등의 원활한 해결을 위해서는 그들의 불만이 집단행동으로 외연화되기 이전에 관리되어지는 것이 중요하다. 그러기 위해서는 갈등의 주체들이 불만을 드러낼 수 있도록 제도적 장치3로 표출하는 공간 마련이 요구된다.

공간에 주목하기 때문에 '집합'보다는 '집단'행동으로 칭하였다.

3 사회학에서 집합행동의 연구는 기존의 '제도화된 행동(institutionalized behavior)'에 속하지 않는 다수 개인들의 집합적인 행동을 이해하고 설명하기 위해 시작되었다(임희섭 2007, 1). 이것은 비제도적인 행동양식으로서 집합행동을 발생시키는 원인을 제도적 통로로 흡수한다면 집단행동을 통한 극단적 대립을 지양할 수 있는 대안일 것이다.

2) 갈등관리와 협력적 거버넌스

(1) 갈등과 민주주의 관계

갈등의 역사가 인간사회의 발전과 함께 해 온 것과 마찬가지로, 지역갈등과 같은 공공갈등 또한 인간 공동체의 형성과 그 발전단계마다 항상 존재해왔다. 마찬가지로 한 국가 내의 갈등, 특히 사회갈등은 정치체제의 변동과 함께 그 양상이 변화되어 왔다. 역사적으로 볼 때 사회갈등의 양상은 '억압형→잠재형→표출형→확산형'으로 변화하는데, 우리나라는 표출형과 확산형의 과도기에 처해있는 상황으로 평가된다. 지난 한국사회의 개발주도형 국가체제 아래에서는 갈등이 억압 및 잠재된 유형으로 진행되었다. 군사정권의 권위주의적 문화 아래에서 사회적 갈등은 내재화되어 표출되지 못한 채 누락되었다. 이러한 갈등억압상황은 이후 1980년대 후반부터 제도적 민주화 과정을 거치면서 사회구성원의 사회적 요구가 봇물처럼 터지게 되었다. 이러한 양상은 문민정부와 국민정부에 이르러 실질적인 민주화과정에 대한 기대로 인해 사회 각 층에서 표출되기 시작하였으며, 갈등의 강도는 더해가게 되었다(지속위 2004, 1-8).

민주화 이후 갈등의 정도와 빈도가 심화되고 증가되는 현상 때문에 갈등과 민주주의의 관계를 부정적 시각으로 바라보는 경향이 있다. 즉, 민주화를 통한 시민사회의 참여 확대가 이익집단과 지역이기주의의 확산을 가져온다는 것이다. 민주화가 그동안 억압되어온 불만들을 결집하고 표출하는 집단행동의 기회를 가능하게 하기 때문에 사회적 혼란을 야기한다는 입장이다. 그러나 우리에게 필요한 것은 이러한 갈등이 역기능적으로 작동하여 사회적 혼란을 야기하는 것을 방지하고, 갈등의 순기능을 조장하는 것이다. 그리고 이러한 갈등의 역기능을 순기능으로 전환시키기 위한 관리기제로서는 민주적 방식이 더욱 필요하다.

민주화 과정에서 나타나는 갈등으로 인한 혼란은 제도적 민주화와 사회적 민주화의 괴리에서 나타난다. 즉 형식적 민주화의 제도적 측면만이 개혁이 이루어졌지, 민주주의의 공고화를 위한 사회적 민주화 양식들, 즉 참여와 소통, 신뢰의 협력이라는 사회적 자본의 형성이 미흡했기 때문에 나타나는 현상이다. 이러한 점에 주목한다면, 오히려 올바른 갈등관리 과정에서 이러한 사회적 자본의 형성을 가능하게 하여 이후 성숙한 갈등관리의 가능성을 기대할 수 있게 해준다.

이러한 민주적 기제를 담보할 수 있는 민주주의 유형으로 참여민주주의와 심의민주주의가 있다. 이것은 대의민주주의와 자유민주주의의 한계를 극복할 수 있는 대안민주주의로써 평가된다. 심의민주주의론에서는 시민과 대표 간의 정치적 분업과 다수결주의에 따른 선호집합적 선택을 강요하는 대의민주제도 하에서 갈등은 필연적인 것으로 본다. 이는 다수의 지지가 해당 정책의 정당성과 효과성을 담보할 수 없다는 것으로 중요한 것은 토론과 학습을 통한 상호이해가 사회정책추진에 보다 적합하다는 주장이다. 한편으로 참여민주주의는 갈등을 시민참여, 공적 심사숙고, 시민교육 등을 통하여 해결할 수 있다고 본다.

(2) 정치사회적 갈등의 민주적 해결, 협력적 거버넌스

갈등관리가 갈등의 역기능만을 차단하기 위한 소극적 방식에서 벗어나 갈등의 순기능까지 도출하기 위한 적극적 방식으로 나아갈 때, 지속가능한 갈등관리가 될 수 있다. 지속가능한 갈등관리란 갈등의 순기능이 작용하여 사회적 자본을 형성하게 되고, 이것은 차후 다른 갈등발생 시 갈등의 순기능 유인요인으로 작용하는 선순환적 갈등관리의 흐름을 말한다. 따라서 갈등의 순기능을 유인할 수 있는 갈등관리의 구조와 기제가 무엇인지에 대한 연구가 필요하다.

일반적으로 성공적인 갈등관리를 위해서는 다음의 세 가지 기준들이 제시되고 있다(유해운 외 1997, 141–142). 첫째, 수용성(acceptance)이다. 이것은 해결책이 갈등당사자들에 의해서 수용되는 정도이다. 당사자들은 두 가지 이유에서 해결책을 수용한다. 즉 그들이 그 내용을 선호하기 때문이거나 또는 그 해결책에 도달한 과정이 공정하다고 생각하기 때문이다. 수용성은 갈등상대의 억압이나 회유에 대해 자신이 대립할 힘이 없어서 그 해결책을 받아들이는 체념(resignation)과는 다르다. 둘째, 지속성(duration)으로, 해결책이 지속되는 정도이다. 지속성은 해결책을 지키려는 약속과 책임감을 가질 때 유지될 수 있다. 그리고 이러한 약속과 책임은 해결책이 갈등주체들의 자율적인 의사와 참여를 통해 이루어졌을 때 담보될 수 있다. 마지막으로, 변화된 관계(changed relationship)로 갈등당사자들의 상호작용이 갈등진정 이전과 이후에 달라지는 정도이다. 가장 좋은 갈등관리는 관계자체가 각 당사자들에게 더 보상적인 것이 되고, 그것을 유지하기 위해 더 큰 노력이 이루어지며, 더욱 긍정적인 관계로 변화되는 것이다.

이와 같은 성공적인 갈등관리를 위해서는 민주적 갈등관리 방식이 필요하다. 의사결정에의 참여는 그 해결책에 대한 절차적 합리성을 도출하여 정책결정과정의 정당성을 높여준다. 또한 협력을 통한 상호의존성의 형성은 갈등 관련자들의 변화된 관계를 가져오며, 이러한 참여와 협력을 통한 자율적 규칙 및 합의형성은 갈등해결의 지속성을 가져올 수 있다. 결과적으로 민주적 갈등관리의 효과성으로 절차적 합리성과 상호의존성을 토대로 한 자율적인 규칙형성이 가능해진다.

① 절차적 합리성

여러 가치와 견해가 경쟁적으로 나타나는 민주주의에서는 어느 한 개인이나 집단의 가치에 우선권을 부여하지 않는다. 모든 인간의 불완전성을 가정하고, 어느 누구도 편견이나 이해관계에 따라 판단할 수 있다고 본다. 따라서 모든 정책도 마찬가지로 그 결과를 알기 전에 결정되어야 한다는 의미에서 가설적이다. 그러므로 어느 정책도 선험적으로 옳은 것으로 받아들일 수는 없다. 정책의 가설적 지위를 분명히 하는 요소가 정책문제에 연관되어 있는 불확실성이다(김영평 1992, 10). 이러한 정책의 가설적 성격 때문에 우리는 결국 어떠한 근거에 기반한 정책적 대안을 제시하고 그것을 선택해야 하는 문제에 직면하며, 민주주의가 결정의 정당성을 확보하는 방법이라는 점을 인식하고 있다.

정책의 정당성을 받아들이는 근거는 합리성이다. 즉 합리적인 정책이 정당성을 갖는 정책이다. 어느 정책이나 선택된 행동노선이 바람직한 결과를 확보할 수 있는 범위 내에서만 정당화될 수 있다. 이러한 행동노선의 선택과 관련하여 합리성은 두 가지 준거(reference), 즉 내용적 합리성(substantive rationality)과 절차적 합리성(procedural rationality)[4]을 가질 수 있다(Simon 1973). 그러나 내용적 합리성은 가장

─────────────────────

4 Simon은 합리성의 개념을 내용적(실질적) 합리성(substantive rationality)과 절차적 합리성

잘 검증된 이론을 전제하기 때문에 이러한 합리성의 개념은 정책논의에서는 비현실적일 수밖에 없다. 따라서 정당화할 수 없는 결정을 용납하지 않기 위하여, 합리성 개념은 내용적 합리성에서 절차적 합리성까지 포함하는 것으로 확장할 필요가 있다. '어떤 선택이 절차적으로 합리적이다'라는 말은 정책문제에 내재된 불확실성이 정책결정의 방법이나 절차에 의하여 해소될 수 있는 경우를 말한다. 절차적 합리성에서는 결정의 내용은 부차적 관심으로, 대체로 무엇이 정답인지 사전적으로 모르기 때문에, 해결책을 발견하는 방법에 일차적 관심을 둔다(Simon 1976; 김영평 1992, 16-17).

② 상호의존성

지역갈등은 그 표출양상에서 집단성을 띠지만, 그 해결방안에서는 상호의존성을 가져야 한다. 이것은 오늘날 많은 자치단체들의 존재론적 관계가 상호의존적이라는 것을 인식해야 함을 의미한다. 오늘날 많은 자치단체들은 다른 자치단체와 인접해 있어 정책이나 프로그램 운영에 있어서 상호의존성을 지니고 있다. 특히 수자원이나 대기 같은 환경문제는 지방정부 간 상호의존성을 높이게 되고, 이러한 상호의존성은 곧 갈등으로 이어지는 경우가 있다. 그러나 이러한 상호의존적 관계는 곧 갈등의 해결에 있어서 상호협력의 필요성을 더욱 중요하게 만들었다. 상호협력은 공익과 사익의 대립, 그리고 사익 대 사익의 대립 갈등 시 도출되어야 할 민주주의적 가치이다. 그리고 이러한 갈등주체들의 상호의존적 관계는 결국 이들의 이익이 공익과의 대립지점에서 찾아지는 것이 아니라, 공익을 지향하는 지점에서 찾을 수 있다는 것을 인식할 때 가능해진다. 이러한 이익갈등의 대립을 완화할 수 있는 대안을 모색하기 위해서는 공익이라는 관점 대신에 공공성 개념을 끌어들일 필요가 있다. 공익은 흔히 공식적(official)으로 정해진 고정된 전체이익이라는 입장이 존재한다. 그러나 공익을 선험적이거나 고정된 것으로 이해하기보다는 공정한 절차와

(procedural rationality)으로 나누어, 실질적 합리성은 목표에 비추어 적합한 행동이 선택되는 정도를 의미하고, 절차적 합리성은 결정 과정이 이성적인 사유(reasoning)에 따라 이루어졌을 때 존재한다고 말한다.

토론에 의해 형성되는 것이라는 심의적(deliberative) 또는 구성적(constitutive) 입장 또한 존재한다. 이러한 입장에서는 공익이라는 것이 무엇인지를 확정지을 수 없는 경합적 개념(contested concept)으로 바라본다(정상호 2007, 39). 이처럼 공익의 개념이 한정되는 것이 아니라 공익과 사익 간의 이익을 조정 또는 형량에 따라(이경원·김정화 2011, 302) 구성되어질 수 있다는 것은, 공익이 무엇인지에 대한 사회적 합의의 과정이 필요하다는 것을 의미한다. 따라서 공익과 사익이라는 것이 상호이익의 개념으로 대체되어 이해될 수 있도록 하는 상호협력관계의 구성이 지역의 갈등관리에서 필요하다.

③ 자율적 합의형성

인간의 기본적 욕구이론에 의하면 모든 개인이나 집단은 자기결정이라는 기본적 욕구를 지니고 있다. 이것은 자신의 운명과 생활방식, 주변환경을 다른 누구도 아닌 자기 자신이 선택하고 결정하며 살고자 하는 욕구이며, 이 기본적 욕구가 침해될 경우 갈등은 필연적으로 벌어진다(Burton 1990). 정부와 주민 간의 갈등구조에서도, 과거 정부의 독자적 갈등방식에 의하면, 정부가 독자적으로 정책을 결정하고 이후 집행과정에서 갈등이 발생하면, 다시 이를 무마하려는 과정에서 갈등이 사회적으로 확산되기도 했다. 일단 갈등이 표출되어 확산되는 시기에 갈등의 해결은 비용적 측면에서뿐만 아니라 효과적 측면에서도 긍정적인 결과를 기대하기 어렵기 때문에, 갈등관리를 갈등발생 이전에 예방적 차원에서의 해결하기 위한 전략에 집중하는 것이 필요하다.

이러한 예방적 전략은 민주적 접근법을 통해 가능해진다. 참여와 협력, 그리고 숙의의 가치를 중시하는 민주적 갈등관리방식은 예상되는 갈등상황에서 갈등의 순기능을 끌어낼 수 있는 가능성을 지닌다.

④ 갈등관리의 협력거버넌스

글로벌 거버넌스 위원회(CGG 1995, 2)의 개념정의에 의하면 '거버넌스는 공공 및 사적 개인들과 제도들이 공공목적을 달성하기 위해 자신들의 공통적인 업무를

그림 12-3 민주적 갈등관리를 통한 갈등의 순기능적 전환

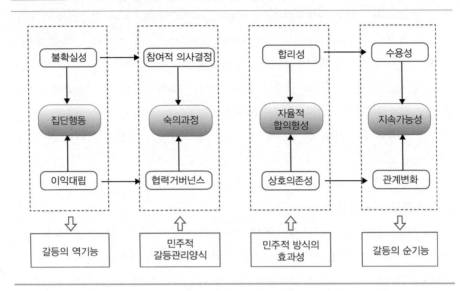

관리하고, 자원을 통제하고 권력을 행사하는 무수한 방법의 집합이며, 갈등적인 이해나 다양한 이해관계들이 수용되면서 상호협력적인 행동이 취해지는 것'으로 이해될 수 있다. 이러한 일반적 개념정의는 거버넌스가 어느 수준, 어느 범위에서 적용될지라도, 그 기반에는 협력적 기제가 토대를 이루고 있다는 의미일 것이다. 이렇듯 거버넌스를 문제를 해결하기 위한 기회를 창출하는 것, 그리고 그러한 목표를 지향하는 구조적 및 과정적 조건들(Kooiman 1999, 69)이라고 할 때, 갈등관리에 있어 협력적 거버넌스는 갈등을 해결하기 위한 조건들 이라 할 수 있다. 그리고 이러한 협력거버넌스를 위한 조건들은 다양한 관점에서 제시될 수 있다.

여기서 주목하고자 하는 협력거버넌스의 내용은 Ansell & Gash(2007)의 정의이다. 이들에 의하면 협력적 거버넌스는 하나 혹은 그 이상의 공공기관이 공식적이고, 의견일치를 추구하고, 의도적으로 이루어지는 집합적인 의사결정과 집행과정에서 민간부문의 이해관계자와의 직접적인 상호작용을 통하여 공공의 문제를 해결하는 것을 의미한다. 이러한 정의는 다음 6가지 측면에서 중요한 함의를 갖는다. 첫

째, 협력적 거버넌스는 공공기관이 주도하는 상호작용을 의미한다. 이러한 특징은 네트워크 사회에서 자발적인 협력에 의한 사회문제 해결이 강조되기는 하나 행정부가 주도적으로 다양한 사회구성원 간의 자발적 협력을 유도할 필요가 있다는 것이다. 둘째, 협력적 거버넌스는 비정부조직이나 사회구성원의 참여를 말한다. 협력적 거버넌스의 본질은 정부와 민간기구 그리고 일반시민 등 해당 사회문제에 관심을 갖는 모든 이해관계자들 간의 상호작용이라고 할 수 있다. 셋째, 협력적 거버넌스는 비정부 이해관계자들의 단순한 의견제시나 상담 이상의 직접적인 참여이다. 따라서 협력적 거버넌스의 본질은 양방향 의사소통과 다자적 상호작용이다. 넷째, 협력적 거버넌스는 공식적으로 조직되는 집합적인 행동이다. 여기에서 공식적이라는 것은 공식적인 권한에 의한 강제적인 상호작용을 의미하는 것이 아닌, 일상적인 협력 이상의 수준에서의 공동활동, 공동구조, 공유된 자원을 갖는 상호작용이다. 다섯째, 협력거버넌스는 의견일치를 추구한다. 현실적으로 의견일치가 불가능한 경우가 많지만, 본질은 가능한 한 의견일치를 이루기 위하여 노력하는 것이다. 적대적인 이해관계자들이 참여하는 경우에도 승자독식 형태의 이해관계조정이 아니라 의도적으로 협력을 추구하기 위한 상호작용을 통하여 문제를 해결하는 것이다. 마지막으로, 협력적 거버넌스는 공공문제의 해결과 관련된 상호작용을 의미한다. 이 기준에 의하면 공공기관이 순수한 사익과 관련된 갈등해결이나 분쟁조정 등의 활동을 하는 경우는 협력적 거버넌스라고 할 수 없다. 행동의 주체와 무관하게 공공문제를 해결하기 위하여 이루어지는 상호작용을 협력적 거버넌스라 할 수 있다.

3) 공공정책에 대한 시민의 참여적 의사결정과 절차적 합리성

(1) 주민참여적 의사결정을 고려한 지방정치

주민참여(citizen participation)는 정치적 엘리트가 아닌 일반 시민들이 정부(특히 지방정부)의 정책과정에 직·간접 관여를 통해 이에 영향력을 미치려는 의도된 활동이다. 그리고 참여적 의사결정이란 시민의 참여를 통하여 공공의사결정에 이르는 의사결정방법이라고 할 수 있다. 그러나 여기에서 주목할 점은 참여하는 시민이 이해관계자 또는 전문가들만이 아니라 이해관계의 존부나 전문성의 유무에 상관없이 일반시민을 공공의사결정에 참여시킨다는 점이다. 이러한 관점에서 보면 특정한 이해관계를 전제로 참여하도록 하는 청문절차나 원칙적으로 전문성을 기반으로 하여 참여자를 선정하는 각종 자문위원회제도는 참여적 의사결정의 범주에 해당한다고 볼 수 없다(지속위 2005, 232).

현재 우리 사회에서 기대하고 있는 시민들의 정책참여정도는 정부와의 공동결정, 더 나아가 시민결정에 이르기까지 다양하다. 시민참여를 독려하기 위하여 OECD에서 권고하는 정책방식을 살펴보면 다음과 같다.

참여적 의사결정과정은 각종 정부의 사업집행과정에서의 갈등현상이 증폭되면서 그 필요성이 대두되었다. 전통적 의사결정과정이 변화된 사회의 다양한 욕구와 이해를 수용하지 못한다는 점, 그리고 민주화 이후 성장한 시민사회의 정책과정에의 참여욕구가 증가한 점에서 그 필요성이 요구된다. 또한 갈등관리에 있어서의 참여적 의사결정과정은 갈등의 순기능을 도출하여 원활한 갈등해결을 위한 민주적 방식으로서 받아들여진다. 그리고 정책결정과정에의 시민참여를 통해 정책의 정당성과 책무성이 제고되고, 정부와 시민 간 신뢰가 조성되어 보다 나은 정책이 산출되게 된다.

표 12-3 정책추진방식과 시민참여의 특성

정책추진방식	시민참여양식	갈등관리양식	갈등관리기법
정보제공 (information)	정부 → 시민(일방향) (정부가 시민에게 일방적인 정보전달)	가부장적, 억압적	홍보책자발간
협 의 (consultation)	정부 ⇄ 시민(쌍방향) (정부가 규정한 쟁점에 대해 시민이 피드백 제공)	갈등의 사후적 해결/ 사법적 해결	공청회, 여론조사
적극적 참여 (active participation)	정부 ↔ 시민(상호작용) (시민이 정책대안 마련에 적극 참여하고 정부에 최종 결정 책임)	갈등의 사전적 예방	시민배심제

출처: OECD(2002), 6-8; 박홍엽(2011), 127

(2) 참여적 의사결정의 조건

갈등관리에 있어 참여적 의사결정방법은 갈등에 관련된 이해관계자뿐만 아니라 일반시민들의 참여 또한 보장한다는 데에 의의가 있다. 특히, 과학기술정책이나 환경정책, 그리고 각종 지역개발 정책에서 나타나는 기술적 문제의 경우 해당 전문가들의 논리에 따라 결정되었던 과거의 정책결정과정에서 벗어나, 그동안 소외되었던 일반시민들도 정책의 수용자 입장에서 적극적으로 정책적 대안창출에 참여할 필요성이 있다. 즉, 시민들의 평범한 지식(lay knowledge)이 공공성을 갖고 있는 정책분야에서 중요하다는 것이다. 전문가조차도 다양한 의견이 존재하는 전문적 분야에서, 오히려 일상적인 삶의 경험 속에서 축적된 일반 시민들의 지식이 문제해결에 더 효과적일 수 있다.

참여적 의사결정에서 일반시민들의 참여는 숙의(deliberation)과정의 필요성을 제기한다. 단순히 일반시민들에게 권력을 부여하는 것만으로는 효과적인 정치참여가 이루어질 수 없다(김원용·정효명 2003, 79). 숙의적 의사결정 과정은 참여자들이 상호작용하는 중에 각자의 판단, 선호, 관점을 기꺼이 변화시킬 수 있음을 전제하고 있다. 이러한 논의과정은 근거에 기반한 이성적 토론과 논증을 통해 나의 주장과 상대방의 주장을 성찰함으로써 자신의 주장과 입장을 변경시켜 나가는 성찰적 전환(reflective transformation)을 필요로 한다. 숙의적 과정에서 합의형성이란 만장일치의 동의를 찾아가는 과정으로 문제해결의 새로운 접근방식이다. 다시 말하면, 다수의 지배에 의해 어떤 사안이 결정되는 것이 아니라 모든 이해관계자의 동의를 통해 폭넓은 지지를 이끌어내는 것이다.

(3) 참여적 의사결정의 유형

공공기관의 정책 및 사업 등과 관련하여 지속가능한 발전을 강구하고 그 과정에서 발생할 수 있는 갈등을 예방하기 위하여 여러 나라에서 다양한 시민참여방법들이 연구, 적용되어왔다. 그러한 참여방법들은 참여의 주체나 방법 및 효과의 면에서 서로 상이한 것으로서 공공기관이 실시하려는 정책이나 사업의 특성에 따라

보다 효과적인 방법을 선택하는 것이 매우 중요하다(지속위 2005, 278).

공론조사(deliberative poll)는 과학적 확률표집을 통해 대표성을 갖는 국민들을 선발한 다음 이들에게 해당 이슈에 대한 충분한 정보를 제공하고 이를 심도 있게 토론하게 한 후 참여자들의 의견을 조사하고 이를 수렴하여 공공적 의사결정에 활용할 수 있는 참여기법이다. 공론조사의 핵심적 전제는 사람의 의견이나 선호는 충분한 정보가 제공되고 토론이 이루어지게 되면 변화할 수 있으며, 그러한 심사숙고에 기반하여 변화된 의견과 선호가 보다 합리적인 선택이라는 것에 있다. 포커스 그룹(Focus Group)은 심층적인 여론을 확인하기 위하여 특정 주제에 대해 소그룹 형태로 조직하는 토론집단이다. 포커스 그룹 방법은 정보와 지식을 습득하는 과정을 통해, 그리고 토론과 자기성찰의 과정을 통해 변화, 재구성된 선호가 사회적으

표 12-4 목적 및 구성원에 따른 시민참여 유형 분류

시민참여의 유형	목 적		예 시
일반적 시민참여	• 학습 및 정보제공을 목적으로 하는 참여 − 일반시민의 의견수렴 기회는 없거나 매우적음		− 전단, 팜플렛, 홍보 책자 등의 자료배포 − 뉴스자료 배포 − 대중매체에의 광고
	• 정보제공 및 의견수렴을 목적으로 하는 참여 − 의견반영의 기회는 적음		− 오픈하우스 운영 − 공청회 − 여론조사
참여적 의사결정	• 여론 확인을 목적으로 하는 참여 − 시민적 여론에 대한 숙의 − 숙의 후 도출된 여론이 정책에 반영됨		① 공론조사 ② 포커스그룹
	• 정책에 대한 숙의를 목적으로 하는 참여 − 정체의 형성을 목표로 숙의 − 숙의 후 도출된 결과가 정책에 반영 − 반드시 합의를 목적으로 하지 않음	• 이해관계자 참여	③ 시나리오 워크샵 ④ 규제협상 ⑤ 협력적 의사결정 ⑥ 라운드 테이블 ⑦ 시민자문위원회
		• 일반시민의 참여	⑧ 시민배심제 ⑨ 합의회의

로 보다 바람직한 선호를 구성할 것이라는 가정에서 출발한다. 따라서 참여자들은 단순히 질문에 대답하는 수준에서 정보를 제공하는 데에 그치지 않고 참여자 간 상호작용을 통해 자신들의 일상적인 경험과 인식을 제시한다. 시나리오 워크숍 (Scenario Workshop)은 지역적 수준에서 미래의 기술적 필요와 가능성에 대한 전망 과 계획을 수립할 목적으로 일련의 관련된 행위자들 사이의 토론을 통해 서로 의 견을 수렴해 가는 조직화된 작업모임이다. 워크숍의 기초를 이루는 것은 특정한 주 제를 둘러싸고 미래에 있을 법한 일련의 시나리오들이다. 시나리오 워크숍 방법의 핵심은 관련 행위자들 간의 밀도 있고 체계적인 대화를 통해 전망과 행동 계획을 공동으로 작성하면서 인식을 공유하는데 있다. 규제협상(Regulatory Negotiation)은 행 정기관의 규제로 인해 영향을 받는 이해관계자들이 모여 협상을 통해 규제 내용에 대해 합의를 도출하고, 행정기관은 이것을 바탕으로 규칙을 제정하는 제도이다. 이 제도는 일종의 상향적 의사결정 방식으로서, 규칙 내용의 결정 과정에 사회집단의 참여가 직접 이루어진다는 점에서 공공참여적 갈등예방 기법의 하나로 볼 수 있다. 협력적 의사결정(Collaborative Problem Solving)은 협력적인 대면적 상호작용을 통해 개인 및 그룹 간의 지식, 사고 및 경험을 공유함으로써 공공의사를 결정하는 방법 이다. 공공기관, 환경단체, 일반시민 등을 포함한 이해관계가 있는 당사자들이 모 두 참여하고 그들 모두가 동일한 결정의 권한을 가지는 효과적인 참여모델이다. 라 운드 테이블(Round Table)은 특정 사안에 대해 이해관계를 가지는 그룹, 전문가, 공 공기관이 원탁에 함께 모여 토론을 통해 합의를 도출하는 방법이다. 토론에 참여하 는 모든 사람이 결정에 동등한 권한을 가지고, 특정 문제에 대한 집중적인 토론을 통하여 해결방안에 대한 합의에 이르는 것을 목표로 한다. 시민자문위원회(Citizen's Advisory Committee)는 지역적 관심을 불러일으키는 문제를 논의하기 위하여 무작위 로 선발된 시민들이 가지는 토론모임을 말한다. 시민자문위원회는 시민들이 공동 의 노력을 통해 해결을 추구하고 합의에 도달하지 않더라도 상호간에 상이한 의견 을 확인하고 다양한 의견을 공공기관에 전달하는 것을 목적으로 한다. 시민배심원 제(Citizens' Juries)는 무작위로 선별된 시민들이 중요한 공공문제에 관하여 전문가가 제공하는 지식과 정보를 바탕으로 숙의과정을 거쳐 결론을 도출, 정책권고안으로 제출하는 체계적인 시민참여 프로그램이다. 시민배심원 구성은 대표성을 제고하기 위해서 참여자를 무작위로 선발하며, 전문가들로부터 주제에 관한 전문적인 정보를 제공받아 문제해결에 도움을 받는다. 그리고 배심원들은 다양한 대안들을 숙의하고 모든 배심원들의 의견이 고려될 수 있도록 충분한 시간이 주어지게 된다. 합의회의(Consensus Conference)는 선별된 일반 시민들이 중심이 되어 사회적으로 논쟁이 되고 있는 과학기술적 문제를 평가하는 책임을 맡아 진행하는 공개 포럼이다. 합의회의가 추구하는 가장 중요한 목적은 사회적으로 논쟁이 되고 있는 문제에 대해 일반인들과 전문가, 그리고 정치인들 사이의 상호학습을 통해 지식과 인식의 간격을 좁히는 것이자, 시민들의 삶에 중요한 영향을 미치는 공공정책에 대해 시민들이 직접적으로 참여하여 발언하고 정책에 반영시킴으로써 사회갈등을 예방하는 기능을 수행하는 데 있다.

(4) 참여적 의사결정의 성공요인

참여적 의사결정과정은 시민의 적극적인 참여와 정부와의 상호작용을 통해 이루어지는 갈등관리에 대한 민주적 접근방식이다. 이러한 참여시스템을 갈등관리에 활용하고 성공시키기 위해서는 다음의 몇 가지 요인들에 주목할 필요가 있다. 첫째, 일반시민의 공적 참여와 대표성의 확보가 필요하다. 참여적 의사결정의 출발점은 일반시민에게 참여의 기회를 제공하는 것에서부터 시작한다. 즉 참여적 의사결정과정은 정책수용자로서의 일반시민들이 그들의 삶에 영향을 미치는 정책에 대하여 적극적으로 참여할 수 있도록 독려하여 그들의 경험과 의견을 전문가들의 지식과 공유될 수 있도록 하는데 관심을 가져야 한다. 둘째, 합리적 의사결정의 도출을 위해서는 충분하고 정확한 정보의 제공과 이에 대한 학습기회의 제공이 필요하다. 즉 참여한 시민들이 '합리적 무지 현상'을 극복하고, '합리적 지식'을 소유할 수 있도록 학습기회를 제공해야 한다. 셋째, 심사숙고의 토의과정이 중요하다. 숙의적 토의과정은 참여자들의 선호전환을 전제로 한 합의형성을 목적으로 하는바, 시간적 비용이 클 수밖에 없다. 이러한 이유로 갈등해결의 현장에서는 해당 절차가 생략되거나 간소하게 진행되는 경향이 있다. 그러나 참여한 시민들에게 충분한 정보가 제공되어졌다고 하더라도 심사숙고의 토의과정이 충분히 보장되지 않는다면 최적의 결과를 도출하기 어렵다. 따라서 창조적 지성과 규범적 평가가 수반될 수 있도록 구성적 활동을 통한 토의과정이 요구된다(Weeks 2000; 오현철 2007, 87). 넷째, 공정하고 의지 있는 전문적 진행자가 필요하다. 갈등관리와 같이 분명한 이해대립의 상황에서 가장 중요한 것은 갈등을 풀어나갈 수 있는 공간의 제공뿐만 아니라 그 과정을 원활히 주도할 수 있는 공정한 진행자가 필요하다. 전문적 진행자의 주도가 있을 때에는 다양한 의견들이 소통될 수 있는 토의 분위기와 합리적 대안을 도출할 수 있는 합의형성의 과정이 더욱 용이해질 수 있다. 주의할 점은 이러한 진행자의 권한이, 협상 및 조정과정의 제3자와 같은 조정자의 역할이 아닌, 다양한 이해와 요구들을 토의과정에서 유지시킬 수 있는 촉진자(facilitator)로서의 역할에 있다는 것이다. 다섯째, 사회적 자본의 형성 및 축적이 요구된다. 갈등상황이 발생한 지역에 평소 사회적 자본이 어느 정도 구축되어 있느냐에 따라서 갈등관리의 결과가 좌우될 수 있다. 소위 신뢰와 협력, 소통이라는 사회적 자본의 형성이 잘 마련되어 있는 지역에서 갈등이 발생했을 경우, 그렇지 못한 지역보다 갈등관리의 순기능 도출이 훨씬 용이하며, 그 결과 사회적 자본의 축적이 이루어지는 갈등관리의 선순환이 이루어지게 된다. 여섯째, 갈등관리에 대한 인식적 전환이다. 효과적인 갈등관리의 출발점은 갈등관리에 대한 인식적 전환에서부터 시작된다. 즉, 갈등관리의 목적이 갈등의 해결과 해소에 있는 것이 아니라, 갈등의 예방에 그 목적이 있음을 상기시켜야 한다. 따라서 갈등의 사건적 발생 이전에, 의제설정 및 정책결정의 과정에서 갈등의 발생가능성을 충분히 검토하여 사전적 예방조치가 이루어지도록 하는 것이 중요하다.

4. 결   론

한국사회의 민주화와 분권화에 따른 시민사회의 성장과 지방정부의 자율성 확대는 공적 문제에 대한 다양한 가치와 이해를 주장하게 함으로써 공공갈등의 양상으로 나타나게 되었다. 갈등이 인간의 역사와 함께 해온 본연의 심리적 상태인 것처럼, 공공갈등 또한 정치체제의 발전과 특성에 따라 다양한 유형과 특징을 보이면서 존재해왔다. 지난 경제성장의 시기 한국사회의 공공갈등구조는 정치적 민주화와 경제적 재분배를 둘러싼 이념갈등과 가치갈등의 성격을 나타냈다면, 제도적 민주화가 이룩된 이후 오늘날의 공공갈등의 양상은 다원화된 사회에서 다양한 이해와 가치를 주장하는 이해갈등과 가치갈등이 복합적으로 나타나는 양상을 보인다. 특히 지방자치제실시 이후 증가하고 있는 지역갈등의 경우, 과거의 지역감정에서 비롯된 심리적, 정치적 갈등상태에서, 분권화에 따른 지방정부 간 그리고 주민들 간 이익갈등이 증가하고 있는 실정이다.

갈등이란 현재 공동체의 의미를 되새기며 성숙한 시민사회로 나아갈 수 있는 지난한 교육의 장이며, 연대가치를 가진 개개인의 노력이 실천되는 장이다. 또한 냉엄한 현실의 장벽에 부딪치고 상처받은 우리 이웃과 함께 할 수 있는 계기가 존재할 수 있게 한다. 갈등사안이 우리에게 주는 함의가 커질수록 다수의 소수가 지역에서 자신들의 정체성을 보다 긍정적인 의미에서 행동으로 연관시킬 것으로 기대한다. 갈등의 발화자가 국가이든, 시장기제이든, 조직이든 갈등 상황은 그 경계를 초월하면 마치 살아있는 유기체인 양, 확대되고 통제할 수 없는 영역으로 광위화(廣僞化)된다. 핵심은 갈등이 이러한 경계를 넘지 못하게 하는 것이 아니라, 전체 지역사회와 국가가 앞서 이를 숙의하고 협의하여, 갈등으로 평화적 상태가 깨진 다수의 소수를 보다 나은 상태에서 적응할 수 있도록 공동체적 노력을 함께하고 참여행위자들이 이러한 노력을 지속할 수 있도록 새로운 창을 열어주는 것이다.

❶ 공공정책에 관한 갈등관리의 운영 및 절차를 행정부가 주도적으로 이끌어 가고 있
  는 측면을 의회주의적 입장에서 논하시오.

❷ 특정한 지역갈등사안을 주제 및 분야별로 상정하여 이해관계자들의 입장을 정리하
  고 해결을 위한 절차 및 방향을 제시해 보시오.

❸ 공공갈등을 완화할 수 있는 공적인 기제들을 열거하고, 거버넌스의 장단점을 정리
  하여 제시하시오.

❹ 개인간의 감정적 대립이 공적인 갈등관리 정책으로 제한되는 것에 대하여 정치적
  자유와 평등의 측면에서 토론해 보시오.

참고문헌

김영평. 1992. 『불확실성과 정책의 정당성』. 고려대출판부.

김원용·정효명. 2003. "로컬 거버넌스 능력 강화수단으로서의 공론조사." 『서울도시연구』 4(3).

대통령자문 지속가능발전위원회 편. 2005. 『공공갈등관리의 이론과 기법』. 논형.

대통령자문 지속가능발전위원회. 2004. 『갈등관리시스템 구축방안 연구보고서』.

박영민. 1995. "자치시대 지역운동과 장소의 정치." 『공간과 사회』 (5).

박홍엽. 2011. "공공부문의 갈등관리 제도화 모색." 『한국공공관리학보』 25(1).

유해운·권영길·오창택 공저. 1997. 『환경갈등과 님비이론』. 선학사.

이경원. 2008. "집합행동의 딜레마—참여의 진화적 관점." 한국행정학회 하계학술대회, 2008.

이경원·김정화. 2011. "공공갈등과 공익의 재검토: 제군해군기지 건설 사례." 『경제와 사회』 2011 봄호.

이달곤. 2005. 『협상론—협상의 과정, 구조, 그리고 전략』. 법문사.

이명석. 2002. "거버넌스의 개념화: '사회적 조정'으로서의 거버넌스." 『한국행정학보』 36(4).

이성록. 2007. 『비영리 민간조직 갈등관리론』. 미디어숲.

임희섭. 2007. 『집합행동과 사회운동의 이론』. 고려대학교 출판부.

정건화. 2007. "사회갈등과 사회과학적 갈등분석." 『동향과 전망』 71.

정상호. 2007. "공익과 사익의 조화를 지향하는 심의적 사회협의주의의 모색." 『시민사회와 NGO』 5(1).

조명래. 1996. "지방자치시대의 지역갈등: 지역이기주의의 올바른 이해를 위해." 『지역사회개 발연구』 21(1).

조승현. 2003. "지방정부간 갈등관리에 관한 연구—용담댐 용수 배분과 관련된 갈등을 중심으로." 『한국행정논집』 15(1).

LOCAL POLITICS

주성수. 2003. 『공공정책 가버넌스』. 한양대학교 출판부.

주재복·한부영. 2006.『갈등유형별 협력적 로컬 거버넌스의 구축방안』. 한국지방행정연구원.

최흥석·주재복·홍성만·주경일 공저. 2004.『공유재와 갈등관리』. 박영사.

하혜영. 2011. "갈등의 원인과 해법." 갈등해결문화 확산을 위한 제4회 민관합동 갈등관리세미나, 한국행정연구원.

허철행·이희태·문유석·허용훈. 2012. "지역갈등의 원인과 해소방안: 동남권 신공항 사례를 중심으로."『지방정부연구』16(1).

Ansell, C. & Gash, A. 2008. "Collaborative Governance in Theory and Practice." *Journal of Public Administration Research and Theory*, 18(4).

Burton, John W. ed. 1990. *Conflict: Human Needs Theory*. NY: St. Martin's Press.

CGG (Commission of Global Governance). 1995. *Our Global Neighbor*. (www.cgg.ch)

Hardin, Garrett. 1968. "The Tragedy of the Commons." *Science*, Vol. 162.

Kooiman, J. 1999. "Social—Political Governance: Overview, Reflections and Design." *Public Management* 1(1).

Ostrom, E. 1990. *Governing the Commons: The Evolution of Institutions for Collective Action*. Cambridge: Cambridge University Press.

Ostrom, E., Gardner. R, and Waler, J. M. 1994. *Rules, Games and Common—pool Resources*. Ann Arbor: Michigan University Press.

Simon, H. A. 1973. "Applying information Technology to Organization Design." *Public Administration Review*, (May).

Susskind, L. & J. Cruikshank. 1987. *Breaking the Impasse*. Basic Books.

Ury, William L. Jeanne M. Brett and Stephen B. Goldberg, 1988. *Getting Disputes Resolved: Designing Systems to Cut the Costs of Conflict*. Jossey—Bass Management Series.

찾아보기

저자 약력

강 원 택
런던정경대(LSE) 정치학 박사
한국정치, 선거, 정당
서울대학교 정치외교학부 교수
한국정치학회장(2016)

김 욱
미국 아이오와대 정치학 박사
비교정치, 정치과정
배재대학교 정치언론안보학과 교수, 한국지방정치학회장

강 성 훈
부산대학교 정치외교학과 정치학 박사
정치과정, 방법론
신라대학교 국제관계학과 교수, 21세기정치학회 이사(2010), 부산광역시선거관리위원회 여론조사
　심의위원회 위원

엄 태 석
연세대학교 정치외교학과, 한국학중앙연구원 한국학대학원 정치학 박사
지방정치, 여성정치
서원대학교 행정학과 교수, 서원대학교 교무·학생처장, 한국정치학회 상임이사·편집이사

허 석 재
고려대학교 정치외교학과 정치학 박사
비교정치, 선거, 여론, 정당
국립목포대학교 지방자치연구소 연구전임교수

김 영 태
독일 베를린 자유대 정치학 박사
비교정치, 정치과정
국립목포대학교 정치언론홍보학과 교수, (전) 한국선거학회 회장

유 병 선
충남대학교 정치외교학과 정치학 박사
국제정치, 지방정치
대전발전연구원 연구위원, 한국지방정치학회 총무이사

이 이 범
한국외국어대학교 정치외교학과, 일본 오사카국립대학 국제공공정책학 박사
일본정치, 선거
강릉원주대학교 일본학과 교수, 한국지방정치학회 부회장

차 재 권
연세대학교 정치외교학과, University of Kansas 정치학 박사
비교정치(정치경제)
부경대학교 정치외교학과 교수, 한국지방정치학회장, (사)시민정책공방 소장

송 정 호
한양대학교 정치학 박사
북한정치, 통일정책
우석대학교 행정학과 교수, 북한연구학회 부회장(2016), (전) 통일연구원 책임연구원

정 하 윤
이화여자대학교 지역연구협동과정 지역학 박사
미국정치, 환경정치
배재대학교 정치언론안보학과 외래교수, (전) 한국선거학회 총무이사, 한국지방정치학회
 편집이사(2016)

강 경 태
미국 University of North Texas 정치학 박사
선거분석
신라대학교 국제학부 교수, 한국지방정치학회회장(공동), 국회의원선거구획정위원회 위원,
 부산시선거관리위원회 위원

김 덕 진
충남대학교 정치외교학과 정치학 박사
정치사상, 비교정치
한국지방정치학회 총무이사

지방정치의 이해 1

초판인쇄	2016년 8월 30일
초판발행	2016년 9월 10일
엮은이	강원택
펴낸이	안종만
편 집	김선민
기획/마케팅	이영조
표지디자인	권효진
제 작	우인도·고철민
펴낸곳	(주) **박영사**
	서울특별시 종로구 새문안로3길 36, 1601
	등록 1959. 3. 11. 제300-1959-1호(倫)
전 화	02)733-6771
f a x	02)736-4818
e-mail	pys@pybook.co.kr
homepage	www.pybook.co.kr
I S B N	979-11-303-0341-3 94340
	979-11-303-0340-6 (세트)

정 가   20,000원